毛泽东著作版本研究

周一平 主编
湘潭大学毛泽东思想研究中心 编

第二册

中国出版集团有限公司
研究出版社

图书在版编目（CIP）数据

毛泽东著作版本研究. 第二册 / 周一平主编. -- 北京：研究出版社，2025.5（2025.7重印）

ISBN 978-7-5199-1646-6

Ⅰ.①毛… Ⅱ.①周… Ⅲ.①毛泽东著作 - 版本 - 研究 Ⅳ.①A841

中国国家版本馆CIP数据核字（2024）第053959号

出 品 人：陈建军
出版统筹：丁　波
图书策划：寇颖丹
责任编辑：寇颖丹

毛泽东著作版本研究　第二册

MAOZEDONG ZHUZUO BANBEN YANJIU DIERCE

周一平　主编

研究出版社 出版发行

（100006　北京市东城区灯市口大街100号华腾商务楼）

北京建宏印刷有限公司　新华书店经销

2025年5月第1版　2025年7月第2次印刷

开本：710毫米×1000毫米　1/16　印张：25.5

字数：431千字

ISBN 978-7-5199-1646-6　定价：109.00元

电话（010）64217619　64217652（发行部）

版权所有·侵权必究

凡购买本社图书，如有印制质量问题，我社负责调换。

序

  毛泽东是领导中国人民彻底改变自己命运和国家面貌的一代伟人。无论在国家政治生活，还是在思想理论界、学术界，抑或在民间社会，毛泽东都具有广泛而深远的影响力。毛泽东的影响力，很重要地体现在他的著作影响力上。毛泽东的著作是马克思主义中国化的经典，是毛泽东思想的主要载体，是中国共产党、中华民族的宝贵遗产。

  在当代，继承、发展毛泽东思想仍然是必修课。要继承、发展毛泽东思想，就需要学好毛泽东著作；要深入学好毛泽东著作、全面掌握毛泽东思想，就应全面、深入研究毛泽东著作的版本。研究毛泽东著作版本是毛泽东著作学术研究要走的第一步，任何学术研究走好走对第一步都十分重要。

  "毛泽东著作版本研究丛书"的推出，旨在满足当前思想理论界对毛泽东著作深入解读的需求，大力推动毛泽东著作版本研究进一步发展。

  本丛书组织的每篇毛泽东著作版本研究论文，基本上都以晋察冀日报社1944年版《毛泽东选集》、人民出版社1951年至1960年第1版《毛泽东选集》、人民出版社1991年第2版《毛泽东选集》等各种重要版本为基础，考察文本在政治和文化层面的意蕴，及其文字的各种细微变化、语境的历史变迁等，都分以下几个部分：1．写作背景、成文过程：详细讨论毛泽东论著的历史背景、写作与发表的具体过程。2．主旨、意义：探究毛泽东论著的主旨与历史意义、现实意义。3．版本综述：详述毛泽东论著1949年10月以前和以后的中文版、外文版及少数民族文字版，以及版本信息不详的版本。4．研究综述：详述对毛泽东论著的版本研究、思想内容研究等各方面研究的历史和现状。5．校勘与分析：对毛泽东论著不同版本的文字、标点等差异，分类进行深入的多视角的分析。6．对修改的思考：对校勘与分析中发现的毛泽东论著的重要修改，进行总结和思考。7．附录：校勘记，以表格形式，分栏显示两个或以上版本的文字、标点等的差异。8．参考文献：详列主要的版本文献、研究著作、研究论文等。

相信本丛书将有助于引导读者走好走对毛泽东著作学术研究的第一步，并成为研究毛泽东著作和毛泽东思想的重要工具。期待能够激发更多的讨论、研究。

主编 周一平
2025年5月1日

目 CONTENTS 录

《关于纠正党内的错误思想》版本研究 / 001
一、写作背景、成文过程 / 001
二、主旨、意义 / 007
三、版本综述 / 016
四、研究综述 / 025
五、校勘与分析 / 038
六、对《关于纠正党内的错误思想》修改的思考 / 077
附录：人民出版社1951年《毛泽东选集》第一卷版与中共中央书记处1941年编印《六大以来选集》（上）版校勘记 / 081

参考文献 / 094

《星星之火，可以燎原》版本研究 / 109
一、写作背景、成文过程 / 109
二、主旨、意义 / 113
三、版本综述 / 119
四、研究综述 / 124
五、校勘与分析 / 135
六、对《星星之火，可以燎原》修改的思考 / 171

附录：人民出版社1951年《毛泽东选集》第一卷版、中共晋察冀中央局1947年编印《毛泽东选集》续编与中共中央书记处1941年编印《六大以来选集》（上）校勘记 / 174

参考文献 / 194

《怎样分析农村阶级》版本研究 / 219

一、写作背景、成文过程 / 219

二、主旨、意义 / 225

三、版本综述 / 227

四、研究综述 / 232

五、校勘与分析 / 241

六、对《怎样分析农村阶级》修改的思考 / 278

附录：人民出版社1951年《毛泽东选集》第一卷版、1950年《中央人民政府政务院关于划分农村阶级成份的决定》版与《红色中华》1933年6月29日第89期版校勘记 / 280

参考文献 / 287

《关心群众生活，注意工作方法》版本研究 / 302

一、写作背景、成文过程 / 302

二、主旨、意义 / 309

三、版本综述 / 312

四、研究综述 / 317

五、校勘与分析 / 327

六、对《关心群众生活，注意工作方法》修改的思考 / 365

附录：人民出版社1951年《毛泽东选集》第一卷版与《红色中华》1934年1月31日第5期第二次全苏大会特刊《关于中央执行委员会报告的结论》版校勘记 / 368

参考文献 / 379

《关于纠正党内的错误思想》版本研究

一、写作背景、成文过程

（一）写作背景

1927年4月12日，蒋介石在上海发动反革命政变。7月15日，汪精卫等在武汉宣布与共产党决裂，对共产党员和革命群众进行大逮捕、大屠杀。国共两党合作发动的大革命失败。中国共产党在血的教训中，走上了以革命武装反抗反革命武装的中国革命新道路。1927年8月1日，中国共产党领导了南昌起义，打响了走上中国革命新道路的第一枪。这是中国共产党独立创建革命军队和领导革命战争的开始。

1927年9月，中国共产党在湖南领导了秋收起义。1927年12月，中国共产党领导了广州起义。当时，中国共产党领导的武装力量很弱小，无法战胜强大的敌人武装，这些起义都没有成功。以毛泽东为代表的中国共产党人很快认识到，中国共产党领导的革命武装只能在敌人统治相对薄弱的农村才能生存、发展。1927年10月，毛泽东率领秋收起义部队到达井冈山，并改编了原来井冈山的农民武装，工农革命军开始强大起来。1928年2月，井冈山农村革命根据地初步形成，出现了中国共产党领导的工农武装割据的中国革命新局面，中国革命的星星之火开始燃烧。1928年4月，朱德、陈毅率领的南昌起义的部分军队和毛泽东领导的工农革命军在江西宁冈龙市会师，成立了工农革命军第四军（后改称"工农红军第四军"，简称"红四军"）。红四军的建立，标志着中国共产党领导的武装力量壮大起来，新型军队的建设伴随着中国革命的发展逐步展开。

中国共产党领导的军队应该怎么进行建设，建成什么样的军队，这是中国共产党在走上中国革命新道路后迫切需要解决的一个新问题。毛泽东在"三湾改编"时，就开始了这个探索。

中国共产党领导的南昌起义、秋收起义等部队中有很重要的一部分力量是原国民政府的国民革命军，编制也基本上沿袭了国民革命军。旧式军队的色彩重、影响大。这样的旧式军队一个最大的缺点是，军队基层的连、排、班中的共产党员少。没有党的基层组织，党很难完全掌控军队，军队很难完全听从党的指挥。这也导致军队政治工作薄弱，军阀习气和旧式的雇佣军队思想严重，军心涣散、纪律松弛，叛变、逃跑时有发生，战斗力低，难打胜仗。1927年9月29日，毛泽东领导起义军在江西永新县三湾村进行了著名的三湾改编。整顿和改编主要是三个方面：一是整编部队，把原来的工农革命军第一军第一师缩编为一个团，下辖两个营十个连，称工农革命军第一军第一师第一团。二是在连队建立党的支部（即支部建在连上），连设立党代表制度，排有党小组，班有党员（后来班有党小组），营、团以上有党委，全军由以毛泽东为首的前委领导，从根本上确立了党领导军队——"党指挥枪"的原则。三是连队建立士兵委员会，实行民主制度，在政治上官兵平等，经济公平。后又宣布了军队纪律：行动听指挥、不拿群众一个红薯、打土豪要归公。三湾改编，使中国共产党领导的军队在政治上、思想上、组织上进行了重新建设，从此中国共产党领导的军队以崭新的面貌出现。三湾改编所确立的"党指挥枪"等原则，奠定了新型人民军队建设的基础，奠定了人民军队发展、壮大的基础。此后，毛泽东等上井冈山改编原有的农民武装，朱德、毛泽东的部队会师建立红四军，都是在三湾改编制定的原则的基础上进行的，红四军还制定了《党代表工作大纲》，[①] 中国共产党领导的武装力量开始了新的发展。

新事物的诞生、成长不是一帆风顺的。中国共产党领导的军队的成长、发展也不是一帆风顺的。红四军在成长、发展过程中经历了波折。红四军组建时，朱德任军长，毛泽东任党代表，陈毅任政治部主任，同时设立了前敌委员会，毛泽东任前敌委员会书记。红四军受前敌委员会领导。在以毛泽东为首的前敌委员会的领导下，红四军打了一些胜仗，逐渐壮大起来，革命根

[①] 余伯流等：《朱毛红军政治工作制度的演进》，《中国井冈山干部学院学报》2016年第1期。

据地也发展起来。红四军虽然壮大起来了，但成分是复杂的。据1929年5月的统计，红四军全军约4000人，党员1324人，其中工人311人，农民626人，小商人100人，学生192人，其他95人，工人与非工人的比例是23%对77%。[1] 后来红四军发展到5000人左右。据1929年8月陈毅《关于朱毛军的历史及其状况的报告》的记述：红四军中叶、贺旧部已大半成了干部，占全军十分之二；湖南农军约占十分之四；历次俘虏改编的约占十分之二；在赣南闽西新招募的占十分之二。[2] 其中新招募的大部分也是农民。旧式军人及农民占了红四军的极大部分。这就使旧式军队的旧思想、旧观念、旧习气不可避免地在红四军中存在，有时还会发作。红四军应由前委领导还是应由军委领导、红四军要不要设军委等争论便因此而起。

在红四军应由前委领导还是应由军委领导等的争论中，毛泽东一直坚持军队必须由党领导，坚决反对旧式军队的旧思想、旧观念、旧习气。

毛泽东在1929年4月5日起草的《红四军前委给中央的信》中就指出："红军无论在什么时候，党及军事的统一指挥机关是不可少的，否则陷于无政府，定是失败。"[3]

毛泽东1929年6月14日在给林彪的信中对否定前委对红四军的领导的种种言论及单纯军事观点、小团体主义、流寇主义等一些错误思想进行了批评、驳斥。指出：没有"集体的党领导，则红军只是一个好听的名称罢了！"[4] 又强调："四军党内显然有一种建立于农民、游民、小资产阶级之上的不正确的思想，这种思想是不利于党的团结和革命的前途的，是有离开无产阶级革命立场的危险。我们必须和这种思想（主要的是思想问题，其余是小节）奋斗……去克服这种思想，以求红军彻底改造，凡有障碍腐旧思想之铲除和红军之改造的，必须毫不犹豫地反对之，这是同志们今后奋斗的目标。"[5]

正因为红四军当时的成分复杂，旧思想、旧观念、旧习气还有不小影

---

[1] 毛泽东：《给林彪的信》，《毛泽东文集》第一卷，人民出版社1993年版，第74页。
[2] 陈毅：《关于朱毛军的历史及其状况的报告》，《陈毅军事文选》，解放军出版社1996年版，第18页。
[3] 毛泽东：《红四军前委给中央的信》，《毛泽东文集》第一卷，人民出版社1993年版，第57页。
[4] 毛泽东：《给林彪的信》，《毛泽东文集》第一卷，人民出版社1993年版，第69页。
[5] 毛泽东：《给林彪的信》，《毛泽东文集》第一卷，人民出版社1993年版，第74—75页。

响，所以毛泽东的正确思想当时还不能在红四军内被普遍接受。1929年6月22日，在红四军第七次党代表大会上，毛泽东的必须坚持党的集权制、必须反对不要根据地建设的流寇思想等意见被否定，会议还决定给毛泽东以严重警告处分。毛泽东没有再当选为前委书记，离开了红四军到地方指导工作并养病。①

1929年8月中旬，中共中央政治局收到了毛泽东1929年6月14日给林彪的信、红四军第七次党代表大会的文件等，并开会进行了讨论。1929年8月21日，中共中央给红四军前委发出指示信，其中谈道"暂不设红四军军委是正确的"。红军中的党，"必须采取比较集权制"，党的书记多负责任"绝对不是家长制"。②

1929年8月下旬，红四军派出的向中共中央汇报工作的代表陈毅到达上海。8月27日、29日，中共中央政治局开会听取了陈毅的红四军情况汇报，并决定由周恩来、李立三、陈毅三人组成委员会起草中央对红四军问题的决议，交政治局讨论通过。1929年9月28日，中央对红四军问题的决议形成，即《中央给红军第四军前委的指示信——关于军阀混战的形势与红军的任务》（1929年9月28日）（史称"九月来信"）。信中对中国革命形势和红四军建设的各方面问题都进行了详尽的说明。信中强调，"党的一切权力集中于前委指导机关，这是正确的，绝不能动摇。不能机械地引用'家长制'这个名词来削弱指导机关的权力，来作极端民主化的掩护"，"前委下面不需要成立军委"，"红军的指挥应该集中。绝不能动摇指挥集中这个原则。军队中民主化只能在集中指导下存在，不应漫无限制，以妨害军纪之巩固"。指示"毛同志应仍为前委书记，并须使红军全体同志了解而接受"。信中指出：现在红军的来源主要是广大的破产农民，"只有加强无产阶级意识的领导，才可以使之减少农民意识"。信中要求"纠正一切不正确的倾向"，"红军中右倾思想，如取消观念、分家观念、离队观念，与缩小团体倾向，极端民主化，红军脱离生产即不能存在等观念，都非常错误，皆原于同志理论水平低落，党的教育缺乏。这些观念不肃清于红军前途有极大危险，前委应坚决

---

① 余伯流：《"七大"纷争与古田会议》，《军事历史》2010年第1期。
② 中共中央文献研究室编：《毛泽东年谱 1893—1949》上卷，中央文献出版社2013年版，第282页。

以斗争的态度来肃清之"。①

1929年10月22日,陈毅携中央给红四军前委的指示信回到红四军前委机关,立即向红四军前委传达了中央的指示精神。随后,陈毅派专人把中央的指示信送交毛泽东,并请毛泽东速回红四军前委主持工作。11月18日,朱德、陈毅又致信毛泽东,请毛泽东立即回红四军前委主持工作。11月23日,红四军前委决定,促请毛泽东速回主持工作,并派部队接毛泽东回红四军。11月26日,毛泽东抵达在福建长汀的红四军前委机关,随即重新担任红四军前委书记。②

(二) 成文过程

毛泽东一回到红四军,立即着手抓红四军的政治、思想整顿、改造工作。

1929年11月28日,毛泽东主持召开红四军前委扩大会议。会议认为红四军此时不加以整顿和训练,必定难以执行党的政策,决定红四军立即进行整训。决定12月的工作主要是:召开中共红四军第九次代表大会,建立红四军的政治领导,纠正红四军党内各种错误倾向。同日,毛泽东致信中共中央报告自己已回到红四军前委工作,提到"陈毅同志已到,中央的意思已完全到达。惟党员理论常识太低,须赶急进行教育……"③

1929年12月3日,红四军到达福建连城县新泉村。在此,红四军进行了十天左右的整训。其间,毛泽东召开了有干部和士兵参加的各种调查会,对红四军中存在的各种错误思想及其表现进行调查。在调查中,毛泽东引导大家统一到正确的思想上来。这些调查,为对症下药解决红四军中存在的问题奠

---

① 中央档案馆编:《中共中央文件选集》第五册,中共中央党校出版社1990年版,第482—489页。参见中共中央文献研究室编:《毛泽东年谱 1893—1949》上卷,中央文献出版社2013年版,第284页。
② 中共中央文献研究室编:《毛泽东年谱 1893—1949》上卷,中央文献出版社2013年版,第287页。
③ 中共中央文献研究室编:《毛泽东年谱 1893—1949》上卷,中央文献出版社2013年版,第313页。

定了基础，为中共红四军第九次代表大会的召开作了初步的准备。①

1929年12月中旬，红四军到达福建上杭县古田村，在此，毛泽东指导中共红四军第九次代表大会的各个提案小组，研究红四军中存在的各种错误倾向、错误思想的根源、危害以及纠正的方法，写出各个提案的草案。在此基础上，毛泽东结合三湾改编以来的经验教训，结合中共六大以来中共中央一系列正确的指示精神，起草了中共红四军第九次代表大会的决议案。②12月28日、29日，中共红四军第九次代表大会在古田村廖氏宗祠召开，毛泽东作政治报告，朱德作军事报告，陈毅传达中央九月指示信等。会议深入总结了红四军各方面建设的经验教训，通过了毛泽东起草的决议案（总称《中国共产党红军第四军第九次代表大会决议案》，史称《古田会议决议》。以下简称"《决议案》"）。会上，毛泽东重新当选为红四军前委书记。

《决议案》现存八种，即：纠正党内非无产阶级意识的不正确倾向问题；党的组织问题；党内教育问题；红军宣传工作问题；士兵政治训练问题；废止肉刑问题；优待伤病兵问题；红军军事系统与政治系统关系问题。有的《决议案》版本为九种，如《六大以来选集》（上）、《两条路线》（上）等，为：纠正党内非无产阶级意识的不正确倾向问题；党的组织问题；党内教育问题；红军宣传工作问题；士兵政治训练问题；青年士兵的特种教育；废止肉刑问题；优待伤病兵问题；红军军事系统与政治系统关系问题。多"青年士兵的特种教育"一种。实际上"青年士兵的特种教育"仅百余字，应该是"士兵政治训练问题"中的最后一部分。"士兵政治训练问题"中的最后第二部分是"G 怎样做新兵及俘虏兵的特别教育"，接下来应该是"H 青年士兵的特种教育"。③所以《决议案》应该是八种，不是九种。

1930年1月6日《红四军前委向中央的报告》中提到：陈定郊带来"九

---

① 中共中央文献研究室编：《毛泽东年谱 1893—1949》上卷，中央文献出版社2013年版，第314页。关于新泉整训，还可以参见林炳玉：《新泉整训与中国共产党民主集中制的形成》，《龙岩学院学报》2014年第1期；石仲泉：《新泉整训与红军早期的党和军队建设》，《中国延安干部学院学报》2014年第2期；蒋伯英：《毛泽东在新泉的活动与古田会议》，《福建党史月刊》2014年第4期；等等。

② 谭政等协助毛泽东起草了中共红四军第九次代表大会的决议案，详见陈杭芹：《谭政为古田会议准备材料》，《福建党史月刊》1999年第9期；梁德武等：《〈党员训练大纲〉对古田会议决议的影响》，《中共党史研究》2017年第3期；等等。

③ 参见傅茂贞：《古田会议决议是怎样形成的》，《党史研究与教学》1991年第6期。

次大会决议案八种,请查阅指示。外有政治决议案、废止枪毙逃兵决议案、接受中央指示决议案、拥护中央对机会主义及托洛茨基主义反对派的决议案、士兵决议案尚未整理完竣,容后付来"。① 这里有两个要点:一是中共红四军九大决议案,送交中央的是八种不是九种,即流传下来的是八种。二是中共红四军九大决议案还有政治决议案等五种,当时应该已起草了,但因为没有"整理完竣",所以没有送交中央。因为在战争的环境中,大概政治决议案等五种决议案,以后也没有"整理完竣",所以就一直没有送交中央,这些决议案的一些初稿等是否还有留存,尚不得而知。

二、主旨、意义

(一)主旨

《决议案》现存八种,其中第一种为《纠正党内非无产阶级意识的不正确倾向问题》。1951年编辑《毛泽东选集》时,毛泽东将其题目改为《关于纠正党内的错误思想》(以下简称"《纠错思想》"),收入人民出版社1951年出版的《毛泽东选集》第一卷。

《决议案》及其中的《纠错思想》对红四军内存在的一些非无产阶级的错误思想进行了分析、批判,指出了这些错误思想的来源、表现以及纠正的方法,号召全军与这些错误思想进行斗争,肃清这些错误思想,建立正确的建党建军思想、原则。批判的错误思想主要是:单纯军事观点、极端民主化、非组织意识、绝对平均主义、唯心观念(主观主义)、个人主义、流寇思想和盲动主义残余等。要建立的正确的建党建军思想、原则主要是:

1. 党对军队的绝对领导权

党必须在政治上、思想上、组织上领导军队。《决议案》强调:"每连建设一个支部,每班建设一个小组,这是军中党的组织的重要原则之

---

① 详见《中共党史教学参考资料》第14册,解放军政治学院1985年编印,第236页;肖邮华主编:《井冈山革命斗争史选编》,中央文献出版社2010年版,第171页。这两种书中辑录的《红四军前委向中央的报告》文字略有不同,这里综合了两种书的较正确的表述。《红四军前委向中央的报告》的写作时间、地点等的考证,见李瑞川:《红四军前委〈四军报告〉成文地点考证》,《福建党史月刊》1990年第11期。

一。在党员数量过少的部队,事实上不能每班建立一个小组时,则暂以排为单位建设小组,而把组员有计划地分配到各班,但须明白这是过渡的方法。"[1] "在高级地方政权机关没有建设以前,红军的军事机关与政治机关,在前委指导之下,平行地执行工作。"[2] 强调,"党的指导机关要有正确的指导路线,遇事要拿出办法,以建立领导的中枢",[3] 从而确立党对军队的绝对领导权。强调,要努力改造党的组织,务使党的组织确实能担负党的政治任务。[4]

2. 确立政治思想建党建军的原则

与一切错误思想进行坚决、彻底的斗争,肃清一切错误思想,确立马克思主义、无产阶级思想的主导地位,是中国共产党和红军成长、发展的必需和基础。《决议案》强调:旧的基础厉行洗除。如政治观念错误,吃食鸦片,发洋财及赌博等,屡戒不改的,不论干部及非干部,一列清洗出党。[5] 强调:各级党部不单是解决问题和指导实际工作的,它还有教育同志的重大责任。[6] "红军党内最迫切的问题,要算是教育问题……不提高党内政治水平,不肃清党内各种偏向,便决然不能健全并扩大红军,更不能负担重大的斗争任务。因此,有计划地进行党内教育,纠正过去之无计划的听其自然的状态,是党的重要任务之一。"[7] 要"从教育上提高党内政治水平"[8] "加紧官兵的政治训练"[9],从而确立马克思主义、无产阶级思想的主导地位。

3. 规定了红军的性质和任务

旧式军队是单纯军事观点挂帅,往往认为军队就是打仗的,为打仗而打仗。中国工农红军是中国共产党领导的革命军队,要为中国民主革命胜利而努力奋斗,是执行革命政治任务的武装集团,必须反对、肃清单纯军事观点。《决议案》强调:"它决不是单纯地打仗的,他除了打仗一件工作之

---

[1] 《六大以来选集》(上),中共中央书记处1941年编印,第70页。
[2] 《六大以来选集》(上),中共中央书记处1941年编印,第87页。
[3] 《六大以来选集》(上),中共中央书记处1941年编印,第65页。
[4] 《六大以来选集》(上),中共中央书记处1941年编印,第70页。
[5] 《六大以来选集》(上),中共中央书记处1941年编印,第71页。
[6] 《六大以来选集》(上),中共中央书记处1941年编印,第71页。
[7] 《六大以来选集》(上),中共中央书记处1941年编印,第74页。
[8] 《六大以来选集》(上),中共中央书记处1941年编印,第64页。
[9] 《六大以来选集》(上),中共中央书记处1941年编印,第64页。

外，还要负担宣传群众，组织群众，武装群众，帮助群众，建设革命政权等项重大的任务。红军之打仗，不是单纯地为了打仗而打仗，完全是为了宣传群众，组织群众，武装群众，帮助群众，建设政权才去打仗的，离了对群众的宣传组织武装政权等目标，就是完全失去了打仗的意义，也就根本失去了红军存在的意义。"① 不仅要反对单纯军事观点还要反对流寇思想。《决议案》强调：要反对"不愿艰苦耐劳的帮助群众建设政权"，"不耐烦和群众在一起作艰苦的斗争，只希望跑到大城市去大吃大喝"等流寇思想。强调：流寇思想"妨碍革命加于红军的巨大任务之执行非常厉害，故肃清流寇思想，实为红军党内思想斗争一个重要目标"②。

4. 确立民主集中制原则

民主集中制是中国共产党组织建设、制度建设的根本原则，也是中国共产党领导的军队建设的根本组织原则。中国工农红军的建设，既要反对旧式军队的长官绝对专权，也要反对实行民主主义后极端民主化的倾向。极端民主化会破坏党的组织、红军的组织，会削弱甚至完全毁灭党和红军的战斗力。《决议案》强调："在组织上厉行集中指导下的民主生活。"③ "党的纪律之一是少数服从多数。"少数人在自己的意见被否决之后，必须拥护多数人所通过的决议。除在后一次会议得再提出讨论外，不得在行动上有任何反对的表示。④

5. 反对主观主义

反对主观主义，即反对唯心主义。《决议案》指出：主观主义、唯心主义的政治分析、工作指导，其必然结果，不是机会主义，就是盲动主义。强调：要使党员"注意社会经济的调查和研究，由此来决定斗争策略和工作方法，使同志们知道离开了实际调查，便要堕入空想和盲动的深坑"。同时，要用马克思主义的方法去作政治分析和阶级势力的估量，以代替唯心方法的分析和估量。⑤ 强调："上级机关要明了下级机关情况，及群众生活情况，

---

① 《六大以来选集》（上），中共中央书记处1941年编印，第64页。
② 《六大以来选集》（上），中共中央书记处1941年编印，第69页。
③ 《六大以来选集》（上），中共中央书记处1941年编印，第65页。
④ 《六大以来选集》（上），中共中央书记处1941年编印，第66页。
⑤ 《六大以来选集》（上），中共中央书记处1941年编印，第68页。

成为正确指导的社会来源。"①

6. 反对个人主义

个人主义是个人利益至上，而不是把革命利益、党的利益、红军的利益放在第一位，这是有害于革命，有害于党，有害于红军的。党的建设、红军的建设必须反对个人主义。《决议案》指出了当时个人主义的表现有：报复主义；小团体主义；雇用观念；享乐主义；消极怠工；离队观念等。号召坚决肃清这些极为有害的个人主义。②

7. 开展正确的批评与自我批评

批评与自我批评是坚强党的组织、增加党的战斗力的武器，也是坚强红军的组织、增加红军的战斗力的武器。但主观主义的、自由主义（非组织）的批评则会毁坏党的组织、毁坏红军的组织。比如：利用批评去做攻击个人的工具，不在党内批评而在党外批评，非政治的批评（不批评政治上、组织上的错误，只批评个人生活上的小缺点），庸俗化批评，等等。这些主观主义的、自由主义的批评，必须坚决反对、肃清之。③同时也要"发动地方党对红军党的批评，及群众、政权机关（苏维埃）对红军的批评"④，以利于红军党组织、红军及时改正错误。

《决议案》及其中的《纠错思想》，是中国共产党建党建军的纲领性文件，规定了建党建军的一些马克思主义的基本原则、基本思想理论和基本任务目标。

（二）意义

1. 历史意义

（1）为党和红军的政治、思想等多方面建设提供了纲领性文件，使党和红军开始在马克思列宁主义基础上进行崭新的建设

中国共产党成立之后到古田会议召开之前，还没有一部党的纲领或者党章就如何进行党的建设，尤其是党的思想建设问题，进行过全面、具体的说

---

① 《六大以来选集》（上），中共中央书记处1941年编印，第65页。
② 《六大以来选集》（上），中共中央书记处1941年编印，第68页。
③ 《六大以来选集》（上），中共中央书记处1941年编印，第66—68页。
④ 《六大以来选集》（上），中共中央书记处1941年编印，第64页。

明。中共一大通过了《中国共产党纲领》，共15条，明确党的名称为"中国共产党"，规定了党的纲领、党的活动方式和政策要求、入党条件及手续等，在15条纲领中并没有涉及党的建设的问题。中共二大通过了《中国共产党章程》，从某种程度上讲，这才是中国共产党历史上第一部党章，由党员、组织、会议、纪律、经费和附则六个章节组成，每一条章程大多是程序性的具体规定和做法，没有涉及党的思想建设的问题。中共三大和四大对党章进行了修正，结构和章节名称未变，同样是六个章节，只对其中的有些条款进行了修改、增加。中共五大成立中央政治局，对党章进行了第三次修改，这是较大的一次修改。其结构为党员、党的建设、党的中央机关、省的组织、市及县的组织、区的组织、党的支部、监察委员会、纪律、党团、经费、与青年团的关系等十二章。这一次修改的重要贡献在于明确了"党的建设"，第一次提出了"民主集中制"的组织和活动原则，但是综观整个党章的内容，这次的修改还是没有解决党的思想建设的问题。1928年6月至7月，中共六大制定了中国共产党历史上的第二个《中国共产党章程》，党章规定了名称、党员、党的组织系统、支部、城乡区的组织、县或市的组织、省的组织、党的全国会议、党的全国大会、中央委员会、审查委员会、党的纪律、党的财政、党团、与共产主义青年团的相互关系等十五章，这个党章仍然没有涉及党的思想建设的问题。中国共产党及其领导的中国红军，尤其是红军成分复杂，存在各种非无产阶级思想，必须有一个全面具体的思想建设的文件，才能有利于党和红军的健康发展。《决议案》及其中的《纠错思想》，对党和红军的政治、思想等多方面建设进行了较全面、具体的说明，为党和红军的政治、思想等建设提供了理论和方法的指导，使党和红军从此有了如何进行马列主义建设的纲领。《决议案》制定以后，党和红军开始在马列主义基础之上进行多方面的崭新的建设。

（2）推进了中国共产党的优良作风的建设

《决议案》及其中的《纠错思想》不仅推进了中国共产党的政治、思想建设，也推进了中国共产党的优良作风的建设，要在党和红军中培养密切联系群众、理论联系实际、批评与自我批评等优良作风，在《决议案》及其中的《纠错思想》中已有所体现。

中国共产党是20世纪中国政党中唯一在建党初期就确立了密切联系群众

作风的党。1922年，中共二大提出了建设群众性大党的任务，强调："党的一切运动都必须深入到广大的群众里面去"，"我们的活动必须是不离开群众的"。1928年，中共六大提出了"争取群众是现时的总路线"。[1]这些都体现了中国共产党的密切联系群众的作风在发展。《决议案》及其中的《纠错思想》更具体地规定了党和红军要宣传群众、组织群众、武装群众，帮助群众建设政权，要和群众在一起作艰苦的斗争。这就大大推进了中国共产党的密切联系群众作风的建设。

理论联系实际的问题，1925年底蔡和森提出过，但没有引起当时党的主要领导人及全党重视。[2]大革命的失败，土地革命战争时期遭遇的一些失败，使毛泽东等共产党人认识到了从中国革命实际出发、马列主义与中国革命实际相结合的必要性、重要性。毛泽东1928年11月写的《井冈山的斗争》，对于当时"左"倾的中央领导就委婉地提出了批评，提出了一定要了解实际情况，不了解实际情况不要瞎指挥；不要错误地估量红军的力量，不要千里之外下一些太硬性的指示。一切要从实际出发，要实事求是。《决议案》及其中的《纠错思想》更明确地指出了主观主义、唯心主义的政治分析、工作指导，其必然结果，不是机会主义，就是盲动主义。指出，要使党员"注意社会经济的调查和研究，由此来决定斗争策略和工作方法，使同志们知道离开了实际调查，便要堕入空想和盲动的深坑"。这就强调了要从实际出发，要实事求是，要理论联系实际。毛泽东制定《决议案》后的几个月，1930年5月，即写了《调查工作》（《反对本本主义》），再次重申了：唯心的工作指导，其结果，不是机会主义，就是盲动主义。明确提出"反对本本主义"，反对教条主义。[3]《调查工作》是《决议案》的发展，《决议案》是土地革命战争时期党内推进理论联系实际作风建设的开始。

要处理好党内关系，处理好党与红军的关系，处理好党、红军、群众的关系，处理好党、红军、地方组织、机构的关系，开展正确的批评与自我批

---

[1] 周一平：《毛泽东对中国共产党优良作风形成、发展的历史贡献》，《毛泽东邓小平理论研究》2004年第4期。

[2] 周一平：《毛泽东对中国共产党优良作风形成、发展的历史贡献》，《毛泽东邓小平理论研究》2004年第4期。

[3] 周一平：《毛泽东对中国共产党优良作风形成、发展的历史贡献》，《毛泽东邓小平理论研究》2004年第4期。

评是必不可少的,《决议案》开始重视这个问题,提出了要反对主观主义的、自由主义(非组织)的批评,反对非政治的批评、庸俗化批评等。强调了要"发动地方党对红军党的批评,及群众、政权机关(苏维埃)对红军的批评"等。这在某种层面上可以说是培育批评与自我批评作风的开始。由于"左"倾机会主义领导在土地革命战争时期统治了党内很长时间,搞"残酷斗争""无情打击",批评与自我批评的优良作风没有健康地发展起来,直到毛泽东领导了延安整风运动,中国共产党内的批评与自我批评的优良作风才逐渐形成。[①]

(3)推动毛泽东思想的形成发展

从1928年到1930年,毛泽东把马列主义与中国革命的实际相结合,不断总结中国革命的经验教训,写下了一系列中国革命的经典著作,如《中国的红色政权为什么能够存在?》(1928年10月)、《井冈山的斗争》(1928年11月)、《决议案》(1929年12月)、《星星之火,可以燎原》(1930年1月)、《反对本本主义》(《调查工作》)(1930年5月)等。在这些著作中,与中国革命关系极其重要的、对中国革命有极其重要指导意义的毛泽东思想中的中国革命道路思想、土地革命思想、党的建设思想、建军思想等开始形成,中国革命的正确的政治路线、思想路线、军事路线开始产生,可以说《决议案》与其他著作一起推动了毛泽东思想的形成发展。

毛泽东思想的产生、发展,建党建军纲领性文件的制定,中国共产党优良作风的发展,对中国共产党、中国红军的发展,对中国革命的发展、胜利起了不可或缺的关键性的作用。没有这些,中国共产党、中国红军就没有正确的思想、理论、原则指导,就不可能从小到大,由弱到强,不断成长、发展,中国革命不可能由挫折、失败走向胜利。

(4)指导中国工农红军健康成长

《决议案》的制定,使红四军有了思想灵魂,有了精神支柱。红四军内的一些矛盾很快得到解决,一些错误思想逐步得到纠正,红四军开始健康成长。《决议案》也指导了其他中国工农红军部队的建设,促进了其他中国工

---

① 周一平:《毛泽东对中国共产党优良作风形成、发展的历史贡献》,《毛泽东邓小平理论研究》2004年第4期。

农红军部队的健康成长。在确立了毛泽东在党中央和红军的领导地位以后，中国工农红军及以后的八路军、新四军、中国人民解放军不断健康成长、壮大。在中国共产党的领导下，在中国人民的支持下，最终打败了国民党政府的军队，为中华人民共和国的成立，立下了不可磨灭的功勋。

2. 现实意义

（1）为中国特色社会主义新时代从严治党治军提供了理论指导

《决议案》及其中的《纠错思想》所规定的一些治党治军的原则、措施和方法，不仅使当时的党和红军有了健康发展的思想、理论指导，也为中国特色社会主义新时代从严治党治军提供了理论指导。

当今中国社会，改革开放日益发展，经济飞速发展，一跃成为世界第二大经济体。在物质丰富、生活水平提高的同时，一些低级、腐朽的思想意识，也在共产党内、人民军队内滋生，如《决议案》及其中的《纠错思想》所坚决反对、全力要肃清的政治观念错误、非组织意识、小团体主义、个人主义、享乐主义等，以及抛弃理论联系实际、密切联系群众、批评与自我批评的优良作风等。这使中国共产党的执政威信、执政地位受到挑战，使中国共产党的前途、中国特色社会主义的前途受到挑战，从严治党治军刻不容缓。《决议案》及其中的《纠错思想》所规定的有计划地加强党内教育，凡政治观念错误等，不论干部及非干部，一律清洗出党，正是当今从严治党治军的有效方法。在中国特色社会主义新时代，就是要用习近平新时代中国特色社会主义思想教育全党全军，提高全党全军的思想政治素质，清除一切低级、腐朽的思想意识，严惩一切腐败变质分子，确保共产党、人民军队正气凛然、朝气蓬勃、坚强有力、战无不胜。

（2）为坚持中国共产党的领导不动摇提供了理论指导

新民主主义革命时期，坚持了中国共产党对人民军队的绝对领导不动摇。中国共产党领导人民军队在中国人民的支持下，赢得了新民主主义革命的胜利。社会主义革命和建设时期，人民军队是社会主义革命和建设的保卫者，也只有坚持中国共产党对人民军队的绝对领导，人民军队才能保卫社会主义革命和建设走向胜利。

对于党对军队的绝对领导权，习近平总书记指出"这是我军的军魂和命根子，永远不能变，永远不能丢"。[①] 2018年8月17日至19日，中央军委党的建设会议召开，习近平总书记在会议上提出："全面加强新时代我军党的领导和党的建设工作，是推进党的建设新的伟大工程的必然要求，是推进强国强军的必然要求。"[②] 他再次强调，坚持党对军队绝对领导是我军加强党的领导和党的建设工作的首要任务。离开了党对军队的绝对领导，军队就会失去方向，就会变成为某个群体谋利的工具，将会对社会的稳定和民族团结造成极大的威胁。

在中国特色社会主义新时代，不仅要坚持中国共产党对人民军队的绝对领导不动摇，也要坚持中国共产党领导一切不动摇。

新民主主义革命时期，有了中国共产党的领导，中国革命走向了胜利。正是有了中国共产党的领导，中国特色社会主义才取得了今天举世瞩目的辉煌成就。如习近平总书记指出的："中国特色社会主义最本质的特征是中国共产党领导，中国特色社会主义制度的最大优势是中国共产党领导，党是最高政治领导力量。"[③] 有些人以为多党竞争、三权分立以及一人一票就是现代国家民主政治的标配，这是对民主政治和中国国情的不正确认识。如习近平总书记指出的："世界上没有完全相同的政治制度模式，政治制度不能脱离特定社会政治条件和历史文化传统来抽象评判，不能定于一尊，不能生搬硬套外国政治制度模式。"[④] 中国共产党的领导是中国的最大国情，中国共产党领导一切是硬道理，中国政治权力结构和政治生活过程必须体现中国共产党领导一切，这是中国政治发展的"总纲性"原则，是不可动摇的。

（3）为发扬光大中国共产党的优良作风提供了理论指导

《决议案》及其中的《纠错思想》推进了中国共产党的密切联系群众、理论联系实际、批评与自我批评等优良作风的建设，这三大优良作风正是当今党的建设必须发扬光大的。

---

① 习近平：《在全军党的建设工作会议上的讲话》，《人民日报》2013年11月7日。
② 《习近平：全面加强新时代我军党的领导和党的建设工作　为开创强军事业新局面提供坚强政治保证》，中国政府网，https://www.gov.cn/xinwen/2018-08/19/content_5314958.htm，2010-08-19。
③ 习近平：《决胜全面建成小康社会　夺取新时代中国特色社会主义伟大胜利——在中国共产党第十九次全国代表大会上的报告》，人民出版社2017年版，第20页。
④ 习近平：《决胜全面建成小康社会　夺取新时代中国特色社会主义伟大胜利——在中国共产党第十九次全国代表大会上的报告》，人民出版社2017年版，第36页。

群众路线是中国共产党的生命线。中国共产党之所以能够取得新民主主义革命的胜利，其中一个重要的原因就是密切联系群众，得到广大人民群众的支持和拥护。当今的中国特色社会主义建设，仍然需要密切联系群众，得到广大人民群众的支持和拥护，仍然需要如《决议案》及其中的《纠错思想》规定的宣传群众、组织群众、帮助群众，才能不断创造辉煌。要树立以人民为中心的工作导向，与群众一起艰苦奋斗，实现到21世纪中叶全面建成社会主义现代化强国。

从实际出发、实事求是、理论联系实际，是中国共产党领导中国的新民主主义革命由挫折、失败走向成功、胜利的最重要的经验之一。中国的社会主义建设由挫折走向辉煌，也离不开从实际出发、实事求是、理论联系实际。中国特色社会主义新时代，更需要如《决议案》及其中的《纠错思想》要求的做好调查研究，由此来决定路线方针政策和工作方法，以免"堕入空想和盲动"。必须进一步从实际出发、实事求是，同时也要解放思想、与时俱进、开拓创新，才能创造新的辉煌。

批评与自我批评，是中国共产党加强和规范党内政治生活的重要手段，是中国共产党始终能够团结奋斗的有力武器。新民主主义革命时期，中国共产党通过批评与自我批评，使党内关系、党军关系、党群关系、党与其他党派的关系等健康发展，使中国共产党成为中国革命的主心骨，使中国共产党不断修正各种错误，领导新民主主义革命取得了胜利。社会主义革命和建设、改革开放时期，中国共产党也通过批评与自我批评，不断修正各种错误，领导社会主义革命和建设、改革走向了辉煌。中国特色社会主义新时代，更需要按照《决议案》及其中的《纠错思想》所要求的开展正确的批评与自我批评，反对主观主义的、自由主义（非组织）的、非政治的、庸俗化批评，要发动群众批评党、监督党，使批评与自我批评成为从严治党治军的有力武器。

三、版本综述

《纠错思想》最早由闽西革命根据地印行铅印本，以后有不少单行本，也被收入不同的集子。

（一）1949年10月以前的版本

1949年10月以前的版本主要有：闽西革命根据地1930年4月铅印本；中共中央书记处1941年编印《六大以来》（上）；中共中央书记处1941年编印《六大以来选集》（上）；中共中央革命军事委员会1942年编印《军事文献》（一）；国民革命军第十八集团军政治部1943年印《决议案》；中共中央书记处1943年编印《两条路线》（上）[①]；八路军留守兵团政治部1944年印《决议案》；胶东联合社1944年3月24日印《决议案》；晋察冀日报社1944年5月版、1945年3月再版《毛泽东选集》（以下简称"《毛选》"）卷三；中共中央华中局宣传部编印《真理》第18期（1944年5月20日）；大连大众书店1946年4月版、1946年6月再版、1946年8月重印、1947年2月再版、1947年11月三版《毛选》卷三；中共中央山东分局1945年编印《党的路线问题选集》第二册；光明出版社1946年版《决议案》；新四军华中军区政治部1946年编印《毛泽东的建军思想》；晋察冀军区政治部1946年印《古田会议决议案与谭政同志政治工作报告》；东北民主联军总政治部1947年印《决议案》；中共晋察冀中央局1947年编印《毛选》卷四[②]；东北民主联军总政治部1947年编印《论革命战争　论党的建设》[③]；香港新民主出版社1947年版《毛泽东选集·中国共产党红军第四军第九次代表大会决议案》；晋冀鲁豫中央局1948年编印《毛选》（上册）；华北军大政治部1948年翻印《古田会议决议案与谭政同志政治工作报告》；东北书店1948年版《毛选》卷四；中国人民解放军东北军区政治部1948年印《决议案》；中国人民解放军东北野战政治部1948年印增补版《决议案》；华东新华书店1948年版《决议案》；

---

① 书中大革命时期14篇全部选自《六大以前》，土地革命时期和抗战时期的文章则选自《六大以来》，本书没有再版（韶山毛泽东图书馆藏）。
② 年代，超星、读秀标为1938年5月。有误。第一篇《论持久战》是1938年5月26日至6月3日讲演，一般标时间为1938年5月。可能把《论持久战》的讲演时间标为《毛泽东选集》卷四出版的时间了。"
③ 精装本，封面题：东北民主联军总政治部出版1947年。上方题：干部教育丛书之二、三合订。先是《论革命战争》，内封题：东北民主联军总政治部出版，1947.8。上方居中题：干部教育丛书之二。接着是《论革命战争》的目录及内容。《论革命战争》内容之后是《论党的建设》，内封题：东北民主联军总政治部出版，1947.7。上方居中题：干部教育丛书之三。接着是《论党的建设》的目录及内容。页码另起。

新疆军区司令部1949年翻印《决议案》；江汉一分区政治部1949年翻印《决议案》；华中新华书店1949年版《决议案》；中原新华书店印行1949年版《决议案》；苏北新华书店1949年版《决议案》；山东新华书店1949年7月再版《决议案》；（上海）新华书店1949年7月版[①]、1949年8月版[②]《决议案》；等等。

（二）1949年10月以后的版本

1. 中文版本

中央人民政府人民革命军事委员会总政治部1950年印《决议案》；西安群众日报出版社1951年版《纠错思想》；华东人民出版社1951年版《新华活页文选》；《大公报》（1951年7月22日）；人民出版社1951年版《纠错思想》；中国人民解放军东北军区政治部1951年印《决议案》[③]；人民出版社1951年版《毛选》第一卷；中国人民革命军事委员会总政治部1951年编印《整党建党学习资料》；人民出版社1952年第二版《纠错思想》；人民出版社1952年第二版《毛选》第一卷；人民出版社1952年9月版《纠错思想》；中共中央革命军事委员会1957年翻印《军事文献》（一）[④]；人民出版社1960年版《纠错思想》；人民出版社1964年版《纠错思想》；人民出版社1964年版《毛选》第一卷第一分册（线装本）；人民出版社1964年版《毛选》（一卷本）；人民出版社1965年版《纠错思想》；中国人民解放军总政治部编印，1961年第一版、1965年第二版、1966年第三版《毛泽东著作选读》；人民出版社1966年横排本《毛选》第一卷；《新安徽报》（1967年1月第9号）；《光明日报》（1967年1月28日）；《新华社电讯》（1967年1月28日第16期）；《黑龙江日报》（1967年1月28日）；《红色电讯》（1967年1月29日第5期）；《锦州日报》（1967年1月29日第5号）；人民出版社1967年版《纠错思想》；《红色电讯》（1967年2月22日第25期）；《新华日报（农村版）》（1967年2月4日第421期）；南京航空学院1967年印

[①] 版权页有"1—10000（沪）"，为上海新华书店印行。
[②] 版权页有"10001—15000（沪）"，为上海新华印刷厂印行。
[③] 上方题：整党学习文件之一。
[④] 根据1942年中央军委编印《军事文献》（一）翻印。

《决议案》；人民出版社1967年版《中国的红色政权为什么能够存在？井冈山的斗争　关于纠正党内的错误思想　星星之火，可以燎原》；人民出版社1967年版《毛泽东选集》（袖珍一卷本）；人民出版社1968年版《毛泽东选集》（袖珍一卷本）；中国人民解放军战士出版社1968年版《毛泽东选集》（袖珍一卷本）；人民出版社1968年版《毛选》（普及本）① 第一卷；山西省革命委员会政工组1970年编印《整党建党学习文件》第五集（内部文件）；中国人民解放军总政治部编，中国人民解放军战士出版社1970年版《政治工作学习文件》；河南省许昌区革命委员会政工组1970年编印《政治工作学习文件》；中国人民解放军总政治部编、浙江人民出版社1970年版《政治工作学习文件》；山西人民出版社1970年版《纠错思想》；中国人民解放军总政治部编，天津人民出版社1970年《政治工作学习文件》；中国人民解放军总政治部编，湖北人民出版社1970年重排版《政治工作学习文件》；《华北民兵（半月刊）》（1970年10月20日第20期）；人民出版社1975年版《纠错思想》；人民出版社1976年版《纠错思想》；中国人民解放军战士出版社1978年版《决议案》；中国人民解放军战士出版社1978年版《毛泽东著作选读》（战士读本）；中国人民解放军战士出版社1981年第1版、1983年第2版《毛泽东周恩来刘少奇朱德论社会主义精神文明》；人民出版社1982年版《纠错思想》；中共辽宁省委整党工作领导小组办公室、中共辽宁省委《共产党员》杂志社1983年编印《历次整党整风文献选编》（内部读物）；中国人民解放军战士出版社1983年版《毛泽东著作选读》（战士读本）；肖庆胜等主编，辽宁教育出版社1988年版《党员教育资料选编》；人民出版社1991年版《毛选》第一卷；中共辽宁省委党校1992年编印《马克思主义原著选读（毛刘周邓著作）》；中共中央党校教材审定委员会审定，中共中央党校出版社1992年版《中共党史文献选编·新民主主义革命时期》；海洋出版社1992年版《马克思主义党的建设理论学习阅读文选》；中国人民解放军总政治部编，解放军出版社1993年版《毛泽东邓小平著作选读》（士兵读本）；中共中央文献研究室、中国人民解放军军事科学院编辑，军事科学出版社、中央文献出版社1993年版《毛泽东军事文集》第一卷；中共中央文

---

① 分两种本子，一种是合订一卷本，另一种是四卷本。

献研究室编辑，人民出版社1993年版《毛泽东文集》第一卷；中国人民解放军总政治部编，解放军出版社1995年版《基层军官理论学习读本》；中国人民解放军总政治部编，解放军出版社1996年版《士兵理论学习读本》；中共河南省委党校教务处1998年编印《马克思主义著作选读》；傅柒生等编著，中国大百科全书出版社1998年版《古田铸军魂 古田会议纪念馆》（附录）；李智道主编，中国人民解放军国防大学出版社2001年版《中国人民解放军传统教育与现代素质教育》（第1册）；教育部社会科学研究与思想政治工作司组编，人民出版社2001年版《毛泽东思想基本著作选读》；中共中央党校教务部编，中共中央党校出版社2002年版《毛泽东著作选编》；西苑出版社2001年版《毛泽东选集手抄本》第一卷；杨大明主编，甘肃人民出版社2002年版《马克思主义著作选读》（下）；牛长林等编，党史政工教研室2003年版《毛泽东 邓小平 江泽民关于思想政治建设论著选编》；杨永良主编，湖北辞书出版社2003年版《中国共产党重要会议决策历程》；中共龙岩市委党史研究室2009年编印《毛泽东闽西文稿》；林开泰主编，中共党史出版社2010年版《上杭苏区永流芳》；中共中央文献研究室、中国井冈山干部学院编，中央文献出版社2010年版《毛泽东在江西革命斗争时期的著作选编》；中共中央文献研究室编，中央文献出版社2011年版《建党以来重要文献选编》第六册；古田会议纪念馆2012年编印《中国共产党红军第四军第九次代表大会决议案（古田会议决议）》；张希贤主编，中共中央党校出版社2012年版《新形势下加强党的纯洁性建设》；军事科学院军队政治工作研究中心2012年印《决议案》；张迪杰主编，润东出版社2013年版《毛泽东全集》第4卷；湘潭大学出版社2014年版《红藏·真理》4；等等。

还有一些全文收入《纠错思想》的，如：中国人民解放军高级步兵学校政治工作教授会1955年编印《党政工作文选》[①]；安徽省八·二七革命造反兵团、合肥工业大学纵队1967年印《决议案》；江西省革命造反派炮轰省委联合会、南京大学毛泽东思想宣传组、江苏新华印刷厂红色造反队1967年印《决议案》；中共中央党校党建教研室编，中共中央党校出版社1981年版《关于党的学说的基本原理 无产阶级革命导师论述选编》；薛又兰等编，

---

① 读秀题："政党工作文选"。

哈尔滨工业大学出版社1985年版《中共党史学习文献选编》；中国人民解放军国防大学训练部1987年编印《马克思恩格斯列宁斯大林毛泽东论政治工作》；《马克思主义党的学说著作选读》编辑组编，中共中央党校出版社1988年版《马克思主义党的学说著作选读》；肖庆胜等主编，辽宁教育出版社1988年版《党员教育资料选编》；中央档案馆编，中共中央党校出版社1990年版《中共中央文件选集》第五册；中共河南省委宣传部党员教育处编，河南人民出版社1990年版《马克思主义党的学说文献选读》；《马克思主义党的学说著作选读》编辑组编，中共中央党校出版社1990年第2版《马克思主义党的学说著作选读》（修订本）；中国人民解放军总政治部编，解放军出版社1991年版《马克思主义党的建设著作选读》；李立安等主编，中国人民大学出版社1991年版《光辉的七十年》（下卷）；中国工人出版社1991年版《新时代党员思想修养手册》；张德昌主编，暨南大学出版社1991年版《共产党员文库》；《马克思主义思想政治教育著作选读》编辑组编，高等教育出版社1991年版《马克思主义思想政治教育著作选读》；泽昌主编，中共中央党校出版社1991年版《马克思主义党建理论学习文献与导读》；韩扬主编，经济日报出版社1991年版《学习马克思主义党建理论必读》；《马克思主义著作选编》选编组编，中共中央党校出版社1992年版《马克思主义著作选编 党的学说》；中共湖北省委宣传部主编，武汉大学出版社1992年版《马克思主义党建理论文献选编和学习提要》；王顺堂等编，中共河南省委党校党建教研室编印出版1992年版《马克思主义党建著作学习辅导》（上）；中共北京市委党校编，中国政法大学出版社1993年版《马克思主义思想政治教育文选》；中共中央党校函授学院1993年编印《毛泽东思想经典文选》；杨春贵等编，中共中央党校出版社1994年版《马克思主义著作选编》甲种本（上）；杨春贵等编，中共中央党校出版社1994年版《马克思主义著作选编》丙种本；中共中央党校教务部选编，中共中央党校出版社1996年第2版《马克思主义著作选编》丙种本；中共中央宣传部办公厅、中央档案馆编研部编，学习出版社1996年版《中国共产党宣传工作文献选编：1915—1937》；杨春贵等选编，中共中央党校出版社1997年版《马克思主义著作选编》乙种本；中共河南省委党校教务处1998年编印《马克思主义著作选读》；魏继让主编，浙江人民出版社1999年版《马克思主义导读》；郝景泉主编，北京出版社2000年版《〈毛泽东思想概论〉文献选编》；刘德华主编，高等教育出版社2001年版《马克思主义思想政治教育著作导读》；胡泽尧主编，贵州人民出版社2001年版《思想政治工作原著及重要文献选读》；中共北京市委党校思政教研部编，民族出版社2001年版《马克思主义经典著作选读·教育部分》；毛慧主编，浙江大学出版社2002年版《毛泽东思想经典文献选读与复习题解》；廉永杰等编，西安理工大学2003年印《马克思主义党建理论文献选学与导读》；陈洪等主编，重庆出版社2005年版《毛泽东思想基本著作青年读本与导读》；《中国共产党反腐倡廉文献通典：1921—2008年》编委会编，党建读物出版社2009年版《中国共产党反腐倡廉文献通典：二〇〇二年十一月—二〇〇八年》第一卷；陈杭芹著，中央文献出版社2010年版《党建之魂古田会议开辟党建成功之路》；赖平主编，湘潭大学出版社2010年版《毛泽东思想和中国特色社会主义理论体系概论精选原著导读》；来永宝著，厦门大学出版社2010年版《古田会议精神与大学生思想政治教育创新》；闽西革命历史博物馆编，中共党史出版社2012年版《闽西与中国革命》；中共龙岩市委党史研究室编，中共党史出版社2013年版《闽西红色纵览》；江西省档案局编，江西人民出版社2013年版《防尘扫埃　地净天蓝　回望中央苏区反腐倡廉岁月》上；吴玉才编著，安徽师范大学出版社2015年版《毛泽东思想文献解读》；吴新业等主编，南京大学出版社2014年版《古田会议精神与当代大学生》；中共江西省委党史研究室编，中央文献出版社2015年版《中央革命根据地历史资料文库军事系统》9；等等。

还要提一下的是1949年12月台湾阳明山庄也翻印了《决议案》，这是逃亡台湾的国民党政府的印本。这个版本与大陆的东北书店版等相校，封面上的副标题"一九二七年十二月闽西古田会议"，时间搞错了，标点和文字略有不同，主要内容基本相同。

台湾阳明山庄《决议案》书影

这个版本的卷首为"编者识",说:"本书是共匪建党与建军的最早的文献之一,今日仍为匪政治工作与军事工作干部之整风文件,且规定为匪军中的教材。际兹匪军猖獗一时,知敌应与知己并重,爰特印出以供研究敌情之参考。"这里将中国共产党称为"共匪"、将中国共产党领导的军队称为"匪军",这是污蔑。但显然也可以看出,当时的台湾有关方面是把这个《决议案》视为中共建党与建军的最早的文献之一,实际上也是最重要的文献之一,在中共的政治工作与军事工作中有重要的地位,并认为必须认真研究。

还有一些节录版,如:吉林书店1948年版《统一意志统一行动统一纪律》(摘录);中共中央组织部办公厅,中共中央直属高级党校党的建设教研室1956年编印《论党的建设》(二)《党的团结的统一》(摘录);中共中央组织部办公厅,中共中央直属高级党校党的建设教研室1956年编印《论党的建设》(三)《党的民主集中制与集体领导》(摘录);北京大学社会主义教育委员会1957年编印《社会主义教育学习文件》(摘录);中国人民大学新闻系1958年编印《毛泽东论宣传》(摘录);江西人民出版社1960年编印《政治经济理论学习文件》(摘录);中国人民解放军政治学院1964年编印《毛泽东同志论党的建设》(摘录);上海支部生活编辑部1969年编印《毛主席论整党》(摘录);湖南省高等院校政治经济学教材编写组1974年编印《马克思主义经典著作选编》(节选);中共四川省委宣传部《理论简讯》编辑室1980年编印《经济理论学习文摘》(供干部学习用)(摘录);刘德华主编,武汉工业大学出版社1988年版《思想政治教育重要文献学习提要》(节选);范杰主编,河海大学出版社1990年版《党的纪委教育资料选编》（摘录）；中共河南省委组织部1991年编印《党性原则教育文选》（节选）；冯文彬等编，山西人民出版社1991年版《1921—1991中国共产党建设全书》第7卷《党的思想政治工作》（节录）；中共中央文献研究室编，人民出版社1997年版《毛泽东邓小平江泽民论世界观人生观价值观》（节选）；长沙市直机关思想作风整顿领导小组办公室2000年编印《思想作风整顿学习资料汇编》（节选）；郑德荣主编，吉林人民出版社2000年版《中国共产党优良作风鉴览：基本理论》（节录）；张培炎等主编，广西人民出版社2001年版《马克思主义著作选读》（节选）；赵保存编，香港荣誉出版有限公司2005年版《毛泽东论语》（摘录）；李德芳等主编，武汉大学出版社2009年版《中国共产党思想政治教育史料选编》（节选）；岳海翔等编著，湖北人民出版社2013年版《跟毛泽东学公文写作》（摘录）；刘玉瑛主编，中共中央党校出版社2014年版《群众工作实用大辞典》（摘录）；青海民族学院政教系政治经济学教研组编印，《政治经济学经典著作选读》（下）（节选）；湖北财经专科学校政治经济学教研组编印，《政治经济学原著选（社会主义部分）》；中共河南省委组织部编《党性原则教育文选》；等等。

还有一些翻印本：如陆军第二〇三政治部1965年翻印《决议案》，中国人民解放军政治学院训练部1960年翻印《决议案》，中国人民解放军装甲兵学院政治部1961年翻印《决议案》，石家庄高级步兵学校政治部1960年翻印《决议案》，中国人民解放军海军政治学校1964年翻印《决议案》，等等。

2. **其他版本**

少数民族文版有藏文版、维吾尔文版、蒙古文版、朝鲜文版、托忒蒙古文版、哈文版等20余种。外文版有世界语、印尼、老挝、乌尔都、俄、泰、英、意、缅、法、阿拉伯、德、西、葡、越、罗、土耳其、波斯、豪萨、斯瓦希里、蒙古、朝鲜文等40种以上，俄华合订本2种。注音本1种。盲文版2种。

（三）版本项不详的版本

还有一些出版时间或出版社不详的版本：西南政法学院党史教研室编，

《中共党史教学参考资料·民主革命时期》；《教育革命学习文件》（供内部学习使用）；1976年1月《红军第四军第九次代表会议决议案——1929年12月闽西古田会议》；太行三分区人民武装部翻印，《中国共产党红军第四军第九次代表大会决议案》；中共晋绥分局印《红军第四军第九次代表大会决议案》；中央人民政府民族事务委员会出版《关于纠正党内的错误思想》；武汉军区政治部《毛主席的五篇著作》；中国工业出版社《毛泽东著作单篇活页》；等等。

四、研究综述

（一）对《纠错思想》版本的概述

如：施金炎主编《毛泽东著作版本述录与考订》[①]对《纠错思想》进行了版本介绍。在施金炎的书中，《纠错思想》单行本有90多种，其中中文版新中国成立前出版的有18种，基本都以《决议案》为题。新中国成立后出版的9种版本，均改名为《纠错思想》，少数民族版有10多种，外文版有50多种。此外还有：延安《解放日报》（1942年4月10日）、中共中央华中局宣传部编印的《真理》第18期（1944年5月20日）、晋冀鲁豫军区政治部编印的《人民军队的建设》（1946年1月）、新四军山东军区政治部编印的《军队政治工作指南》（1946年8月）、解放社出版的《整风文献》（1949年6月）等，收入决议案的部分章节。

蒋建农等《毛泽东著作版本编年纪事》[②]分别介绍了题为《决议案》和《纠错思想》的版本情况。《决议案》的版本有：1930年4月6日闽西根据地铅印本、1941年12月中共中央书记处编印《六大以来》（上）、中共中央革命军事委员会1942年编《军事文献》（一）、1944年5月晋察冀日报社出版《毛泽东选集》（卷三附录），1946年大连大众书店、1948年5月中共中央东北局和中共晋冀鲁豫中央局编辑出版的《毛泽东选集》全文收入决议案。

[①] 施金炎主编：《毛泽东著作版本述录与考订》，海南国际新闻出版中心1995年版，第177—184页。
[②] 蒋建农等：《毛泽东著作版本编年纪事》（一册），湖南人民出版社2013年第2版，第106—107页。

据不完全统计，新中国成立前此决议案的单行本有18种之多。《纠错思想》的版本包括新中国成立前的节印本，如：1942年4月10日延安《解放日报》（摘录第1、5、7至9章）、1944年5月20日中共中央华中局宣传部编印《真理》第18期、1946年1月晋冀鲁豫军区政治部编印《人民军队的建设》、1946年8月新四军山东军区政治部编印《军队政治工作指南》和1949年6月解放社出版的《整风文献》（摘录第1章2至5节）等；新中国成立后的版本：人民出版社1951年10月版《毛泽东选集》第一卷，人民出版社1991年6月《毛泽东选集》第一卷第2版，中共中央文献编辑委员会编、人民出版社1986年8月版《毛泽东著作选读》（上）等，另外少数民族版10多种，外文版50多种。

柏钦水主编《毛泽东著作版本鉴赏》[①]介绍了相关版本情况；著作合订本25种，单行本3种。

张曼玲《毛泽东早期著作版本精品图录》[②]介绍了《决议案》的版本。1930年4月闽西根据地刊印版、1941年中共中央书记处编印《六大以来》（上）、1942年，中共中央革命军事委员会出版《军事文献》（一）、1944年晋察冀日报社《毛泽东选集》（附录收入）、1946年6月大连大众书店《毛泽东选集》卷三、1948年东北书店《毛泽东选集》卷四收入全文，此外延安《解放日报》1942年4月10日、中共中央华中局宣传部《真理》第18期、1946年1月晋冀鲁豫军区政治部编印《人民军队的建设》、新四军山东军区政治部编印《军队政治工作指南》、解放社出版《整风文献》均收入决议案部分章节。较早的版本有胶东联合社1944年3月24日年印《决议案》和1943年6月国民革命军第十八集团军政治部出版的版本，以及1948年中共地下党出版伪装版，封面署"上海学联翻印"的字样。

张惠芝等主编《毛泽东生平著作研究目录大全》[③]介绍了《纠错思想》的出版情况。其中单行本中文版10种，少数民族文字版14种，外文版35种。

廖盖隆等主编《毛泽东百科全书》[④]中介绍了《纠错思想》的版本。在

[①] 柏钦水主编：《毛泽东著作版本鉴赏》，山东人民出版社2009年版。
[②] 张曼玲编著：《毛泽东早期著作版本精品图录》，湖南人民出版社2011年版，第113—116页。
[③] 张惠芝等主编：《毛泽东生平著作研究目录大全》，河北教育出版社1993年版。
[④] 廖盖隆等主编：《毛泽东百科全书》，光明日报出版社2003年版。

廖盖隆的书中，1930年4月印铅印本、1942年12月中共中央书记处编印《六大以来》（上）、1942年4月10日《解放日报》、1942年中共中央革命军事委员会印《军事文献》（一）、1944年5月中共中央华中局宣传部主办《真理》第18期、1944年5月晋察冀日报社编辑部出版《毛泽东选集》（卷三附录）、新中国成立前出版的大连大众书店版、东北书店版、中共晋冀鲁豫中央局版的《毛泽东选集》都收入了该决议。1944年4月27日新四军政治部、1948年9月华东新华书店出版单行本。1949年6月解放社出版的《整风文献》收入该决议案的第一章。新中国成立后，毛泽东做出修改，《纠错思想》便以独立著作的形式收入各类毛泽东著作集，并出版大量单行本，还有盲文版、少数民族版、外文版等，均以1951年版《毛泽东选集》第一卷为底本。

寻霖等编著《湘人著述表》（一）[①]。书中介绍了各类毛泽东著作集：1943年国民革命军第十八集团军政治部印行、1944年八路军留守兵团政治部印行《决议案》，胶东联合社1944年印《决议案》，太行军区政治部印行《闽西古田会议决议案》。

王进等主编《毛泽东大辞典》[②]。书中介绍了《纠错思想》的东北书店1948年11月版，标题为《反对党内几种不正确的倾向》，1951年8月人民出版社第一版单行本、1951年7月第二版，1951年中南人民出版社、1951年12月中国人民大学出版社、1953年1月上海中华书局出版俄华合订本。还介绍了《决议案》的单行本有1948年9月华东新华书店，1949年1月和5月香港新民主出版社，1949年7月苏北新华书店、山东新华书店、上海新华书店出版该书，太行军区政治部印行该书，书名为《闽西古田会议决议案》。

（二）对《纠错思想》版本的校勘、研究

如：日本竹内实主编，日本苍苍社1983年第二版《毛泽东集》第2卷，收入的《决议案》以1944年《毛泽东选集》卷三收入的《决议案》为底本，以1949年2月香港新民主出版社单行本《决议案》及1967年《资料选编》收入的《决议案》为参考，与人民出版社1951年版《毛选》第一卷中收入的《纠错思想》进行了详细校勘，列出校勘记270余条。这是较早对《纠错思想》进行

[①] 寻霖等：《湘人著述表》（一），岳麓书社2010年版。
[②] 王进等主编：《毛泽东大辞典》，广西人民出版社等1992年版。

版本校勘、研究的著作。

周一平著，中国国际文化出版社2013年版《日版〈毛泽东集〉〈毛泽东集补卷〉校勘与研究》，对竹内实主编的《毛泽东集》《毛泽东集补卷》进行了校勘与研究，指出日版的不足与长处。书中指出："日《集》第2卷中的《中国共产党红军第四军第九次代表大会决议案》其中的第一部分《纠正党内非无产阶级意识的不正确倾向问题》，即《毛选》第1卷中的《关于纠正党内的错误思想》，这一部分日《集》第2卷本在'非组织的批评'中有三点，第三点'一部分党员特殊化'，还有'纠正的方法'，这些内容是《毛选》第1卷本中没有的。《毛文集》第1卷也收入了《中国共产党红军第四军第九次代表大会决议案》，但第一部分依据的是《毛选》第1卷中的文字，仍没有'一部分党员特殊化'、'纠正的方法'等内容。"[①] 又指出："日《集》第2卷《中国共产党红军第四军第九次代表大会决议案》其中的第一部分《纠正党内非无产阶级意识的不正确倾向问题》，即《毛选》第1卷中的《关于纠正党内的错误思想》，这一部分日《集》第2卷本写了270余条校勘记排列于每页的上方。《毛文集》第1卷也收入了《中国共产党红军第四军第九次代表大会决议案》，但第一部分依据的是《毛选》第1卷中的文字，没有校语。"[②] 这是目前中国出版的唯一涉及1949年以前毛泽东著作各方面内容校勘的校勘型著作。

（三）对《纠错思想》写作背景、经过、内容、意义等的研究

1. 书

如：郑昌等编，新建设杂志社1951年版《学习〈毛泽东选集〉第一卷》；中国青年出版社编辑出版1958年版《学习毛泽东著作》第1辑；郭晓棠著，河南人民出版社1960年版《中国革命的历史道路——学习毛泽东思想的体会》（其中有《〈关于纠正党内的错误思想〉——一个建党建军的重要的历史文献——为纪念红四军党的第九次代表大会30周年》）；中国青年出版社编辑

[①] 周一平：《日版〈毛泽东集〉〈毛泽东集补卷〉校勘与研究》，中国国际文化出版社2013年版，第128—129页。

[②] 周一平：《日版〈毛泽东集〉〈毛泽东集补卷〉校勘与研究》，中国国际文化出版社2013年版，第152页。

出版1962年版《毛泽东著作介绍》(其中有莫文骅《重温〈关于纠正党内的错误思想〉》);中国人民公安部队政治部宣传部1964年编印《毛泽东著作介绍》;中共厦门市委工交政治部1966年编印《学习毛主席著作参考资料》;贵州省革命委员会政治部编1972年版《学习材料》(第11期);辽一师院政教系1976年编印《学习毛主席著作体会》;黑龙江大学哲学系1977年编印《学习〈毛泽东选集〉第一卷参考材料》;中国人民解放军炮兵军政干部学校政治部政治教研室1977年编印《学习毛主席著作参考材料(讨论稿)》;广东工学院马列主义教研室1977年编印《学习毛主席著作辅导材料(一)》;福建师范大学政治教育系资料室1977年编印《学习毛主席著作辅导材料(一)》;甘肃人民出版社1978年版《毛主席著作介绍》(第1集);解放军报编辑部编,长征出版社1982年版《毛泽东同志四十三篇著作简介》;中共龙岩地委党史资料征集研究委员会1984年编印《重评古田会议》;哲云主编,工人出版社1984年版《高等院校政治理论课总复习》(下);刘德华等主编,武汉工业大学出版社1988年版《思想政治教育重要文献学习提要》;宋士昌等主编,黄河出版社1990年版《马克思主义经典著作导读》;章海山著,上海人民出版社1991年版《马克思主义伦理思想发展的历程》;杨瑞森等主编,中国人事出版社1991年版《新版〈毛泽东选集〉导读》;韩荣璋主编、中国毛泽东思想理论与实践研究会编,改革出版社1991年版《新版〈毛泽东选集〉学习辅导》;李善塘等主编,白山出版社1991年版《中国共产党自身建设70年》;朱贵玉等主编,中国经济出版社1991年版《毛泽东著作研究文集》;韩扬主编,经济日报出版社1991年版《学习马克思主义党建理论必读》;赵曜等主编,法律出版社1992年版《马克思主义理论及热点问题概览》;冯金武等主编,改革出版社1992年版《毛泽东思想与中国共产党的实践》;徐敏捷主编,大连理工大学出版社1992年版《党建著作导读手册》;邓光荣等主编,国防大学出版社1993年版《毛泽东军事思想辞典》;廖盖隆等主编,光明日报出报社1993年版,2003年修订版《毛泽东百科全书》;赵云献等主编、中共中央党校党的建设教育部编,山西人民出版社1998年版《马克思主义党的学说经典著作导读》;蒋建农主编,河北人民出版社1998年版《毛泽东全书》第五卷;胡泽尧主编,贵州人民出版社2001年版《思想政治工作原著及重要文献选读》;齐文学等著,东北大学出版社2011年版

《马克思主义党的学说简史》；白云涛编著，四川人民出版社2012年版《中共党史珍闻录》；孟艾芳主编，山西教育出版社2013年版《基层党建与引领力量》；吴新业等主编，南京大学出版社2014年版《古田会议精神与当代大学生》；金一南著，国防大学出版社2014年版《金一南讲稿自选集》；黄允升等主编，红旗出版社2014年版《一代天骄毛泽东》（上）；吴玉才编著，安徽师范大学出版社2015年版《毛泽东思想文献解读》；等等。

有些书涉及了《纠错思想》的研究。如：法扬等编著，四川人民出版社1983年版《党的学说论集》；夏征农主编，吉林人民出版社1985年版《社会主义辞典》；孙铁编著，中国展望出版社1987年版《党的组织工作词典》；刘炳文编，学术期刊出版社1988年版《人民武装辞典》；孙鼎重主编，人民日报出版社1989年版《党务工作手册》；王振川等主编，中共党史资料出版社1989年版《新时代党的工作手册》；中国毛泽东思想理论与实践研究会理事会编，中共中央党校出版社1989年版《毛泽东思想辞典》；王振川主编，档案出版社1990年版《机关党的工作手册》；《党务工作实用手册》编辑委员会编，经济管理出版社1990年版《党务工作实用手册》；敬永和主编，上海人民出版社1990年版《现代思想政治工作辞典》；熊国保主编，军事译文出版社1991年版《学习毛泽东与毛泽东思想》；陈光林主编，山东人民出版社1991年版《中国共产党党员学习修养大辞典》；杨宏禹等主编，华中师范大学出版社1991年版《社会主义问题学习辞典》；黄德渊等编著，南京大学出版社1991年版《党的基本知识手册》；焦根强等主编，中国政法大学出版社1991年版《毛泽东著作辞典》；何平主编，中国国际广播电台出版社1992年版《毛泽东大辞典》；邵华泽主编，山西教育出版社1993年版《中国国情总览》；翟泰丰主编，辽宁人民出版社1994年版《党的基本路线知识全书》；孟学文主编，红旗出版社1996年版《中国共青团大典》；范平等主编，东方出版社1999年版《跨世纪党建基本知识手册》；吴少平主编，同心出版社2000年版《学习三代领导核心论思想政治工作指导读本》（中）；施善玉等主编，长征出版社2001年版《中国共产党党史知识集成》；余品华等著，江西人民出版社2002年版《毛泽东哲学思想的开端·土地革命战争时期毛泽东哲学思想研究》；卢江林著，解放军文艺出版社2007年版《潇潇雨集》；赖平主编，湘潭大学出版社2010年版《毛泽东思想和中国特色社会主义理论体系概论精选原著导读》；万里主编，湖南人民出版社2011年版《湖湘文化辞典》；半月谈杂志社《时事资料手册》编辑部编，新华出版社2011年版《中国共产党建党90周年辞典》；傅如通主编、中共龙岩市委党史研究室编，中共党史出版社2011年版《纪念古田会议召开80周年理论研讨会论文集》；吴石坚著，上海社会科学院出版社2012年版《马克思主义与改变世界》；杨江华编，湖南科学技术出版社2012年版《瑞金的故事》；孟艾芳编，山西教育出版社2013年版《军事思想与国防建设》；廉永杰等编，西安理工大学2013年版《马克思主义党建理论文献选学与导读》；政协上杭县委员会编，中央文献出版社2013年版《上杭与古田会议》；张荣臣著，中共中央党校出版社2014年版《向我开炮　开展批评和自我批评的艺术与方法》；全国纪念毛泽东同志诞辰120周年学术研讨会组委会编，中央文献出版社2014年版《毛泽东与中国道路　全国纪念毛泽东同志诞辰120周年学术研讨会论文集》（上）；聂月岩主编，首都师范大学出版社2014年版《马克思主义中国化问题研究》；黄仲芳等主编，江苏人民出版社2015年版《井冈山斗争口述史》（上）；《陈毅传》编写组著，当代中国出版社2015年版《〈当代中国人物传记〉丛书　陈毅传》；石仲泉著，上海人民出版社2016年版《我观党史四集》（上）；王晓东编，陕西人民出版社2016年版《毛泽东诗词解读》；孙伟著，中共党史出版社2016年版《创业艰难百战多·土地革命战争时期的陈毅》；中共中央党史研究室著，中共党史出版社、党建读物出版社2016年版《中国共产党的九十年·新民主主义革命时期》；林爱枝著，海峡文艺出版社2016年版《山川行旅》；张文木著，山东人民出版社2016年版《重温毛泽东战略思想》；等等。

还有些书简单地介绍、论述了《纠错思想》。如：青海民族学院政教系1976年编印《学习中共党史参考材料　历史事件、名词解释》；周尚文主编，上海人民出版社1984年版《国际共运史事件人物录》；《思想政治工作词典》编写组编，气象出版社1985年版《思想政治工作词典》；寿孝鹤等主编，社会科学文献出版社1986年版《1949—1985中华人民共和国资料手册》；张念宏等主编，冶金工业出版社1987年版《政治理论学习词典》；宋士昌等主编，黄河出版社1989年版《干部学习词典》；孙庆祥主编，山东人民出版社1990年版《组织人事工作辞典》；肖秀荣等主编，四川人民出版社

1990年版《社会主义教育手册》；徐少锦等主编，中国广播影视出版社1999年版《伦理百科辞典》；胡惠林主编，福建人民出版社1991年版《振兴中华读书手册》；杜亦平等主编，天津人民出版社1991年版《思想政治工作小百科》；景杉主编，中国国际广播出版社1991年版《中国共产党大辞典》；唐培吉主编，经济日报出版社1991年版《中国革命与建设史辞典》；王进等主编，广西人民出版社等1992年版《毛泽东大辞典》；乔明甫等主编，四川人民出版社1991年版《中国共产党建设大辞典》；李其炎主编，新华出版社1993年版《中国共产党党务工作大辞典》；柴宇球主编，中国档案出版社1998年版《毛泽东大智谋》（下卷）；冯契主编，上海辞书出版社2001年版《哲学大辞典》（上）；余源培编，上海辞书出版社2012年版《邓小平理论辞典》；金钊主编，国家行政学院出版社2013年版《党支部书记不可不知的常识》（修订版）；吴寒斌著，光明日报出版社2015年版《永生的生命线 党的群众路线教育实践活动长效机制研究》；等等。

2. 论文

如：王国龙《从古田会议决议透视毛泽东党建思想及其当代价值——重读毛泽东〈关于纠正党内的错误思想〉》（《中共宁波市委党校学报》2018年第2期）认为毛泽东坚持思想建党与制度治党相结合。思想建党是灵魂，制度治党是根本。在全面从严治党的今天，中国共产党必须继承和发展毛泽东党建思想，严格思想建党，为全面从严治党提供理想信念支撑，完善制度治党，为全面从严治党提供规矩制度保障，结合中国实际，为全面从严治党提供改革创新动力。

王毅《政治规矩视域下的古田会议》（《中共中央党校学报》2017年第1期）认为古田会议之前有种种政治上不规矩的现象，表现为：极端民主化、非组织观点、小团体主义和党的领导弱化。古田会议立政治规矩，包括：厉行集中指导下的民主生活，一成决议就须坚决执行，党内批评"政治化""科学化"，入党条件严格化、具体化。

周红梅《毛泽东对党内民主建设的早期探索——以〈关于纠正党内的错误思想〉为文本的考察》（《重庆科技学院学报》2013年第12期）文章分为三个部分。第一部分分析了古田会议召开的背景。第二部分提出毛泽东发展党内民主的方法：开展党员教育，培养党员的民主意识，加强民主集中制建设，增强党内民主的制度保障，开展正确的党内批评，营造党内民主的氛围。第三部分提出毛泽东党内民主建设探索的现实启示：要重视党内民主的主体建设，正确处理党内民主和党内纪律的关系，拓宽党内民主的渠道，完善党员的利益表达机制。

还有：艾思奇《读〈关于纠正党内的错误思想〉》（《学习》1951年第11期）；吕夷等《〈关于纠正党内的错误思想〉的伟大历史意义和现实意义》（《思想战线》1960年第1期）；劲宣东《我党我军思想建设的伟大纲领——学习〈关于纠正党内的错误思想〉》（《解放日报》1969年8月11日）；靳学民《坚持进行党的正确路线教育——学习〈关于纠正党内的错误思想〉》（《红旗》1972年第7期）；李兵《永远坚持党对军队绝对领导的原则——学习〈关于纠正党内的错误思想〉的体会》（《文史哲》1974年第4期）；曾文晞《坚持进行思想和政治路线教育——学习〈关于纠正党内的错误思想〉的一点体会》（《广西师范大学学报》1974年第12期）；黄少群《论古田会议决议是党和军队建设的纲领性文献》（《吉林大学社会科学学报》1984年第6期）；瞿定国《古田会议决议中关于建党思想的几个问题》（《党史资料与研究》1985年第6期）；曾志《古田会议决议纠正党内错误思想的做法仍具有现实指导意义》（《党建》1989年第12期）；蒋振范《加强思想建设坚持党性原则——重温〈古田会议决议〉札记》（《宁波师范学院学报》1990年第2期）；赵晓石《中国革命道路理论形成过程中的重要一环——〈古田会议决议〉的历史地位新探》（《南京政治学院学报》1990年第4期）；林径一《坚持把思想建设放在党的建设的首位——重温〈关于纠正党内的错误思想〉》（《社科纵横》1991年第2期）；宋镜明《关于毛泽东建党思想形成的标志问题》（《武汉大学学报（社会科学版）》1991年第3期）；杨斌《〈古田会议决议〉中体现的毛泽东党建思想》（《毛泽东思想研究》1992年第1期）；吴荣宣《红军创建时期毛泽东的建党思想和古田会议的历史功绩》（《党史研究与教学》1993年第5期）；杨育韬《毛泽东〈古田会议决议〉建党思想浅析》（《湖北电大学刊》1994年第Z1期）；赵晶《红军建军原则的大争论与古田会议的召开》（《军事历史》1999年第4期）；张雪英等《略论古田会议对延安整风运动之影响——古田会议七十周年纪念》（《龙岩师专学报》1999年第4期）；邢家强《〈古田会议决议〉和

十五届六中全会〈决定〉：党的作风建设的光辉文献》（《探索》2002年第2期）；姜耀武《论古田会议在中国共产党思想政治教育史上的地位》（东北师范大学硕士论文2002年10月）；钟建英《古田精神对保持党的先进性教育的历史启迪》（《福建党史月刊》2004年第S1期）；黄珠燕《毛泽东在"古田会议"前后二、三事》（《南方文物》2004年第4期）；卢敏云《古田会议着重从思想上建党的理论研究》（武汉理工大学硕士论文2005年4月）；李东朗《古田会议决议与人民军队的素质建设》（《纪念中国人民解放军建军80周年学术研讨会论文集》2007年7月）；来永宝《古田会议精神的时代价值》（《龙岩学院学报》2009年第1期）；李文武《纪念思想政治工作文献〈古田会议决议〉发表80周年》（《江西社会科学》2009年第S1期）；赖蔚英《〈古田会议决议〉对党的思想政治工作理念的创新》（《龙岩学院学报》2009年第4期）；李新生《古田会议对中国共产党建设的历史贡献——纪念古田会议80周年》（《党史研究与教学》2009年第6期）；兰雪花等《试论古田会议对延安整风运动的影响》（《延安大学学报》2009年第6期）；王增杰《古田会议对党的建设科学化的探索与启示》（《中共太原市委党校学报》2010年第1期）；赵志军《〈古田会议决议〉80年历史回顾及启示》（《赣南师范学院学报》2010年第1期）；傅柒生《军事历史档案与古田会议研究》（《军事历史研究》2010年第S1期）；罗芳芳《古田会议决议对马克思主义中国化的现实启示》（《党史文苑》2010年第2期）；张喜德等《古田会议决议与共产国际》（《河北师范大学学报》2010年第2期）；潘妮娜《保持党与人民群众的血肉联系——重读〈古田会议决议〉》（《传承》2010年第3期）；李惠芬《古田会议与党的建设——重温毛泽东〈关于纠正党内的错误思想〉》（《赣南师范学院学报》2010年第4期）；蒋伯英《古田会议关于党的建设原则的确立及其意义》（《赣南师范学院学报》2010年第4期）；李鸿岩《论〈古田会议决议〉的具体作用》（《学理论》2010年第22期）；赖文燕《古田会议是我党我军建设史上的里程碑》（《福建党史月刊》2010年第22期）；罗平汉《中共妥善解决内部争论的一次重大实践（下）》（《党史博览》2011年第3期）；陈小梅等《党和军队建设史上的重要里程碑——重温古田会议决议》（《中国档案》2011年第3期）；郑瑞峰《1929年的朱毛之争》（《党史纵横》2011年第5期）；中共福建省龙岩市委组织部课题组

《古田会议的重大现实意义》(《党建研究》2011年第6期);李根寿《中央苏区时期马克思主义中国化研究》(南昌大学博士论文2011年6月);陈胜华《党对军队绝对领导权确立的历史过程》(《中国井冈山干部学院学报》2011年第11期);杨佳江《论古田会议决议对新时期党的建设的价值》(上海交通大学硕士论文2011年12月);王智《重读〈关于纠正党内的错误思想〉之思考》(《边防警察报》2011年12月15日);陈明亮《古田会议对军队思想作风建设的现实启示》(《党史文苑》2011年第24期);蒋光贵《古田会议关于加强党的建设的举措》(《中共云南省委党校学报》2012年第2期);周柔等《论毛泽东对党员思想纯洁性建设的初步探索——以〈关于纠正党内的错误思想〉为文本的考察》(《江西教育学院学报》2013年第5期);总政治部办公厅编研局《人民军队建设史上的重要里程碑——纪念古田会议85周年》(《解放军报》2013年10月3日);卢亚飞等《解读〈古田会议决议〉中的"强军梦"》(《今日中国论坛》2013年第13期);赵雪微《试论〈古田会议决议〉的当代价值》(《文教资料》2013年第33期);江维娅《土地革命时期中国共产党对非无产阶级思想的斗争研究》(贵州师范大学硕士论文2014年4月);石仲泉等《重温古田会议对建党建军的历史性贡献》(《军事历史》2014年第5期);秦克丽《论〈古田会议决议〉历史价值的三维度》(《南京政治学院学报》2014年第6期);蔡普民《〈古田会议决议〉对党的建设的时代价值》(《厦门特区党校学报》2014年第6期);陈再生《古田会议与党的纯洁性建设》(《思想理论教育导刊》2014年第7期);李颖《永不枯竭的生命力——重读"古田会议决议"》(《百年潮》2014年第12期);褚银等《古田会议前奏——新泉整训》(《党史纵横》2014年第12期);褚银《古田会议始末》(《党史博采(纪实)》2014年第12期);石仲泉《古田会议决议与党的建设》(《福建党史月刊》2014年第23期);李蓉《试析古田会议决议中毛泽东提出的有关党内教育思想》(《福建党史月刊》2014年第23期);李顺禹《传承求实创新精神 维护党内民主团结——从古田会议到遵义会议》(《福建党史月刊》2014年第24期);刘凤健《从〈古田会议决议〉看毛泽东的建军思想》(《毛泽东研究》2015年第1期);翟清华《重大的变革 深刻的启示——古田会议前后的历史回顾和思考》(《军事历史》2015年第1期);谢卓芝等《〈古田会议决议案〉对党

的思想政治工作的贡献及启示》（《胜利油田党校学报》2015年第2期）；张雪英等《古田会议决议：中国共产党统一战线理论的光辉篇章》（《苏区研究》2015年第4期）；汪鹏《古田会议决议：通向胜利的党建科学指南和建军根本原则》（《苏区研究》2015年第4期）；兖芳芳《〈关于纠正党内的错误思想〉对严肃党内政治生活的启示》（《求知》2015年第5期）；傅柒生《共和国从这里走来之六：古田会议毛泽东揭示思想建党规律》（《共产党员（河北）》2015年第13期）；余伯流《朱毛红军政治工作制度的演进——从三湾、古田到瑞金》（《中国井冈山干部学院学报》2016年第1期）；郭济汀等《一部闪耀着群众路线思想光芒的纲领性文献——重读古田会议决议》（《苏区研究》2016年第2期）；连欢《从〈古田会议决议〉看毛泽东的建党思想》（《马克思主义学刊》2016年第3期）；朱新屋《古田会议与制度治党——基于"二元结构"时代背景的历史考察》（《红广角》2016年第10期）；王璐《〈古田会议决议〉中的思想政治教育理论及其对当下的启示》（《新丝路（下旬）》2016年第11期）；王建南《古田会议从严治党思想研究》（武汉大学博士论文2016年12月）；靳冬玲《〈古田会议决议〉对党的思想政治建设的启示》（《办公室业务》2016年第24期）；汪一朝《从古田会议决议看毛泽东关于党内政治生活的思考与探索》（《福建党史月刊》2017年第1期）；殷路路《毛泽东严肃党内政治生活思想的组织实践及其现实意义——以〈古田会议决议〉为中心的历史考察》（《宁夏党校学报》2017年第2期）；刘庆《毛泽东关于思想建党塑造中国共产党形象问题研究——以〈关于纠正党内的错误思想〉为蓝本》（《胜利油田党校学报》2017年第2期）；覃燕《毛泽东对党的纪律建设的早期探索——以〈古田会议决议〉为文本的考察》（《中共南宁市委党校学报》2017年第2期）；崔言香《中央苏区党的群众路线研究》（南京师范大学硕士论文2017年2月）；何继明等《坚持政治建军是人民军队永不变色的根本保证》（《军事历史》2017年第2期）；程福根《古田会议对中国共产党纪律建设思想的独特贡献》（《佳木斯大学社会科学学报》2017年第2期）；王晓光《毛泽东提出"党内生活政治化"》（《党史文苑》2017年第2期）；张喜德等《古田会议对中共六大党建思想的传承与推进》（《中共山西省委党校学报》2017年第4期）；沈燕培《党和红军建设的不朽丰碑——古田会议文献研读》（《党史文汇》2017

年第4期）；何敏《古田会议是创建新型人民军队的历史起点》（《北京档案》2017年第8期）；李顺禹《从〈古田会议决议〉看毛泽东关于实现党对军队绝对领导的思想》（《福建党史月刊》2017年第10期）；于欣《古田会议中思想建党的当代意义》（《中共福建省委党校学报》2017年第10期）；王秀苹《〈古田会议决议〉中党的思想建设刍议》（《兰台世界》2017年第13期）；牛力《古田会议是人民军队政治建军走向成熟的里程碑》（《党史文苑》2018年第1期）；于化民《熔铸不朽的军魂——论建军初期人民军队政治建军原则的确立》（《军事历史研究》2018年第2期）；林炳玉《古田会议开启了严肃党内政治生活新篇章》（《宁夏党校学报》2018年第2期）；曾汉辉等《古田会议与党的建设》（《学术评论》2018年第3期）；吴晓雨《古田会议对我国当前意识形态工作的四大启示》（《党史博采》2018年第4期）；刘丽《古田会议决议与当代政治生态建设的思考》（《天中学刊》2018年第5期）；柏处处《毛泽东与古田会议决议》（湘潭大学硕士论文2018年5月）；吴文春《〈古田会议决议〉对严明党的纪律的探索及现实启示》（《井冈山大学学报》2018年第6期）；董维娜《〈古田会议决议〉对全面从严治党的现代启示》（《新西部》2018年第8期）；冯宪书《新中国成立以前古田会议决议的传播及影响》（《党的文献》2019年第2期）；等等。

有一些论著研究了《纠错思想》的语言艺术，如：岳海翔等主编，湖北人民出版社2013年版《跟毛泽东学公文写作》；杨柏等主编，大连出版社1996年版《中国公文史上的丰碑——毛泽东的公文理论与实践》；等等。

总的来说，《纠错思想》版本研究方面的成果较少，值得进行全面、深入的研究。

五、校勘与分析

（一）1949年10月以前版本校勘与分析

1. 中共中央革命军事委员会1942年编印《军事文献》（一）与中共中央书记处1941年编印《六大以来选集》（上）异同

中共中央书记处1941年《六大以来选集》（上）书影

中国人民解放军总参谋部1957年翻印本《军事文献》（一）书影

中共中央书记处1941年编印《六大以来选集》（上）收入的《决议案》（以下简称"《六大以来选集》（上）"）与中共中央革命军事委员会1942年编印《军事文献》（一）收入的《决议案》相校，主要是标点符号和不影响文义的文字不同，其他相同。

特别说明：以下所据的中共中央革命军事委员会1942年编印的《军

事文献》，是中国人民解放军总参谋部1957年翻印本（以下简称"《军事》"），这个翻印本依原本翻印，基本没有改动。

（1）标点不同有96处

《六大以来选集》（上）："指出四军党内各种非无产阶级意识的不正确倾向的来源，表现，及其纠正方法"[①]。《军事》为："指出四军党内各种非无产阶级意识的不正确倾向的来源、表现及其纠正方法"[②]。

《六大以来选集》（上）："因此不懂得党的组织（会议等）的重要以为批评在组织内组织外没有什么分别的原故。"[③]《军事》为："因此不懂得党的组织（会议等）的重要，以为批评在组织内组织外没有什么分别的原故。"[④]

《六大以来选集》（上）："党内批评是坚强党的组织，"[⑤]。《军事》为："党内批评是坚强党的组织、"[⑥]。

……

（2）不改变文义或基本不改变文义的文字不同有103处

第一，标题序号等不同。

《六大以来选集》（上）："4 绝对平均主义……1，红军中绝对平均主义"[⑦]。《军事》为："（四）绝对平均主义……甲、红军中绝对平均主义"[⑧]。

《六大以来选集》（上）："1 单纯军事观点……1，单纯军事观点的来源……（一）政治水平低"[⑨]。《军事》为："（一）单纯军事观点……甲、单纯军事观点的来源……1.政治水平低"[⑩]。

《六大以来选集》（上）："8 盲动主义残余……1，红军党内对盲动主

[①] 《六大以来选集》（上），中共中央书记处1941年编印，第63页。
[②] 《军事文献》（一），中国人民解放军总参谋部1957年翻印，第25页。
[③] 《六大以来选集》（上），中共中央书记处1941年编印，第66页。
[④] 《军事文献》（一），中国人民解放军总参谋部1957年翻印，第27页。
[⑤] 《六大以来选集》（上），中共中央书记处1941年编印，第66页。
[⑥] 《军事文献》（一），中国人民解放军总参谋部1957年翻印，第27页。
[⑦] 《六大以来选集》（上），中共中央书记处1941年编印，第67页。
[⑧] 《军事文献》（一），中国人民解放军总参谋部1957年翻印，第28页。
[⑨] 《六大以来选集》（上），中共中央书记处1941年编印，第63页。
[⑩] 《军事文献》（一），中国人民解放军总参谋部1957年翻印，第25页。

义的斗争……1不顾主客观条件的盲干"①。《军事》为："（八）盲动主义残余……甲、红军党内对盲动主义的斗争……（1）不顾主客观条件的盲干"②。

《六大以来选集》（上）："2 极端民主化……2，纠正的方法……第二，是在组织上厉行集中指导下的民主生活。其路线是：（一）党的指导机关要有正确的指导路线"③。《军事》为："（二）极端民主化……乙、纠正的方法……2.是在组织上厉行集中指导下的民主生活。其路线是：（1）党的指导机关要有正确的指导路线"④。

……

第二，不改变文义文字改动。

《六大以来选集》（上）："须查看环境的可能"⑤。《军事》为："须看环境的可能"⑥。删除"查"，不改变文义。

《六大以来选集》（上）："最显著的有如下列三种"⑦。《军事》为："最显著的有如下三种"⑧。删除"列"，不改变文义。

《六大以来选集》（上）："不仅对党员军事化一个任务大有妨碍"⑨。《军事》为："不仅对党员军事化这一个任务大有妨碍"⑩。"一个"改为"这一个"，不改变文义。

《六大以来选集》（上）："分东西要求极端平均"⑪。《军事》为："分东西要来极端平均"⑫。"要求"改为"要来"，这是出现了错别字，不改变文义。

---

① 《六大以来选集》（上），中共中央书记处1941年编印，第69页。
② 《军事文献》（一），中国人民解放军总参谋部1957年翻印，第30页。
③ 《六大以来选集》（上），中共中央书记处1941年编印，第65页。
④ 《军事文献》（一），中国人民解放军总参谋部1957年翻印，第26—27页。
⑤ 《六大以来选集》（上），中共中央书记处1941年编印，第65页。
⑥ 《军事文献》（一），中国人民解放军总参谋部1957年翻印，第27页。
⑦ 《六大以来选集》（上），中共中央书记处1941年编印，第65页。
⑧ 《军事文献》（一），中国人民解放军总参谋部1957年翻印，第27页。
⑨ 《六大以来选集》（上），中共中央书记处1941年编印，第66页。
⑩ 《军事文献》（一），中国人民解放军总参谋部1957年翻印，第28页。
⑪ 《六大以来选集》（上），中共中央书记处1941年编印，第67页。
⑫ 《军事文献》（一），中国人民解放军总参谋部1957年翻印，第28页。

《六大以来选集》（上）："承认军事政治二者的对立"[①]。《军事》为："承认军事、政治二者对立"[②]。删除"的"，不改变文义。

……

第三，基本不改变文义文字改动。

《六大以来选集》（上）："军事不好，政治也不会好"[③]。《军事》为："军队不好，政治也不会好"[④]。"军事"改为"军队"，基本不改变文义。

《六大以来选集》（上）："同时在宣传上，忽视宣传队工作的重要任务"[⑤]。《军事》为："同时在宣传上，忽视宣传工作的重要任务"[⑥]。"宣传队"改为"宣传"，基本不改变文义。

《六大以来选集》（上）："经常的提出关于军事的计划"[⑦]。《军事》为："经常的提出军事的计划"[⑧]。删除"关于"，基本不改变文义。

《六大以来选集》（上）："司令部打了一间大点的房子也要骂起来"[⑨]。《军事》为："司令部住了一间大点的房子也要骂起来"[⑩]。"打了"改为"住了"，基本不改变文义。

……

[①] 《六大以来选集》（上），中共中央书记处1941年编印，第63页。
[②] 《军事文献》（一），中国人民解放军总参谋部1957年翻印，第25页。
[③] 《六大以来选集》（上），中共中央书记处1941年编印，第63—64页。
[④] 《军事文献》（一），中国人民解放军总参谋部1957年翻印，第25页。
[⑤] 《六大以来选集》（上），中共中央书记处1941年编印，第64页。
[⑥] 《军事文献》（一），中国人民解放军总参谋部1957年翻印，第26页。
[⑦] 《六大以来选集》（上），中共中央书记处1941年编印，第66页。
[⑧] 《军事文献》（一），中国人民解放军总参谋部1957年翻印，第28页。
[⑨] 《六大以来选集》（上），中共中央书记处1941年编印，第67页。
[⑩] 《军事文献》（一），中国人民解放军总参谋部1957年翻印，第28页。

2. 晋察冀日报社1944年《毛泽东选集》卷三版与中共中央书记处1941年编印《六大以来选集》（上）版异同

晋察冀日报社1944年《毛泽东选集》卷三版书影

晋察冀日报社1944年版《毛泽东选集》卷三附录的《决议案》（以下简称"1944年版"）与《六大以来选集》（上）版相校，基本内容相同，略有标点和文字的不同。

（1）标点符号的不同有29处

《六大以来选集》（上）版："第一，红军历来有一个重大的错误……第二，因为有上述党的任务上的重大错误"①。1944年版："第一、红军历来有一个重大的错误……第二、因为有上述党的任务上的重大错误"②。

《六大以来选集》（上）版："因此不懂得党的组织（会议等）的重要以为批评……"③1944年版："因此不懂得党的组织（会议等）的重要，以为批评……"④

《六大以来选集》（上）版："背米不问大人小孩体强体弱，只要平均背；"⑤。1944年版："背米不问大人小孩体强体弱，只要平均背，"⑥。

《六大以来选集》（上）版："进步通信方法（军用电话及无线电），

---

① 《六大以来选集》（上），中共中央书记处1941年编印，第66页。
② 《毛泽东选集》卷三，晋察冀日报社1944年版，第143—144页。
③ 《六大以来选集》（上），中共中央书记处1941年编印，第66页。
④ 《毛泽东选集》卷三，晋察冀日报社1944年版，第143页。
⑤ 《六大以来选集》（上），中共中央书记处1941年编印，第67页。
⑥ 《毛泽东选集》卷三，晋察冀日报社1944年版，第144页。

和进步运输方法……"① 1944年版："进步通信方法（军用电话及无线电）和进步运输方法……"②

《六大以来选集》（上）版："他的表现如……"③ 1944年版"他的表现如：……"④

……

（2）不改变文义的文字不同有27处

第一，标题序号等不同。

《六大以来选集》（上）版："1 单纯军事观点　1，单纯军事观点的来源"⑤。1944年版："甲 单纯军事观点（1）单纯军事观点的来源"⑥。

《六大以来选集》（上）版："3 非组织意识……1，非少数服从多数……2，非组织的批评"⑦。1944年版："丙 非组织意识……（1）非少数服从多数……（2）非组织的批评"⑧。

第二，不改变文义文字改动。

《六大以来选集》（上）版："加增党的战斗力的武器"⑨。1944年版："增加党的战斗力的武器"⑩。"加增"改为"增加"，不改变文义。

《六大以来选集》（上）版："由于他没有真确认识自己的阶级任务"⑪。1944年版："由于他没有正确认识自己的阶级任务"⑫。"真确"改为"正确"，是对错别字的纠正，不改变文义（下文不再赘述）。

---

① 《六大以来选集》（上），中共中央书记处1941年编印，第69页。
② 《毛泽东选集》卷三，晋察冀日报社1944年版，第149页。
③ 《六大以来选集》（上），中共中央书记处1941年编印，第69页。
④ 《毛泽东选集》卷三，晋察冀日报社1944年版，第150页。
⑤ 《六大以来选集》（上），中共中央书记处1941年编印，第63页。
⑥ 《毛泽东选集》卷三，晋察冀日报社1944年版，第137页。
⑦ 《六大以来选集》（上），中共中央书记处1941年编印，第65—66页。
⑧ 《毛泽东选集》卷三，晋察冀日报社1944年版，第142页。
⑨ 《六大以来选集》（上），中共中央书记处1941年编印，第66页。
⑩ 《毛泽东选集》卷三，晋察冀日报社1944年版，第143页。
⑪ 《六大以来选集》（上），中共中央书记处1941年编印，第68页。
⑫ 《毛泽东选集》卷三，晋察冀日报社1944年版，第148页。

3. 《真理》1944年第18期版与晋察冀日报社1944年《毛泽东选集》卷三版异同

《真理》1944年第18期版图片（辑自《红藏·真理》第4册）

《真理》1944年5月20日第18期刊载的《决议案》（以下简称"《真理》版"）与1944年版相校，基本内容相同，略有标点和文字的不同。

（1）标点不同有51处

1944年版："第一、是从理论上扫除极端民主化的根苗……第二、是在组织上厉行集中指导下的民主生活……"①《真理》版："第一，是从理论上扫除极端民主化的根苗……第二，是在组织上厉行集中指导下的民主生活……"②

1944年版："肃清军事观点的理论根源。同时还要肃清机会主义和盲动主义的残余……"③《真理》版："肃清军事观点的理论根源，同时还要肃清机会主义和盲动主义的残余……"④

1944年版："四军党内非组织意识，表现在各方面的很多……"⑤《真

---

① 《毛泽东选集》卷三，晋察冀日报社1944年版，第141页。
② 《真理》1944年5月20日第18期。
③ 《毛泽东选集》卷三，晋察冀日报社1944年版，第139页。
④ 《真理》1944年5月20日第18期。
⑤ 《毛泽东选集》卷三，晋察冀日报社1944年版，第142页。

理》版:"四军党内非组织意识表现在各方面的很多……"①

……

(2)文字不同有80处

第一,标题序号等不同有19处。

1944年版:"(1)单纯军事观点的来源……(2)单纯军事观点在红军一部份同志中非常发展,其表现如……(3)纠正的方法……"②《真理》版:"一、单纯军事观点的来源……二、单纯军事观点在红军一部份同志中非常发展,其表现如……三、纠正的方法……"③

《真理》版将1944年版的序号删除,不改变文义。如:1944年版:"1不顾主客观条件的盲干;2城市政策之执行不充分不坚决"④。《真理》版为:"不顾主客观条件的盲干;城市政策之执行不充分不坚决"⑤。

……

第二,不改变文义文字改动。

"红军"改为"我军"21处,不改变文义。如:1944年版:"不知道红军的任务"⑥。《真理》版为:"不知道我军的任务"⑦。中共中央华中局宣传部编印的《真理》属于党内的秘密刊物,因此"红军"改为"我军"并没有产生歧义,不改变文义。

"红军"改为"军队"4处,不改变文义。如:1944年版:"不认识党和红军,都是执行阶级任务的工具"⑧。《真理》版为:"不认识党和军队,都是执行阶级任务的工具"⑨。

1944年版:"自然是由于党的组织基础最大部份是建筑于农民及其他小资产成份之上"⑩。《真理》版:"自然是由于党的组织基础最大部份是建筑于

---

① 《真理》1944年5月20日第18期。
② 《毛泽东选集》卷三,晋察冀日报社1944年版,第137—139页。
③ 《真理》1944年5月20日第18期。
④ 《毛泽东选集》卷三,晋察冀日报社1944年版,第150页。
⑤ 《真理》1944年5月20日第18期。
⑥ 《毛泽东选集》卷三,晋察冀日报社1944年版,第138页。
⑦ 《真理》1944年5月20日第18期。
⑧ 《毛泽东选集》卷三,晋察冀日报社1944年版,第147页。
⑨ 《真理》1944年5月20日第18期。
⑩ 《毛泽东选集》卷三,晋察冀日报社1944年版,第137页。

农民及其他小资产阶级成份之上"①。增加"阶级"二字，不改变文义。

1944年版："号召同志起来彻底的加以肃清"②。《真理》版："号召同志起来加以彻底的肃清"③。"彻底的加以"改为"加以彻底的"，不改变文义。

1944年版："这就是说极端民主化的毒根还深中在许多同志的心中"④。《真理》版："这就是说极端民主化的毒根还深种在许多同志的心中"⑤。"中"改为"种"，纠正错别字。

1944年版："种种表示勉强的态度"⑥。《真理》版："往往表示勉强的态度"⑦。"种种"改为"往往"，不改变文义。

1944年版："使党担负不起斗争之责任"⑧。《真理》版："使党担负不起斗争的责任"⑨。"之"改为"的"，不改变文义。

1944年版："增加党的战斗力的武器"⑩。《真理》版："加增党的战斗力的武器"⑪。"增加"改为"加增"，不改变文义。

1944年版："党的各级会议（从支部到前委）均须将军事工作计划及报告列于议事日程"⑫。《真理》版："党的各级会议，均须将军事工作计划及报告列入议事日程"⑬。删除"（从支部到前委）"，括号内的内容起补充解释的作用，删除不改变文义；"列于"改为"列入"，不改变文义。

1944年版："稍微多做一点就不肯；甚至在一副担架两个伤兵的情况"⑭。《真理》版："稍为多做一点就不肯；甚至在一副担架两个伤兵

---

① 《真理》1944年5月20日第18期。
② 《毛泽东选集》卷三，晋察冀日报社1944年版，第137页。
③ 《真理》1944年5月20日第18期。
④ 《毛泽东选集》卷三，晋察冀日报社1944年版，第140页。
⑤ 《真理》1944年5月20日第18期。
⑥ 《毛泽东选集》卷三，晋察冀日报社1944年版，第140页。
⑦ 《真理》1944年5月20日第18期。
⑧ 《毛泽东选集》卷三，晋察冀日报社1944年版，第141页。
⑨ 《真理》1944年5月20日第18期。
⑩ 《毛泽东选集》卷三，晋察冀日报社1944年版，第143页。
⑪ 《真理》1944年5月20日第18期。
⑫ 《毛泽东选集》卷三，晋察冀日报社1944年版，第144页。
⑬ 《真理》1944年5月20日第18期。
⑭ 《毛泽东选集》卷三，晋察冀日报社1944年版，第144—145页。

的情况下"①。"稍微"改为"稍为",应该是排版、印刷错误;增加"下",不改变文义。

1944年版:"在红军内物资的分配,应该做到最大限度的平均,如官兵军饷平均等,因为这是现时环境中红军斗争的需要"②。《真理》版:"在我军内物资的分配,应该做到最大限度的平均,这是因为现时环境中我军斗争的需要"③。"因为这是"改为"这是因为",删除"如官兵军饷平均等",不改变文义。

1944年版:"纠正的方法,唯一的是使党员的思想和党内的生活都政治化科学化"④。《真理》版:"纠正的方法,唯一的是使党员的思想和党员的生活都政治化科学化"⑤。"党内"改为"党员",不改变文义。

1944年版:"(二)小团体主义"⑥。《真理》版:"(二)小集体主义"⑦。"团体"改为"集体",不改变文义。

1944年版:"还须加上奋斗的努力"⑧。《真理》版:"还需加上奋斗的努力"⑨。"须"改为"需",不改变文义。

1944年版:"个人主义之见于享乐主义方面的,在红军中亦有一个不小的部分"⑩。《真理》版:"个人主义表现于享乐主义方面的,在四军中亦有一个不少的部分"⑪。"之见于"改为"表现于","不小"改为"不少",不改变文义。

1944年版:"不走由扩大地方赤卫队、地方红军以至于扩大非地方红军的路线"⑫。《真理》版:"不走由扩大地方自卫军、地方军以至于扩大非

---

① 《真理》1944年5月20日第18期。
② 《毛泽东选集》卷三,晋察冀日报社1944年版,第145页。
③ 《真理》1944年5月20日第18期。
④ 《毛泽东选集》卷三,晋察冀日报社1944年版,第146页。
⑤ 《真理》1944年5月20日第18期。
⑥ 《毛泽东选集》卷三,晋察冀日报社1944年版,第147页。
⑦ 《真理》1944年5月20日第18期。
⑧ 《毛泽东选集》卷三,晋察冀日报社1944年版,第147页。
⑨ 《真理》1944年5月20日第18期。
⑩ 《毛泽东选集》卷三,晋察冀日报社1944年版,第147页。
⑪ 《真理》1944年5月20日第18期。
⑫ 《毛泽东选集》卷三,晋察冀日报社1944年版,第149页。

地方军的路线"①。"赤卫队"改为"自卫军","地方红军"改为"地方军",不改变文义。

1944年版："红军党内对盲动主义的斗争,已经尽了颇大的努力,但不能说已经充分;因此红军中盲动主义的思想和行动虽已经克服了许多,但尚存留着一些残余"②。《真理》版："四军党内对盲动主义的斗争,已经尽了颇大的努力,但尚存留着一些残余"③。（下文详细论述）

……

第三,使文义更通俗、明白、准确、合理。

1944年版："以为红军的任务也和白军相仿佛"④。《真理》版："以为我军的任务也和国民党军队相仿佛"⑤。"白军"改为"国民党军队",更通俗、明白。

"红军"改为"四军"7处,如：1944年版："但红军党内的批评很多不明白这种意义"⑥。《真理》版为："但四军党内的批评很多不明白这种意义"⑦。将"红军"改为"四军",明白、准确。

1944年版："这种结果亦足引导党走上毁坏的道路"⑧。《真理》版："这种结果亦是引导党走上毁灭的道路"⑨。"足"改为"是",应该是属于印刷错误。"毁坏"改为"毁灭",更准确、妥当。强调不在党内批评而在党外批评,不仅仅是破坏党,而会毁灭整个党。

1944年版："现有红军基本队伍及以后新来俘虏兵,加紧反流氓意识的教育"⑩。《真理》版："对现有基本队伍及以后新来俘虏兵,加紧反流寇意识的教育"⑪。"流氓"改为"流寇",更准确。当时红军中存在的是"流寇"主义错误意识,不是"流氓"主义错误意识。

---

① 《真理》1944年5月20日第18期。
② 《毛泽东选集》卷三,晋察冀日报社1944年版,第150页。
③ 《真理》1944年5月20日第18期。
④ 《毛泽东选集》卷三,晋察冀日报社1944年版,第138页。
⑤ 《真理》1944年5月20日第18期。
⑥ 《毛泽东选集》卷三,晋察冀日报社1944年版,第143页。
⑦ 《真理》1944年5月20日第18期。
⑧ 《毛泽东选集》卷三,晋察冀日报社1944年版,第143页。
⑨ 《真理》1944年5月20日第18期。
⑩ 《毛泽东选集》卷三,晋察冀日报社1944年版,第149页。
⑪ 《真理》1944年5月20日第18期。

在讲述盲动主义残余的表现时，1944年版："3军纪松懈，特别是打败仗时；4不要群众基础的烧屋行为，各部队都还有一部分存在；5枪毙逃兵制度和肉刑制度"①。《真理》版："军纪松懈，枪毙逃兵制度和肉刑制度"②。删除"不要群众基础的烧屋行为，各部队都还有一部分存在"等，更准确、妥当。大概当时"不要群众基础的烧屋行为"很少存在，或很快就杜绝了，所以删除。

第四，思想性改动。

1944年版："及群众政权机关（苏维埃）对红军的批评"③。《真理》版："及群众政权机关对红军的批评"④。删除"（苏维埃）"，有去"苏维埃"化的意味。（下文详细论述）

4. 中共晋察冀中央局1947年编印《毛泽东选集》卷四与晋察冀日报社1944年《毛泽东选集》卷三版异同

中共晋察冀中央局1947年编印《毛泽东选集》卷四书影

中共晋察冀中央局1947年编印的《毛泽东选集》卷四附录的《决议案》（以下简称"《中央局》"）与1944年版相校，基本内容相同，略有标点和文字的不同。

---

① 《毛泽东选集》卷三，晋察冀日报社1944年版，第150页。
② 《真理》1944年5月20日第18期。
③ 《毛泽东选集》卷三，晋察冀日报社1944年版，第140页。
④ 《真理》1944年5月20日第18期。

（1）标点不同有10处

1944年版："还要担负宣传群众，组织群众，武装群众，帮助群众，建设政权等重大任务。红军之打仗，不是为打仗而打仗，完全是为了宣传群众，组织群众，武装群众，帮助群众，建设政权才去打仗的……"①《中央局》："还要担负宣传群众、组织群众、武装群众、帮助群众、建设政权等重大任务。红军之打仗，不是为打仗而打仗，完全是为了宣传群众、组织群众、武装群众、帮助群众、建设政权才去打仗的……"②

1944年版："便有走到脱离群众，以军队垄断政权，离开阶级地位的危险……"③《中央局》："便有走到脱离群众、以军队垄断政权、离开阶级地位的危险……"④

1944年版："忽视宣传队工作的重要任务，"⑤。《中央局》："忽视宣传队工作的重要任务；"⑥。

1944年版："客观上实在是反革命思想的一种，具有这种思想的人……"⑦《中央局》："客观上实在是反革命思想的一种。具有这种思想的人……"⑧

1944年版："如训练计划，管理计划，作战计划等……"⑨《中央局》："如训练计划、管理计划、作战计划等……"⑩

1944年版："背米不问大人小孩体强体弱，只要平均背，"⑪。《中央局》："背米不问大人小孩体强体弱，只要平均背；"⑫。

1944年版："必然要忘记党的政治任务，这是最大的危险，"⑬。《中央

---

① 《毛泽东选集》卷三，晋察冀日报社1944年版，第138页。
② 《毛泽东选集》卷四，中共晋察冀中央局1947年编印，第130页。
③ 《毛泽东选集》卷三，晋察冀日报社1944年版，第139页。
④ 《毛泽东选集》卷四，中共晋察冀中央局1947年编印，第131页。
⑤ 《毛泽东选集》卷三，晋察冀日报社1944年版，第139页。
⑥ 《毛泽东选集》卷四，中共晋察冀中央局1947年编印，第131页。
⑦ 《毛泽东选集》卷三，晋察冀日报社1944年版，第141页。
⑧ 《毛泽东选集》卷四，中共晋察冀中央局1947年编印，第133页。
⑨ 《毛泽东选集》卷三，晋察冀日报社1944年版，第143页。
⑩ 《毛泽东选集》卷四，中共晋察冀中央局1947年编印，第135页。
⑪ 《毛泽东选集》卷三，晋察冀日报社1944年版，第144页。
⑫ 《毛泽东选集》卷四，中共晋察冀中央局1947年编印，第136页。
⑬ 《毛泽东选集》卷三，晋察冀日报社1944年版，第146页。

局》:"必然要忘记党的政治任务,这是最大的危险。"①

1944年版:"手榴弹,钢炮,机关枪等"②。《中央局》:"手榴弹、钢炮、机关枪等"③。

1944年版:"不走由扩大地方赤卫队,地方红军以至于扩大非地方红军的路线……"④《中央局》:"不走由扩大地方赤卫队、地方红军以至于扩大非地方红军的路线……"⑤

1944年版:"(三)不耐烦和群众在一块作艰苦斗争,只希望跑到大城市去大吃大喝"⑥。《中央局》:"不耐烦和群众在一块作艰苦斗争。只希望跑到大城市去大吃大喝"⑦。

(2)不改变文义的文字不同有2处

1944年版:"第一,是从理论上扫除极端民主化的根苗……第二,是在组织上厉行集中指导下的民主生活。其路线是:(一)……(二)……(三)……(四)……(五)"⑧。《中央局》:"(一)是从理论上扫除极端民主化的根苗……(二)是在组织上厉行集中指导下的民主生活。其路线是:1.……2.……3.……4.……5."⑨。序号改变,不改变文义。

1944年版:"是加增党的战斗力以达到阶级斗争的胜利"⑩。《中央局》:"是增加党的战斗力以达到阶级斗争的胜利"⑪。"加增"改为"增加"不改变文义。

---

① 《毛泽东选集》卷四,中共晋察冀中央局1947年编印,第137页。
② 《毛泽东选集》卷三,晋察冀日报社1944年版,第149页。
③ 《毛泽东选集》卷四,中共晋察冀中央局1947年编印,第140页。
④ 《毛泽东选集》卷三,晋察冀日报社1944年版,第149页。
⑤ 《毛泽东选集》卷四,中共晋察冀中央局1947年编印,第140页。
⑥ 《毛泽东选集》卷三,晋察冀日报社1944年版,第149页。
⑦ 《毛泽东选集》卷四,中共晋察冀中央局1947年编印,第140页。
⑧ 《毛泽东选集》卷三,晋察冀日报社1944年版,第141—142页。
⑨ 《毛泽东选集》卷四,中共晋察冀中央局1947年编印,第132—133页。
⑩ 《毛泽东选集》卷三,晋察冀日报社1944年版,第143页。
⑪ 《毛泽东选集》卷四,中共晋察冀中央局1947年编印,第134页。

5. 东北书店1948年《毛泽东选集》卷四与晋察冀日报社1944年《毛泽东选集》卷三版异同

东北书店1948年《毛泽东选集》卷四书影

东北书店1948年《毛泽东选集》卷四的《决议案》（以下简称"《东北》版"）与1944年版相校，基本内容相同，略有标点和文字的不同。

（1）标点不同有8处

1944年版："来源，"[1]。《东北》版："来源、"[2]。

1944年版："如训练计划，管理计划，作战计划等"[3]。《东北》版为："如训练计划、管理计划、作战计划等"[4]。

1944年版："往往酿成党内无原则与意义的纠纷，"[5]。《东北》版："往往酿成党内无原则与意义的纠纷。"[6]

1944年版："纠正的方法，"[7]。《东北》版："纠正的方法："[8]。

1944年版："手榴弹，钢炮，机关枪等"[9]。《东北》版："手榴弹、钢炮、机关枪等"[10]。

---

[1] 《毛泽东选集》卷三，晋察冀日报社1944年版，第137页。
[2] 《毛泽东选集》卷四，东北书店1948年版，第546页。
[3] 《毛泽东选集》卷三，晋察冀日报社1944年版，第143页。
[4] 《毛泽东选集》卷四，东北书店1948年版，第551页。
[5] 《毛泽东选集》卷三，晋察冀日报社1944年版，第145页。
[6] 《毛泽东选集》卷四，东北书店1948年版，第553页。
[7] 《毛泽东选集》卷三，晋察冀日报社1944年版，第146页。
[8] 《毛泽东选集》卷四，东北书店1948年版，第553页。
[9] 《毛泽东选集》卷三，晋察冀日报社1944年版，第149页。
[10] 《毛泽东选集》卷四，东北书店1948年版，第555页。

1944年版："不走由扩大地方赤卫队，"[①]。《东北》版："不走由扩大地方赤卫队、"[②]。

（2）文字不同有41处

第一，标题序号变化。

1944年版："甲 单纯军事观点……乙 极端民主化"[③]。《东北》版："一 单纯军事观点……二 极端民主化"[④]。

1944年版："（1）单纯军事观点的来源……（2）单纯军事观点在一部分红军同志中非常发展，其表现如……（3）纠正的方法……"[⑤]《东北》版："甲 单纯军事观点的来源……乙 单纯军事观点在一部分红军同志中非常发展，其表现如……丙 纠正的方法……"[⑥]

第二，不改变文义文字改动。

1944年版："不仅对党员军事化一个任务大有妨碍"[⑦]。《东北》版："不仅对党员军事化这个任务大有妨碍"[⑧]。"一个"改为"这个"，不改变文义。

1944年版："是加增党的战斗力以达到阶级斗争的胜利"[⑨]。《东北》版："是增加党的战斗力以达到阶级斗争的胜利"[⑩]。"加增"改为"增加"，不改变文义。

1944年版："由于他没有正确认识自己……"[⑪]《东北》版："由于他没有真确认识自己……"[⑫]"正确"改为"真确"，应是印刷的错误，不改变文义。

……

[①] 《毛泽东选集》卷三，晋察冀日报社1944年版，第149页。
[②] 《毛泽东选集》卷四，东北书店1948年版，第556页。
[③] 《毛泽东选集》卷三，晋察冀日报社1944年版，第137—140页。
[④] 《毛泽东选集》卷四，东北书店1948年版，第547—549页。
[⑤] 《毛泽东选集》卷三，晋察冀日报社1944年版，第137—139页。
[⑥] 《毛泽东选集》卷四，东北书店1948年版，第547—548页。
[⑦] 《毛泽东选集》卷三，晋察冀日报社1944年版，第144页。
[⑧] 《毛泽东选集》卷四，东北书店1948年版，第551页。
[⑨] 《毛泽东选集》卷三，晋察冀日报社1944年版，第143页。
[⑩] 《毛泽东选集》卷四，东北书店1948年版，第551页。
[⑪] 《毛泽东选集》卷三，晋察冀日报社1944年版，第148页。
[⑫] 《毛泽东选集》卷四，东北书店1948年版，第555页。

（二）1949年10月以后版本校勘与分析

1950年5月，中共中央毛泽东选集出版委员会成立，毛泽东亲自参与了《毛泽东选集》的编辑，亲自修改、审定每一篇论著。《决议案》的第一部分经毛泽东修改，题为《关于纠正党内的错误思想》，收入人民出版社1951年10月出版的《毛泽东选集》第一卷（以下简称"1951年《毛选》版"）。此后的各种版本，除繁简体字、横竖版式、个别文字、注释略有不同外，文字基本与1951年《毛选》版相同。

1. 中国人民革命军事委员会政治部1951年印《整党建党学习资料》与人民出版社1951年《毛泽东选集》第一卷版的异同

中国人民革命军事委员会总政治部1951年印《整党建党学习资料》书影

中国人民革命军事委员会总政治部1951年10月1日印的《整党建党学习资料》（以下简称"《整党建党》"）收入了《关于纠正党内的错误思想》，这个版本的正文首页的左下角有"毛泽东选集出版委员会"字样，说明是依据了毛泽东选集出版委员会编辑的人民出版社1951年10月出版的《毛选》第一卷收入的《纠错思想》，这个版本的题名"关于纠正党内的错误思想"，应该就是来源于1951年《毛选》版收入的《纠错思想》。这个版本有3条注释，1951年《毛选》版也有3条注释，两个版本的注释基本相同，这也说明这个版本收入的《纠错思想》来源于1951年《毛选》版。这个版本的封面有"一九五一年十月一日"字样，编辑说明也署"一九五一年十月一日"。这个日期有两种可能：一是1951年10月1日编辑完成，印刷完成并在1951年10

月1日以后发行；二是1951年10月1日是印刷完成并发行的日期。1951年《毛选》版，卷首的《本书出版的说明》署"一九五一年八月二十五日"，版权页署："人民出版社出版""一九五一年十月北京第一版"。这大概可以说明，1951年《毛选》版是1951年8月编辑完成，1951年10月印刷完成并出版发行。究竟是10月的哪一天出版发行的呢？《人民日报》1951年10月12日第1版刊登《本报讯》："由中共中央毛泽东选集出版委员会主持出版的《毛泽东选集》，其第一卷已由人民出版社出版，自今日起由全国各地新华书店发行。"即1951年10月12日，《毛选》第一卷公开发行。那么，《整党建党》是在《毛选》第一卷前出版发行还是在其后出版发行？这可进一步研究，但《整党建党》收入的《纠错思想》是依据1951年《毛选》版，这是肯定的，所以《整党建党》收入的《纠错思想》与1951年《毛选》版收入的《纠错思想》题名、内容基本相同。不过，《整党建党》收入的《纠错思想》大概没有与1951年《毛选》版收入的《纠错思想》校对过，所以也略有不同。

（1）标点不同有3处

1951年《毛选》版："指出四军党内各种非无产阶级思想的表现、来源及其纠正的方法"[1]。《整党建党》："指出四军党内各种非无产阶级思想的表现来源及其纠正的方法"[2]。

1951年《毛选》版："纠正的方法：主要是加强教育"[3]。《整党建党》："纠正的方法，主要是加强教育"[4]。

1951年《毛选》版："分配工作、执行纪律"[5]。《整党建党》："分配工作，执行纪律"[6]。

（2）文字不同有4处

1951年《毛选》版："帮助群众建立革命政权以至于建立共产党的组织等项重大的任务"[7]。《整党建党》："帮助群众建立政权以至于建立共产

---

[1] 《毛泽东选集》第一卷，人民出版社1951年版，第89页。
[2] 《整党建党学习资料》，中国人民革命军事委员会总政治部1951年印，第50页。
[3] 《毛泽东选集》第一卷，人民出版社1951年版，第98页。
[4] 《整党建党学习资料》，中国人民革命军事委员会总政治部1951年印，第60页。
[5] 《毛泽东选集》第一卷，人民出版社1951年版，第98页。
[6] 《整党建党学习资料》，中国人民革命军事委员会总政治部1951年印，第60页。
[7] 《毛泽东选集》第一卷，人民出版社1951年版，第90页。

党的组织等项重大的任务"[1]。删除"革命"。

1951年《毛选》版："物质的分配也要按照'各尽所能按劳取酬'的原则和工作的需要"[2]。《整党建党》："物质的分配也要按照'各尽所能各取所值'的原则和工作的需要"[3]。"按劳取酬"改为"各取所值"。

1951年《毛选》版："教育党员用马克思列宁主义的方法去作政治形势的分析和阶级势力的估量"[4]。《整党建党》："教育党员用马克思列宁主义的方法去作政治形式的分析和阶级势力的估量"[5]。"形势"改为"形式"。

1951年《毛选》版："领导者处理问题、分配工作或执行纪律不适当等项原因"[6]。《整党建党》："处理问题、分配工作、或执行纪律不适当等项原因"[7]。删除"领导者"。

2. 人民出版社1966年7月《毛泽东选集》第一卷版与人民出版社1951年《毛泽东选集》第一卷版的异同

人民出版社1966年7月《毛泽东选集》第一卷版书影

人民出版社1966年7月根据人民出版社1952年7月版重排本出版了《毛泽东选集》第一卷横排本（以下简称"1966年《毛选》版"）。与1951年《毛选》

---

[1] 《整党建党学习资料》，中国人民革命军事委员会总政治部1951年印，第51页。
[2] 《毛泽东选集》第一卷，人民出版社1951年版，第95页。
[3] 《整党建党学习资料》，中国人民革命军事委员会总政治部1951年印，第57页。
[4] 《毛泽东选集》第一卷，人民出版社1951年版，第97页。
[5] 《整党建党学习资料》，中国人民革命军事委员会总政治部1951年印，第58页。
[6] 《毛泽东选集》第一卷，人民出版社1951年版，第98页。
[7] 《整党建党学习资料》，中国人民革命军事委员会总政治部1951年印，第59—60页。

繁体字竖排版相比，1966年《毛选》版为简体字横排本，两种版本页码不同，《纠错思想》的位置，在1951年《毛选》版第89—101页，在1966年版《毛选》第83—93页。题解和注释都相同。除此之外，正文只有1处标点不同，即1951年《毛选》版："武装群众、并帮助群众建设革命政权才去打仗的"[①]，1966年《毛选》版为："武装群众，并帮助群众建设革命政权才去打仗的"[②]。

3. 人民出版社1991年《毛泽东选集》第一卷版与人民出版社1951年《毛泽东选集》第一卷版的异同

人民出版社1991年《毛泽东选集》第一卷版书影

人民出版社1991年6月第2版《毛泽东选集》第一卷（以下简称"1991年《毛选》版"）与1951年《毛选》版相校，除竖排繁体字改为横排简体字外，内容文字基本相同，主要是题解修改、注释修改与增加等不同。

（1）标点符号变动1处

1951年《毛选》版："武装群众、并帮助群众建设革命政权才去打仗的"[③]。1991年《毛选》版为："武装群众，并帮助群众建设革命政权才去打仗的"[④]。

（2）题解的修改4处

1951年《毛选》版："这是毛泽东同志为红军第四军第九次党的代表大

---

① 《毛泽东选集》第一卷，人民出版社1951年版，第90页。
② 《毛泽东选集》第一卷，人民出版社1966年版，第84页。
③ 《毛泽东选集》第一卷，人民出版社1951年版，第90页。
④ 《毛泽东选集》第一卷，人民出版社1991年版，第86页。

会写的决议。"①1991年《毛选》版为："这是毛泽东为中国共产党红军第四军第九次代表大会写的决议的第一部分。"②修改后的表述更准确，因为《纠错思想》只是《决议案》八个部分中的第一部分，并不是整个决议。

1951年《毛选》版："中国红军（抗战时期是八路军、新四军，现在是人民解放军）从一九二七年八月一日南昌起义时期创始，到一九二九年十二月，经过了两年多的时间。"③1991年《毛选》版："中国红军（抗战时期是八路军、新四军，现在是人民解放军）从一九二七年八月一日南昌起义创始，到一九二九年十二月，经过了两年多的时间。"④将"南昌起义时期"改为"南昌起义"，更准确、客观。

1951年《毛选》版："毛泽东同志写的这个决议，就是这些经验的总结。这个决议使红军完全建立在马克思列宁主义的基础上，将一切旧式军队的影响都肃清了。"⑤1991年《毛选》版："毛泽东写的这个决议，就是这些经验的总结。这个决议使红军肃清旧式军队的影响，完全建立在马克思列宁主义的基础上。"⑥一般来说，总是先肃清旧式军队的影响，然后使军队完全建立在马列主义基础之上。"将一切旧式军队的影响都肃清了"改为"肃清旧式军队的影响"，修改后，更加合理、客观。

1951年《毛选》版："二十年来，中国人民军队中的党的工作和政治工作有广大的发展和创造，现在的面貌和过去大不相同了，但是基本的路线还是这个决议的路线"⑦。1991年《毛选》版："中国人民军队中的党的工作和政治工作，以后有广大的发展和创造，现在的面貌和过去大不相同了，但是基本的路线还是继承了这个决议的路线"⑧。文章写于1929年，到1951年刚好为22年，但到1991年时，中国人民军队创立已经近70年了，删除"二十年来"，"有"改为"以后有"，就更合理了。"继承"就有发展之意，增加"继承了"，也更合理。

---

① 《毛泽东选集》第一卷，人民出版社1951年版，第90页。
② 《毛泽东选集》第一卷，人民出版社1991年版，第85页。
③ 《毛泽东选集》第一卷，人民出版社1951年版，第90页。
④ 《毛泽东选集》第一卷，人民出版社1991年版，第85页。
⑤ 《毛泽东选集》第一卷，人民出版社1951年版，第90页。
⑥ 《毛泽东选集》第一卷，人民出版社1991年版，第85页。
⑦ 《毛泽东选集》第一卷，人民出版社1951年版，第90页。
⑧ 《毛泽东选集》第一卷，人民出版社1991年版，第85页。

题解的修改，还可参见冯蕙等《〈毛泽东选集〉一至四卷第一版正文和题解的主要修订情况》（载中央文献研究室科研部图书馆编《毛泽东著作是怎样编辑出版的》，中国青年出版社2003年版）。

（3）注释增加、修改

第一，增加2条参见注。

1951年《毛选》版有3条注释，1991年《毛选》版增加2条参见注：关于军队士兵会（注〔1〕）："见本卷《井冈山的斗争》注〔5〕"[1]。关于赤卫队（注〔3〕）："见本卷《中国的红色政权为什么能够存在？》注〔9〕"[2]。

第二，注释修改。

1951年《毛选》版的3条注释，1991年《毛选》版大多进行了修改。注释的修改原因详细可参考中共中央文献研究室编《〈毛泽东选集〉一至四卷注释校订本》，中央文献出版社1991年版，第62—66页。

1951年《毛选》版关于"盲动主义的残余"注释为："错误的用命令主义的方法"[3]。1991年《毛选》版为："错误的使用命令主义的方法"[4]。"用"改为"使用"，没有改变文义。

1951年《毛选》版关于"黄巢"注释为："黄巢是唐朝末年农民起义的领袖，山东曹州人。公元八七五年，即唐僖宗乾符二年，黄巢聚众响应他的同乡王仙芝举行的起义。王仙芝被杀后，黄巢收集王的余部，号'冲天大将军'。黄巢带领的起义队伍曾经两次出山东流动作战。第一次由山东到河南，转入安徽和湖北，由湖北回到山东。第二次又由山东到河南，转到江西，经浙东到福建及广东，转广西经湖南到湖北，再由湖北东进安徽浙江等地，然后渡淮入河南，克洛阳，攻破潼关，占有长安。黄巢入长安后建立齐国，称皇帝。后因内部分裂（大将朱温降唐），又被沙陀族酋长李克用的军队进攻，黄巢失长安，又入河南，由河南回到山东，终于失败自杀。黄巢的战争继续了十年，是中国历史上有名的农民战争之一。旧统治阶级的史书称：当时'民之困于重敛者争归之'。但他只是简单地进行流动的战

---

[1] 《毛泽东选集》第一卷，人民出版社1991年版，第95页。
[2] 《毛泽东选集》第一卷，人民出版社1991年版，第95页。
[3] 《毛泽东选集》第一卷，人民出版社1951年版，第100页。
[4] 《毛泽东选集》第一卷，人民出版社1991年版，第95页。

争，没有建立过比较稳固的根据地，所以被称为'流寇'。"①1991年《毛选》版关于"黄巢"注释改为："黄巢（？—八八四），曹州冤句（今山东菏泽）人。唐朝末年农民起义领袖。公元八七五年，即唐僖宗乾符二年，黄巢聚众响应王仙芝领导的起义。公元八七八年，王仙芝被杀后，黄巢收集王的余部，被推为领袖，号'冲天大将军'。他领导的起义队伍，曾经多次出山东流动作战，转战于山东、河南、安徽、江苏、湖北、湖南、江西、浙江、福建、广东、广西、陕西等省。公元八八〇年，黄巢攻破潼关，不久占领长安，建立齐国，自称皇帝。后因内部分裂（大将朱温降唐），又受到李克用沙陀军及诸道军队的进攻，黄巢被迫退出长安，转入河南，由河南回到山东，于公元八八四年失败自杀。黄巢领导的农民战争持续了十年，是中国历史上有名的农民战争之一。它沉重地打击了当时的封建统治阶级，受到贫苦农民的拥护。由于黄巢起义军只是简单地进行流动的战争，没有建立过比较稳固的根据地，所以被封建统治者称为'流寇'。"②修改后的注释增加了人物的生卒年、籍贯，更加全面、规范。指出是"封建统治者"称黄巢为"流寇"，更加科学、准确。

1951年《毛选》版关于"李闯"的注释为："李闯即李自成，是明朝末年农民起义的领袖，陕西米脂人。公元一六二八年，即明思宗崇祯元年，陕西北部农民形成起义的潮流。李自成参加高迎祥的起义队伍，曾经由陕西入河南，到安徽，折回陕西。一六三六年高迎祥死，李自成被推为闯王。李自成在群众中的主要口号是'迎闯王，不纳粮'。他约束队伍的纪律，曾有'杀一人如杀我父、淫一人如淫我母'的口号。因此拥护他的人很多，成为当时农民起义的主流。但他也没有建立比较稳固的根据地，总是东流西窜。他于被推为闯王后，率部入川，折回陕南，经湖北又入河南，旋占湖北襄阳，再经河南攻陕占西安，于一六四四年经山西攻入北京。不久为明将吴三桂勾引清兵联合进攻而失败。"③1991年《毛选》版关于"李闯"的注释修改为："李闯即李自成（一六〇六—一六四五），陕西米脂人，明朝末年农民起义领袖。一六二八年，即明思宗崇祯元年，陕西北部形成农民起义的

---

① 《毛泽东选集》第一卷，人民出版社1951年版，第100—101页。
② 《毛泽东选集》第一卷，人民出版社1991年版，第95页。
③ 《毛泽东选集》第一卷，人民出版社1951年版，第101页。

潮流。李自成参加高迎祥的起义队伍，曾经由陕西入河南，到安徽，折回陕西。一六三六年高迎祥死，李自成被推为闯王，李自成在群众中的主要口号是'迎闯王，不纳粮'；同时他不准部下扰害群众，曾经提出'杀一人如杀我父，淫一人如淫我母'的口号，来约束自己的部队。因此，拥护他的人很多，成为当时农民起义的主流之一。但他也没有建立过比较稳固的根据地，总是流动作战。他在被推为闯王后，率部入川，折回陕南，经湖北又入川，又经湖北入河南，旋占湖北襄阳、安陆等地，再经河南攻陕占西安，于一六四四年经山西攻入北京。不久，在明将吴三桂勾引清兵联合进攻下失败。"①增加人物的生卒年，使得注释更加全面、规范。"成为当时农民起义的主流"改为"成为当时农民起义的主流之一"，更客观、合理。因为在明末农民起义主流中，除了李自成领导的农民起义队伍还有张献忠领导的农民起义队伍等。

（三）人民出版社1951年《毛泽东选集》第一卷版与中共中央书记处1941年编印《六大以来选集》（上）版校勘与分析

人民出版社1951年《毛泽东选集》第一卷版书影

1951年《毛选》第一卷版收入的《纠错思想》与《六大以来选集》（上）收入的《决议案》第一部分相校，有不少修改。

1. 标点不同160多处

《六大以来选集》（上）："……在红军一部份同志中非常发展，"②。

---

① 《毛泽东选集》第一卷，人民出版社1991年版，第96页。
② 《六大以来选集》（上），中共中央书记处1941年编印，第63页。

1951年《毛选》版:"……在红军一部分同志中非常发展。"①

《六大以来选集》(上):"还要负担宣传群众,组织群众,武装群众,帮助群众"②。1951年《毛选》版:"还要负担宣传群众、组织群众、武装群众、帮助群众"③。

《六大以来选集》(上):"提出司令部对外的口号"④。1951年《毛选》版:"提出'司令部对外'的口号"⑤。

《六大以来选集》(上):"因此保存实力避免斗争……"⑥1951年《毛选》版:"因此,保存实力、避免斗争……"⑦

《六大以来选集》(上):"这种报复主义,完全从个人观点出发。"⑧1951年《毛选》版:"这种报复主义,完全从个人观点出发,"⑨。

《六大以来选集》(上):"不认识党和红军,都是执行……"⑩1951年《毛选》版:"不认识党和红军都是执行……"⑪

……

2. 论述结构不同2处

在"单纯军事观点"这一节内,《六大以来选集》(上)先写来源,再写表现,最后写纠正的方法,1951年《毛选》版先写表现,再写来源,最后写纠正的方法。在"盲动主义残余"这一节内,《六大以来选集》(上)先写来源,再写表现,1951年《毛选》版先写表现,再写来源。论述结构的改动没有改变文义,但论述逻辑更合理了。

---

① 《毛泽东选集》第一卷,人民出版社1951年版,第89页。
② 《六大以来选集》(上),中共中央书记处1941年编印,第64页。
③ 《毛泽东选集》第一卷,人民出版社1951年版,第90页。
④ 《六大以来选集》(上),中共中央书记处1941年编印,第64页。
⑤ 《毛泽东选集》第一卷,人民出版社1951年版,第90页。
⑥ 《六大以来选集》(上),中共中央书记处1941年编印,第64页。
⑦ 《毛泽东选集》第一卷,人民出版社1951年版,第91页。
⑧ 《六大以来选集》(上),中共中央书记处1941年编印,第68页。
⑨ 《毛泽东选集》第一卷,人民出版社1951年版,第97页。
⑩ 《六大以来选集》(上),中共中央书记处1941年编印,第68页。
⑪ 《毛泽东选集》第一卷,人民出版社1951年版,第97页。

3. 文字修改有226处

（1）改正错别字

《六大以来选集》（上）："还深中在许多同志的……"[①] 1951年《毛选》版："还深种在许多同志的……"[②] "深中"改为"深种"，纠正错别字。

（2）不改变文义的文字修改

某些标题序号删除，不改变文义。

《六大以来选集》（上）："1 单纯军事观点"[③]。1951年《毛选》版："关于单纯军事观点"[④]。

《六大以来选集》（上）："2 极端民主化"[⑤]。1951年《毛选》版："关于极端民主化"[⑥]。

《六大以来选集》（上）："4 绝对平均主义"[⑦]。1951年《毛选》版："关于绝对平均主义"[⑧]。

《六大以来选集》（上）："6 个人主义"[⑨]。1951年《毛选》版："关于个人主义"[⑩]。

《六大以来选集》（上）："7 流寇思想"[⑪]。1951年《毛选》版："关于流寇思想"[⑫]。

《六大以来选集》（上）："8 盲动主义残余"[⑬]。1951年《毛选》版："关于盲动主义残余"[⑭]。

……

[①] 《六大以来选集》（上），中共中央书记处1941年编印，第65页。
[②] 《毛泽东选集》第一卷，人民出版社1951年版，第93页。
[③] 《六大以来选集》（上），中共中央书记处1941年编印，第63页。
[④] 《毛泽东选集》第一卷，人民出版社1951年版，第89页。
[⑤] 《六大以来选集》（上），中共中央书记处1941年编印，第65页。
[⑥] 《毛泽东选集》第一卷，人民出版社1951年版，第92页。
[⑦] 《六大以来选集》（上），中共中央书记处1941年编印，第67页。
[⑧] 《毛泽东选集》第一卷，人民出版社1951年版，第95页。
[⑨] 《六大以来选集》（上），中共中央书记处1941年编印，第68页。
[⑩] 《毛泽东选集》第一卷，人民出版社1951年版，第97页。
[⑪] 《六大以来选集》（上），中共中央书记处1941年编印，第69页。
[⑫] 《毛泽东选集》第一卷，人民出版社1951年版，第99页。
[⑬] 《六大以来选集》（上），中共中央书记处1941年编印，第69页。
[⑭] 《毛泽东选集》第一卷，人民出版社1951年版，第100页。

某些文字的修改，不改变文义。

如：《六大以来选集》（上）："对于党的正确路线之执行，给了极大的妨碍"①。1951年《毛选》版："这对于执行党的正确路线，妨碍极大"②。"之执行"改为"执行"，并提前；增加"这"；"给了极大的妨碍"改为"妨碍极大"。均不改变文义，且更加符合白话文的写作规范。

《六大以来选集》（上）："……不正确倾向的总来源"③。1951年《毛选》版："……不正确思想的来源"④。"倾向"改为"思想"，不改变文义。这个修改是随标题的修改而变化，原标题："……不正确倾向"。1951年《毛选》版标题："……错误思想"。

《六大以来选集》（上）："从教育上提高党内政治水平"⑤。1951年《毛选》版："从教育上提高党内的政治水平"⑥。增加"的"，不改变文义。

《六大以来选集》（上）："确实减少了许多"⑦。1951年《毛选》版："减少了许多"⑧。删除"确实"，不改变文义。

《六大以来选集》（上）："第一，是从理论上扫除极端民主化的根苗"⑨。1951年《毛选》版："（一）从理论上铲除极端民主化的根苗"⑩。"第一"改为"（一）"，删除"是"，"扫除"改为"铲除"，不改变文义。

《六大以来选集》（上）："会议上要使到会人尽量发表意见"⑪。1951年《毛选》版："开会时要使到会的人尽量发表意见"⑫。"会议上"改为"开会时"，增加"的"，不改变文义。

---

① 《六大以来选集》（上），中共中央书记处1941年编印，第63页。
② 《毛泽东选集》第一卷，人民出版社1951年版，第89页。
③ 《六大以来选集》（上），中共中央书记处1941年编印，第63页。
④ 《毛泽东选集》第一卷，人民出版社1951年版，第89页。
⑤ 《六大以来选集》（上），中共中央书记处1941年编印，第64页。
⑥ 《毛泽东选集》第一卷，人民出版社1951年版，第92页。
⑦ 《六大以来选集》（上），中共中央书记处1941年编印，第65页。
⑧ 《毛泽东选集》第一卷，人民出版社1951年版，第92页。
⑨ 《六大以来选集》（上），中共中央书记处1941年编印，第65页。
⑩ 《毛泽东选集》第一卷，人民出版社1951年版，第93页。
⑪ 《六大以来选集》（上），中共中央书记处1941年编印，第66页。
⑫ 《毛泽东选集》第一卷，人民出版社1951年版，第94页。

《六大以来选集》（上）："加增党的战斗力的武器"[①]。1951年《毛选》版："增加党的战斗力的武器"[②]。"加增"改为"增加"，不改变文义。

《六大以来选集》（上）："而是为了享乐"[③]。1951年《毛选》版："而是为了去享乐"[④]。增加"去"，不改变文义。

《六大以来选集》（上）："怠工起来"[⑤]。1951年《毛选》版："不做工作"[⑥]。"怠工起来"改为"不做工作"，没有改变文义。

《六大以来选集》（上）："城市政策之执行不充分不坚决"[⑦]。1951年《毛选》版："城市政策执行得不充分，不坚决"[⑧]。删除"之"，增加"得"，不改变文义。

《六大以来选集》（上）："制度上政策上，纠正盲动的行为"[⑨]。1951年《毛选》版："从制度上和政策上纠正盲动的行为"[⑩]。增加"从""和"，不改变文义。

《六大以来选集》（上）："由此必然走到革命的失败，同时亦就是帮助了统治阶级反革命寿命的延长"[⑪]。1951年《毛选》版："由此造成革命的失败"[⑫]。"必然走到"改为"造成"，删除"同时亦就是帮助了统治阶级反革命寿命的延长"。革命的失败也就是统治阶级反革命寿命的延长，两句话表达的是同一个意思，删除其中一句不改变文义。

（3）使表述更通俗、明白

如：《六大以来选集》（上）："一　纠正党内非无产阶级意识的不正

---

① 《六大以来选集》（上），中共中央书记处1941年编印，第66页。
② 《毛泽东选集》第一卷，人民出版社1951年版，第94页。
③ 《六大以来选集》（上），中共中央书记处1941年编印，第68页。
④ 《毛泽东选集》第一卷，人民出版社1951年版，第98页。
⑤ 《六大以来选集》（上），中共中央书记处1941年编印，第68页。
⑥ 《毛泽东选集》第一卷，人民出版社1951年版，第98页。
⑦ 《六大以来选集》（上），中共中央书记处1941年编印，第69页。
⑧ 《毛泽东选集》第一卷，人民出版社1951年版，第100页。
⑨ 《六大以来选集》（上），中共中央书记处1941年编印，第70页。
⑩ 《毛泽东选集》第一卷，人民出版社1951年版，第100页。
⑪ 《六大以来选集》（上），中共中央书记处1941年编印，第65页。
⑫ 《毛泽东选集》第一卷，人民出版社1951年版，第93页。

确倾向问题"①。1951年《毛选》版:"关于纠正党内的错误思想"②。标题修改后,文字更精练,更通俗、明白。

《六大以来选集》(上):"其结果对政治分析,对工作指导,对党的组织,都有非常之大的妨碍"③。1951年《毛选》版:"这对分析政治形势和指导工作,都非常不利"④。修改后,更精练,更通俗、明白。

《六大以来选集》(上):"如提议被否决,表现非常地呕气及不诚意执行党的决议案,都是这一种的例子"⑤。1951年《毛选》版:"例如少数人的提议被否决,他们就不诚意地执行党的决议"⑥。修改后,更精练,更通俗、明白。

《六大以来选集》(上):"大会站在中央九月来信的精神之上"⑦。1951年《毛选》版:"大会根据中央九月来信的精神"⑧。"站在……之上"改为"根据……",更通俗、明白。

《六大以来选集》(上):"表面上是个人主义的放大,骨子里依然是极狭隘的个人主义"⑨。1951年《毛选》版:"只注意自己小团体的利益,不注意整体的利益,表面上不是为个人,实际上包含了极狭隘的个人主义"⑩。什么是"极狭隘的个人主义",修改后,更通俗、明白。

《六大以来选集》(上):"一切只知道为基本队伍打算"⑪。1951年《毛选》版:"一切只知道为四军打算"⑫。"基本队伍"改为"四军",修改后更加明白,否则读者无法确定基本队伍这个概念的外延到底是指什么。

《六大以来选集》(上):"1,非少数服从多数"⑬。1951年《毛选》

---

① 《六大以来选集》(上),中共中央书记处1941年编印,第63页。
② 《毛泽东选集》第一卷,人民出版社1951年版,第89页。
③ 《六大以来选集》(上),中共中央书记处1941年编印,第67页。
④ 《毛泽东选集》第一卷,人民出版社1951年版,第96页。
⑤ 《六大以来选集》(上),中共中央书记处1941年编印,第66页。
⑥ 《毛泽东选集》第一卷,人民出版社1951年版,第94页。
⑦ 《六大以来选集》(上),中共中央书记处1941年编印,第63页。
⑧ 《毛泽东选集》第一卷,人民出版社1951年版,第89页。
⑨ 《六大以来选集》(上),中共中央书记处1941年编印,第68页。
⑩ 《毛泽东选集》第一卷,人民出版社1951年版,第97页。
⑪ 《六大以来选集》(上),中共中央书记处1941年编印,第64页。
⑫ 《毛泽东选集》第一卷,人民出版社1951年版,第91页。
⑬ 《六大以来选集》(上),中共中央书记处1941年编印,第65页。

版："甲　少数不服从多数"①。修改后，更加简单明了，更符合民主集中制的习惯用语，使人一下就看明白。

《六大以来选集》（上）："2，个人主义的来源，在于小农思想一直到资产阶级思想影响到党内"②。1951年《毛选》版："个人主义的社会来源是小资产阶级和资产阶级的思想在党内的反映，当进行教育的时候必须说明这一点"③。修改后，更通俗、明白。

《六大以来选集》（上）："就是非政治的批评精神"④。1951年《毛选》版："就是有些同志的批评不注意大的方面，只注意小的方面"⑤。"非政治的批评精神"，较难懂，改成"有些同志的批评不注意大的方面，只注意小的方面"，就通俗易懂。

《六大以来选集》（上）："党内批评要肃清唯心的和技术的精神，说话要有证据，讨论工作要注意它的政治意义"⑥。1951年《毛选》版："党内批评要防止主观武断和把批评庸俗化，说话要有证据，批评要注意政治"⑦。"肃清唯心的和技术的精神"，较难懂，改为"防止主观武断和把批评庸俗化"，就通俗易懂。"讨论工作要注意它的政治意义"改为"批评要注意政治"，也更通俗、明白。

《六大以来选集》（上）："曾经有一时期发展得很厉害，经过许多奋斗，确实减少了好些，但还有许多渣滓残存着……以上这些例子，都证明红军官兵中绝对平均主义并没有从群众的头脑里头根本的去掉，所谓去掉了一些，只是部份的或形式的罢了。"⑧1951年《毛选》版："有一个时期发展得很厉害……这些都证明红军官兵中的绝对平均主义还很严重。"⑨修改后，点明了当时"红军官兵中的绝对平均主义还很严重"，一针见血，更通俗、明白。

---

① 《毛泽东选集》第一卷，人民出版社1951年版，第94页。
② 《六大以来选集》（上），中共中央书记处1941年编印，第68页。
③ 《毛泽东选集》第一卷，人民出版社1951年版，第98页。
④ 《六大以来选集》（上），中共中央书记处1941年编印，第67页。
⑤ 《毛泽东选集》第一卷，人民出版社1951年版，第96页。
⑥ 《六大以来选集》（上），中共中央书记处1941年编印，第68页。
⑦ 《毛泽东选集》第一卷，人民出版社1951年版，第97页。
⑧ 《六大以来选集》（上），中共中央书记处1941年编印，第67页。
⑨ 《毛泽东选集》第一卷，人民出版社1951年版，第95页。

《六大以来选集》（上）："1，红军中流寇思想的来源，在于：（一）红军中游民无产阶级占大多数，这是近的原因；（二）全国特别是南方各省游民大群众之存在，这是远的原因。由于远近两个原因，就产生了红军中流寇主义的政治思想和行动主张"[1]。1951年《毛选》版："由于红军中游民成份占了很大的数量和全国特别是南方各省有广大游民群众的存在，就在红军中产生了流寇主义的政治思想"[2]。修改后，更精练，更通俗、明白地说明了红军中流寇思想的来源。

《六大以来选集》（上）："但是黄巢李闯洪秀全式的大规模流寇行动，为帝国主义统治着的中国，特别是进步武器（手榴弹，钢炮，机关枪等）进步通信方法（军用电话及无线电），和进步运输方法（汽车轮船铁路），已经输入了的现时代的中国所不许可，因此流寇思想自然不会成为红军行动上的最后有力的主张。"[3] 1951年《毛选》版："应当认识，历史上黄巢、李闯式的流寇主义，已为今日的环境所不许可。"[4] 修改后，更精练，更通俗、明白，也更合理，"今日的环境"，寥寥数字，包含的内容更多。

《六大以来选集》（上）："就是建设党的组织的政治意义于一般党员的观念之内，这样方能从根本上肃清一切不负责任的给群众以坏影响的非组织的批评"[5]。1951年《毛选》版："就是要教育党员懂得党的组织的重要性，对党委或同志有所批评应当在党的会议上提出"[6]。修改后，把反对"非组织的批评"，说得更通俗、明白。毛泽东在1949年3月13日发表的《党委会的工作方法》中也把反对"非组织的批评"，说得很通俗、明白："要把问题摆到桌面上来。不仅'班长'要这样做，委员也要这样做。不要在背后议论。有了问题就开会，摆到桌面上来讨论，规定它几条，问题就解决了。有问题而不摆到桌面上来，就会长期不得解决，甚至一拖几年。"[7]

---

[1] 《六大以来选集》（上），中共中央书记处1941年编印，第69页。
[2] 《毛泽东选集》第一卷，人民出版社1951年版，第99页。
[3] 《六大以来选集》（上），中共中央书记处1941年编印，第69页。
[4] 《毛泽东选集》第一卷，人民出版社1951年版，第99页。
[5] 《六大以来选集》（上），中共中央书记处1941年编印，第66页。
[6] 《毛泽东选集》第一卷，人民出版社1951年版，第95页。
[7] 《毛泽东选集》第四卷，人民出版社1991年版，第1440—1441页。

（4）使文字表述更准确、合理、科学

《六大以来选集》（上）："四军党内"①。1951年《毛选》版："红军第四军的共产党内"②。"四军党内"是缩写，改为"红军第四军的共产党内"，补全全称，表述更准确。

《六大以来选集》（上）："若不彻底纠正，则中国广大革命斗争加于四军的任务，是决然担负不来的"③。1951年《毛选》版："若不彻底纠正，则中国伟大革命斗争给予红军第四军的任务，是必然担负不起来的"④。"四军"改为"红军第四军"，补全全称，明确是红军第四军，而不是别的军队的第四军，表述更准确。"广大革命斗争"改为"伟大革命斗争"，表述更合理。

《六大以来选集》（上）："红军党在接受中央指示之后"⑤。1951年《毛选》版："红军第四军在接受中央指示之后"⑥。"红军党"改为"红军第四军"，红军党是泛指一切红军军队的党组织，而红军第四军是特指，这里的修改是名称的细化，修改后更准确、合理。

《六大以来选集》（上）："他的目标不在敌人阶级"⑦。1951年《毛选》版："它的目标不在敌对阶级"⑧。"敌人阶级"改为"敌对阶级"，修改后更准确、合理。

《六大以来选集》（上）："打骂就是报复的手段，这种例子很多……我就在下次会议找岔子报复你，这种例子亦不少"⑨。1951年《毛选》版："打骂就是报复的一种手段。……我就在下次会议上找岔子报复你"⑩。古田会议召开以后，打骂、报复等现象得到了有效遏止，大大减少，删除"这种例子很多""这种例子亦不少"，有助于更准确、合理地认识、评价红军。

---

① 《六大以来选集》（上），中共中央书记处1941年编印，第63页。
② 《毛泽东选集》第一卷，人民出版社1951年版，第89页。
③ 《六大以来选集》（上），中共中央书记处1941年编印，第63页。
④ 《毛泽东选集》第一卷，人民出版社1951年版，第89页。
⑤ 《六大以来选集》（上），中共中央书记处1941年编印，第65页。
⑥ 《毛泽东选集》第一卷，人民出版社1951年版，第92页。
⑦ 《六大以来选集》（上），中共中央书记处1941年编印，第68页。
⑧ 《毛泽东选集》第一卷，人民出版社1951年版，第97页。
⑨ 《六大以来选集》（上），中共中央书记处1941年编印，第68页。
⑩ 《毛泽东选集》第一卷，人民出版社1951年版，第97页。

《六大以来选集》（上）："各种非无产阶级意识非常之浓厚"[1]。1951年《毛选》版："存在着各种非无产阶级的思想"[2]。古田会议召开以后，红军中的非无产阶级的思想得到一些有效纠正、清除，删除"非常之浓厚"，有助于更准确、合理地认识、评价红军。

《六大以来选集》（上）："3，一部份党员特殊化：借口事情忙，实际是不愿意接近群众，又怕群众批评，因此不到支部大会及小组会，到会亦不作工作报告，种种异于一般党员，其结果脱离群众脱离党。在此事件上，支部负责人不但不纠正这种现象，反有怕了这些特殊党员的表现。这种现象发生的原因：第一，红军历来有一个重大的错误，就是党的机关很少注意军事工作的讨论，因而也没有督促军事负责同志，于党的会议中，经常的提出关于军事的计划（如训练计划，管理计划，作战计划等）及报告。结果党的讨论离开了军事，军事负责同志也忘记了应该受党指导和对党作报告，致使红军的军事工作成为一种党的机关和一般党员所不明了的特殊部份。这样，不仅对党员军事化一个任务大有妨碍，而且使党与军事分离，有成为党不能领导军事的危险。第二，因为有上述党的任务上的重大错误，致使一部份负军事责任的同志成为党内的特殊部份。同时负其他工作责任的同志，对于支部会议也有许多不爱到会及到会不说话的特殊化了的人。这样就是使红军党的支部生活所以成为现在这样偏畸的不健全的一个原因。纠正的方法：第一，党的各级会议（从支部到前委）均须将军事工作计划及报告列于议事日程，加以讨论和决定。第二，不论担负什么工作的党员均须出席支部大会及小组会，并做工作报告，不得无故不到。"[3] 1951年《毛选》版删除此段落。古田会议召开以后，红军党内的"一部分党员特殊化""红军党的支部生活不健全""党的机关很少注意军事工作的讨论"等现象，得到了切实的改正，删除这一段落，有助于更准确、合理地认识、评价红军。

《六大以来选集》（上）："（一）红军物质生活过差；（二）长期斗争，感觉疲劳；（三）处置事件，分配工作，或纪律执行不适当等客观环

---

[1] 《六大以来选集》（上），中共中央书记处1941年编印，第63页。
[2] 《毛泽东选集》第一卷，人民出版社1951年版，第89页。
[3] 《六大以来选集》（上），中共中央书记处1941年编印，第66页。

境的原因"①。1951年《毛选》版："一，红军物质生活过差；二，长期斗争，感觉疲劳；三，领导者处理问题、分配工作或执行纪律不适当等项原因"②。"处置事件"，主要是由领导者处置。而领导者处理问题、分配工作、执行纪律不适当，属于主观因素，或者更多的应归为主观因素，不应将其简单归为客观环境的原因。"处置事件"改为"领导者处理问题"，"客观环境的原因"改为"原因"，更合理、科学。

《六大以来选集》（上）："唯一的是使党员的思想和党内的生活都政治化科学化"③。1951年《毛选》版："主要是教育党员使党员的思想和党内的生活都政治化，科学化"④。党员的思想和党内的生活的提高、改进，用强制命令的方法是无济于事的，只有通过教育才行。修改后强调"主要是教育党员"，更合理。

《六大以来选集》（上）："扩大红军的组织路线，不走由扩大地方赤卫队，地方红军以至于扩大非地方红军的路线"⑤。1951年《毛选》版："扩大红军，不走由扩大地方赤卫队、地方红军到扩大主力红军的路线"⑥。毛泽东在《星星之火，可以燎原》一文中提到："朱德毛泽东式、方志敏式之有根据地的，有计划地建设政权的，深入土地革命的，扩大人民武装的路线是经由乡赤卫队、区赤卫大队、县赤卫总队、地方红军直至正规红军这样一套办法的……无疑义地是正确的。"⑦"非地方红军"就是正规红军，就是主力红军，修改后更准确、明白。

《六大以来选集》（上）："5 唯心观念"⑧。1951年《毛选》版："关于主观主义"⑨。一级标题中"唯心观念"改为"主观主义"。唯心主义的基本表现形式包括主观唯心主义和客观唯心主义。客观唯心主义认为在物质世界和人类产生之前就独立存在一种客观精神，这种客观精神在其发展过程

---

① 《六大以来选集》（上），中共中央书记处1941年编印，第68页。
② 《毛泽东选集》第一卷，人民出版社1951年版，第98页。
③ 《六大以来选集》（上），中共中央书记处1941年编印，第68页。
④ 《毛泽东选集》第一卷，人民出版社1951年版，第96页。
⑤ 《六大以来选集》（上），中共中央书记处1941年编印，第69页。
⑥ 《毛泽东选集》第一卷，人民出版社1951年版，第99页。
⑦ 《毛泽东选集》第一卷，人民出版社1991年版，第98页。
⑧ 《六大以来选集》（上），中共中央书记处1941年编印，第67页。
⑨ 《毛泽东选集》第一卷，人民出版社1951年版，第96页。

中，产生了物质世界。客观精神在先，是物质世界的本原，是第一性的；物质世界在后，是客观精神的表现和派生物，是第二性的。主观唯心主义认为主体的主观精神，如意识、意志等，是物质世界产生和存在的根源，是第一性的，而外部世界的事物是主观精神派生的，是第二性的。主观主义是主观唯心主义的一种表现，在看待和处理问题时，从主观观念、情感出发，而不从客观实际出发，在实践中表现为教条主义、经验主义、保守主义，等等。在这一小节中，主要是讲党内的批评。在当时的党内批评中，有一种错误倾向就是没有证据地乱说，更确切地说，这是主观主义的表现。毛泽东对于唯心主义、主观主义的认识应该有一个过程，有研究者从1991年版《毛泽东选集》出发，认为毛泽东最早提出"主观主义"是在《关于纠正党内的错误思想》一文中。[1] 但实际情况是，从1929年《关于纠正党内的错误思想》到1930年《反对本本主义》提到的都是"唯心主义"或者"唯心精神"。直到1936年《中国革命战争的战略问题》中才提出："这是主观主义"[2]，开始对唯心主义和主观主义有了清晰的界定。"唯心观念"改为"主观主义"，显然更加准确、科学，反映了毛泽东成熟的哲学思想。

《六大以来选集》（上）：小资产阶级"这种自由散漫性传带到党内就成了政治上的和组织上的极端民主化思想。这种思想是和无产阶级的斗争任务根本不相容的，客观上实在是反革命思想的一种，具有这种思想的人，若不努力纠正而任他发展下去，必然的要走上反革命道路"[3]。1951年《毛选》版：小资产阶级"这种自由散漫性带到党内，就成了政治上的和组织上的极端民主化的思想。这种思想是和无产阶级的斗争任务根本不相容的"[4]。删除"客观上实在是反革命思想的一种……必然的要走上反革命道路"。说"极端民主化思想"是"反革命思想的一种"，有这种思想的人，会"走上反革命道路"，似乎不是太客观，删除之，就较为合理、科学。

《六大以来选集》（上）："就是社会主义经济时期，物质的分配亦

---

[1] 蒋建农主编：《毛泽东全书》第六卷，河北人民出版社1998年版，第62页。http://dangshi.people.com.cn/GB/165617/173273/10415176.html。
[2] 《毛泽东选集》第一卷，人民出版社1991年版，第206页。
[3] 《六大以来选集》（上），中共中央书记处1941年编印，第65页。
[4] 《毛泽东选集》第一卷，人民出版社1951年版，第93页。

当按照各人及各工作的需要"①。1951年《毛选》版："就是在社会主义时期，物质的分配也要按照'各尽所能按劳取酬'的原则和工作的需要"②。各尽所能、按劳分配，是社会主义社会的主体的分配原则，即多劳多得，少劳少得，不劳动者不得食。而各尽所能、按需分配，是经济高度发展、物质极大丰富的共产主义社会的分配原则，不是经济发展有限的社会主义社会的分配原则。把社会主义的分配原则由"各人及各工作的需要"改为"'各尽所能按劳取酬'的原则和工作的需要"，更准确、科学些。

（5）政治性、思想性的修改

《六大以来选集》（上）："'由下而上的民主集权制''先交下级讨论，再由上级决议'等口号之没有人说了，都是事实。"③1951年《毛选》版："要求在红军中实行所谓'由下而上的民主集权制'、'先交下级讨论，再由上级决议'等项错误主张，也没有人再提了。"④修改后，强调了"由下而上的民主集权制"是错误的主张，中国共产党领导的军队必须反对、杜绝这样的错误。

《六大以来选集》（上）："肃清军事观点的理论根源。"⑤1951年《毛选》版："肃清单纯军事观点的理论根源，认清红军和白军的根本区别。"⑥修改后，强调了要肃清的是错误的单纯军事观点，而不是其他军事观点。强调了红军和白军的根本区别之一，就是是不是单纯军事观点挂帅。强调红军决不能单纯军事观点挂帅。

《六大以来选集》（上）："不认识红军的任务与白军的根本不同点"⑦。1951年《毛选》版："不认识红军和白军是根本不同的"⑧。"红军的任务与白军的根本不同点"改为"红军和白军是根本不同的"，提法更全面、科学。1932年6月26日，中国工农红军总政治部在《关于对俘虏兵工作的通知》中提到"红军与白军的区别——这个问题须详细说明红军的阶级

---

① 《六大以来选集》（上），中共中央书记处1941年编印，第67页。
② 《毛泽东选集》第一卷，人民出版社1951年版，第95页。
③ 《六大以来选集》（上），中共中央书记处1941年编印，第65页。
④ 《毛泽东选集》第一卷，人民出版社1951年版，第93页。
⑤ 《六大以来选集》（上），中共中央书记处1941年编印，第64页。
⑥ 《毛泽东选集》第一卷，人民出版社1951年版，第92页。
⑦ 《六大以来选集》（上），中共中央书记处1941年编印，第63页。
⑧ 《毛泽东选集》第一卷，人民出版社1951年版，第91页。

性、任务，指挥员对战斗员的关系，日常生活以及对群众的关系，须说明白军的阶级性，军阀制度的压迫以及白军所受群众怨恨的原因等"[1]。足见，红军与白军的区别，不只是任务的不同，还有性质不同、指挥员与战斗员关系不同、日常生活以及对待群众的关系不同，还有如上面提到的是不是单纯军事观点挂帅等多方面的区别。

《六大以来选集》（上）："如国民党军队所走的道路一样"[2]。1951年《毛选》版："如像国民党军队所走的军阀主义的道路一样"[3]。修改后，点明了国民党军队所走的是军阀主义的道路，是红军必须反对的。

《六大以来选集》（上）："特别对俘虏成分的入伍期教育要加紧"[4]。1951年《毛选》版："特别是对俘虏成份的教育要加紧"[5]。删除"入伍期"，强调了对俘虏成分的教育要贯穿于入伍后的始终，不只是刚入伍时的一个阶段。这样才能真正保证中国共产党领导的军队的无产阶级性质，肃清军队中一切非无产阶级思想。

《六大以来选集》（上）："然党的指导机关……"[6] 1951年《毛选》版："但是党的领导机关……"[7] "指导机关"改为"领导机关"，进一步强调了中国共产党的领导地位、领导作用。

《六大以来选集》（上）："不认识政治的领导"[8]。1951年《毛选》版："不认识军队中政治领导的作用"[9]。"政治的领导"改为"军队中政治领导的作用"，强调军队中应重视和发挥政治领导的作用，也点明了《决议案》所确定的党对军队的绝对领导权原则。

《六大以来选集》（上）："发动地方党对红军党的批评，及群众政权机关（苏维埃）对红军的批评"[10]。1951年《毛选》版："发动地方党对红军

---

[1] 《军事文献》（一），中国人民解放军总参谋部1957年翻印，第324页。
[2] 《六大以来选集》（上），中共中央书记处1941年编印，第64页。
[3] 《毛泽东选集》第一卷，人民出版社1951年版，第91页。
[4] 《六大以来选集》（上），中共中央书记处1941年编印，第64页。
[5] 《毛泽东选集》第一卷，人民出版社1951年版，第92页。
[6] 《六大以来选集》（上），中共中央书记处1941年编印，第63页。
[7] 《毛泽东选集》第一卷，人民出版社1951年版，第89页。
[8] 《六大以来选集》（上），中共中央书记处1941年编印，第63页。
[9] 《毛泽东选集》第一卷，人民出版社1951年版，第91页。
[10] 《六大以来选集》（上），中共中央书记处1941年编印，第64页。

党的批评和群众政权机关对红军的批评"①。删除"（苏维埃）"，有去苏维埃化的意味，实际上强调了中国走的在农村建立武装割据政权的道路是中国的创造。抗日战争、解放战争时期，中国共产党领导的政权形式已与苏维埃的模式不同，中华人民共和国成立后，行政机构等组织形式更与苏维埃的模式不同，不再提"苏维埃"是从现实出发的（参见《〈井冈山的斗争〉版本研究》的相关论述）。

《六大以来选集》（上）："还要负担……帮助群众，建设政权等重大任务"②。1951年《毛选》版："还要负担……帮助群众建立革命政权以至于建立共产党的组织等项重大的任务"③。"建设政权"改为"建立革命政权"，强调了建立政权的革命性质，即建立的是与反革命政权不同的革命政权，也就强调了中国共产党领导的斗争的革命性。增加"以至于建立共产党的组织"，强调了建立共产党的组织是一项不可忽视的重大任务，这也是无产阶级领导权思想的鲜明体现。

《六大以来选集》（上）："在于小资产阶级（小农生产及城市小资本）的自由散漫性"④。1951年《毛选》版："在于小资产阶级的自由散漫性"⑤。删除对小资产阶级进行的解释"小农生产及城市小资本"，说明小资产阶级不只是小农生产及城市小资本还包括其他。毛泽东在1925年《中国社会各阶级的分析》中就指出"小知识阶层"（1925年12月《革命》半月刊本为"小知识阶级"）等是小资产阶级。⑥ 1935年《论反对日本帝国主义的策略》一文中也指出：青年学生和城市小资产阶级，现在不是已经发动了一个广大的反日运动吗？中国的这些小资产阶级……⑦把青年知识分子列入小资产阶级。"小知识阶层"属于小资产阶级，是毛泽东很长时期的看法，中华人民共和国成立以后，这个看法没有改变，删除小资产阶级的解释"小农生产及城市小资本"，是必然的。

---

① 《毛泽东选集》第一卷，人民出版社1951年版，第92页。
② 《六大以来选集》（上），中共中央书记处1941年编印，第64页。
③ 《毛泽东选集》第一卷，人民出版社1951年版，第90页。
④ 《六大以来选集》（上），中共中央书记处1941年编印，第65页。
⑤ 《毛泽东选集》第一卷，人民出版社1951年版，第93页。
⑥ 《毛泽东选集》第一卷，人民出版社1991年版，第5页。
⑦ 《毛泽东选集》第一卷，人民出版社1991年版，第144页。

《六大以来选集》（上）："必然要忘记党的政治任务，这是最大的危险"[①]。1951年《毛选》版："就会忘记党的政治任务，这是很大的危险"[②]。在1929年，忘记党的政治任务或许在某种程度上是党和红军建设、发展最大的危险，因为当时的党和红军还不够健全，还不够强大。随着党和红军发展，更大的危险很快就出现了，即党的路线方针政策的错误、脱离实际、脱离群众等。王明"左"倾错误路线在共产党内的统治，使党和红军遭受了极大的前所未有的损失。所以，把"忘记党的政治任务"是"最大的危险"改为"很大的危险"，更全面、科学。

《六大以来选集》（上）："不认识党和红军，都是执行阶级任务的工具"[③]。1951年《毛选》版："不认识党和红军都是执行革命任务的工具"[④]。"阶级任务"改为"革命任务"，强调了共产党、红军的革命性质，强调了共产党、红军是在干革命。

《六大以来选集》（上）："不愿艰苦耐劳的帮助群众建设政权"[⑤]。1951年《毛选》版："不愿意做艰苦工作建立根据地，建立人民群众的政权"[⑥]。增加"建立根据地"，而且列于"建立人民群众的政权"之前，突出了建立根据地的重要性。毛泽东开辟的农村包围城市武装夺取政权的中国革命道路，其主要的内容为：共产党领导下的武装斗争、土地革命、根据地建设，及其密切结合。武装斗争是中国革命的主要斗争形式，土地革命是中国革命的中心内容，农村革命根据地是中国民主革命的战略阵地，是开展土地革命，进行武装斗争的基础和依托。不建立、建设好革命根据地，武装斗争就没有后方的依托，土地革命的成果就无法保持。不重视革命根据地的建立、建设，中国革命就没有出路，没有希望。毛泽东反对的流寇主义，就是忽视根据地的建立。在《抗日游击战争的战略问题》中，毛泽东指出"流寇主义是在破产农民中存在的，他们的意识反映到游击战争的领导者

---

① 《六大以来选集》（上），中共中央书记处1941年编印，第67页。
② 《毛泽东选集》第一卷，人民出版社1951年版，第96页。
③ 《六大以来选集》（上），中共中央书记处1941年编印，第68页。
④ 《毛泽东选集》第一卷，人民出版社1951年版，第97页。
⑤ 《六大以来选集》（上），中共中央书记处1941年编印，第69页。
⑥ 《毛泽东选集》第一卷，人民出版社1951年版，第99页。

们,就成了不要或不重视根据地的思想"①。在毛泽东看来,黄巢、李闯等农民起义军之所以失败的一个重要原因在于没有建立稳固的根据地。因此,毛泽东在领导革命武装斗争的一开始就十分重视革命根据地的建立、建设。当时没有突出"建立根据地",后来突出之,是必然的。"帮助群众建设政权"改为"建立人民群众的政权",强调建立的是人民的政权,而不是什么别的政权。

4. 1951年《毛选》版增加题解和注释

1951年《毛选》版增加题解,有助于更好地理解文章写作的背景以及文章产生的影响。1951年《毛选》版增加了3条注释:盲动主义的残余、黄巢和李闯,有助于更好地理解文义。

六、对《关于纠正党内的错误思想》修改的思考

1951年毛泽东对1929年的文章进行修改,可以从以下几个方面去理解:

(一)修改后的表述、提法更全面、更准确、更科学

如"四军党内"改为"红军第四军的共产党内"。"四军党内"是缩写,改为"红军第四军的共产党内",补全全称,显然更加准确、科学,明确指出是共产党,而不是其他的党,是红军第四军,而不是其他的军队。

如关于红军物质生活过差,长期斗争感觉疲劳,处置事件,分配工作,或纪律执行不适当等"客观环境的原因"改为"原因"。在众多原因中不仅仅只有客观环境的因素,也有领导者处理问题、分配工作、执行纪律不适当等主观因素,或者更多的应归为主观因素,不能把主观原因也归为"客观环境的原因"。修改后,更全面、准确。

如"红军的任务与白军的根本不同点"改为"红军和白军是根本不同的"。修改后,提法更全面、科学。因为红军与白军的区别除了任务的不同,还有性质不同、指挥员与战斗员关系不同、日常生活以及对待群众的关系不同等很多方面的区别。

---

① 《抗日游击战争的战略问题》,《解放》1938年第40期。

如把"肃清军事观点的理论根源",改为"肃清单纯军事观点的理论根源,认清红军和白军的根本区别"。修改后,强调了要肃清的是错误的单纯军事观点,而不是其他军事观点。强调了红军和白军的根本区别之一,就是是不是单纯军事观点挂帅。修改后的表述,更准确,更科学。

如把"特别对俘虏成分的入伍期教育要加紧",改为"特别是对俘虏成份的教育要加紧"。删除"入伍期",强调了对俘虏成分的教育要贯穿于入伍后的始终,不只是刚入伍时的一个阶段。修改后的表述,更准确,更科学。

如把"必然要忘记党的政治任务,这是最大的危险",改为"就会忘记党的政治任务,这是很大的危险"。因为党的路线方针政策的错误、脱离实际、脱离群众等是更大的危险。把"忘记党的政治任务"是"最大的危险"改为"很大的危险",更全面、科学。

如把社会主义的分配原则由"各人及各工作的需要",改为"'各尽所能按劳取酬'的原则和工作的需要",更准确、科学了。因为各尽所能、按劳分配,是社会主义社会的主体的分配原则,而各尽所能、按需分配,是共产主义社会的分配原则,不是经济发展有限的社会主义社会的分配原则。

(二)修改后马克思主义的政治立场、观点更鲜明

如"党的指导机关……"改为"党的领导机关……"。修改后,进一步强调了共产党的领导作用和领导地位。

如"政治的领导"改为"军队中政治领导的作用"。强调了在军队中应重视和发挥政治领导的作用,也是重申党对军队的绝对领导权。

如把"不认识党和红军,都是执行阶级任务的工具",改为"不认识党和红军都是执行革命任务的工具"。"阶级任务"改为"革命任务",强调了共产党、红军的革命性质,强调了共产党、红军是在干革命。

如极端民主化"……'先交下级讨论,再由上级决议'等口号"改为"……'先交下级讨论,再由上级决议'等项错误主张"。强调了极端民主化"等口号"是错误的,中国共产党领导的军队必须反对、杜绝这样的错误。

(三)修改体现了实事求是的精神

如删除极端民主化的思想"客观上实在是反革命思想的一种,具有这种思想的人,若不努力纠正而任他发展下去,必然的要走上反革命道路"。因为说"极端民主化思想"是"反革命思想的一种",有这种思想的人,会"走上反革命道路",似乎不是太客观,删除之,体现了实事求是精神。

如"如国民党军队所走的道路一样"改为"如像国民党军队所走的军阀主义的道路一样"。点明国民党军队所走的是军阀主义的道路,是实事求是的,因为国民党军队所走的确实是军阀主义的道路。

如"曾经有一时期发展得很厉害,经过许多奋斗,确实减少了好些,但还有许多渣滓残存着……以上这些例子,都证明红军官兵中绝对平均主义并没有从群众的头脑里头根本的去掉,所谓去掉了一些,只是部份的或形式的罢了"改为"有一个时期发展得很厉害……这些都证明红军官兵中的绝对平均主义还很严重"。修改后,更通俗、明白。点明当时"红军官兵中的绝对平均主义还很严重",是实事求是的。

(四)因历史、社会的变化,因现实的需要而做的修改

如"打骂就是报复的手段,这种例子很多……我就在下次会议找岔子报复你,这种例子亦不少"改为"打骂就是报复的一种手段。……我就在下次会议上找岔子报复你"。古田会议召开以后,打骂、报复等现象得到了有效遏止,大大减少,删除"这种例子很多""这种例子亦不少",有助于更准确、合理地认识、评价红军。

如删除"一部分党员特殊化""红军党的支部生活不健全""党的机关很少注意军事工作的讨论"等一大段,是因为古田会议召开以后,红军党内的"一部分党员特殊化""红军党的支部生活不健全""党的机关很少注意军事工作的讨论"等现象,得到了切实的改正,删除这一段落,有助于更准确、合理地认识、评价红军。

如"群众政权机关(苏维埃)"改为"群众政权机关"。删除"(苏维埃)",是历史、社会发展决定的。抗日战争、解放战争时期,中国共产党领导的政权形式已与苏维埃的模式不同,中华人民共和国成立后,行政机构

等组织形式更与苏维埃的模式不同,不再提"苏维埃"是从历史发展出发的,是从现实出发的。

从使文章更全面、更准确、更科学的角度出发,以实事求是的精神修改文章,是必要的,是合理的,值得肯定。对毛泽东修改自己的著作,应历史地、全面地看。

(陶慧芳初稿　周一平修改)

附录：

人民出版社1951年《毛泽东选集》第一卷版与中共中央书记处1941年编印《六大以来选集》（上）版校勘记

凡例

1．《关于纠正党内的错误思想》的各版本简称如下：

中共中央书记处1941年编印《六大以来选集》（上），简称"《六大以来选集》（上）"。

人民出版社1951年《毛泽东选集》第一卷版，简称"1951年《毛选》版"。

2．凡1951年《毛选》版与《六大以来选集》（上）标点、文字不同之处，均在每栏（每列）相同的位置写出各自的文字。

3．空行。每栏（列）中的空行，表示上下文字之间有分段，或略去了相同的文字。

4．各版本中增、删文字的表示：《六大以来选集》（上）有的文字，1951年《毛选》版没有，即删除了，《六大以来选集》（上）版栏（列）中列出文字，1951年《毛选》版栏（列）中相应处注"〇"。1951年《毛选》版增加的文字，《六大以来选集》（上）没有，1951年《毛选》版栏（列）中列出文字，《六大以来选集》（上）栏（列）中相应处注"〇"。

5．1951年《毛选》版增加的题解、注释。"*"表示增加了题解，题解文字略。数字加"〔〕"，是增加了的注释号，表示增加了注释，注释文字略。例如："这是盲动主义的残余〔一〕。"，此处"〔一〕"即是增加的注释号。

《六大以来选集》（上）	1951年《毛选》版
中国共产党红军第四军第九次代表大会决议案	○
——一九二九年十二月闽西古田会议——	○
一 纠正党内非无产阶级意识的不正确倾向问题	关于纠正党内的错误思想*
○	一九二九年十二月
四军党内各种非无产阶级意识非常之浓厚，对于党的正确路线之执行，给了极大的妨碍，	红军第四军的共产党内存在着各种非无产阶级的思想，这对于执行党的正确路线，妨碍极大。
若不彻底纠正，则中国广大革命斗争加于四军的任务，是决然担负不来的。	若不彻底纠正，则中国伟大革命斗争给予红军第四军的任务，是必然担负不起来的。
四军党内种种不正确倾向的总来源，自然是由于党的组织基础最大部份是建筑于农民及其他小资产成份之上；	四军党内种种不正确思想的来源，自然是由于党的组织基础的最大部分是由农民和其他小资产阶级出身的成份所构成的；
然党的指导机关对于这些不正确倾向缺乏一致的坚决的斗争，缺乏对党员正确路线的教育，亦是使这些不正确倾向存在和发展的重大原因。	但是党的领导机关对于这些不正确的思想缺乏一致的坚决的斗争，缺乏对党员作正确路线的教育，也是使这些不正确思想存在和发展的重要原因。
大会站在中央九月来信的精神之上，指出四军党内各种非无产阶级意识的不正确倾向的来源，表现，及其纠正方法，号召同志起来彻底的加以肃清。	大会根据中央九月来信的精神，指出四军党内各种非无产阶级思想的表现、来源及其纠正的方法，号召同志们起来彻底地加以肃清。
1 单纯军事观点	关于单纯军事观点
2，单纯军事观点在红军一部份同志中非常发展，其表现如： （按：这一部分为第二点，在"来源"之后）	单纯军事观点在红军一部分同志中非常发展。其表现如：
（一）承认军事政治二者的对立的，不承认军事只是达到政治任务的工具之一。	（一）认为军事政治二者是对立的，不承认军事只是完成政治任务的工具之一。
则更进一步而承认军事是政治的领导了。	则更进一步认为军事领导政治了。

(续表)

《六大以来选集》（上）	1951年《毛选》版
（二）以为红军的任务也和白军相仿佛，只是单纯的打仗的。	（二）以为红军的任务也和白军相仿佛，只是单纯地打仗的。
不知道红军的任务在意义上是一个执行阶级的政治任务的武装集团。	不知道中国的红军是一个执行革命的政治任务的武装集团。
在工作上特别是中国现在的工作，它决不仅是单纯的打仗的，他除了打仗一件工作之外，还要负担宣传群众，组织群众，武装群众，帮助群众，建设政权等重大任务。	特别是现在，红军决不是单纯地打仗的，它除了打仗消灭敌人军事力量之外，还要负担宣传群众、组织群众、武装群众、帮助群众建立革命政权以至于建立共产党的组织等项重大的任务。
红军之打仗，不是为打仗而打仗，完全是为了宣传群众，组织群众，武装群众，帮助群众，建设政权才去打仗的，离了对群众的宣传组织武装政权等目标，就是完全失了打仗的意义，也就根本失了红军存在的意义。	红军的打仗，不是单纯地为了打仗而打仗，而是为了宣传群众、组织群众、武装群众、并帮助群众建设革命政权才去打仗的，离了对群众的宣传、组织、武装和建设革命政权等项目标，就是失去了打仗的意义，也就是失去了红军存在的意义。
（三）因此在组织上把政治工作机关隶属于军事工作机关，提出司令部对外的口号，这种路线发展下去，便有走到脱离群众，以军队垄断政权，离开阶级地位的危险，如国民党军队所走的道路一样。	（三）因此，在组织上，把红军的政治工作机关隶属于军事工作机关，提出"司令部对外"的口号。这种思想如果发展下去，便有走到脱离群众、以军队控制政权、离开无产阶级领导的危险，如像国民党军队所走的军阀主义的道路一样。
（四）同时在宣传上，忽视宣传队工作的重要任务，在群众组织上，忽视士兵会的组织及工农群众的组织，结果，宣传与组织工作都成了取消的现象。	（四）同时，在宣传工作上，忽视宣传队的重要性。在群众组织上，忽视军队士兵会的组织和对地方工农群众的组织。结果，宣传和组织工作，都成了被取消的状态。
（六）四军本位主义，一切只知道为基本队伍打算，不知道武装地方是红军重要任务之一，这是一种放大些的小团体主义。	（六）本位主义，一切只知道为四军打算，不知道武装地方群众是红军的重要任务之一。这是一种放大了的小团体主义。
（七）有少数同志囿于四军局部环境，以为除此以外就没有革命势力了，因此保存实力避免斗争的观念非常浓厚，这乃是机会主义的残余。	（七）有少数同志囿于四军的局部环境，以为除此就没有别的革命势力了。因此，保存实力、避免斗争的思想非常浓厚。这是机会主义的残余。
满脑筋充满着唯心的幻想，这又是盲动主义的残余。	充满着幻想。这是盲动主义的残余〔一〕。

(续表)

《六大以来选集》（上）	1951年《毛选》版
1，单纯军事观点的来源：	单纯军事观点的来源：
（一）政治水平低。因此不认识政治的领导，不认识红军的任务与白军的根本不同点。	（一）政治水平低。因此不认识军队中政治领导的作用，不认识红军和白军是根本不同的。
（二）雇佣军队观念的残余。特别因历次作战俘虏兵甚多，此种份子加入红军，带来了浓厚的雇佣军队观念，使单纯军事观点在下层有了基础。	（二）雇佣军队的思想。因为历次作战俘虏兵甚多，此种分子加入红军，带来了浓厚的雇佣军队的思想，使单纯军事观点有了下层基础。
（三）因有以上二个原因，便发生出第三个原因，就是过分相信军事力量，而不相信群众力量。	（三）因有以上两个原因，便发生第三个原因，就是过分相信军事力量，而不相信人民群众的力量。
3，纠正的方法：	纠正的方法：
（一）从教育上提高党内政治水平，肃清军事观点的理论根源。	（一）从教育上提高党内的政治水平，肃清单纯军事观点的理论根源，认清红军和白军的根本区别。
同时还要肃清机会主义和盲动主义的残余，打破四军本位主义。	同时，还要肃清机会主义和盲动主义的残余，打破四军本位主义。
（二）加紧官兵的政治训练，特别对俘虏成分的入伍期教育要加紧，同时尽其可能由地方政权机关选派有斗争经验的工农份子，加入红军，从组织上削弱以至去掉单纯军事观点的来源。	（二）加紧官兵的政治训练，特别是对俘虏成份的教育要加紧。同时，尽可能由地方政权机关选派有斗争经验的工农分子，加入红军，从组织上削弱以至去掉单纯军事观点的根源。
（三）发动地方党对红军党的批评，及群众政权机关（苏维埃）对红军的批评，以影响红军党及红军官兵。	（三）发动地方党对红军党的批评和群众政权机关对红军的批评，以影响红军的党和红军的官兵。
（四）党对于军事工作部份要有积极的注意和讨论。一切工作，在党的讨论和决议之下再经过群众路线去执行。	（四）党对于军事工作要有积极的注意和讨论。一切工作，在党的讨论和决议之后，再经过群众路线去执行。
红军与群众的关系，士兵会的权能及其与军事政治机关的关系。	红军和人民群众的关系，士兵会的权能及其和军事政治机关的关系。
2 极端民主化	关于极端民主化
1，红军党在接受中央指示之后，极端民主化的现象，确实减少了许多，	红军第四军在接受中央指示之后，极端民主化的现象，减少了许多。

(续表)

《六大以来选集》（上）	1951年《毛选》版
如党的决议之比较的能够执行，"由下而上的民主集权制""先交下级讨论，再由上级决议"等口号之没有人说了，都是事实。	例如党的决议比较地能够执行了；要求在红军中实行所谓"由下而上的民主集权制"、"先交下级讨论，再由上级决议"等项错误主张，也没有人再提了。
但在实际上这种减少的现象，只是表面的减少罢了，决不是在一般党员的观念里头根本肃清了极端民主化的思想，	但是在实际上，这种减少，只是一时的和表面的现象，还不是极端民主化的思想的肃清。
这就是说极端民主化的毒根还深中在许多同志的心中，	这就是说，极端民主化的根苗还深种在许多同志的思想中。
如决议案之执行，种种表示勉强的态度，就是证据之一。	例如对于决议案的执行，表示种种勉强的态度，就是证据。
2，纠正的方法：	纠正的方法：
第一，是从理论上扫除极端民主化的根苗。	（一）从理论上铲除极端民主化的根苗。
首先要指出极端民主化的危险，	首先，要指出极端民主化的危险，
使党担负不起斗争之责任，由此必然走到革命的失败，同时亦就是帮助了统治阶级反革命寿命的延长。	使党担负不起斗争的责任，由此造成革命的失败。
其次要指出极端民主化的来源，在于小资产阶级（小农生产及城市小资本）的自由散漫性，	其次，要指出极端民主化的来源，在于小资产阶级的自由散漫性。
这种自由散漫性传带到党内就成了政治上的和组织上的极端民主化思想。这种思想是和无产阶级的斗争任务根本不相容的，客观上实在是反革命思想的一种，具有这种思想的人，若不努力纠正而任他发展下去，必然的要走上反革命道路。	这种自由散漫性带到党内，就成了政治上的和组织上的极端民主化的思想。这种思想是和无产阶级的斗争任务根本不相容的。
第二，是在组织上厉行集中指导下的民主生活。其路线是：	（二）在组织上，厉行集中指导下的民主生活。其路线是：
（一）党的指导机关要有正确的指导路线，遇事要拿出办法，以建立领导的中枢。	1 党的领导机关要有正确的指导路线，遇事要拿出办法，以建立领导的中枢。
（二）上级机关要明了下级机关情况，及群众生活情况，成为正确指导的社会来源。	2 上级机关要明了下级机关的情况和群众生活的情况，成为正确指导的客观基础。

(续表)

《六大以来选集》（上）	1951年《毛选》版
（三）党的各级机关决议事情，不要太随便，一成决议，便须坚决执行。	3 党的各级机关解决问题，不要太随便。一成决议，就须坚决执行。
（四）上级机关的决议，凡属重要一点的，必须迅速地传达到下级机关及党员群众，其办法就是开活动份子会，或支部以至纵队的党员大会（须查看环境的可能），派人出席作报告。	4 上级机关的决议，凡属重要一点的，必须迅速地传达到下级机关和党员群众中去。其办法是开活动分子会，或开支部以至纵队的党员大会（须看环境的可能），派人出席作报告。
（五）党的下级机关及党员群众对于上级机关的指示，要经过详尽的讨论，以求彻底了解指示的意义，并决定对它的执行方法。	5 党的下级机关和党员群众对于上级机关的指示，要经过详尽的讨论，以求彻底地了解指示的意义，并决定对它的执行方法。
3 非组织意识	关于非组织观点
四军党内非组织意识，表现在各方面的很多，最显著的有如下列三种：	四军党内存在着的非组织的观点，其表现如下：
1，非少数服从多数：如提议被否决，表现非常地呕气及不诚意执行党的决议案，都是这一种的例子。	甲 少数不服从多数。例如少数人的提议被否决，他们就不诚意地执行党的决议。
（一）会议上要使到会人尽量发表意见，明了对有争论的问题，要把是非弄明白，不要调和敷衍下去。一次不能解决，二次再议（以不妨碍工作为条件），期于得到明晰的结论。	（一）开会时要使到会的人尽量发表意见。有争论的问题，要把是非弄明白，不要调和敷衍。一次不能解决的，二次再议（以不妨碍工作为条件），以期得到明晰的结论。
（二）党的纪律之一是少数服从多数，少数意见在党的第一次会议失败之后，后一次会议未开之前，必须拥护多数的决议，除在后一次会议得再提出讨论外，不得在行动上有任何反对的表示。	（二）党的纪律之一是少数服从多数。少数人在自己的意见被否决之后，必须拥护多数人所通过的决议。除必要时得在下一次会议再提出讨论外，不得在行动上有任何反对的表示。
2，非组织的批评：	乙 非组织的批评：
（一）党内批评是坚强党的组织，加增党的战斗力的武器。	（一）党内批评是坚强党的组织、增加党的战斗力的武器。
但红军党内的批评很多不明白这种意义，而误用了去攻击个人，结果，不但毁坏了个人，而且毁坏了党的组织，这完全是小资产阶级个人主义意识的表现。	但是红军党内的批评有些不是这样，变成了攻击个人。其结果，不但毁坏了个人，也毁坏了党的组织。这是小资产阶级个人主义的表现。

(续表)

《六大以来选集》（上）	1951年《毛选》版
纠正的方法，在于使党员明白批评的意义，是加增党的战斗力以达到阶级斗争的胜利，而完全不能利用批评去做攻击个人的工具。	纠正的方法，在于使党员明白批评的目的是增加党的战斗力以达到阶级斗争的胜利，不应当利用批评去做攻击个人的工具。
（二）许多党员不在党内批评而在党外批评，	（二）许多党员不在党内批评而在党外去批评。
这是因为没有建设党的组织的政治意义于一般党员的观念之中，因此不懂得党的组织（会议等）的重要以为批评在组织内组织外没有什么分别的原故。这种结果亦足引导党走上毁坏的道路。	这是因为一般党员还不懂得党的组织（会议等）的重要，以为批评在组织内或在组织外没有什么分别。
纠正的方法，就是建设党的组织的政治意义于一般党员的观念之内，这样方能从根本上肃清一切不负责任的给群众以坏影响的非组织的批评。	纠正的方法，就是要教育党员懂得党的组织的重要性，对党委或同志有所批评应当在党的会议上提出。
3，一部份党员特殊化：	○
借口事情忙，实际是不愿意接近群众，又怕群众批评，因此不到支部大会及小组会，到会亦不作工作报告，种种异于一般党员，其结果脱离群众脱离党。在此事件上，支部负责人不但不纠正这种现象，反有怕了这些特殊党员的表现。 这种现象发生的原因：第一，红军历来有一个重大的错误，就是党的机关很少注意军事工作的讨论，因而也没有督促军事负责同志，于党的会议中，经常的提出关于军事的计划（如训练计划，管理计划，作战计划等）及报告。结果党的讨论离开了军事，军事负责同志也忘记了应该受党指导和对党作报告，致使红军的军事工作成为一种党的机关和一般党员所不明了的特殊部份。这样，不仅对党员军事化一个任务大有妨碍，而且使党与军事分离，有成为党不能领导军事的危险。第二，因为有上述党的任务上的重大错误，致使一部份负军事责任的同志成为党内的特殊部份。同时负其他工作责任的同志，对于支部会议也有许多不爱到会及到会不说话的特殊化了的人。这样就是使红军党的支部生活所以成为现在这样偏畸的不健全的一个原因。	○

(续表)

《六大以来选集》（上）	1951年《毛选》版
纠正的方法：第一，党的各级会议（从支部到前委）均须将军事工作计划及报告列于议事日程，加以讨论和决定。第二，不论担负什么工作的党员均须出席支部大会及小组会，并做工作报告，不得无故不到。	○
4 绝对平均主义	关于绝对平均主义
1，红军中绝对平均主义，曾经有一时期发展得很厉害，经过许多奋斗，确实减少了好些，但还有许多渣滓残存着。	红军中的绝对平均主义，有一个时期发展得很厉害。
如发给伤兵用费，反对分伤轻伤重，要求平均发给；官长骑马，不认为工作需要，而认为不平等制度；分东西要求极端平均，不愿意有特别情形的部份多分去一点；背米不问大人小孩体强体弱，只要平背；分房子要分得一样平，司令部打了一间大点的房子也要骂起来；派勤务要派得一样平，稍为多做一点就不肯；甚至在一副担架两个伤兵的情况，宁愿大家抬不成，不愿一个人抬了去。	例如：发给伤兵用费，反对分伤轻伤重，要求平均发给。官长骑马，不认为是工作需要，而认为是不平等制度。分物品要求极端平均，不愿意有特别情形的部分多分去一点。背米不问大人小孩体强体弱，要平均背。住房子要分得一样平，司令部住了一间大点的房子也要骂起来。派勤务要派得一样平，稍微多做一点就不肯。甚至在一副担架两个伤兵的情况，宁愿大家抬不成，不愿把一个人抬了去。
以上这些例子，都证明红军官兵中绝对平均主义并没有从群众的头脑里头根本的去掉，所谓去掉了一些，只是部份的或形式的罢了。	这些都证明红军官兵中的绝对平均主义还很严重。
2，绝对平均主义的来源，实在是和政治上的极端民主化一样，都是手工业小农经济的产品，不过一则见之于政治方面，一则见之于物质方面罢了。	绝对平均主义的来源，和政治上的极端民主化一样，是手工业和小农经济的产物，不过一则见之于政治生活方面，一则见之于物质生活方面罢了。
3，纠正的方法：在理论上指出绝对平均主义不但在资本主义没有消灭时期，只是农民小资产者的一种幻想；	纠正的方法：应指出绝对平均主义不但在资本主义没有消灭的时期，只是农民小资产者的一种幻想；
就是社会主义经济时期，物质的分配亦当按照各人及各工作的需要，决然无所谓绝对平均。	就是在社会主义时期，物质的分配也要按照"各尽所能按劳取酬"的原则和工作的需要，决无所谓绝对的平均。
在红军内物质的分配，应该做到最大限度的平均，如官兵薪饷平均等，因为这是现时环境中红军斗争的需要。	红军人员的物质分配，应该做到大体上的平均，例如官兵薪饷平等，因为这是现时斗争环境所需要的。

《关于纠正党内的错误思想》版本研究

（续表）

《六大以来选集》（上）	1951年《毛选》版
但必须反对不问一切理由的绝对平均，	但是必须反对不问一切理由的绝对平均主义，
5 唯心观念	关于主观主义
1，唯心观念，在红军党员中非常之浓厚。其结果对政治分析，对工作指导，对党的组织，都有非常之大的妨碍。	主观主义，在某些党员中浓厚地存在，这对分析政治形势和指导工作，都非常不利。
因为政治上唯心的分析和工作上唯心的指导，其必然伴随的结果，不是机会主义，就是盲动主义。	因为对于政治形势的主观主义的分析和对于工作的主观主义的指导，其必然的结果，不是机会主义，就是盲动主义。
至于党内唯心的批评精神，不要证据的乱说，或互相猜忌，其结果，往往酿成党内无原则无意义的纠纷，破坏党的组织。	至于党内的主观主义的批评，不要证据的乱说，或互相猜忌，往往酿成党内的无原则纠纷，破坏党的组织。
关于党内批评问题，除开唯心的批评精神之外，还有应该要说及的，就是非政治的批评精神。	关于党内批评问题，还有一点要说及的，就是有些同志的批评不注意大的方面，只注意小的方面。
批评的任务，不明白最大的是指出政治上的错误，其次才是指出组织上的错误，至于个人生活缺点及小的技术方面，如果不是与政治的及组织的错误有密切的联系，则不必多所指摘，使同志们无所措手足。	他们不明白批评的主要任务，是指出政治上的错误和组织上的错误。至于个人缺点，如果不是与政治的和组织的错误有联系，则不必多所指摘，使同志们无所措手足。
而且技术的批评一发展，党内精神完全集注到寻常技术方面，人人变成了谨小慎微的君子，必然要忘记党的政治任务，这是最大的危险，	而且这种批评一发展，党内精神完全集注到小的缺点方面，人人变成了谨小慎微的君子，就会忘记党的政治任务，这是很大的危险。
红军党内技术的非政治的批评精神，是和唯心的非科学的批评精神一样，必然要得到（而且已经得到）它的最坏的结果。	○
2，纠正的方法，唯一的是使党员的思想和党内的生活都政治化科学化。	纠正的方法：主要是教育党员使党员的思想和党内的生活都政治化，科学化。
要达到这个目的，就要：（一）教育党员用马克思主义的方法去作政治分析和阶级势力的估量，以代替唯心方法的分析和估量。	要达到这个目的，就要：（一）教育党员用马克思列宁主义的方法去作政治形势的分析和阶级势力的估量，以代替主观主义的分析和估量。

(续表)

《六大以来选集》（上）	1951年《毛选》版
（二）使党员注意社会经济的调查和研究，由此来决定斗争策略和工作方法，使同志们知道离了实际调查，便要堕入空想和盲动的深坑。	（二）使党员注意社会经济的调查和研究，由此来决定斗争的策略和工作的方法，使同志们知道离开了实际情况的调查，就要堕入空想和盲动的深坑。
（三）党内批评要肃清唯心的和技术的精神，说话要有证据，讨论工作要注意它的政治意义。	（三）党内批评要防止主观武断和把批评庸俗化，说话要有证据，批评要注意政治。
6 个人主义	关于个人主义
1，红军党内表现个人主义的有以下各种：	红军党内的个人主义的倾向有如下各种表现：
（一）报复主义　在党内受了士兵同志的批评，到党外找机会报复他，打骂就是报复的手段，这种例子很多。	（一）报复主义。在党内受了士兵同志的批评，到党外找机会报复他，打骂就是报复的一种手段。
还有在党内亦寻报复，你在这次会议说了我，我就在下次会议找岔子报复你，这种例子亦不少。	在党内也寻报复；你在这次会议上说了我，我就在下次会议上找岔子报复你。
这种报复主义，完全从个人观点出发。不知有阶级利益，亦不知有整个党的生活，只知有自己个人。	这种报复主义，完全从个人观点出发，不知有阶级的利益和整个党的利益。
他的目标不在敌人阶级，而在自己队伍里别的个人。这是很能削弱组织削弱战斗力的一副销蚀剂。	它的目标不在敌对阶级，而在自己队伍里的别的个人。这是一种削弱组织、削弱战斗力的销蚀剂。
（二）小团体主义　表面上是个人主义的放大，骨子里依然是极狭隘的个人主义，他同样具有很大的销蚀作用和离心作用。	（二）小团体主义。只注意自己小团体的利益，不注意整体的利益，表面上不是为个人，实际上包含了极狭隘的个人主义，同样地具有很大的销蚀作用和离心作用。
红军中历来小团体风气很盛，奋斗的结果消灭了许多，但残余是依然存在的，还须加上奋斗的努力。	红军中历来小团体风气很盛，经过批评现在是好些了，但其残余依然存在，还须努力克服。
（三）雇佣观念　不认识党和红军，都是执行阶级任务的工具，而自己是其中的一员。	（三）雇佣思想。不认识党和红军都是执行革命任务的工具，而自己是其中的一员。
不认识自己是斗争的主体，而认斗争于自己无与，自己是仅仅对红军长官或党部机关负责任，而不是对革命负责任。	不认识自己是革命的主体，以为自己仅仅对长官个人负责任，不是对革命负责任。

（续表）

《六大以来选集》（上）	1951年《毛选》版
○	这种消极的雇佣革命的思想，也是一种个人主义的表现。
这种雇佣革命的观念，在红军中颇为发展，这是无条件努力积极活动份子所以不多的原因。	这种雇佣革命的思想，是无条件努力的积极活动分子所以不很多的原因。
雇佣观念不肃清，积极活动份子便无由增加，革命的重担便始终在少数人肩背上，这是于斗争大不利的。	雇佣思想不肃清，积极活动分子便无由增加，革命的重担便始终放在少数人的肩上，于斗争极为不利。
（四）享乐主义 个人主义之见于享乐主义方面的，在红军中亦有一个不小的部份。	（四）享乐主义。个人主义见于享乐方面的，在红军中也有不少的人。
他们经常的希望是队伍要开向大城市，他们之要到大城市不是为了工作，而是为了享乐。他们最不乐意的就是在生活艰难的红色区域工作。	他们总是希望队伍开到大城市去。他们要到大城市不是为了去工作，而是为了去享乐。他们最不乐意的是在生活艰难的红色区域里工作。
享乐主义的结果就是只顾个人利益，不顾整个革命，不顾团体行动。	○
（五）消极怠工 稍不遂意，就消极起来，怠工起来。	（五）消极怠工。稍不遂意，就消极起来，不做工作。
消极怠工之由来，固然根本上是出于个人主义，由于他没有真确认识自己的阶级任务；但尚有党及军中处置事件分配工作或执行纪律不适当的客观原因。	其原因主要是缺乏教育，但也有是领导者处理问题、分配工作或执行纪律不适当。
（六）离队观念 红军中工作的人要求脱离队伍调地方工作的与日俱增。	（六）离队思想。在红军工作的人要求脱离队伍调地方工作的与日俱增。
其原因亦不完全是主观的个人主义，尚有（一）红军物质生活过差；（二）长期斗争，感觉疲劳；（三）处置事件，分配工作，或纪律执行不适当等客观环境的原因。	其原因，也不完全是个人的，尚有一，红军物质生活过差；二，长期斗争，感觉疲劳；三，领导者处理问题、分配工作或执行纪律不适当等项原因。
纠正的方法，主要是用教育的方法，从思想上纠正个人主义。再则处置事件，分配工作，执行纪律要得当。并要设法改善红军的物质生活，利用一切可能时机休息整理，以改善客观条件。	纠正的方法：主要是加强教育，从思想上纠正个人主义。再则处理问题、分配工作、执行纪律要得当。并要设法改善红军的物质生活，利用一切可能时机休息整理，以改善物质条件。

（续表）

《六大以来选集》（上）	1951年《毛选》版
2，个人主义的来源，在于小农思想一直到资产阶级思想影响到党内。 （按：这一部分提到"纠正的方法"前面）	个人主义的社会来源是小资产阶级和资产阶级的思想在党内的反映，当进行教育的时候必须说明这一点。
7 流寇思想	关于流寇思想
1，红军中流寇思想的来源，在于：（一）红军中游民无产阶级占大多数，这是近的原因；（二）全国特别是南方各省游民大群众之存在，这是远的原因。由于远近两个原因，就产生了红军中流寇主义的政治思想和行动主张。	由于红军中游民成份占了很大的数量和全国特别是南方各省有广大游民群众的存在，就在红军中产生了流寇主义的政治思想。
但是黄巢李闯洪秀全式的大规模流寇行动，为帝国主义统治着的中国，特别是进步武器（手榴弹，钢炮，机关枪等）进步通信方法（军用电话及无线电），和进步运输方法（汽车轮船铁路），已经输入了的现时代的中国所不许可，因此流寇思想自然不会成为红军行动上的最后有力的主张。	○
但是它的影响表现在各方面的仍是很大，如（一）不愿艰苦耐劳的帮助群众建设政权，由此去扩大政治影响；而只想用流动游击的方法，去扩大政治影响；	这种思想表现在：一，不愿意做艰苦工作建立根据地，建立人民群众的政权，并由此去扩大政治影响，而只想用流动游击的方法，去扩大政治影响。
（二）扩大红军的组织路线，不走由扩大地方赤卫队，地方红军以至于扩大非地方红军的路线；而要走"招军买马""招降纳叛"去扩大红军的路线；	二，扩大红军，不走由扩大地方赤卫队、地方红军到扩大主力红军的路线，而要走"招兵买马""招降纳叛"的路线。
（三）不耐烦和群众在一块作艰苦斗争，只希望跑到大城市去大吃大喝。凡此一切流寇主义的表现，妨碍革命加于红军的巨大任务之执行非常厉害，故肃清流寇思想，实为红军党内思想斗争一个重要目标。	三，不耐烦和群众在一块作艰苦的斗争，只希望跑到大城市去大吃大喝。凡此一切流寇思想的表现，极大地妨碍着红军去执行正确的任务，故肃清流寇思想，实为红军党内思想斗争的一个重要目标。
○	应当认识，历史上黄巢〔二〕、李闯〔三〕式的流寇主义，已为今日的环境所不许可。
2，纠正的方法：	纠正的方法：
（一）从教育上去变更党内基于游民成份的不正确思想，以肃清流寇主义。	（一）加紧教育，批评不正确思想，肃清流寇主义。

(续表)

《六大以来选集》（上）	1951年《毛选》版
（二）现有红军基本队伍及以后新来俘虏兵，加紧反流氓意识的教育。	（二）对现有红军基本队伍和新来的俘虏兵，加紧反流氓意识的教育。
（三）引导有斗争经验的工农积极份子加进现有红军队伍，改变它的成份。	（三）争取有斗争经验的工农积极分子加入红军队伍，改变红军的成份。
（四）从斗争的工农群众中创造出新的军队。	（四）从斗争的工农群众中创造出新的红军部队。
8 盲动主义残余	关于盲动主义残余
1，红军党内对盲动主义的斗争，已经尽了颇大的努力，但不能说已经充分；	红军党内对盲动主义已经做了斗争，但尚不充分。
因此红军中盲动主义的思想和行动虽已经克服了许多，但尚存留着一些残余。	因此，红军中还有盲动主义思想的残余存在着。
他的表现如1不顾主客观条件的盲干；2城市政策之执行不充分不坚决；3军纪松懈，特别是打败仗时；4不要群众基础的烧屋行为，各部队都还有一部份存在；5枪毙逃兵制度和肉刑制度，亦有某些成份是出于盲动主义的。（按：在"盲动主义来源"之后）	其表现如：一，不顾主观和客观条件的盲干。二，城市政策执行得不充分，不坚决。三，军纪松懈，特别是打败仗时。四，还有某些部队有烧屋行为。五，枪毙逃兵的制度和肉刑制度，也是带着盲动主义性质的。
盲动主义的来源，是由于流氓无产阶级意识与小资产阶级的意识汇合所构成。	盲动主义的社会来源是流氓无产者的思想和小资产阶级的思想的综合。
2，纠正的方法：	纠正的方法：
（一）从理论上肃清盲动主义。	（一）从思想上肃清盲动主义。
（二）制度上政策上，纠正盲动的行为。	（二）从制度上和政策上纠正盲动的行为。

参考文献

一、史料

1．《中国共产党红军第四军第九次代表大会决议案》，闽西革命根据地1930年4月铅印。

2．《六大以来——党内秘密文件》（上），中共中央书记处1941年编印。

3．《六大以来选集——党内秘密文件》（上），中共中央书记处1941年编印。

4．《军事文献》（一），中共中央革命军事委员会1942年编印。

5．《中国共产党红军第四军第九次代表大会决议案》，国民革命军第十八集团军政治部1943年5月印。

6．《两条路线》（上），中共中央书记处1943年10月编印。

7．《中国共产党红军第四军第九次代表大会决议案》，八路军留守兵团政治部1944年1月印。

8．《中国共产党红军第四军第九次代表大会决议案》，胶东联合社1944年3月24日印。

9．《毛泽东选集》（卷三附录），晋察冀日报社编1944年5月版。

10．《真理》第18期，1944年5月20日，中共中央华中局宣传部编印。

11．《毛泽东选集》精装五卷（卷三附录），大连大众书店1946年8月第一版、1947年2月第二版和1947年11月第三版。

12．《党的路线问题选集》第二册，中共中央山东分局1945年6月编印。

13．《中国共产党红军第四军第九次代表会议决议案》，光明出版社1946年3月版。

14．《毛泽东的建军思想》，新四军华中军区政治部1946年3月编印。

15．《古田会议决议案与谭政同志政治工作报告》，晋察冀军区政治部1946年印。

16．《中国共产党红军第四军第九次代表大会决议案》，东北民主联军总政治部1947年4月印。

17. 《毛泽东选集》卷四，中共晋察冀中央局1947年3月编印。

18. 《论革命战争 论党的建设》，东北民主联军总政治部1947年7月编印。

19. 《毛泽东选集·中国共产党红军第四军第九次代表大会决议案》，香港新民主出版社1947年版。

20. 《毛泽东选集》（上册），晋冀鲁豫中央局1948年3月编印。

21. 《毛泽东选集》卷四，东北书店1948年5月版。

22. 《中国共产党红军第四军第九次代表会议决议案》，中国人民解放军东北军区政治部1948年8月印。

23. 《中国共产党红军第四军第九次代表会议决议案》，华东新华书店1948年9月初版。

24. 《中国共产党红军第四军第九次代表会议决议案》，华中新华书店1949年3月版。

25. 《中国共产党红军第四军第九次代表会议决议案——1929年12月闽西古田会议》，香港新民主出版社1949年1月初版、1949年5月再版。

26. 《中国共产党红军第四军第九次代表大会决议案》，中原新华书店1949年4月版。

27. 《中国共产党红军第四军第九次代表会议决议案》，苏北新华书店1949年7月版。

28. 《中国共产党红军第四军第九次代表会议决议案》，山东新华书店1949年7月再版。

29. 《中国共产党红军第四军第九次代表会议决议案》，（上海）新华书店1949年7月版、1949年8月版。

30. 《中国共产党红军第四军第九次代表大会决议案》，中央人民政府人民革命军事委员会总政治部1950年1月印。

31. 《关于纠正党内的错误思想》，西安群众日报出版社1951年版。

32. 《新华活页文选》，华东人民出版社1951年7月版。

33. 《大公报》，1951年7月22日。

34. 《关于纠正党内的错误思想》，人民出版社1951年8月第一版。

35. 《中国共产党红军第四军第九次代表大会决议案》，中国人民解放军东北军区政治部1951年8月印。

36.《毛泽东选集》第一卷，人民出版社1951年10月版。

37.《整党建党学习资料》，中国人民革命军事委员会总政治部1951年10月编印。

38.《关于纠正党内的错误思想》，人民出版社1952年7月第2版。

39.《毛泽东选集》第一卷，人民出版社1952年7月第2版。

40.《关于纠正党内的错误思想》，人民出版社1952年9月版。

41.《军事文献》（一），中共中央革命军事委员会1957年11月翻印。

42.《关于纠正党内的错误思想》，人民出版社1960年6月版。

43.《关于纠正党内的错误思想》，人民出版社1964年3月版。

44.《毛泽东选集》第一卷 第一分册（线装本），人民出版社1964年版。

45.《毛泽东选集》（一卷本），人民出版社 1964年4月版。

46.《关于纠正党内的错误思想》，人民出版社1965年2月版。

47.《毛泽东选集》第一卷（横排本），人民出版社1966年版。

48.《毛泽东著作选读》，中国人民解放军总政治部编印，中国人民解放军总参谋部出版局1961年8月第1版、1965年2月第2版、1966年1月第3版。

49.《新安徽报》，1967年1月第9号。

50.《光明日报》，1967年1月28日。

51.《新华社电讯》，1967年1月28日第16期。

52.《黑龙江日报》，1967年1月28日。

53.《红色电讯》，1967年1月29日第5期。

54.《锦州日报》，1967年1月29日。

55.《关于纠正党内的错误思想》，人民出版社1967年2月版。

56.《红色电讯》，1967年2月22日第25期。

57.《新华日报（农村版）》，1967年2月4日第421期。

58.《中国共产党红军第四军第九次代表大会决议案》，南京航空学院1967年2月印。

59.《中国的红色政权为什么能够存在？井冈山的斗争 关于纠正党内的错误思想 星星之火，可以燎原》，人民出版社1967年4月第1版。

60.《毛泽东选集》（袖珍一卷本），人民出版社1967年版

61．《毛泽东选集》（普及本）第一卷，人民出版社1968年版。

62．《整党建党学习文件》第五集（内部文件），山西省革命委员会政工组1970年1月编印。

63．《政治工作学习文件》，中国人民解放军总政治部编，中国人民解放军战士出版社1970年2月版。

64．《政治工作学习文件》，河南省许昌区革命委员会政工组1970年6月编印。

65．《政治工作学习文件》，中国人民解放军总政治部编、浙江人民出版社1970年6月版。

66．《关于纠正党内的错误思想》，山西人民出版社1970年9月版。

67．《政治工作学习文件》，中国人民解放军总政治部编，天津人民出版社1970年9月版。

68．《政治工作学习文件》，中国人民解放军总政治部编、湖北人民出版社1970年7月重排版。

69．《华北民兵（半月刊）》，1970年10月20日第20期。

70．《关于纠正党内的错误思想》，人民出版社1975年12月第1版。

71．《关于纠正党内的错误思想》，人民出版社1976年6月版。

72．《中国共产党红军第四军第九次代表大会决议案》，中国人民解放军战士出版社1978年3月版。

73．《毛泽东著作选读》（战士读本），中国人民解放军战士出版社1978年10月第1版。

74．《毛泽东周恩来刘少奇朱德论社会主义精神文明》，中国人民解放军战士出版社1981年8月第1版、1983年12月第2版。

75．《关于纠正党内的错误思想》，人民出版社1982年2月版。

76．《历次整党整风文献选编》（内部读物），中共辽宁省委整党工作领导小组办公室、中共辽宁省委《共产党员》杂志社1983年1月编印。

77．中共中央文献研究室编：《毛泽东著作选读》（上），人民出版社1986年8月版。

78．肖庆胜等主编：《党员教育资料选编》，辽宁教育出版社1988年7月版。

79．《毛泽东选集》第一卷，人民出版社1991年版。

80．《马克思主义原著选读（毛刘周邓著作）》，中共辽宁省委党校1992年2月编印。

81．《中共党史文献选编·新民主主义革命时期》，中共中央党校教材审定委员会审定，中共中央党校出版社1992年3月版。

82．《马克思主义党的建设理论学习阅读文选》，海洋出版社1992年4月版。

83．中国人民解放军总政治部编：《毛泽东邓小平著作选读》（士兵读本），解放军出版社1993年12月版。

84．中共中央文献研究室、中国人民解放军军事科学院编：《毛泽东军事文集》第一卷，军事科学出版社、中央文献出版社1993年12月版。

85．中共中央文献研究室编：《毛泽东文集》第一卷，人民出版社1993年12月版。

86．中国人民解放军总政治部编：《基层军官理论学习读本》，解放军出版社1995年11月版。

87．中国人民解放军总政治部编：《士兵理论学习读本》，解放军出版社1996年11月版。

88．《马克思主义著作选读》，中共河南省委党校教务处1998年1月编印。

89．傅柒生等编著：《古田铸军魂 古田会议纪念馆》（附录），中国大百科全书出版社1998年12月版。

90．李智道主编：《中国人民解放军传统教育与现代素质教育》（第1册），中国人民解放军国防大学出版社2001年6月版。

91．教育部社会科学研究与思想政治工作司组编：《毛泽东思想基本著作选读》，人民出版社2001年7月版。

92．中共中央党校教务部编：《毛泽东著作选编》，中共中央党校出版社2002年2月版。

93．《毛泽东选集手抄本》第一卷，西苑出版社2001年8月版。

94．杨大明主编：《马克思主义著作选读》（下），甘肃人民出版社2002年1月版。

95．牛长林等编：《毛泽东 邓小平 江泽民关于思想政治建设论著选编》，党史政工教研室2003年3月版。

96．杨永良主编：《中国共产党重要会议决策历程》，湖北辞书出版社2003年3月版。

97．《毛泽东闽西文稿》，中共龙岩市委党史研究室2009年编印。

98．林开泰主编：《上杭苏区永流芳》，中共党史出版社2010年8月版。

99．中共中央文献研究室、中国井冈山干部学院编：《毛泽东在江西革命斗争时期的著作选编》，中央文献出版社2010年8月版。

100．中共中央文献研究室等编：《建党以来重要文献选编》第六册，中央文献出版社2011年6月版。

101．《中国共产党红军第四军第九次代表大会决议案（古田会议决议）》，古田会议纪念馆2012年5月印。

102．张希贤主编：《新形势下加强党的纯洁性建设》，中共中央党校出版社2012年4月版。

103．《中国共产党红军第四军第九次代表大会决议案》，军事科学院军队政治工作研究中心2012年6月印。

104．张迪杰主编：《毛泽东全集》第4卷，润东出版社2013年版。

105．《红藏·真理》4，湘潭大学出版社2014年6月版。

二、著作

1．逄先知等：《毛泽东选集一至四卷第二版编辑纪实》，中央文献出版社1991年版。

2．中共中央文献研究室编：《〈毛泽东选集〉一至四卷注释校订本》，中央文献出版社1991年版。

3．袁竞主编：《毛泽东著作大辞典》，中国国际广播出版社1991年版。

4．张惠芝等主编：《毛泽东生平著作研究目录大全》，河北教育出版社1993年版。

5．中共中央文献研究室编：《毛泽东年谱 1893—1949》中卷，中央文献出版社2013年版。

6．中共中央文献研究室等编：《毛泽东重要著作和思想形成始末》，人民出版社1993年版。

7．施金炎主编：《毛泽东著作版本述录与考订》，海南国际新闻出版中心1995年版。

8．金冲及主编：《毛泽东传》（1893—1949），中央文献出版社2004年版。

9．刘跃进：《毛泽东著作版本导论》，北京燕山出版社1999年版。

10．中央文献研究室科研部图书馆编：《毛泽东著作是怎样编辑出版的》，中国青年出版社2003年版。

11．柏钦水主编：《毛泽东著作版本鉴赏》，山东人民出版社2009年版。

12．刘金田等：《尘封：毛泽东选集出版的前前后后》，中共党史出版社2012年版。

13．蒋建农等：《毛泽东著作版本编年纪事》（一册），湖南人民出版社2013年第2版。

14．蒋伯英：《1929年朱毛红军与古田会议》，福建人民出版社2009年12月版。

15．郑昌等编：《学习〈毛泽东选集〉第一卷》，新建设杂志社1951年版。

16．中国人民公安部队政治部宣传部：《毛泽东著作介绍》，1964年3月编印。

17．中共厦门市委工交政治部：《学习毛主席著作参考资料》，1966年4月编印。

18．辽一师院政教系：《学习毛主席著作体会》，1976年编印。

19．甘肃人民出版社编：《毛主席著作介绍》（第1集），甘肃人民出版社1978年2月版。

20．解放军报编辑部编：《毛泽东同志四十三篇著作简介》，长征出版社1982年版。

21．中共龙岩地委党史资料征集研究委员会：《重评古田会议》，1984年编印。

22．宋士昌等主编：《马克思主义经典著作导读》，黄河出版社1990年版。

23．章海山：《马克思主义伦理思想发展的历程》，上海人民出版社1991年3月版。

24．杨瑞森等主编：《新版〈毛泽东选集〉导读》，中国人事出版社1991年8月版。

25．李善塘等主编：《中国共产党自身建设70年》，白山出版社1991年8月版。

26．朱贵玉等主编：《毛泽东著作研究文集》，中国经济出版社1991年11月版。

27．韩荣璋主编、中国毛泽东思想理论与实践研究会编：《新版〈毛泽东选集〉学习辅导》，改革出版社1991年6月版。

28．韩扬主编：《学习马克思主义党建理论必读》，经济日报出版社1991年12月版。

29．赵曜主编：《马克思主义理论及热点问题概览》，法律出版社1992年3月版。

30．冯金武等主编：《毛泽东思想与中国共产党的实践》，改革出版社1992年6月版。

31．徐敏捷主编：《党建著作导读手册》，大连理工大学出版社1992年9月版。

32．邓光荣等主编：《毛泽东军事思想辞典》，国防大学出版社1993年10月版。

33．赵云献等主编、中共中央党校党的建设教育部编：《马克思主义党的学说经典著作导读》，山西人民出版社1998年11月版。

34．蒋建农主编：《毛泽东全书》第五卷，河北人民出版社1998年12月版。

35．胡泽尧主编：《思想政治工作原著及重要文献选读》，贵州人民出版社2001年版。

36．齐文学等：《马克思主义党的学说简史》，东北大学出版社2011年9月版。

37．白云涛编著：《中共党史珍闻录》，四川人民出版社2012年1月版。

38．孟艾芳编：《基层党建与引领力量》，山西教育出版社2013年1月版。

39．吴新业等主编：《古田会议精神与当代大学生》，南京大学出版社

2014年1月版。

40．金一南：《金一南讲稿自选集》，国防大学出版社2014年7月版。

41．黄允升等主编：《一代天骄毛泽东》（上），红旗出版社2014年7月版。

42．吴玉才编著：《毛泽东思想文献解读》，安徽师范大学出版社2015年5月版。

三、论文

（一）报刊论文

1．王国龙：《从古田会议决议透视毛泽东党建思想及其当代价值——重读毛泽东〈关于纠正党内的错误思想〉》，《中共宁波市委党校学报》2018年第2期。

2．王毅：《政治规矩视域下的古田会议》，《中共中央党校学报》2017年第1期。

3．周红梅：《毛泽东对党内民主建设的早期探索——以〈关于纠正党内的错误思想〉为文本的考察》，《重庆科技学院学报》2013年第12期。

4．艾思奇：《读〈关于纠正党内的错误思想〉》，《学习》1951年第11期。

5．吕夷等：《〈关于纠正党内的错误思想〉的伟大历史意义和现实意义》，《思想战线》1960年第1期。

6．靳学民：《坚持进行党的正确路线教育——学习〈关于纠正党内的错误思想〉》，《红旗》1972年第7期。

7．李兵：《永远坚持党对军队绝对领导的原则——学习〈关于纠正党内的错误思想〉的体会》，《文史哲》1974年第4期。

8．曾文晞：《坚持进行思想和政治路线教育——学习〈关于纠正党内的错误思想〉的一点体会》，《广西师范大学学报》1974年第12期。

9．黄少群：《论古田会议决议是党和军队建设的纲领性文献》，《吉林大学社会科学学报》1984年第6期。

10．瞿定国：《古田会议决议中关于建党思想的几个问题》，《党史资料与研究》1985年第6期。

11．曾志：《古田会议决议纠正党内错误思想的做法仍具有现实指导意义》，《党建》1989年第12期。

12．蒋振范：《加强思想建设坚持党性原则——重温〈古田会议决议〉札记》，《宁波师范学院学报》1990年第2期。

13．赵晓石：《中国革命道路理论形成过程中的重要一环——〈古田会议决议〉的历史地位新探》，《南京政治学院学报》1990年第4期。

14．林径一：《坚持把思想建设放在党的建设的首位——重温〈关于纠正党内的错误思想〉》，《社科纵横》1991年第2期。

15．宋镜明：《关于毛泽东建党思想形成的标志问题》，《武汉大学学报（社会科学版）》1991年第3期。

16．杨斌：《〈古田会议决议〉中体现的毛泽东党建思想》，《毛泽东思想研究》1992年第1期。

17．吴荣宣：《红军创建时期毛泽东的建党思想和古田会议的历史功绩》，《党史研究与教学》1993年第5期。

18．杨育韬：《毛泽东〈古田会议决议〉建党思想浅析》，《湖北电大学刊》1994年第Z1期。

19．赵晶：《红军建军原则的大争论与古田会议的召开》，《军事历史》1999年第4期。

20．张雪英等：《略论古田会议对延安整风运动之影响——古田会议七十周年纪念》，《龙岩师专学报》1999年第4期。

21．邢家强：《〈古田会议决议〉和十五届六中全会〈决定〉：党的作风建设的光辉文献》，《探索》2002年第2期。

22．钟建英：《古田精神对保持党的先进性教育的历史启迪》，《福建党史月刊》2004年第S1期。

23．黄珠燕：《毛泽东在"古田会议"前后二、三事》，《南方文物》2004年第4期。

24．李东朗：《古田会议决议与人民军队的素质建设》，《纪念中国人民解放军建军80周年学术研讨会论文集》2007年7月。

25．来永宝：《古田会议精神的时代价值》，《龙岩学院学报》2009年第1期。

26．李文武：《纪念思想政治工作文献〈古田会议决议〉发表80周年》，《江西社会科学》2009年第S1期。

27．赖蔚英：《〈古田会议决议〉对党的思想政治工作理念的创新》，《龙岩学院学报》2009年第4期。

28．李新生：《古田会议对中国共产党建设的历史贡献——纪念古田会议80周年》，《党史研究与教学》2009年第6期。

29．兰雪花等：《试论古田会议对延安整风运动的影响》，《延安大学学报》2009年第6期。

30．王增杰：《古田会议对党的建设科学化的探索与启示》，《中共太原市委党校学报》2010年第1期。

31．赵志军：《〈古田会议决议〉80年历史回顾及启示》，《赣南师范学院学报》2010年第1期。

32．傅柒生：《军事历史档案与古田会议研究》，《军事历史研究》2010年第S1期。

33．罗芳芳：《古田会议决议对马克思主义中国化的现实启示》，《党史文苑》2010年第2期。

34．张喜德等：《古田会议决议与共产国际》，《河北师范大学学报》2010年第2期。

35．潘妮娜：《保持党与人民群众的血肉联系——重读〈古田会议决议〉》，《传承》2010年第3期。

36．李惠芬：《古田会议与党的建设——重温毛泽东〈关于纠正党内的错误思想〉》，《赣南师范学院学报》2010年第4期。

37．蒋伯英：《古田会议关于党的建设原则的确立及其意义》，《赣南师范学院学报》2010年第4期。

38．李鸿岩：《论〈古田会议决议〉的具体作用》，《学理论》2010年第22期。

39．赖文燕：《古田会议是我党我军建设史上的里程碑》，《福建党史月刊》2010年第22期。

40．罗平汉：《中共妥善解决内部争论的一次重大实践（下）》，《党史博览》2011年第3期。

41．陈小梅等：《党和军队建设史上的重要里程碑——重温古田会议决议》，《中国档案》2011年第3期。

42．郑瑞峰：《1929年的朱毛之争》，《党史纵横》2011年第5期。

43．中共福建省龙岩市委组织部课题组：《古田会议的重大现实意义》，《党建研究》2011年第6期。

44．陈胜华：《党对军队绝对领导权确立的历史过程》，《中国井冈山干部学院学报》2011年第11期。

45．王智：《重读〈关于纠正党内的错误思想〉之思考》，《边防警察报》2011年12月15日。

46．陈明亮：《古田会议对军队思想作风建设的现实启示》，《党史文苑》2011年第24期。

47．蒋光贵：《古田会议关于加强党的建设的举措》，《中共云南省委党校学报》2012年第2期。

48．周柔等：《论毛泽东对党员思想纯洁性建设的初步探索——以〈关于纠正党内的错误思想〉为文本的考察》，《江西教育学院学报》2013年第5期。

49．总政治部办公厅编研局：《人民军队建设史上的重要里程碑——纪念古田会议85周年》，《解放军报》2013年10月3日。

50．卢亚飞等：《解读〈古田会议决议〉中的"强军梦"》，《今日中国论坛》2013年第13期。

51．赵雪微：《试论〈古田会议决议〉的当代价值》，《文教资料》2013年第33期。

52．石仲泉等：《重温古田会议对建党建军的历史性贡献》，《军事历史》2014年第5期。

53．秦克丽：《论〈古田会议决议〉历史价值的三维度》，《南京政治学院学报》2014年第6期。

54．蔡普民：《〈古田会议决议〉对党的建设的时代价值》，《厦门特区党校学报》2014年第6期。

55．陈再生：《古田会议与党的纯洁性建设》，《思想理论教育导刊》

2014年第7期。

56. 褚银等：《古田会议前奏——新泉整训》，《党史纵横》2014年第12期。

57. 褚银：《古田会议始末》，《党史博采（纪实）》2014年第12期。

58. 石仲泉：《古田会议决议与党的建设》，《福建党史月刊》2014年第23期。

59. 李蓉：《试析古田会议决议中毛泽东提出的有关党内教育思想》，《福建党史月刊》2014年第23期。

60. 李顺禹：《传承求实创新精神 维护党内民主团结——从古田会议到遵义会议》，《福建党史月刊》2014年第24期。

61. 刘凤健：《从〈古田会议决议〉看毛泽东的建军思想》，《毛泽东研究》2015年第1期。

62. 翟清华：《重大的变革 深刻的启示——古田会议前后的历史回顾和思考》，《军事历史》2015年第1期。

63. 谢卓芝等：《〈古田会议决议案〉对党的思想政治工作的贡献及启示》，《胜利油田党校学报》2015年第2期。

64. 张雪英等：《古田会议决议：中国共产党统一战线理论的光辉篇章》，《苏区研究》2015年第4期。

65. 汪鹏：《古田会议决议：通向胜利的党建科学指南和建军根本原则》，《苏区研究》2015年第4期。

66. 兖芳芳：《〈关于纠正党内的错误思想〉对严肃党内政治生活的启示》，《求知》2015年第5期。

67. 傅柒生：《共和国从这里走来之六：古田会议毛泽东揭示思想建党规律》，《共产党员（河北）》2015年第13期。

68. 余伯流：《朱毛红军政治工作制度的演进——从三湾、古田到瑞金》，《中国井冈山干部学院学报》2016年第1期。

69. 郭济汀等：《一部闪耀着群众路线思想光芒的纲领性文献——重读古田会议决议》，《苏区研究》2016年第2期。

70. 连欢：《从〈古田会议决议〉看毛泽东的建党思想》，《马克思主义学刊》2016年第3期。

71．朱新屋：《古田会议与制度治党——基于"二元结构"时代背景的历史考察》，《红广角》2016年第10期。

72．王璐：《〈古田会议决议〉中的思想政治教育理论及其对当下的启示》，《新丝路（下旬）》2016年第11期。

73．靳冬玲：《〈古田会议决议〉对党的思想政治建设的启示》，《办公室业务》2016年第24期。

74．何继明等：《坚持政治建军是人民军队永不变色的根本保证》，《军事历史》2017年第2期。

75．程福根：《古田会议对中国共产党纪律建设思想的独特贡献》，《佳木斯大学社会科学学报》2017年第2期。

76．王晓光：《毛泽东提出"党内生活政治化"》，《党史文苑》2017年第2期。

77．张喜德等：《古田会议对中共六大党建思想的传承与推进》，《中共山西省委党校学报》2017年第4期。

78．沈燕培：《党和红军建设的不朽丰碑——古田会议文献研读》，《党史文汇》2017年第4期。

79．于欣：《古田会议中思想建党的当代意义》，《中共福建省委党校学报》2017年第10期。

80．王秀苹：《〈古田会议决议〉中党的思想建设刍议》，《兰台世界》2017年第13期。

81．牛力：《古田会议是人民军队政治建军走向成熟的里程碑》，《党史文苑》2018年第1期。

82．于化民：《熔铸不朽的军魂——论建军初期人民军队政治建军原则的确立》，《军事历史研究》2018年第2期。

83．林炳玉：《古田会议开启了严肃党内政治生活新篇章》，《宁夏党校学报》2018年第2期。

84．曾汉辉等：《古田会议与党的建设》，《学术评论》2018年第3期。

85．吴晓雨：《古田会议对我国当前意识形态工作的四大启示》，《党史博采》2018年第4期。

86．刘丽：《古田会议决议与当代政治生态建设的思考》，《天中学刊》2018年第5期。

87．吴文春：《〈古田会议决议〉对严明党的纪律的探索及现实启示》，《井冈山大学学报》2018年第6期。

88．董维娜：《〈古田会议决议〉对全面从严治党的现代启示》，《新西部》2018年第8期。

89．冯宪书：《新中国成立以前古田会议决议的传播及影响》，《党的文献》2019年第2期。

（二）博硕论文

1．姜耀武：《论古田会议在中国共产党思想政治教育史上的地位》，东北师范大学硕士论文2002年10月。

2．卢敏云：《古田会议着重从思想上建党的理论研究》，武汉理工大学硕士论文2005年4月。

3．李根寿：《中央苏区时期马克思主义中国化研究》，南昌大学博士论文2011年6月。

4．杨佳江：《论古田会议决议对新时期党的建设的价值》，上海交通大学硕士论文2011年12月。

5．江维娅：《土地革命时期中国共产党对非无产阶级思想的斗争研究》，贵州师范大学硕士论文2014年4月。

6．王建南：《古田会议从严治党思想研究》，武汉大学博士论文2016年12月。

7．柏处处：《毛泽东与古田会议决议》，湘潭大学硕士论文2018年5月。

《星星之火，可以燎原》版本研究

《星星之火，可以燎原》，原为毛泽东于1930年1月5日写给当时红四军第一纵队司令员林彪的信。

一、写作背景、成文过程

1927年7月大革命失败以后，中国共产党在血的教训中，走上了以革命武装反抗反革命武装的中国革命新道路。1927年8月1日，中国共产党领导了南昌起义，打响了走上中国革命新道路的第一枪。1927年9月，中国共产党在湖南领导了秋收起义。1927年12月，中国共产党领导了广州起义。当时，中国共产党领导的武装力量很弱小，无法战胜强大的敌人武装，这些起义都没有成功。中国共产党走武装革命的道路能成功吗？中国共产党人开始艰难探索。在众多的中国共产党人的探索中，毛泽东率先提出并开始实践走农村包围城市武装夺取政权的道路。

毛泽东参加领导了秋收起义，在起义遭受挫折后，毛泽东清醒地分析了敌强我弱的形势，果断决定放弃攻打长沙，起义部队沿罗霄山脉南下，向敌人力量薄弱的农村、山区转移。随后又决定"引兵井冈"。1927年10月，毛泽东率领秋收起义部队到达井冈山，并改编了原来井冈山的农民武装，工农革命军更加强大了。工农革命军又与当地农民运动结合，摧毁了茶陵、遂川、宁冈三县的旧政权，建立起新的工农兵政府及地方赤卫队、游击队，并开始了土地革命试点。1928年2月，井冈山农村革命根据地初步形成，出现了中国共产党领导的工农武装割据的新局面。

1928年4月，朱德、陈毅率领的南昌起义的部分军队2000余人和毛泽东领导的工农革命军千余人在宁冈龙市会师，成立了工农革命军第四军（6月根据中央指令改称"工农红军第四军"，简称"红四军"）。加上湘南农军8000

余人，井冈山地区的工农武装达1万余人，中国共产党领导的武装力量壮大起来，井冈山革命根据地及革命形势进一步发展，红色割据区域扩大到7200多平方公里，人口50余万。但由于当时的中共中央及湖南省委"左"倾领导的错误决策，要求红四军分兵向湘南进军，一再拒绝毛泽东的正确意见，结果惨败，史称"八月失败"。不仅红四军损失惨重，井冈山根据地也因大部队的离开，大部分地区被敌人占领，革命形势顿时跌入低谷。这导致了红四军内及一些共产党人悲观、怀疑情绪的产生，提出了"红旗到底打得多久？"的疑问。

为了总结井冈山革命斗争的经验教训，为了解决党内、军队内出现的各种问题，为了使党组织、红军建立革命的自信心，1928年10月4日至6日，毛泽东在宁冈茅坪步云山主持召开了中共湘赣边界党的第二次代表大会。毛泽东代表第一届边界特委作了政治报告。会议通过了毛泽东起草的中共《湘赣边界各县党第二次代表大会决议案》（以下简称《决议案》）。《决议案》的第一部分《政治问题及边界党的任务》，以后被毛泽东改题为《中国的红色政权为什么能够存在？》，收入人民出版社1951年出版的《毛泽东选集》第一卷。毛泽东在《决议案》中强调：只要中国共产党的组织有力量，政策正确，在敌人力量薄弱的而又有革命基础的地区，工农武装割据、工农政权是可以存在并发展的，中国革命是可以发展的。[①]

1928年11月2日，井冈山前委（红四军前委）收到了中共中央1928年6月4日的信（史称"六月来信"），这封信鼓吹攻打中心城市，夺取省政权，批评红四军只在农村发展。11月6日，毛泽东主持召开了中共湘赣边界特委扩大会议，讨论了中央来信。11月14日、15日，毛泽东又主持召开了中共红四军第六次代表大会，讨论了中央来信。这两次会议就一年以来井冈山斗争的经验教训再一次进行全面、深入总结。在此基础上，毛泽东以井冈山前委（红四军前委）书记的名义向中共中央写报告，汇报井冈山斗争的情况及经验教训，阐述自己与前委关于工农武装割据的政治、军事、经济等多方面的思考，并向中央提出了一些意见。这个报告当时题为《井冈山前委对中央的报告》，收入人民出版社1951年版《毛选》第一卷时改题为《井冈山的斗

---

① 《中国的红色政权为什么能够存在？》，《毛泽东选集》第一卷，人民出版社1991年版，第47—54页。

争》。这个报告再次强调了红色政权、工农武装割据在敌人力量薄弱的农村发展的可能性、必要性，强调了当时在中国革命中武装斗争、土地革命、根据地建设，三者互相依存，缺一不可。①

在毛泽东正确思想、策略的指导下，红四军打了一些胜仗，力量重新发展起来。1928年12月11日，彭德怀、滕代远率领的平江起义后建立的红五军到达井冈山，后被编入红四军，井冈山地区的红军壮大起来。1929年2月，红四军取得了大柏地战斗的胜利，3月14日红四军攻占了福建长汀，得到了补充、休整。3月底，乘蒋桂战争爆发蒋介石调赣军入湘之际，红四军又由闽入赣，在赣南扩大了战果，得到了发展。4月3日，毛泽东收到了中共中央1929年2月7日的指示信（史称"二月来信"）。这封信因为不了解红四军发展的现状，对红四军的形势作出了悲观估计，要求红四军分散行动，要求朱德、毛泽东速来中央工作，红四军分编缩小目标，减少损失。4月5日，毛泽东主持红四军前委会议讨论中央二月来信。会后，根据会议的精神，毛泽东起草了给中央的回信。毛泽东在回信中阐明，中央对客观形势和主观力量的估计都太悲观了。要求朱、毛离开红军，把队伍分得很小，散向农村，是不切实际的，这是曾经做过的，都失败了。毛泽东强调："分兵以发动群众，集中以应付敌人。""固定区域的割据，以波浪式的推进政策"是很好的方法。②毛泽东、朱德没有去中央工作，继续领导红四军，领导闽赣地区的工农武装割据。中央的悲观情绪，受到毛泽东的批评，但对于红四军及地方党的组织还是有影响的，林彪就受到了影响。③5月18日，在瑞金召开的中共红四军前委扩大会议上，林彪发表了与中央悲观论调相同的意见，受到毛泽东的批评。④

蒋桂战争结束后，赣军回防，红四军了解到闽西国民党军被调往广东作

---

① 详见：《井冈山的斗争》，《毛泽东选集》第一卷，人民出版社1991年版，第57—81页。
② 详见：《星星之火，可以燎原》，《毛泽东选集》第一卷，人民出版社1991年版，第102—106页。参见中共中央文献研究室：《毛泽东年谱：一八九三——一九四九》上卷，中央文献出版社2013年版，第268—269页。
③ 中共中央书记处1941年编印的《六大以来选集》（上）收入的《毛泽东同志给林彪同志的信》有："中央二月来信的精神是不好的，这封信给了四军党内小部份同志以不良影响，即如你也似乎受了些影响。"文中指出林彪当时就受到了中央二月来信悲观论调的影响。"即如你也似乎受了些影响"一句，人民出版社1951年版《毛泽东选集》第一卷收入的《星星之火，可以燎原》中删除。
④ 中共中央文献研究室：《毛泽东年谱：一八九三——一九四九》上卷，中央文献出版社2013年版，第273页。

战，5月19日再次进军闽西，在闽西取得一连串胜利。红军的声势震动了蒋介石，1929年6月，蒋介石决定调动闽粤赣三省兵力入闽"围剿"红军（史称"三省会剿"）。8月底，"三省会剿"被红四军粉碎。9月19日，红四军攻占上杭，得到了休整、补充，军队发展到7000余人。

在红四军于闽西发展之际，10月收到了中共中央9月28日写的信及湖南省委的信，要求红四军乘广东、广西军阀爆发战争，向广东发展，甚至要求全军开往广东。此时，毛泽东已离开红四军在地方养病，红四军少了主心骨，朱德有点犹豫，但最终还是被迫按照中共中央的要求于10月15日率军前往广东。但两广战争很快结束，广东敌军立即回防，而且广东的敌军比福建、江西强得多，结果红四军遭受惨败，损失兵力三分之一，11月初退回闽西。11月26日，毛泽东在还没完全恢复健康时，重回红四军，主持前委工作。12月28日至29日，在上杭古田镇，毛泽东主持召开了红四军党的第九次代表大会。会议通过了毛泽东主持制定的《决议案》（史称"《古田会议决议》"）。《古田会议决议》由《纠正党内非无产阶级意识的不正确倾向问题》《党的组织问题》《党内教育问题》《红军军事系统与政治系统关系问题》等八个决议案组成，其中《纠正党内非无产阶级意识的不正确倾向问题决议案》，毛泽东修改后改题为《关于纠正党内的错误思想》，收入人民出版社1951年出版的《毛泽东选集》第一卷。红四军党的第九次代表大会，批评、纠正了红四军内存在的一些非无产阶级思想，在政治上、思想上、组织上为党的建设、红军建设指明了正确方向，为中国共产党的发展、红军的发展奠定了坚实的思想基础。古田会议的召开及决议的通过，实际上为红军的发展、中国革命的发展增加了希望和信心，也可以说是一个新的起点。但因为红四军在广东遭受的失败，又因为12月蒋介石已开始了第二次"三省会剿"，数倍于红军的敌军直扑闽西，加之红四军的给养出现了严重困难，红四军内及一些共产党人的悲观情绪又有所抬头，这种悲观情绪的代表就是1930年1月1日（一说1929年12月底）林彪写给毛泽东的信。林彪的信认为革命高潮不会很快就到来，不应再去建立红色政权，红军应该在各处打游击，反对毛泽东主张的在强敌入闽之际，向江西发展的计划。林彪当时是红四军第一纵队司令员，一个带兵的人对革命前途悲观，还怎么带兵打胜仗？红四军内、共产党内时隐时现的悲观情绪思想不纠正、克服，怎么能推动革命发展？中国革命怎么会有前途？在强敌进逼面前，毛泽东感觉到了纠正、克服红四军内、共产党内的悲观思想的紧迫性，1月5日，毛泽东在百忙中给林彪回信，批评了林彪的悲观思想，并将此信油印，在红军内、共产党组织内分发。

二、主旨、意义

（一）主旨

第一，批评了对中国革命悲观的思想，宣传了中国革命的自信和革命乐观主义精神。

毛泽东批评了1929年2月前后的党内悲观思想，指出：1928年11月至1929年2月，敌人第三次"会剿"井冈山的时候，一部分同志提出"红旗到底打得多久"的疑问。其实，那时是革命潮流开始复兴的时候，红军和地方党内的悲观思想是错误的。中央二月来信也是被表面的情况所迷惑，对形势进行了悲观分析。中央二月来信的精神是不好的，这封信给了四军党内一部分同志以不良影响。[①] 毛泽东不仅批评了红军和地方党内的悲观思想，也批评了中共中央的悲观思想。

毛泽东批评了林彪信中的悲观思想，指出：他们对于时局的估量缺少正确的认识。他们虽然相信革命高潮不可避免地要到来，却不相信革命高潮有迅速到来的可能。因此他们不赞成争取江西的计划，而只赞成在福建、广东、江西之间的三个边界区域的流动游击，同时也没有在游击区域建立红色政权的深刻的观念，因此也就没有用这种红色政权的巩固和扩大去促进全国革命高潮的深刻的观念。他们似乎认为在距离革命高潮尚远的时期做这种建立政权的艰苦工作是徒劳，而希望用比较轻便的流动游击方式去扩大政治影响，等到全国各地争取群众的工作做好了，或做到某个地步了，然后再来一个全国武装起义，那时把红军的力量加上去，就成为全国范围的大革命。他们这种全国范围的、包括一切地方的、先争取群众后建立政权的理论，是于

---

① 《星星之火，可以燎原》，《毛泽东选集》第一卷，人民出版社1991年版，第100—104页。

中国革命的实情不适合的。①

毛泽东强调对中国革命悲观的思想，都是脱离实际的，都是错误的，都是要不得的。

在批评悲观思想的同时，毛泽东科学地分析了当时的形势，指出：闽赣两省的敌人力量薄弱，群众基础好，有利于红军的发展和红色政权的建设，可以在闽赣两省形成革命的高潮。毛泽东指出，从现象来看，革命的主观力量确实薄弱，但若从实质上看，便大大不然。这里用得着中国的一句老话："星星之火，可以燎原。"这就是说，现在虽只有一点小小的力量，但是它的发展会是很快的。它在中国的环境里不仅是具备了发展的可能性，简直是具备了发展的必然性。②毛泽东指出，中国革命高潮不是可望而不可即的一种空的东西。它是站在海岸遥望海中已经看得见桅杆尖头了的一只航船，它是立于高山之巅远看东方已见光芒四射喷薄欲出的一轮朝日，它是躁动于母腹中的快要成熟了的一个婴儿。③毛泽东希望共产党人、红军树立革命的自信，坚定信心推动革命的发展。

毛泽东主张要在用马克思主义科学方法分析、判断革命形势的基础上，树立革命的自信、革命的乐观主义精神。毛泽东在批评悲观思想的同时，宣传了建立在中国化的马克思主义基础之上的革命自信和革命乐观主义精神。

第二，肯定了农村工农武装割据在中国革命中的战略地位。

毛泽东指出：只要认清了中国是一个许多帝国主义国家互相争夺的半殖民地，就会明白全世界何以只有中国有这种统治阶级内部互相长期混战的怪事；就会明白农民问题的严重性，就会明白农村起义何以有现在这样的全国规模的发展；就会明白工农民主政权这个口号的正确；就会明白红军和游击队的存在和发展，以及伴随着红军和游击队而来的，成长于四围白色政权中的小块红色区域的存在和发展；就会明白红军、游击队和红色区域的建立和发展，是半殖民地中国在无产阶级领导之下的农民斗争的最高形式，和半殖民地农民斗争发展的必然结果，并且无疑义地是促进全国革命高潮的最重要因素；就会明白单纯的流动游击政策，不能完成促进全国革命高潮的任务，

---

① 《星星之火，可以燎原》，《毛泽东选集》第一卷，人民出版社1991年版，第97—98页。
② 《星星之火，可以燎原》，《毛泽东选集》第一卷，人民出版社1991年版，第99页。
③ 《星星之火，可以燎原》，《毛泽东选集》第一卷，人民出版社1991年版，第106页。

而朱德毛泽东式、方志敏式之有根据地的，有计划地建设政权的，深入土地革命的，扩大人民武装的路线，政权发展是波浪式地向前扩大的，等等的政策，无疑义地是正确的。必须这样，才能树立全国革命群众的信仰，才能动摇反动统治阶级基础而促进其内部的分解，才能真正地创造红军，成为将来大革命的主要工具。总而言之，必须这样，才能促进革命的高潮。①毛泽东还引用了他1929年4月5日给中央回信中说过的：农村斗争的发展，小区域红色政权的建立，红军的创造和扩大，尤其是帮助城市斗争、促进革命潮流高涨的主要条件。半殖民地中国的革命，只有农民斗争得不到工人的领导而失败，没有农民斗争的发展超过工人的势力而不利于革命本身的。②

毛泽东一再强调了农村工农武装割据是促进全国革命高潮的主要条件、最重要因素。只有这样，才能促进革命的高潮。这实际上就是肯定了农村工农武装割据在中国革命中的战略地位，肯定了中国革命、红色政权应先在农村发展，然后才有在全国发展的基础。如果没有农村工农武装割据、红色政权的基础，就想在全国范围内、包括一切地方建立政权，是于中国革命实情不适合的。这实际上就是指出了中国革命应走农村包围城市武装夺取政权的道路。

第三，提倡用马克思主义的科学方法研究和判断革命形势，避免犯"左"的或右的错误。

毛泽东强调：我们看事情必须看它的实质，而把它的现象只看作入门的向导，一进了门就要抓住它的实质，这才是可靠的科学的分析方法。③如果只看到表面现象，不能透过现象看实质，就容易盲目乐观或盲目悲观，就容易犯"左"的或右的错误。比如，"犯着革命急性病的同志们不切当地看大了革命的主观力量，而看小了反革命力量。这种估量，多半是从主观主义出发。其结果，无疑地是要走上盲动主义的道路。另一方面，如果把革命的主观力量看小了，把反革命力量看大了，这也是一种不切当的估量，又必然要产生另一方面的坏结果"④。毛泽东强调，对于革命的力量，对于反革命的

---

① 《星星之火，可以燎原》，《毛泽东选集》第一卷，人民出版社1991年版，第98—99页。
② 《星星之火，可以燎原》，《毛泽东选集》第一卷，人民出版社1991年版，第102—103页。
③ 《星星之火，可以燎原》，《毛泽东选集》第一卷，人民出版社1991年版，第99页。
④ 《星星之火，可以燎原》，《毛泽东选集》第一卷，人民出版社1991年版，第99页。

力量，都决不可只看它的现象，要去看它的实质。

毛泽东在分析林彪的悲观思想时指出：现时的客观情况，还是容易给只观察当前表面现象不观察实质的同志们以迷惑。特别是我们在红军中工作的人，一遇到败仗，或四面被围，或强敌跟追的时候，往往不自觉地把这种一时的特殊的小的环境，一般化扩大化起来，仿佛全国全世界的形势概属未可乐观，革命胜利的前途未免渺茫得很。所以有这种抓住表面抛弃实质的观察，是因为他们对于一般情况的实质并没有科学地加以分析。① 毛泽东指出：实质上，引起中国革命高潮的各种矛盾都在发展，只要看清了这些矛盾在发展，就知道中国是处在怎样一种皇皇不可终日的局面之下，就知道反帝反军阀反地主的革命高潮，是怎样不可避免，而且是很快会要到来。中国是全国都布满了干柴，很快就会燃成烈火。"星火燎原"的话，正是时局发展的适当的描写。②

毛泽东强调了，只有用马克思主义的科学方法，透过现象看实质，才能正确判断革命形势，才能对革命有信心，才能发展革命形势，推动革命走向高潮。

（二）意义

1. 历史意义

第一，推动中央革命根据地的形成、发展。

毛泽东的信，指明了中国革命发展的方向、前途，批评了悲观思想，树立了共产党组织及红四军的革命信心，奠定了掀起革命高潮的基础。正如毛泽东强调的：只要中国共产党的组织有力量，政策正确，在敌人力量薄弱的而又有革命基础的地区，工农武装割据、工农政权是可以发展，甚至可以大发展的。在毛泽东、朱德的正确领导、指挥下，国民党军的第二次"三省会剿"很快被粉碎。1930年6月，红一军团建立；8月，红一方面军建立，兵力达10万。1930年11月至1931年9月，红一方面军粉碎了国民党军第一、第二、第三次大规模"围剿"，歼灭国民党军约8万人。赣南、闽西革命根据地连成一片，扩展到28个县境，拥有15座县城和250万余人口，形成全国最大

---

① 《星星之火，可以燎原》，《毛泽东选集》第一卷，人民出版社1991年版，第100页。
② 《星星之火，可以燎原》，《毛泽东选集》第一卷，人民出版社1991年版，第101—102页。

的中央革命根据地（亦称中央苏区）。同时，1930年3月，赣西南和闽西苏维埃政府相继建立，10月，江西省苏维埃政府建立。在全国多地建立苏维埃政府的基础上，1931年11月，中华苏维埃共和国临时中央政府在瑞金成立，中国革命的高潮形成。毛泽东的革命自信得到证实，悲观思想被扫除。红军的胜利、革命根据地的发展、革命高潮的形成，是毛泽东《中国的红色政权为什么能够存在？》《井冈山的斗争》《星星之火，可以燎原》阐述的正确思想、正确路线的胜利。而不按照毛泽东的正确思想、正确路线去做，就会遭受失败，这被此前红军的失败所证明，也被以后红军第五次反"围剿"的失败所证明。

第二，奠定了农村包围城市武装夺取政权中国革命道路的理论基础。

《中国的红色政权为什么能够存在？》论述了红色政权产生和存在、发展的原因、条件，论述了"工农武装割据"思想，《井冈山的斗争》再次论述了红色政权为什么能够存在，再次强调党的政策正确的重要性。这两篇论著都为农村包围城市武装夺取政权的中国革命道路理论的提出奠定了理论基础。《星星之火，可以燎原》是进一步论述中国革命道路的文章，不仅进一步论述了红色政权产生、发展的原因、条件，其中较前两篇论著有发展的是论述了农村工农武装割据与中国革命的关系，强调了应先有农村工农武装割据的发展，然后才能有全国革命的发展、胜利。这就进一步奠定了农村包围城市武装夺取政权的革命道路的理论基础。也可以说，这标志着农村包围城市武装夺取政权中国革命道路理论的初步形成。

《中国的红色政权为什么能够存在？》《井冈山的斗争》《星星之火，可以燎原》提出的农村包围城市武装夺取政权中国革命道路理论，指明了中国革命正确的发展方向，为中国新民主主义革命胜利奠定了基础。

第三，推动了中国化的马克思主义发展，推动了毛泽东思想的形成。

《中国的红色政权为什么能够存在？》《井冈山的斗争》《星星之火，可以燎原》提出的农村包围城市武装夺取政权中国革命道路理论，开辟了与苏联"十月革命"道路不同的中国革命发展道路，提出了无产阶级革命的新方案，发展了马克思列宁主义关于无产阶级革命的理论及关于殖民地半殖民地人民革命的理论，为马克思列宁主义的发展作出了中国的贡献，同时，也开拓了马克思主义中国化的发展道路，推动了马克思主义中国化的理论成果——毛泽东思想的形成。毛泽东思想的形成、发展，对于中国共产党、中国红军、中国革命都有极其重大的意义，它使中国共产党、中国工农红军、中国革命有了科学的行之有效的指导思想，它指引着中国共产党、中国工农红军不断成长、壮大，指引着中国共产党领导中国革命走向胜利。

2. 现实意义

第一，社会主义革命和建设时期、改革开放新时期、中国特色社会主义新时代仍须弘扬革命的自信和革命乐观主义精神。

中国共产党在毛泽东指引的农村包围城市武装夺取政权的中国革命道路上，凭着"星星之火可以燎原"的革命自信和"艰难奋战而不溃散"的艰苦奋斗作风，战胜了一个又一个困难，取得了中国新民主主义革命的胜利。《星星之火，可以燎原》宣传的革命自信是农村包围城市武装夺取政权中国革命道路的自信，是道路自信，是理论自信。社会主义革命和建设时期、改革开放新时期、中国特色社会主义新时代，不仅要弘扬革命自信，而且革命自信有了新的发展，即中国特色社会主义道路自信、理论自信、制度自信、文化自信。在新时代，坚定"四个自信"，弘扬革命乐观主义精神，已成为各个领域在面临任何困难、任何挑战时勇往直前的精神力量。在中国特色社会主义新时代，中国已前所未有地富起来、强起来，中国共产党、中国人民的自信已大大增强。正如2021年11月，中共十九届六中全会通过的《中共中央关于党的百年奋斗重大成就和历史经验的决议》指出的："今天，中国人民更加自信、自立、自强，极大增强了志气、骨气、底气，在历史进程中积累的强大能量充分爆发出来，焕发出前所未有的历史主动精神、历史创造精神，正在信心百倍书写着新时代中国发展的伟大历史。"[1] 中国共产党、中国人民必将凭着与《星星之火，可以燎原》不同的新的自信，创造新的辉煌。

第二，用马克思主义的科学方法研究和判断形势，避免犯"左"的或右的错误，仍是社会主义革命和建设时期、改革开放新时期、中国特色社会主义新时代国内外各项工作都要遵循的准则。透过现象看实（本）质，仍是今天研究、分析国内外一切问题的科学方法。

---

[1] 《中共中央关于党的百年奋斗重大成就和历史经验的决议》，《人民日报》2021年11月17日。

坚持马克思主义的科学的方法，遇到任何新情况、新问题、新挑战，就都能作出正确的判断，都能化解困难、化解矛盾、化解风险，而不会盲目、不会急躁、不会悲观，不会犯"左"的或右的错误。对于国内外一切问题，只要能透过现象看实（本）质，只要共产党的组织有力量，只要能制定正确的战略、策略，能采取正确的方针、政策，就会立于不败之地，就能战胜任何"敌人"。

三、版本综述

（一）1949年10月以前的版本

主要有：中共中央书记处1941年编印《六大以来》（上）；中共中央书记处1941年编印《六大以来选集》（上）；中共中央革命军事委员会1942年编印《军事文献》（一）；中共中央书记处1943年编印《两条路线》（上）；《拂晓》1944年第1卷第12期；中共中央北方局1944年编印《抗战以前选集》第一集；中共中央山东分局1945年编印《党的路线问题选集》第二册；中共晋察冀中央局1947年编印《毛泽东选集》续编；等等。

（二）1949年10月以后的版本

1. 中文版本

人民出版社1951年版《毛泽东选集》第一卷；中南人民出版社1951年重印初版《星星之火，可以燎原》；东北日报社1951年印《关于纠正党内的错误思想，星星之火可以燎原，关心群众生活注意工作方法，论反对日本帝国主义的策略》；西安群众日报图书出版1951年版《星星之火，可以燎原 关心群众生活，注意工作方法》；人民出版社1951年第1版《星星之火，可以燎原》；人民出版社1952年第2版《星星之火，可以燎原》；人民出版社1952年第2版、湖北人民出版社重印《星星之火，可以燎原》；人民出版社1952年第2版、甘肃人民出版社重印《星星之火，可以燎原》；人民出版社1952年第2版、辽宁人民出版社重印《星星之火，可以燎原》；人民出版社1952年第2版、新疆人民出版社重印《星星之火，可以燎原》；人民出版社1952年第2版、江苏人民出版社重印《星星之火，可以燎原》；人民出版社1952年第2版、上海人民出版社重印《星星之火，可以燎原》；人民出版社1952年第2版、安徽人民出版社重印《星星之火，可以燎原》；人民出版社1952年第2版、吉林人民出版社重印《星星之火，可以燎原》；人民出版社1952年第2版、广东人民出版社重印《星星之火，可以燎原》；人民出版社1952年第2版、河南人民出版社重印《星星之火，可以燎原》；人民出版社1952年第2版、江西人民出版社重印《星星之火，可以燎原》；中国人民志愿军参谋学校1955年印《毛泽东选集》第一卷；中国共产党云南省委员会宣传部编，云南人民出版社1957年版《辩证唯物主义与历史唯物主义学习材料》（上）；中国人民大学中共党史教研室编，中国人民大学出版社1959年版《批判中国资产阶级中间路线参考资料》第2辑；人民出版社1960年版《毛泽东选集》第一卷；人民出版社1964年版《毛泽东选集》第一卷；人民出版社1964年版《毛泽东选集》（一卷本）；人民出版社1964年版《毛泽东选集》第一卷（线装本）；人民出版社1965年版《毛泽东选集》第一卷（线装本缩小版）；人民出版社根据1952年7月《毛泽东选集》第一卷北京第1版第4次印刷《星星之火，可以燎原》（重排本）排印；人民出版社1966年版《毛泽东选集》（一卷本）（竖排本）；人民出版社1966年版《毛泽东选集》第一卷（横排本）；人民出版社1966年版《毛泽东选集》（一卷本）（横排本）；中国人民解放军战士出版社1966年版《毛泽东选集》第一卷（横排本）；中国人民解放军战士出版社1966年版《毛泽东选集》（一卷本）（横排本）；中国人民解放军总政治部1966年编印《毛泽东著作选读》；人民出版社1967年版《毛泽东选集》第一卷；人民出版社1967年版《毛泽东选集》（一卷本）（横排本）；人民出版社1967年版《毛泽东选集》（袖珍一卷本）；中国人民解放军战士出版社1967年版《毛泽东选集》（一卷本）；中国人民解放军战士出版社1967年版《毛泽东选集》（袖珍一卷本）；人民出版社出版，中国人民解放军总后勤部1967年翻印《毛泽东选集》（袖珍一卷本）；人民出版社出版，解放军装甲兵政治部1967年翻印《毛泽东选集》（一卷本）；人民出版社出版，中国人民解放军炮兵政治部1967年翻印《毛泽东选集》（袖珍一卷本）；人民出版社1967年第1版《星星之火，可以燎原》；人民出版社出版，工程兵政治部宣传部1967年翻印

《毛泽东选集》（一卷本）；人民出版社出版，中国人民解放军江西省军区政治部1967年翻印《毛泽东选集》（一卷本）；人民出版社出版，北京军区政治部宣传部1967年翻印《毛泽东选集》（一卷本）；人民出版社1967年第1版《中国的红色政权为什么能够存在？井冈山的斗争 关于纠正党内的错误思想 星星之火，可以燎原》；中国人民解放军战士出版社1968年版《毛泽东选集》（一卷本）；中国人民解放军战士出版社1968年版《毛泽东选集》（袖珍一卷本）；香港三联书店1968年版《毛泽东选集》（一卷本）；中国人民解放军通信兵政治部根据人民出版社纸型1968年翻印《毛泽东选集》（一卷本）；中国科学院革命委员会根据人民出版社纸型1968年翻印《毛泽东选集》（一卷本）；中国金属材料公司北京市公司革命委员会根据人民出版社纸型1968年翻印《毛泽东选集》（一卷本）；中华人民共和国粮食部革命委员会1968年翻印《毛泽东选集》（一卷本）；外文印刷厂革命委员会1968年翻印《毛泽东选集》（一卷本）；济南军区四好连队运动经验交流大会1968年翻印《毛泽东选集》（袖珍一卷本）；人民出版社1969年版《毛泽东选集》（袖珍一卷本）；人民出版社1969年版《毛泽东选集》第一卷（16开横排大字本）；人民出版社1969年版《毛泽东选集》第一卷（25开横排大字本）；国防工业出版社1969年版《毛泽东选集》（袖珍一卷本）；第一轻工业部制盐设计室革命领导小组1969年翻印《毛泽东选集》（袖珍一卷本）；人民出版社1975年第1版《星星之火，可以燎原》；人民出版社1975年版、中国人民解放军战士出版社重印《星星之火，可以燎原》；人民出版社1976年版《星星之火，可以燎原》；中国人民解放军战士出版社1978年版《毛泽东著作选读》（战士读本）；中国人民解放军测绘学院政治部政教室1980年编印《中共党史学习资料（新民主主义革命时期）》；对外经贸大学马列主义教研室1985年编印《中共党史学习文件》；云南高校中共党史教学研究会等1985年编印《中国革命史原著选编》（上）；中国人民大学科学社会主义系编，中国人民大学出版社1986年版《国际共产主义运动史文献史料选编》第5卷；人民出版社1986年第1版《毛泽东著作选读》（上册）；浙江省中国革命史教学研究会编，浙江工学院社会科学部1987年编印《中国革命史补充教材》；中央档案馆编，中共中央党校出版社1989年第1版《中共中央文件选集》第六册；华东师范大学出版社1991年版《马克思主义原著读本》；人民出版社1991年第2版《毛泽东选集》第一卷（平装本）；人民出版社1991年第2版《毛泽东选集》第一卷（精装本）；人民出版社1991年第2版《毛泽东选集》第一卷（16开精装本）；韩扬主编，经济日报出版社1991年版《学习中共党史必读》；中共中央党校审定，中共中央党校出版社1992年版《中共党史文献选编 新民主主义革命时期》；万平近等主编，海峡文艺出版社1993年版《福建革命根据地文学史料》；香港商务印书1994年版《中国近代名家著作选粹·毛泽东卷》；台湾商务印书馆1994年版《毛泽东著作选》；吴江雄编撰，广西民族出版社1996年版《中华通鉴 影响历史的一百篇名作》（上）；罗正楷主编，红旗出版社1996年版《中国共产党大典》；蒋建农主编，河北人民出版社1998年版《毛泽东全书》第五卷；人民出版社1998年版《毛泽东选集》第一卷（典藏本）；线装书局1998年版《毛泽东选集》第一卷（16开线装本）；周可仁编著，延边人民出版社1999年版《感动中国 100年来感动过中国的文字与声像》2；郝景泉主编，北京出版社2000年版《〈毛泽东思想概论〉文献选编》；段治文主编，上海人民出版社2000年版《毛泽东思想：文献导读》；苏州大学毛泽东思想教研室编，苏州大学出版社2000年版《毛泽东思想概论导读》；肖威主编，内蒙古人民出版社2000年版《二十四史领导干部读本》（下）；西苑出版社2001年版《毛泽东选集手抄本》第一卷；吉勇夫主编，光明日报出版社2001年版《中国共产党文库》；谢莹等主编，中国档案出版社2001年版《中国共产党八十年珍贵档案》第3卷；杨大明主编，甘肃人民出版社2002年版《马克思主义著作选读》（下）；中共中央党校教务部编，中共中央党校出版社2002年版《毛泽东著作选编》；本书课题组编写，汕头大学出版社2004年版《高校思想政治理论课学习指导》；苏志宏等主编，四川大学出版社2004年版《马克思主义原著及重要文献选读》；陈洪等主编，重庆出版社2005年版《毛泽东思想基本著作青年读本与导读》；赖平主编，湘潭大学出版社2010年版《毛泽东思想和中国特色社会主义理论体系概论精选原著导读》；中共中央文献研究室等编，中央文献出版社2010年版《毛泽东在江西革命斗争时期的著作选编》；线装书局2011年版《毛泽东选集》第一卷（线装本）；中共中央文献研究室等编，中央文献出版社2011年版《建党以来重要文献选编》第七册；润东出版社2013年版《毛泽东全集》第4卷；古田会议纪念馆编，中共党史出版社2017年版《古田会议文献资料》；任俊宏编，江西人民出版社2019年版《中共党史经典文献导读》；王蒙主编，浙江文艺出版社2019年版《中国精神读本》；等等。

还有一些节选本、摘录本：

北京大学法律系编，世界知识出版社1959年版《毛泽东同志国际问题言论选录》；李巨川主编，中原农民出版社1997年版《毛泽东语言艺术鉴赏大辞典》；郭春燕等主编，中央文献出版社2000年版《毛泽东思想概论导读》；毛慧主编，浙江大学出版社2002年版《毛泽东思想经典文献选读与复习题解》；曹敏等主编，西北大学出版社2002年版《毛泽东思想概论 教学改革与研究》；中共弋阳县委等2012年编《江西省上饶市弋阳县申请确认为中央苏区区域申报材料》；赵丰编著，湖北教育出版社2012年版《党员干部必读的历史经典71篇》；吴玉才主编，安徽师范大学出版社2015年版《毛泽东思想文献解读》；曹峰旗等主编，上海交通大学出版社2016年版《经典导读与案例精选 大学生思想政治理论课辅学读本》；车志慧等主编，河海大学出版社2016年版《中国近现代史纲要实践读本》；田永秀主编，西南交通大学出版社2016年版《中国近现代史纲要参考资料选读》；等等。

2. 其他版本

《星星之火，可以燎原》少数民族文版本有维吾尔文版、哈萨克文版等21种。外文版有英文版、法文版、西班牙文版等68种。盲文版本2种。不同文字对照本1种。注音本1种。

《中国的红色政权为什么能够存在？井冈山的斗争 关于纠正党内的错误思想 星星之火，可以燎原》，少数民族文版本有朝鲜文版、藏文版、哈萨克文版、维吾尔文版4种，外文版有英文版、日文版、法文版等15种，盲文版本1种。

竹内实主编，日本苍苍社1983年第2版《毛泽东集》第2卷收录了《给林彪同志的信》。

四、研究综述

（一）版本的介绍

施金炎主编《毛泽东著作版本述录与考订》（海南国际新闻出版中心1995年版）指出这是毛泽东1930年1月5日给林彪的一封信，是为了答复林彪在当时散发的一封对红军前途究竟如何估计的征求意见信而写的。全文约6500字。第二次国内革命战争时期，在中央苏区革命根据地，曾以《毛泽东同志给林彪同志的信》为题印发过油印的单行本。1941年12月的《六大以来》上册（中共中央书记处编印）、1942年的《军事文献》（一）（中共中央革命军事委员会编印）和1943年10月的《两条路线》（下）（中共中央书记处编辑）[1]均收入这封信。此外，《拂晓》第1卷第12期（中共淮北苏皖边区党委编印）、《抗战以前选集》第一集（1944年中共中央北方局编印）、《党的路线问题选集》第二册（1945年中共中央山东分局编印），均收入这封信。1947年12月，中共晋察冀中央局编辑初版《毛泽东选集》续编本，以《给林彪同志的信》为题收入了这封信，1951年《毛泽东选集》第1卷收入此信，删去了原信中批评林彪的地方，并作了一些其他的修改，题目改为《星星之火，可以燎原》。1986年8月出版的《毛泽东著作选读》上册也收入了这封信。1991年《毛泽东选集》再版时，对题解和注释作了一些修改，正文则对个别文字作了校订。该文出版了70多种版本，其中汉文版7种（包括注音本），少数民族文版17种，外文版50来种，盲文版2种。[2]

蒋建农等《毛泽东著作版本编年纪事》（湖南人民出版社2013年第2版）对《星星之火，可以燎原》做了部分版本介绍，也对内容做了基本介绍，指出：这是毛泽东对林彪1929年12月底在古田会议期间所散发的一封关于如何估计红军前途的征求意见信的答复信。全文约6500字。这篇著作是毛泽东关于中国革命必须走农村包围城市道路理论形成的标志。毛泽东当时是以回复

---

[1] 施金炎说《毛泽东同志给林彪同志的信》收入了1943年10月的《两条路线》（下），有误。应为收入了中共中央书记处1943年10月编印《两条路线》（上）。

[2] 施金炎主编：《毛泽东著作版本述录与考订》，海南国际新闻出版中心1995年版，第184—185页。

林彪信为缘由，以党内通信形式印发给部队干部，进行形势教育的。有材料说，在中央革命根据地曾经以《毛泽东同志给林彪同志的信》为题，印发过油印的单行本。此信的公开发表是在延安整风时期，1941年12月中共中央书记处编辑出版的《六大以来》（上），1942年中共中央革命军事委员会编印的《军事文献》（一），以及1943年10月中共中央书记处编印的《两条路线》，均收入了这篇报告。此后，中共淮北苏皖边区党委1944年4月15日编印的《拂晓》第1卷第12期，中共中央北方局1944年编印的《抗战以前选集》第一集，中共中央山东分局1945年6月编印的《党的路线问题选集》第2卷，也相继收入了这篇报告。1947年12月，中共晋察冀中央局在1944年晋察冀日报社出版的《毛泽东选集》的基础上，出版了《毛泽东选集》（续编本），以《给林彪同志的信》为题收入此文。鉴于中共中央东北局正在编辑的《毛泽东选集》也准备收入此信，1948年2月12日，林彪给中央宣传部发电说，毛泽东这封信的内容有很大的宣传意义，同意向党内外公布，但希望不要公布他的名字，以免不了解内情的人做出种种妄测。中宣部将此电转给毛泽东后，毛泽东批示，建议将其中不宜公开发表的及不妥当的内容标出来，提出意见，待修改后再出版，并让东北局暂缓印行这部《毛泽东选集》，就抽出了这封信。1948年5月，中共晋冀鲁豫中央局编辑出版的《毛泽东选集》原计划将此文作为《井冈山前委对中央的报告》的附文编入，出于同样原因，也改变原计划将此信抽出，以至于在该书中的第65—74页出现了空缺。新中国成立初，毛泽东对此信进行了一些修改，删去一些批评林彪的内容，并拟题为《星星之火，可以燎原》，收入《毛泽东选集》第一卷，人民出版社1951年10月第1版。此后出版的各种版次的《毛泽东选集》，凡是收录此文的，均是按照这一版本编印的。1991年在中国共产党建党70周年之际，由中共中央文献编辑委员会编辑出版的《毛泽东选集》第2版，对此文的注释作了些修改，还对个别文字进行了校正，然后将其编入该书第1卷，人民出版社1991年6月第2版。中央档案馆根据1941年12月《六大以来》的刊印，以《毛泽东给林彪的信》为题，将其全文编入《中共中央文件选集》第六册，中共中央党校出版社1989年8月第1版。自1951年10月，人民出版社出版此文的第一个单行本后，国内共出版该文的单行本70多种，其中，少数民族文版17种，外文版50

多种，盲文版2种。①

部分关于毛泽东著作的辞典、书典、目录书也提到了一些《星星之火，可以燎原》的版本。如焦根强等主编《毛泽东著作辞典》（中国政法大学出版社1991年版），乔明甫等主编《中国共产党建设大辞典》（四川人民出版社1991年版），袁竞主编《毛泽东著作大辞典》（中国国际广播出版社1991年版），向洪主编《四项基本原则大辞典》（电子科技大学出版社1992年版），何平主编《毛泽东大辞典》（中国国际广播出版社1992年版），王进等主编《毛泽东大辞典》（广西人民出版社等1992年版），张惠芝等主编《毛泽东生平著作研究目录大全》（河北教育出版社1993年版），廖盖隆等主编《毛泽东百科全书》（光明日报出报社1993年版，2003年修订版），刘跃进《毛泽东著作版本导论》（北京燕山出版社1999年版），柏钦水主编《毛泽东著作版本鉴赏》（山东人民出版社2009年版），黄小同主编《中国共产党历史重要文献辞典》（中共党史出版社2019年版），等等。

（二）版本的校勘、研究

日本学者竹内实主编的《毛泽东集》第2卷（苍苍社1983年第2版）收入了《给林彪同志的信》，以1947年中共晋察冀中央局编印的《毛泽东选集》续编为底本，与人民出版社1951年出版的《毛泽东选集》第一卷进行了校勘，列出校勘记290余条。

周一平《日版〈毛泽东集〉〈毛泽东集补卷〉校勘与研究》（中国国际文化出版社2013年版）对日版《毛泽东集》《毛泽东集补卷》进行了校勘、研究，指出："中国1991年版《毛泽东选集》修订本，对1951—1960年版的初版本在正文等方面都作了修订，《毛选》第1卷收入的《星星之火，可以燎原》，修订版将旧版'二月九日'校改为'二月七日'（102页）。日《集》第2卷《给林彪同志的信》对'九日'并没有校语。又此文，修订版将旧版'一天比一天广大的'校改为'一天比一天扩大的'（104页）。日《集》第

---

① 蒋建农等：《毛泽东著作版本编年纪事》（一册），湖南人民出版社2013年第2版，第109—110页。

2卷本对'广大'并没有校语。"①

"日本版毛泽东集子中收入的一部分文稿是全文，中国版毛泽东集子中收入的不是全文，有些文稿的内容，日本版毛泽东集子中多些，中国版毛泽东集子中少些。日《集》第2卷中的《给林彪同志的信》（一九三○·一·五），开头有'林彪同志：新年已经到来几天了，你的信我还没有回答。一则因为有些事情忙着，二则也是因为我到底写点什么给你呢？……'（127页）260余字，末尾有'……我的不对的地方，请你指正。 毛泽东，于上杭古田'（140—141页）170余字，及其他一些文字，是《毛选》第1卷《星星之火，可以燎原》中没有的。"②

"日本版毛泽东集子中的一部分文稿有校勘记，日《集》第2卷《给林彪同志的信》（一九三○·一·五）（即《毛选》第1卷《星星之火，可以燎原》）有290余条校记。"③

此外，一些书籍也有版本校勘、研究的内容，如中共中央文献研究室编《〈毛泽东选集〉一至四卷注释校订本》（中央文献出版社1991年版），中央文献研究室科研部图书馆编《毛泽东著作是怎样编辑出版的》（中国青年出版社2003年版），等等。

张瑜《〈星星之火，可以燎原〉的版本变化探析》④一文中，以中华人民共和国成立前后为界线，介绍了版本变化的主要历程，对"1941年版""1951年《毛选》版"进行比对分析，列举出八方面的变化，分别为"总字数与段落的变化""删除了批评林彪的话""对江西革命形势估量的变化""对革命对象认识的变化""对革命领导权的强调""对资产阶级概念的界定""对革命性质认识的深化""删除了批评党内错误的表述"。最后分析毛泽东修改的主要原因，归结为："林彪本人的要求""革命现实经验的影响""毛泽东身份的变化""毛泽东个人严谨的治学态度"四方面。

---

① 周一平：《日版〈毛泽东集〉〈毛泽东集补卷〉校勘与研究》，中国国际文化出版社2013年版，第63页。
② 周一平：《日版〈毛泽东集〉〈毛泽东集补卷〉校勘与研究》，中国国际文化出版社2013年版，第129页。
③ 周一平：《日版〈毛泽东集〉〈毛泽东集补卷〉校勘与研究》，中国国际文化出版社2013年版，第152页。
④ 张瑜：《〈星星之火，可以燎原〉的版本变化探析》，《中北大学学报（社会科学版）》2018年第6期。

刘国权《〈星星之火，可以燎原〉的版本考辨、内容精析与当代启示》（《大连干部学刊》2021年第3期），也有版本校勘、研究的内容。作者指出："1930年问世以来，该文先后经历了诞生期、公开期、定型期与校订期，出现了1930年油印版、1941年《秘密文件》版、1951年《毛泽东选集》版等10个版本。该文精要剖析了'四个重点'和'八个内容'，在理论上阐释了以农村为中心，实行工农武装割据的科学性、必要性与可行性。"作者谈道：与1941年《六大以来》版相比，《军事文献》版删除了一些文字、《拂晓》版增加了百余处标点符号、《续编》版将标题改为《给林彪同志的信》，内容基本一致。

（三）背景、内容、意义等研究

1. 书籍

梅黎明主编《伟大预演 中华苏维埃共和国历史》（中国发展出版社2014年版）指出：在信中，毛泽东除对那些右倾悲观思想做了分析批评，更多的是深刻阐发了他的关于中国革命要"以乡村为中心，以农村根据地促进全国革命高潮"的思想。在信的最后，毛泽东以诗一般的语言和激情描绘了一幅令人鼓舞的前景，目的是要勉励林彪及其他一些红军指战员振作精神，克服悲观心理，激起他们对于在农村创造大片红色割据局面的热情，迎接革命高潮的到来。毛泽东的这篇党内通讯，充分地论证了建立红色政权和扩大红色武装对于中国革命的极端重要性，明确提出了武装斗争、土地革命和根据地建设"三位一体"的红色政权理论的基本思想，深刻揭示了中国革命由小块红色政权到全国"星火燎原"的发展趋势和客观规律。毛泽东这篇党内通讯的发表，标志着中国革命"以乡村为中心"，农村包围城市、武装夺取全国政权道路理论的基本确立和形成。

何虎生著《中国共产党人的精神》（安徽教育出版社2016年版）指出：井冈山会师后，在毛泽东、朱德等人的领导下，在红军和人民群众的一齐努力下，井冈山革命根据地进入了全盛时期。在井冈山革命根据地的斗争实践的基础上，毛泽东的"工农武装割据"思想和红色政权理论开始形成并不断发展成熟。毛泽东根据他对中国革命发展规律的认识和对井冈山革命根据地实际情况的了解和把握，写下了《星星之火，可以燎原》这篇文章。他在这篇文章中批评了一些人的悲观思想，并提出了"星星之火，可以燎原"这一科学命题，初步阐述了农村包围城市的思想。"星星之火，可以燎原"这一科学命题被提出后逐步被广大群众所了解和接受，坚定了根据地军民的革命信念。根据地党和军民坚守着革命必胜的信念，坚持与反动势力做斗争，有的还为实现革命胜利献出了自己宝贵的生命。[1]

此外，还有一些书论述了《星星之火，可以燎原》的背景、内容及意义，如：中共中央内蒙古分局宣传部辑《党史学习参考资料》第2辑（内蒙古人民出版社1955年版），湖北人民出版社编《认真学习毛主席著作》（湖北人民出版社1974年版），黑龙江大学哲学系编《学习〈毛泽东选集〉第一卷参考材料》（黑龙江大学哲学系1977年版），赵增延等编《中国革命根据地经济大事记1927—1937》（中国社会科学出版社1988年版），许龙贤等主编《哲学政治经济学原理例析》（海洋出版社1991年版），张树军等主编《新版〈毛泽东选集〉学习问答》（中国人民大学出版社1991年版），韩荣璋等主编《新版〈毛泽东选集〉学习辅导》（改革出版社1991年版），陈天绶等主编《毛泽东七次入闽》（福建教育出版社1993年版），刘贵芹编《百年求索——中国人民走上历史必由之路》（福建人民出版社1995年版），袁永松主编《伟人毛泽东》（上卷）（红旗出版社1997年版），胡哲峰等主编《毛泽东与林彪》（广西人民出版社1998年版），余音等主编《毛泽东的故事》（山西人民出版社1999年版），曹茂春等主编《毛泽东思想研析》（群众出版社2001年版），张斌等主编《毛泽东思想概论》（经济科学出版社2002年版），丁仕达（诗）、黄宁（文）《踏遍闽山留胜迹——毛泽东与福建》（北京燕山出版社2003年版），郭振伦等主编《毛泽东思想研究论丛》（宁夏人民出版社2004年版），唐涛等主编《反围剿战争》（远方出版社2005年版），谢琍等主编《伟大长征》（现代教育出版社2006年版），中国井冈山干部学院教材编审委员会组织编写《井冈山革命根据地简史》（党建读物出版社2007年版），刘绍卫编《领导干部读党史经典》（广西人民出版社2013年版），田湘波编《毛泽东名言问世记》（中国青年出版社2013年版），杜忠明编《毛泽东名言故事》（辽宁人民出版社2014年版），吴玉才

---

[1] 何虎生：《中国共产党人的精神》，安徽教育出版社2016年版，第18页。

编《毛泽东思想文献解读》（安徽师范大学出版社2015年版），郑轩编《简明党史知识一本通》（东方出版社2016年版），康树元编《毛泽东思想和中国特色社会主义理论体系概论学习指南》（天津大学出版社2017年版），吴楚婴编著《毛泽东著作背后的故事》（当代中国出版社2018年版），黄小同主编《中国共产党历史重要文献辞典》（中共党史出版社2019年版），王仕勇等主编《绝知此事要躬行 新时代大学生品味经典与聆听讲座》（西南财经大学出版社2019年版），任俊宏编《中共党史经典文献导读》（江西人民出版社2019年版），等等。

2. 期刊及报纸

王树人在《〈星星之火，可以燎原〉公开发表始末》中指出：1927年大革命失败、南昌起义、广州起义、秋收暴动的一系列挫折，使得党内和红军内始终笼罩着一种悲观情绪。1930年元旦，林彪给毛泽东写了一封信，陈述了对中国革命前途的看法。林彪在信中不但流露出悲观情绪，对建立巩固的农村根据地也缺乏信心，而且还反对毛泽东提出的一年争取江西的计划，建议采用流动游击的方式来扩大红军的政治影响力。经过深思熟虑的毛泽东就在古田镇赖坊村一间简陋的房间里，给林彪写了一封长达六七千字的回信，帮助他转变思想，提高认识，并借此教育全军。毛泽东之所以决定用回信的方式阐明他对中国革命和红军前途的看法，是因为两个原因，一是林彪的悲观情绪存在时间很长，而且不断反复，经常会出现苗头，尤其是在革命暂时遭受挫折的时候；二是基于毛泽东与林彪之间的特殊关系，林彪拥护毛泽东，毛泽东也欣赏林彪的军事才能。[①]

张力等在《〈星星之火，可以燎原〉和〈反对本本主义〉的问题导向》中指出：毛泽东在井冈山斗争和中央苏区时期的两篇重要著作——《星星之火，可以燎原》和《反对本本主义》，是问题导向的经典之作。在井冈山斗争和中央苏区时期，党和红军面临的理论和现实问题，既有表层的问题，如部分干部战士关于"红旗到底打得多久"的疑虑、中央"二月来信"导致的思想混乱等，也有深层的问题，如中共加入共产国际之后的政策路径依赖、缺乏独立自主等。1930年上半年，毛泽东"花大力气"写了这两篇文章，深

[①] 王树人：《〈星星之火，可以燎原〉公开发表始末》，《党史纵横》2009年第10期。

入思考并从理论层面解决了这些问题。新时代重温这两篇光辉著作，昭示我们坚定的理想信念永远是激励奋勇向前、克难制胜的力量源泉，实事求是是新时代中国共产党人践行初心使命的理论和方法。[①]

郭雪在《〈星星之火，可以燎原〉——思想政治教育新探索》中指出：这篇文章是在党内对革命出现悲观心理时进行的创作，写于1930年，在这篇文章的引导下，我党逐渐摆脱消极懈怠的心理因素，为实现新民主主义革命的胜利奠定了基础，是我党发展过程中具有重要意义的一篇著作。在中国共产党成立百年之际的今天，这篇文章非但没有过时，反而在岁月的洗礼中熠熠生辉，在社会发展的各个方面都展现了强大的影响力，尤其是对马克思主义学说的继承和发展更是功不可没。毛泽东这篇著作对思想政治教育也产生了深刻的影响，不论对我党、我国，还是社会、高校的思想政治教育的新探索都提供了思路和方向。[②]

刘江在《中国共产党思想政治工作中的信念教育方法——基于〈星星之火，可以燎原〉的文本探析》中指出：《星星之火，可以燎原》作为毛泽东思想形成和发展过程中的代表性著作，蕴含着丰富的思想政治教育思想，体现和贯穿着特色鲜明的信念教育方法。对于新时代思想政治教育工作的创新性发展具有重要的时代启示。[③]

此外还有一些期刊论文论述了《星星之火，可以燎原》的背景、内容及意义，如：赖仲元《新生事物，不可战胜——读"星星之火，可以燎原"》（《学术研究》1960年第2期），张玉鹏《毛泽东同志农村包围城市理论的形成》（《河南师大学报（社会科学版）》1981年第1期），海军《星火燎原——重新学习毛泽东同志"农村包围城市"的光辉理论》（《固原师专学报（社会科学版）》1984年第1期），袁继成《关于中国革命新道路理论的形成和发展——学习毛泽东关于"农村包围城市"道路的理论》（《武汉大学学报（社会科学版）》1984年第1期），玉国《具有中国特色的革命道路——读毛泽东著作〈星星之火，可以燎原〉等文》（《北方第二民族学

---

① 张力等：《〈星星之火，可以燎原〉和〈反对本本主义〉的问题导向》，《中国井冈山干部学院学报》2022年第1期。
② 郭雪：《〈星星之火，可以燎原〉——思想政治教育新探索》，《公关世界》2022年第4期。
③ 刘江：《中国共产党思想政治工作中的信念教育方法——基于〈星星之火，可以燎原〉的文本探析》，《中共云南省委党校学报》2022年第2期。

院学报（哲学社会科学版）》1992年第1期），黄丽芬《试论毛泽东关于农村包围城市、武装夺取政权理论的形成》（《吴中学刊》1994年第1期），邱守娟《毛泽东的战争观——重读毛泽东军事著作》（《北京社会科学》2000年第4期），刘晶芳《古田会议与农村包围城市道路的开辟》（《新疆师范大学学报（哲学社会科学版）》2001年第1期），周声柱《毛泽东在井冈山时期革命实践新探》（《南昌大学学报（人文社会科学版）》2003年第2期），王建国《〈毛泽东给林彪的信〉探析》（《毛泽东思想研究》2007年第3期），王春华《毛泽东林彪与〈星星之火 可以燎原〉》（《贵阳文史》2009年第3期），张绪雄《农村包围城市，武装夺取政权：毛泽东"实事求是"思想的伟大实践》（《中共南昌市委党校学报》2010年第3期），高婷等《毛泽东、林彪与〈星星之火，可以燎原〉》（《党史纵横》2011年第3期），刘付春《土地革命时期毛泽东信念观探析——重温〈井冈山的斗争〉与〈星星之火，可以燎原〉》（《桂海论丛》2012年第4期），汤玉洁等《〈星星之火，可以燎原〉与毛泽东关于中国革命道路的探索》（《中共贵州省委党校学报》2012年第6期），徐世强《〈星星之火，可以燎原〉原貌出版的一波三折》（《党史文苑》2014年第23期），李方祥《质疑〈星星之火，可以燎原〉没有任何理据》（《中国社会科学报》2016年第8期），闫丽慧等《论"农村包围城市，武装夺取政权"》（《商》2016年第14期），胡继鹏《浅析毛泽东"星火燎原"思想的产生背景》（《法制与社会》2016年第15期），王文华《"星星之火 可以燎原"的哲学启示及当代价值》（《西部皮革》2016年第22期），李帅《浅析〈星星之火，可以燎原〉的科学依据》（《赤子（下旬）》2016年第2期），张大卫等《〈星星之火 可以燎原〉的方法论分析》（《内蒙古师范大学学报（哲学社会科学版）》2017年第4期），徐浩然《游击战争的政治维度——以〈星星之火，可以燎原〉为中心的再阐释》（《科学社会主义》2017年第5期），王晓平《〈星星之火，可以燎原〉背后的故事》（《共产党员（河北）》2018年第5期），吴沂蔓《读〈星星之火，可以燎原〉的启迪》（《青年文学家》2018年第33期），刘晨光《从〈星星之火，可以燎原〉中看中国共产党的自信心》（《汉字文化》2019年第8期），张埔华《新世纪以来福建红色文化研究述评》（《福建党史月刊》2019年第6期），王雪超

《马克思主义中国化的生成逻辑——重读毛泽东〈星星之火，可以燎原〉和〈反对本本主义〉》（《思想理论教育导刊》2020年第5期），张健彪《土地革命战争初期党对中国革命发展道路的认识——重读〈星星之火，可以燎原〉的历史省思》（《思想理论教育导刊》2020年第9期），葛宁《探索中国革命道路 坚定革命理想信念——重读〈星星之火，可以燎原〉》（《山东干部函授大学学报（理论学习）》2020年第7期），徐莹等《〈星星之火，可以燎原〉蕴含的思想政治教育资源》（《学习月刊》2020年第10期），谭春林《星星之火可以燎原》（《新西藏（汉文版）》2021年第2期），张勇等《井冈山：星星之火 可以燎原》（《民主与法制》2021年第21期），王梅莲《从〈星星之火，可以燎原〉中感悟"三心"》（《党史博采（下）》2021年第6期），徐枫《星星之火，可以燎原》（《新民周刊》2021年第23期），王岚《星星之火，可以燎原》（《东方剑·消防救援》2021年第5期），林思瀚《星星之火，可以燎原》（《海峡通讯》2021年第1期），汪建新《星星之火 可以燎原》（《吉林人大》2021年第4期），常利兵《如何研究革命根据地史》（《文史月刊》2022年第1期）等。

还有谭莉《重读〈星星之火，可以燎原〉》（《江西工人报》2009年11月4日），韦诚《井冈山：星星之火，可以燎原》（《华中农业大学校报》2011年6月30日），易舒《井冈山 星星之火，可以燎原》（《亮报》2011年7月1日），高婷等《关于〈星星之火，可以燎原〉的故事》（《湖南工人报》2011年10月26日），户华为《"星星之火，可以燎原"是何时提出的？》（《光明日报》2012年8月29日），徐世强等《〈星星之火，可以燎原〉全文出版的一波三折》（《团结报》2015年1月8日），杨春长《致敬燎原的星火——纪念建军90年重读毛主席〈星星之火 可以燎原〉》（《文摘报》2017年9月21日），戴安林《1930年元旦：星星之火，可以燎原》（《老年生活报》2018年1月1日），潘硕珍《"星星之火，可以燎原"的出处》（《民主协商报》2020年7月7日），武锁宁《星星之火 可以燎原》（《人民邮电报》2021年2月3日），罗姝《星星之火，可以燎原》（《闽西日报》2021年3月4日），汪建新《星星之火 可以燎原》（《国防时报》2021年4月2日），等等。

3. 博硕论文

周君在2012年江西师范大学硕士论文《井冈山斗争时期思想政治教育研究》中指出：坚定的理想信念是中国共产党人奋斗的不竭动力，毛泽东通过发表《中国的红色政权为什么能够存在？》《星星之火，可以燎原》等辉煌的著作，正确回答了中国革命最基本的前途、命运问题，鼓舞官兵树立崇高的革命理想、坚定革命信念。在斗争形势严峻的时刻，更应该加强思想政治教育，加强革命信念教育。帮助人们重新树立奋斗目标，否定悲观态度，重新认识开展武装斗争、土地革命、创建和巩固农村革命根据地的重要意义，让广大人民重拾革命信心，坚定井冈山斗争必将胜利、中国革命最终必将胜利的信念，终于革命由星星之火发展为燎原之势。①

赵敏在2017年北京交通大学硕士论文《毛泽东农村包围城市道路理论及其当代价值》中指出：中国共产党经过两年多的革命道路探索有了新的突破。毛泽东在井冈山斗争实践中论证了小块的红色政权能够存在和发展的各方面条件，增强走农村包围城市道路的自信心，为确立中国特色革命道路提供了宝贵的经验。1930年1月5日，毛泽东回信林彪指出，流动式的游击战争不能保证中国革命的胜利，必须在农村地区建立根据地，并有计划地将其扩大，不断地积蓄革命力量，才能形成燎原之势。②

此外还有一些硕士博士论文论述了《星星之火，可以燎原》的背景、内容及意义，如：包银山《中国革命道路理论形成问题之认识论解读》，2004年内蒙古师范大学硕士论文；杨烁《根据地创建时期党的思想工作及其对我党独创性思想政治教育的影响研究》，2006年东北师范大学硕士论文；马亚洲《中央苏区时期民众革命信仰的构建及其巩固研究》，2013年赣南师范学院硕士论文；孙权《探析毛泽东的战争哲学》，2013年内蒙古大学硕士论文；陈杰《井冈山道路研究》，2014年江西师范大学硕士论文；刘雷《井冈山时期（1927.10—1930.2）革命文献及历史作用研究》，2014年江西师范大学硕士论文；肖杨杨《井冈山时期中国共产党纯洁性建设的历史经验及启示》，2015年华东交通大学硕士论文；梁珍《古田会议思想建党实践探索与发展研究》，2017年广西师范学院硕士论文；毕钰《井冈山精神新时代价值

---

① 周君：《井冈山斗争时期思想政治教育研究》，江西师范大学硕士论文2012年。
② 赵敏：《毛泽东农村包围城市道路理论及其当代价值》，北京交通大学硕士论文2017年。

研究》，2018年东华理工大学硕士论文；王振邦《井冈山精神及其当代价值研究》，2018年吉林农业大学硕士论文；孔祥艳《毛泽东哲学对马克思主义中国化的理论贡献》，2019年黑龙江大学博士论文；王伟伟《毛泽东文化自信思想的历史考察》，2021年湖南师范大学博士论文；等等。

综上所述，关于《星星之火，可以燎原》的研究成果不少，但关于其版本研究的成果较少，《星星之火，可以燎原》版本研究的空间还很大。

本文将对毛泽东《星星之火，可以燎原》一文的版本情况进行深入考察研究，着重研究、分析毛泽东修改此文的情况及原因。

五、校勘与分析

（一）1949年10月以前版本校勘与分析

《星星之火，可以燎原》1949年10月以前的各种版本，如1943年中共中央书记处编印《两条路线》（上）、1944年中共中央北方局编印的《抗战以前选集》第一集、1945年中共中央山东分局编印《党的路线问题选集》第二册、1947年12月中共晋察冀中央局编印《毛泽东选集》续编，都是以中共中央书记处1941年编印《六大以来选集》（上）为底本，各版本之间差别不大。

1. 中共中央北方局1944年编印《抗战以前选集》第一集与中共中央书记处1941年编印《六大以来选集》（上）异同

中共中央书记处1941年编印《六大以来选集》（上）书影

中共中央北方局1944年编印《抗战以前选集》第一集书影

中共中央北方局1944年编印的《抗战以前选集》第一集收入《毛泽东同志给林彪同志的信》（以下简称"1944年版"），与中共中央书记处1941年编印的《六大以来选集》（上）收入《毛泽东同志给林彪同志的信》（以下简称"1941年版"）相校，只有3处不同，1处标点符号的不同，2处文字的不同。

（1）标点符号不同

1941年版："江西省委必须健全，"①。1944年版："江西省委必须健全。"②

（2）文字不同

1941年版："此外，将来是否有因为经济情况不许可集中而应该分兵工作的时候呢？"③1944年版："此外，将来是否有因经济情况不许可集中而应该分兵工作的时候呢？"④删"为"，不改变文义。

1941年版："则是由于你之过高估量客观力量和过低估量主观力量，"⑤。1944年版："则是由于你的过高估量客观力量和过低估量主观力量，"⑥。"之"改"的"，不改变文义。

---

① 《六大以来选集》（上），中共中央书记处1941年编印，第92页。
② 《抗战以前选集》第一集，中共中央北方局1944年编印，第145页。
③ 《六大以来选集》（上），中共中央书记处1941年编印，第92页。
④ 《抗战以前选集》第一集，中共中央北方局1944年编印，第144页。
⑤ 《六大以来选集》（上），中共中央书记处1941年编印，第93页。
⑥ 《抗战以前选集》第一集，中共中央北方局1944年编印，第145页。

2. 中共中央山东分局1945年编印《党的路线问题选集》第二册与中共中央书记处1941年编印《六大以来选集》（上）异同

中共中央山东分局1945年编印《党的路线问题选集》第二册书影

中共中央山东分局1945年编印《党的路线问题选集》第二册收入《毛泽东同志给林彪同志的信》（以下简称"1945年版"），与1941年版相校，内容文字等基本相同，只是有个别的标点、文字不同。

（1）标点符号不同

1941年版："就会明白红军游击队及苏维埃区域之发展，"①。1945年版："就会明白红军游击队及苏维埃区域之发展。"②

1941年版："而朱毛式、"③。1945年版："而朱毛式，"④

1941年版："就同时在中国境内发展起来，"⑤。1945年版："就同时在中国境内发展起来；"⑥。

1941年版："江西省委必须健全，"⑦。1945年版："江西省委必须健全。"⑧

1941年版："因为如果不相信革命高潮快要到来"⑨。1945年版："因

---

① 《六大以来选集》（上），中共中央书记处1941年编印，第88页。
② 《党的路线问题选集》第二册，中共中央山东分局1945年编印，第141页。
③ 《六大以来选集》（上），中共中央书记处1941年编印，第89页。
④ 《党的路线问题选集》第二册，中共中央山东分局1945年编印，第141页。
⑤ 《六大以来选集》（上），中共中央书记处1941年编印，第90页。
⑥ 《党的路线问题选集》第二册，中共中央山东分局1945年编印，第143页。
⑦ 《六大以来选集》（上），中共中央书记处1941年编印，第92页。
⑧ 《党的路线问题选集》第二册，中共中央山东分局1945年编印，第148页。
⑨ 《六大以来选集》（上），中共中央书记处1941年编印，第93页。

为，如果不相信革命高潮快要到来"①。

（2）文字不同

1941年版："红军游击队与广大农民群众紧密地配合着组织着"②。1945年版："红军游击队与广大农民群众紧密的配合着组织着"③。"地"改"的"，不改变文义。

1941年版："自然要使同志们（作这样看法的同志们）"④。1945年版："自然要使同志们（作这样看法的同志）"⑤。删"们"，不改变文义。

3. 中共晋察冀中央局1947年编印《毛泽东选集》续编与中共中央书记处1941年编印《六大以来选集》（上）异同

中共晋察冀中央局1947年编印《毛泽东选集》续编书影

中共晋察冀中央局1947编印的《毛泽东选集》续编收入《给林彪同志的信》（以下简称"1947年版"）与1941年版相校，题目不同，内容文字等基本相同，只是有个别几处不同：

（1）标点符号不同

1941年版："固定区域的割据。"⑥ 1947年版："固定区域的割据，"⑦。

1941年版："为了国家赋税加重，地主租息加重及战祸日广一日，造成了普

---

① 《党的路线问题选集》第二册，中共中央山东分局1945年编印，第148页。
② 《六大以来选集》（上），中共中央书记处1941年编印，第89页。
③ 《党的路线问题选集》第二册，中共中央山东分局1945年编印，第141页。
④ 《六大以来选集》（上），中共中央书记处1941年编印，第89页。
⑤ 《党的路线问题选集》第二册，中共中央山东分局1945年编印，第142页。
⑥ 《六大以来选集》（上），中共中央书记处1941年编印，第91页。
⑦ 《毛泽东选集》续编，中共晋察冀中央局1947年编印，第96页。

遍全国的灾荒与匪祸，使广大的农民及城市贫民走到求生不得的道路；"①。1947年版："为了国家赋税加重，地主租息加重及战祸日广一日□造成了普遍全国的灾荒与匪祸，使广大的农民及城市贫民走到求生不得的道路；"②。缺了标点。

1941年版："这种战术正如打网，要随时打开，又要随时收拢。"③ 1947年版："这种战术正如打网，要随时打开□又要随时收拢。"④ 缺了标点。

1941年版："使能领导浙赣闽三省"⑤。1947年版："使能领导浙、赣、闽三省"⑥。

（2）文字不同

第一，修改标题。

1941年版："毛泽东同志给林彪同志的信"⑦。1947年版："给林彪同志的信"⑧。

第二，不改变文义的文字修改。

1941年版："另外一件怪事"⑨。1947年版："另一件怪事"⑩。删"外"，不改变文义。

1941年版："但你似乎有另一方面缺点"⑪。1947年版："但你似乎是有另一方面缺点"⑫。增加"是"，不改变文义。

1941年版："不对的是机械地规定着一年为期"⑬。1947年版："不对的是机械地规定一年为期"⑭。删"着"，不改变文义。

---

① 《六大以来选集》（上），中共中央书记处1941年编印，第90页。
② 《毛泽东选集》续编，中共晋察冀中央局1947年编印，第93页。
③ 《六大以来选集》（上），中共中央书记处1941年编印，第91页。
④ 《毛泽东选集》续编，中共晋察冀中央局1947年编印，第96页。
⑤ 《六大以来选集》（上），中共中央书记处1941年编印，第92页。
⑥ 《毛泽东选集》续编，中共晋察冀中央局1947年编印，第98页。
⑦ 《六大以来选集》（上），中共中央书记处1941年编印，第88页。
⑧ 《毛泽东选集》续编，中共晋察冀中央局1947年编印，第88页。
⑨ 《六大以来选集》（上），中共中央书记处1941年编印，第88页。
⑩ 《毛泽东选集》续编，中共晋察冀中央局1947年编印，第89页。
⑪ 《六大以来选集》（上），中共中央书记处1941年编印，第89页。
⑫ 《毛泽东选集》续编，中共晋察冀中央局1947年编印，第90页。
⑬ 《六大以来选集》（上），中共中央书记处1941年编印，第92页。
⑭ 《毛泽东选集》续编，中共晋察冀中央局1947年编印，第98页。

1941年版："有计划地建设政权的"①。1947年版："有计划的建设政权的"②。"地"改"的"，不改变文义。

1941年版："把阶级敌人看的一钱不值"③。1947年版："把阶级敌人看得一钱不值"④。"的"改"得"，不改变文义。

1941年版："我现在再要说一说"⑤。1947年版："我现在要再说一说"⑥。"再要"改"要再"，不改变文义。

1941年版："所以他们仍然不能即时爆发革命"⑦。1947年版："所以它们仍然不能即时爆发革命"⑧。"他们"改"它们"，不改变文义。

1941年版："我们看事决然的是要看他的实质"⑨。1947年版："我们看事决然的是要看它的实质"⑩。"他"改"它"，不改变文义。

1941年版："而把那做向导的形式抛在一边"⑪。1947年版："而把那作向导的形式抛在一边"⑫。"做"改"作"，不改变文义。

（二）1949年10月以后版本校勘与分析

人民解放战争展开后，中国的新民主主义革命将取得胜利，农村包围城市武装夺取政权的中国革命道路将取得成功，毛泽东中国革命必将"星火燎原"的预言得到完全证实。中共中央宣传部要求各地在编选《毛泽东选集》时，一定要收入已经在一些集子中收入的《毛泽东同志给林彪同志的信》。当时中共东北局正在编辑《毛泽东选集》，已准备把这封信收入。1948年2月28日，时任中共东北局第一书记、东北野战军司令员的林彪致电中宣部，表示这封信的内容有很大的宣传教育意义，他本人同意向党内外公布，同时

---

① 《六大以来选集》（上），中共中央书记处1941年编印，第89页。
② 《毛泽东选集》续编，中共晋察冀中央局1947年编印，第90页。
③ 《六大以来选集》（上），中共中央书记处1941年编印，第89页。
④ 《毛泽东选集》续编，中共晋察冀中央局1947年编印，第91页。
⑤ 《六大以来选集》（上），中共中央书记处1941年编印，第89页。
⑥ 《毛泽东选集》续编，中共晋察冀中央局1947年编印，第90页。
⑦ 《六大以来选集》（上），中共中央书记处1941年编印，第89页。
⑧ 《毛泽东选集》续编，中共晋察冀中央局1947年编印，第91页。
⑨ 《六大以来选集》（上），中共中央书记处1941年编印，第89页。
⑩ 《毛泽东选集》续编，中共晋察冀中央局1947年编印，第91页。
⑪ 《六大以来选集》（上），中共中央书记处1941年编印，第89页。
⑫ 《毛泽东选集》续编，中共晋察冀中央局1947年编印，第91页。

又说："为不致在群众中引起误会，希望只公布信的内容，而不公开我的姓名，避免对内情不了解的人发生种种无益的推测。"毛泽东得悉林彪的电报后，随即作出指示：一、这封信不要出版。二、请陆定一、胡乔木负责将这部选集的书稿全部审阅一次，将其中不适宜公开发表的及不妥当的地方标出，并提出意见，待修改后再出版。① 于是，此后出版的《毛泽东选集》不再收入此信，如1948年出版的东北书店版和晋察冀版《毛泽东选集》等就都没有收入此信。

1950年5月，中共中央毛泽东选集出版委员会，毛泽东亲自参与了《毛泽东选集》的编辑工作。毛泽东精心选定了《毛泽东选集》各卷的篇目，决定将1930年1月5日写给林彪的信收入《毛泽东选集》第一卷，但题目改为《星星之火，可以燎原》，把信改成一篇论文，把林彪的姓名抹去，把明显批评林彪的地方改掉。《毛泽东选集》第一卷，1951年由人民出版社出版，此后的各种版本的《星星之火，可以燎原》，内容基本上都与1951年《毛泽东选集》第一卷版相同，只是繁简字体、横竖版式和注释文字略有不同。

1. 人民出版社1966年7月《毛泽东选集》第一卷版与人民出版社1951年《毛泽东选集》第一卷版异同

人民出版社1966年7月《毛泽东选集》第一卷版书影

《星星之火，可以燎原》，人民出版社1966年7月《毛泽东选集》第一卷版（以下简称"1966年《毛选》版"）与1951年《毛泽东选集》第一卷版（以下简称"1951年《毛选》版"）相校，1951年《毛选》版为竖排繁体

---

① 翟泰丰主编：《新版〈毛泽东选集〉导读》，中国华侨出版公司1991年版，第42页。

字，1966年《毛选》版为横排简体字。主要文字基本相同，注释略有变化。

（1）标点符号不同

标点符号的更改，主要是把竖排文字的直角符号改为横排文字的双引号或书名号。

（2）注释文字不同

关于"中央二月来信"的注释，1951年《毛选》版："主要的是关于当时形势的估计和红军的行动策略问题。"[1]1966年《毛选》版："主要地是关于当时形势的估计和红军的行动策略问题。"[2] "的"改"地"，不改变文义，但似乎没有必要改。

2. 人民出版社1975年单行本与人民出版社1951年《毛泽东选集》第一卷版异同

人民出版社1975年《星星之火，可以燎原》单行本书影

人民出版社1975年《星星之火，可以燎原》单行本（以下简称"1975年版"），和1951年《毛选》版相校，1951年《毛选》版为竖排繁体字，1975年版为横排简体字。主要文字基本相同，只是题解、注释略有不同。1975年版扉页为"出版者说明"："本版《星星之火，可以燎原》一书，是根据一九五二年七月出版的《毛泽东选集》第一卷所载原文重印的。"[3]

（1）标点符号不同

1975年版正文中，主要是把竖排文字的直角符号改为横排文字的双引号

---

[1] 《毛泽东选集》第一卷，人民出版社1951年版，第113页。
[2] 《毛泽东选集》第一卷，人民出版社1966年版，第104页。
[3] 《星星之火，可以燎原》，人民出版社1975年版，扉页1。

或书名号，与1966年《毛选》版把竖排文字的直角符号改为横排文字的双引号或书名号相同。

（2）题解、注释不同

第一，题解变化。

1951年《毛选》版："这是毛泽东同志的一篇通信，是为批判当时党内的一种悲观思想而写的。"[①] 1975年版："这是毛泽东同志一九三〇年一月五日的一篇通信，是为批判当时党内的一种悲观思想而写的。"[②] 1951年《毛选》版标题左有"（一九三〇年一月五日）"[③]。1975年版标题在封面，下方没有标日期，所以在题解中增"一九三〇年一月五日"，相当于标明了日期。

第二，注释变化。

1951年《毛选》版注释〔八〕："'党的六次大会'，即一九二八年七月中国共产党第六次全国代表大会，这次大会指出在一九二七年的革命失败后，中国的革命性质仍旧是反帝反封建的资产阶级民主革命，并指出新的革命高潮是不可避免的，但这新的革命高潮尚未到来，所以当时革命总路线是争取群众。六次大会清算了一九二七年的陈独秀右的投降主义，也批判了一九二七年革命失败后，在一九二七年底一九二八年初在党内发生的'左'的盲动主义。参看本选集第三卷附录'关于若干历史问题的决议'第三部分。"[④] 1975年版注释〔8〕删除了1951年《毛选》版注释〔八〕中"参看本选集第三卷附录'关于若干历史问题的决议'第三部分。"[⑤] 显然因为1975年版是单行本，与1951年《毛选》版是不同的，必须删除。

---

① 《毛泽东选集》第一卷，人民出版社1951年版，第104页。
② 《星星之火，可以燎原》，人民出版社1975年版，扉页2。
③ 《毛泽东选集》第一卷，人民出版社1951年版，第103页。
④ 《毛泽东选集》第一卷，人民出版社1951年版，第113页。
⑤ 《星星之火，可以燎原》，人民出版社1975年版，第15页。

3. 人民出版社1991年《毛泽东选集》第一卷版与人民出版社1951年《毛泽东选集》第一卷版异同

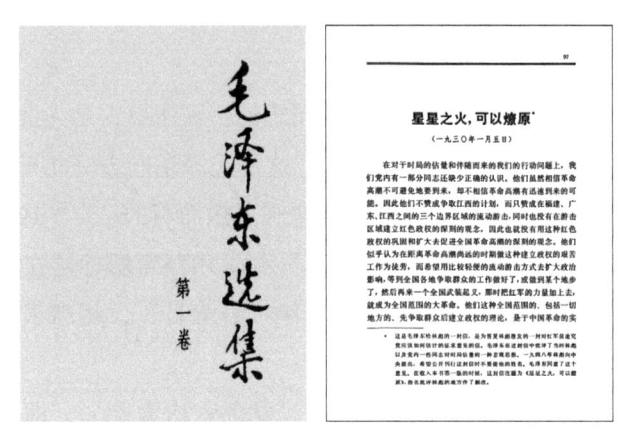

人民出版社1991年版《毛泽东选集》第一卷书影

人民出版社1951年至1960年出版了《毛泽东选集》一至四卷第一版，后陆续发现有一些需要校正的问题，1962年，经毛泽东同意，开始进行第一版的修订工作，准备出第二版，后因"文化大革命"爆发中断。1990年修订工作重新上马。1991年6月《毛泽东选集》一至四卷第二版由人民出版社出版。《毛泽东选集》第二版对题解、注释修订较多，正文只就史实、文字的错误进行修正，不是每篇都有修正，而《星星之火，可以燎原》正文中的文字有好几处修正。冯蕙等《〈毛泽东选集〉一至四卷第一版正文和题解的主要修订情况》谈到《星星之火，可以燎原》正文中的文字修正时指出：《星星之火，可以燎原》收入《六大以来选集》时，由于排校有误或依据的版本有误，发生了4处明显的差错。《两条路线》、晋察冀版《毛泽东选集》续编本和新中国成立后出版的《毛泽东选集》第一版，都沿袭了《六大以来选集》的这几处差错。这次修订，根据《中共中央文件选集》新编本，并参照中央档案馆保存的三封信的原件，即中央给润之、玉阶两同志并转湘赣边特委信（1929年2月7日），红四军前委致中央的信（1929年4月5日），毛泽东给林彪的信（1930年1月5日），对这4处差错作了订正：

（一）"中央此信（去年二月九日）"，将"二月九日"订正为"二月七日"。中央二月来信上署明为"二月七日"，毛泽东给林彪的信（包括油印件）上此处也是"二月七日"。①

（二）"国民党三次'进剿'井冈山"，此处在红四军前委致中央的信上原文为"进攻井冈山"，《六大以来》印作"三次进剿井冈山"。国民党军队曾对井冈山根据地发动四次"进剿"和三次"会剿"。这句话中的"三次'进剿'"的说法不准确，为此作注说明这是指湖南、江西两省国民党军队对井冈山革命根据地的第三次"会剿"。

（三）"群众斗争的发动是一天比一天广大的"，此处的"广大"，在红四军前委致中央的信上和毛泽东给林彪的信（包括油印件）上，均为"扩大"。从词语搭配来说，也以"扩大"为好。据此，将"广大"改为"扩大"。

（四）"赣南的希望更大，吉安、永新、兴国等县的红军第二第四团有日益发展之势"，将"永新"订正为"永丰"。依据是：第一，红四军前委致中央的信上此处是"永丰"；第二，从地理位置看，永新属赣西（本文也有"赣西宁冈、永新、莲花、遂川"的表述），永丰才属赣南；第三，红军独立第二、第四团活动范围在赣南，没有到过永新。②

人民出版社1991年《毛泽东选集》版（以下简称"1991年《毛选》版"）与1951年《毛选》版的不同综合列举如下。1951年《毛选》版为竖排繁体字，1991年《毛选》版为横排简体字。此外：

（1）标点符号不同

1991年《毛选》版，主要是把竖排文字的直角符号改为横排文字的双引号或书名号，与1966年《毛选》版把竖排文字的直角符号改为横排文字的双引号或书名号基本相同。

此外有逗号改顿号，如：

1951年《毛选》版："伴随着帝国主义的商品侵略，中国商业资本的剥

---

① 《六大以来选集》（上），既有："中央此信（指二月九日来信）对客观形势和主观力量的估量，都太悲观了。"（第90页）也有："二月七日中央来信就是代表那时候党内悲观分析的证据。"（第90页）1951年《毛选》版沿用了"二月九日"的说法："中央此信（去年二月九日）对客观形势和主观力量的估量，都太悲观了。"（第108页）而把"二月七日中央来信"改为"中央二月来信"："中央二月来信就是代表那时候党内悲观分析的证据。"（第106页）即没有采用"二月七日"的说法。

② 中央文献研究室科研部图书馆：《毛泽东著作是怎样编辑出版的》，中国青年出版社2003年版，第67—68页。

蚀，和政府的赋税加重等项情况"①。1991年《毛选》版："伴随着帝国主义的商品侵略、中国商业资本的剥蚀和政府的赋税加重等项情况"②。

1951年《毛选》版："因为外货的压迫，广大工农群众购买力的枯竭和政府赋税的加重"③。1991年《毛选》版："因为外货的压迫、广大工农群众购买力的枯竭和政府赋税的加重"④。

1951年《毛选》版："尤其是帮助城市斗争，促进革命潮流高涨的主要条件。"⑤ 1991年《毛选》版："尤其是帮助城市斗争、促进革命潮流高涨的主要条件。"⑥

（2）文字不同

1951年《毛选》版："中央此信（去年二月九日）……"⑦ 1991年《毛选》版："中央此信（去年二月七日）……"⑧。修改后，更准确，详前。

1951年《毛选》版："群众斗争的发动是一天比一天广大的"⑨。1991年《毛选》版："群众斗争的发动是一天比一天扩大的"⑩。修改后，更合理，详前。

1951年《毛选》版："赣南的希望更大，吉安、永新、兴国等县……"⑪ 1991年《毛选》版："赣南的希望更大，吉安、永丰、兴国等县……"⑫ 修改后，更准确，详前。

1951年《毛选》版："而地主的武装在南方各省中又比那一省都弱。"⑬ 1991年《毛选》版："而地主的武装在南方各省中又比哪一省都弱。"⑭

1951年《毛选》版："就可以解释为什么江西的农村起义比那一省都要

---

① 《毛泽东选集》第一卷，人民出版社1951年版，第107页。
② 《毛泽东选集》第一卷，人民出版社1991年版，第101页。
③ 《毛泽东选集》第一卷，人民出版社1951年版，第107页。
④ 《毛泽东选集》第一卷，人民出版社1991年版，第101页。
⑤ 《毛泽东选集》第一卷，人民出版社1951年版，第108页。
⑥ 《毛泽东选集》第一卷，人民出版社1991年版，第102页。
⑦ 《毛泽东选集》第一卷，人民出版社1951年版，第108页。
⑧ 《毛泽东选集》第一卷，人民出版社1991年版，第102页。
⑨ 《毛泽东选集》第一卷，人民出版社1951年版，第109页。
⑩ 《毛泽东选集》第一卷，人民出版社1991年版，第104页。
⑪ 《毛泽东选集》第一卷，人民出版社1951年版，第111页。
⑫ 《毛泽东选集》第一卷，人民出版社1991年版，第105页。
⑬ 《毛泽东选集》第一卷，人民出版社1951年版，第112页。
⑭ 《毛泽东选集》第一卷，人民出版社1991年版，第106页。

普遍，红军游击队比那一省都要多了。"①1991年《毛选》版："就可以解释为什么江西的农村起义比哪一省都要普遍，红军游击队比哪一省都要多了。"②"那"改"哪"，更符合当代的用词习惯。

（3）题解、注释的修改

第一，题解修改。

1951年《毛选》版："这是毛泽东同志的一篇通信，是为批判当时党内的一种悲观思想而写的。"③1991年《毛选》版："这是毛泽东给林彪的一封信，是为答复林彪散发的一封对红军前途究竟应该如何估计的征求意见的信。毛泽东在这封信中批评了当时林彪以及党内一些同志对时局估量的一种悲观思想。一九四八年林彪向中央提出，希望公开刊行这封信时不要提他的姓名。毛泽东同意了这个意见。在收入本书第一版的时候，这封信改题为《星星之火，可以燎原》，指名批评林彪的地方作了删改。"④修改后的题解，说清楚了文章的来龙去脉。

第二，注释修改。

1951年《毛选》版有16条注释，1991年《毛选》版有19条注释。

增加了3条注释：

注释〔2〕："见本卷《中国的红色政权为什么能够存在？》注〔9〕。"⑤

注释〔4〕："见本卷《中国社会各阶级的分析》注〔9〕。"⑥

注释〔9〕："这里是指湖南、江西两省国民党军队对井冈山革命根据地的第三次'会剿'。"⑦这是对"国民党三次'进剿'井冈山"的注释，详前。

注释的修改主要是：

"方志敏"，1951年《毛选》版注释〔一〕："方志敏同志，江西弋阳人，中国共产党第六届中央委员会委员，是江西东北部红色区域和红军第十

---

① 《毛泽东选集》第一卷，人民出版社1951年版，第112页。
② 《毛泽东选集》第一卷，人民出版社1991年版，第106页。
③ 《毛泽东选集》第一卷，人民出版社1951年版，第104页。
④ 《毛泽东选集》第一卷，人民出版社1991年版，第97页。
⑤ 《毛泽东选集》第一卷，人民出版社1991年版，第107页。
⑥ 《毛泽东选集》第一卷，人民出版社1991年版，第107页。
⑦ 《毛泽东选集》第一卷，人民出版社1991年版，第107页。

军的创造者。一九三四年他带领红军抗日先遣队北上。一九三五年一月,在与国民党反革命军队作战中被捕。同年七月,在南昌英勇牺牲。"①1991年《毛选》版注释〔1〕:"方志敏(一八九九——一九三五),江西弋阳人,赣东北革命根据地和红军第十军的主要创建人。一九二二年加入中国社会主义青年团,一九二四年加入中国共产党,曾被增补为中国共产党第六届中央委员会委员。一九二八年一月,在江西的弋阳、横峰一带发动农民举行武装起义。一九二八年至一九三三年,领导起义的农民坚持游击战争,实行土地革命,建立红色政权,逐步地将农村革命根据地扩大到江西东北部和福建北部、安徽南部、浙江西部,将地方游击队发展为正规红军。一九三四年十一月,带领红军第十军团向皖南进军,继续执行抗日先遣队北上的任务。一九三五年一月,在同国民党军队作战中被捕。同年八月,在南昌英勇牺牲。"②1991年《毛选》版对方志敏的介绍更规范、详尽、准确。

"鲁涤平",1951年《毛选》版注释〔三〕:"鲁涤平,国民党军阀,一九二八年时任国民党湖南省主席。"③1991年《毛选》版注释〔5〕:"鲁涤平(一八八七——一九三五),湖南宁乡人。一九二八年时任国民党湖南省政府主席。"④1991年《毛选》版介绍鲁涤平更规范、准确。

"敌人的第三次'会剿'",1951年《毛选》版注释〔五〕:"指一九二八年末至一九二九年初湖南和江西的国民党军阀对红军根据地井冈山的第三次进犯。"⑤1991年《毛选》版注释〔7〕:"一九二八年七月至十一月,江西、湖南两省的国民党军队两次'会剿'井冈山革命根据地失败后,又于同年底至一九二九年初调集湖南、江西两省共六个旅的兵力,对井冈山革命根据地发动第三次'会剿'。毛泽东等周密地研究了粉碎敌人'会剿'的计划,决定红军第四军主力转入外线打击敌人,以红四军的一部配合红五军留守井冈山。经过内外线的艰苦转战,红军开辟了赣南、闽西革命根据地,曾经被敌人一度侵占的井冈山革命根据地也得到了恢复和发展。"⑥修

---

① 《毛泽东选集》第一卷,人民出版社1951年版,第113页。
② 《毛泽东选集》第一卷,人民出版社1991年版,第107页。
③ 《毛泽东选集》第一卷,人民出版社1951年版,第113页。
④ 《毛泽东选集》第一卷,人民出版社1991年版,第107页。
⑤ 《毛泽东选集》第一卷,人民出版社1951年版,第113页。
⑥ 《毛泽东选集》第一卷,人民出版社1991年版,第107页。

改后的注释记述史事更详尽。

"中央二月来信",1951年《毛选》版注释〔六〕:"'中央二月来信',指中共中央一九二九年二月九日给前敌委员会的信。本文中引录的一九二九年四月五日前敌委员会给中央的信上,曾大略地摘出该信的内容,主要的是关于当时形势的估计和红军的行动策略问题。中央的这封信所提出的意见是不适当的,所以前委在给中央的信中提出了不同的意见。"[1] 1991年《毛选》版注释〔8〕:"指中共中央一九二九年二月七日给红军第四军前敌委员会的信。本文中引录的一九二九年四月五日红军第四军前敌委员会给中央的信上,曾大略地摘出该信的内容,主要是关于当时形势的估计和红军的行动策略问题。中央的这封信所提出的意见是不适当的,所以前委在给中央的信中提出了不同的意见。"[2] 订正了"中央二月来信"的日期。详前。

"党的六次大会",1951年《毛选》版注释〔八〕:"'党的六次大会',即一九二八年七月中国共产党第六次全国代表大会。这次大会指出在一九二七年的革命失败后,中国的革命性质仍旧是反帝反封建的资产阶级民主革命,并指出新的革命高潮是不可避免的,但这新的革命高潮尚未到来,所以当时的革命总路线是争取群众。六次大会清算了一九二七年的陈独秀右的投降主义,也批判了一九二七年革命失败后,在一九二七年底一九二八年初在党内发生的'左'的盲动主义。参看本选集第三卷附录'关于若干历史问题的决议'第三部分。[3]"1991年《毛选》版注释〔11〕:"中国共产党第六次全国代表大会于一九二八年六月十八日至七月十一日在莫斯科举行。会上,瞿秋白作了《中国革命与共产党》的报告,周恩来作了组织问题和军事问题的报告,刘伯承作了军事问题的补充报告。会议通过了政治、苏维埃政权组织、土地、农民等问题决议案和军事工作草案。这次大会肯定了中国社会仍旧是半殖民地半封建社会,中国当时的革命依然是资产阶级民主革命,指出了当时的政治形势是在两个高潮之间和革命发展是不平衡的,党在当时的总任务不是进攻,而是争取群众。会议在批判右倾机会主义的同时,特别指出了当时党内最主要的危险倾向是脱离群众的盲动主义、军事冒险主

---

[1] 《毛泽东选集》第一卷,人民出版社1951年版,第113页。
[2] 《毛泽东选集》第一卷,人民出版社1991年版,第107页。
[3] 《毛泽东选集》第一卷,人民出版社1951年版,第113页。

义和命令主义。这次大会的主要方面是正确的，但也有缺点和错误。它对于中间阶级的两面性和反动势力的内部矛盾缺乏正确的估计和适当的政策；对于大革命失败后党所需要的策略上的有秩序的退却，对于农村根据地的重要性和民主革命的长期性，也缺乏必要的认识。"①1991年《毛选》版介绍"党的六次大会"更详尽、准确。

"闽西政权"，1951年《毛选》版注释〔九〕："一九二九年，红军自井冈山东征福建，开辟新的革命根据地，在福建西部的龙岩、永定、上杭等县建立了人民革命的政权。"②1991年《毛选》版注释〔12〕："指福建西部长汀、龙岩、永定、上杭等县的工农民主政权，它是红军第四军主力一九二九年离开井冈山进入福建时新开辟的革命根据地。"③1991年《毛选》版记述史事更详尽。

"蒋伯诚"，1951年《毛选》版注释〔一一〕："蒋伯诚，当时任国民党浙江省的保安司令。"④1991年《毛选》版注释〔14〕："蒋伯诚，当时任国民党浙江省防军司令。"⑤1991年《毛选》版记述更准确。

"郭旅"，1951年《毛选》版注释〔一二〕："'郭旅'指福建的国民党军队郭凤鸣旅。"⑥1991年《毛选》版注释〔15〕："郭，指国民党福建省防军暂编第二混成旅旅长郭凤鸣。"⑦1991年《毛选》版介绍更详尽。

"陈卢"，1951年《毛选》版注释〔一三〕："'陈卢'即福建的著匪陈国辉和卢兴邦，他们的部队被国民党收编。"⑧1991年《毛选》版注释〔16〕："陈卢，指福建的著匪陈国辉和卢兴邦，他们的部队在一九二六年被国民党政府收编。"⑨1991年《毛选》版记述更全面。

"张贞"，1951年《毛选》版注释〔一四〕："张贞，国民党军队的一个师长。"⑩1991年《毛选》版注释〔17〕："张贞，当时任国民党军暂编第

---

① 《毛泽东选集》第一卷，人民出版社1991年版，第107—108页。
② 《毛泽东选集》第一卷，人民出版社1951年版，第113页。
③ 《毛泽东选集》第一卷，人民出版社1991年版，第108页。
④ 《毛泽东选集》第一卷，人民出版社1951年版，第113页。
⑤ 《毛泽东选集》第一卷，人民出版社1991年版，第108页。
⑥ 《毛泽东选集》第一卷，人民出版社1951年版，第113页。
⑦ 《毛泽东选集》第一卷，人民出版社1991年版，第108页。
⑧ 《毛泽东选集》第一卷，人民出版社1951年版，第114页。
⑨ 《毛泽东选集》第一卷，人民出版社1991年版，第108页。
⑩ 《毛泽东选集》第一卷，人民出版社1951年版，第114页。

一师师长。"[①]1991年《毛选》版记述更准确。

"朱培德",1951年《毛选》版注释〔一五〕:"朱培德,国民党的军阀,当时任江西省国民党省政府主席。"[②]1991年《毛选》版注释〔18〕:"朱培德(一八八九——一九三七),云南盐兴(今禄丰市)人。当时任国民党江西省政府主席。"[③]1991年《毛选》版介绍朱培德更规范、准确。

"熊式辉",1951年《毛选》版注释〔一六〕:"熊式辉,当时是驻江西的国民党军队的一个师长。"[④]1991年《毛选》版注释〔19〕:"熊式辉(一八九三——一九七四),江西安义人。当时任国民党江西省政府委员、第五师师长。"[⑤]1991年《毛选》版介绍熊式辉更规范、准确、详尽。

1991年《毛选》版的注释修改,弥补了1951年《毛选》版注释的不足和不当,使解释更准确、详尽,更规范。

关于1991年《毛选》版的注释修改的依据,详见中共中央文献研究室编《〈毛泽东选集〉一至四卷注释校订本》(中央文献出版社1991年《毛选》版)第67—75页。

(三)人民出版社1951年《毛泽东选集》第一卷版与中共中央书记处1941年编印《六大以来选集》(上)校勘与分析

人民出版社1951年《毛泽东选集》第一卷版书影

《星星之火,可以燎原》,人民出版社1951年《毛选》版与1941年版相

---

① 《毛泽东选集》第一卷,人民出版社1991年版,第108页。
② 《毛泽东选集》第一卷,人民出版社1951年版,第114页。
③ 《毛泽东选集》第一卷,人民出版社1991年版,第108页。
④ 《毛泽东选集》第一卷,人民出版社1951年版,第114页。
⑤ 《毛泽东选集》第一卷,人民出版社1991年版,第108页。

校，有很多修改，1941年版全文约7200字，1951年《毛选》版近6200字。

1. 标点符号不同

1941年版："但若从实质上看便大大不然。这里用得着中国的一句老话：'星星之火，可以燎原'。"[①] 1951年《毛选》版："但若从实质上看，便大大不然。这里用得着中国的一句老话：'星星之火，可以燎原。'"[②]

1941年版："群众是一定归向我们的；"[③]。1951年《毛选》版："群众是一定归向我们的。"[④]

1941年版："……无产阶级领导是革命胜利的唯一关键，"[⑤]。1951年《毛选》版："……无产阶级领导是革命胜利的唯一关键。"[⑥]

1941年版："所以抛弃城市斗争，"[⑦]。1951年《毛选》版："所以，抛弃城市斗争，"[⑧]。

1941年版："前委给中央的信上说了红军的游击战术，那里面包括了近距离的分兵。"[⑨] 1951年《毛选》版："前委给中央的信上说了红军的游击战术，那里面包括了近距离的分兵："[⑩]。

1941年版："中央那时还有一个通告谓蒋桂战争不一定会爆发。"[⑪] 1951年《毛选》版："中央那时还有一个通告，谓蒋桂战争不一定会爆发。"[⑫]

1941年版："以江西论，赣北之德安、修水、铜鼓尚有相当基础。"[⑬] 1951年《毛选》版："以江西论，赣北之德安、修水、铜鼓尚有相当基础；"[⑭]。

1941年版："我们建议中央在国民党军阀长期战争期间，"[⑮]。1951年

[①] 《六大以来选集》（上），中共中央书记处1941年编印，第89页。
[②] 《毛泽东选集》第一卷，人民出版社1951年版，第105页。
[③] 《六大以来选集》（上），中共中央书记处1941年编印，第90页。
[④] 《毛泽东选集》第一卷，人民出版社1951年版，第108页。
[⑤] 《六大以来选集》（上），中共中央书记处1941年编印，第91页。
[⑥] 《毛泽东选集》第一卷，人民出版社1951年版，第108页。
[⑦] 《六大以来选集》（上），中共中央书记处1941年编印，第91页。
[⑧] 《毛泽东选集》第一卷，人民出版社1951年版，第108页。
[⑨] 《六大以来选集》（上），中共中央书记处1941年编印，第91页。
[⑩] 《毛泽东选集》第一卷，人民出版社1951年版，第109页。
[⑪] 《六大以来选集》（上），中共中央书记处1941年编印，第92页。
[⑫] 《毛泽东选集》第一卷，人民出版社1951年版，第110页。
[⑬] 《六大以来选集》（上），中共中央书记处1941年编印，第92页。
[⑭] 《毛泽东选集》第一卷，人民出版社1951年版，第111页。
[⑮] 《六大以来选集》（上），中共中央书记处1941年编印，第92页。

《毛选》版："我们建议中央，在国民党军阀长期战争期间，"①。

2. 文字不同

（1）修改标题

1941年版："毛泽东同志给林彪同志的信"。1951年《毛选》版："星星之火，可以燎原"。标题一改，一是抹去了"林彪"的名字，二是把信改成了论文。

（2）删改对林彪的批评

1941年版："林彪同志：新年已经到来几天了，你的信我还没有回答。一则因为有些事情忙着，二则也因为我到底写点什么给你呢？有什么好一点的东西可以贡献给你呢？搜索我的枯肠，没有想出一点什么适当的东西来，因此也就拖延着。现在我想得一点东西了，虽然不知道到底于你的情况切合不切合，但我这点材料实是现今斗争中一个重要的问题，即使于你的个别情况不切合，仍是一般紧要的问题，所以我就把它提出来。我要提出的是什么问题呢？就是"②。这一段话，1951年《毛选》版删除。删掉提及林彪的文字。

1941年版："我从前颇感觉、至今还有些感觉你对于时局的估量是比较的悲观。去年五月十八晚上瑞金的会议席上，你这个观点最明显。我知道你相信革命高潮不可避免的要到来，但你不相信革命高潮有迅速到来的可能，因此在行动上你不赞成一年争取江西的计划，而只赞成闽粤赣交界三区域的游击……"③ 1951年《毛选》版："我们党内有一部分同志还缺少正确的认识。他们虽然相信革命高潮不可避免地要到来，却不相信革命高潮有迅速到来的可能。因此他们不赞成争取江西的计划，而只赞成在福建、广东、江西之间的三个边界区域的流动游击……"④ 这里的"你"指林彪，删"你"就是删掉针对林彪的意思，即文章改成不是（看不出）针对林彪的。原信中的"你"，1951年《毛选》版全部删除。又如：

1941年版："由你相信×××式的流动游击政策一点看来，似乎你认

---

① 《毛泽东选集》第一卷，人民出版社1951年版，第111页。
② 《六大以来选集》（上），中共中央书记处1941年编印，第88页。
③ 《六大以来选集》（上），中共中央书记处1941年编印，第88页。
④ 《毛泽东选集》第一卷，人民出版社1951年版，第103页。

为在距离革命高潮尚远的时期做建立政权的艰苦工作为徒劳……"①1951年《毛选》版："他们似乎认为在距离革命高潮尚远的时期做这种建立政权的艰苦工作为徒劳……"②

1941年版："你的这种全国范围的、包括一切地方的、先争取群众后建立政权的理论，我觉得是于中国革命不适合的。"③1951年《毛选》版："他们这种全国范围的、包括一切地方的、先争取群众后建立政权的理论，是于中国革命的实情不适合的。"④

1941年版："你的这种理论的来源，据我的观察，主要是没有把中国是一个帝国主义最后阶段中互相争夺的半殖民地一件事认清楚。"⑤1951年《毛选》版："他们的这种理论的来源，主要是没有把中国是一个许多帝国主义国家互相争夺的半殖民地这件事认清楚。"⑥

1941年版："就是把主观力量看得小一些，把客观力量看得大一些，这亦是一种不切当的估量，又必然要产生另一方面的坏结果。你承认主观力量之弱与客观力量之强，但你似乎没有认识下面的那些要点："⑦。1951年《毛选》版："另一方面，如果把革命的主观力量看小了，把反革命力量看大了，这也是一种不切当的估量，又必然要产生另一方面的坏结果。因此，在判断中国政治形势的时候，需要认识下面的这些要点："⑧。

1941年版："你没有这种错误，但你似乎有另一方面缺点，"⑨。

1941年版："我现在再要说一说我所感觉得的你对于时局估量比较悲观的原因。你的估量我觉得恰是党内革命急性病派的估量的对面。"⑩

1941年版："即如你也似乎受了些影响。"⑪

1941年版："但你不相信一年争取江西，则是由于你之过高估量客观

---

① 《六大以来选集》（上），中共中央书记处1941年编印，第88页。
② 《毛泽东选集》第一卷，人民出版社1951年版，第103页。
③ 《六大以来选集》（上），中共中央书记处1941年编印，第88页。
④ 《毛泽东选集》第一卷，人民出版社1951年版，第103页。
⑤ 《六大以来选集》（上），中共中央书记处1941年编印，第88页。
⑥ 《毛泽东选集》第一卷，人民出版社1951年版，第103页。
⑦ 《六大以来选集》（上），中共中央书记处1941年编印，第89页。
⑧ 《毛泽东选集》第一卷，人民出版社1951年版，第105页。
⑨ 《六大以来选集》（上），中共中央书记处1941年编印，第89页。
⑩ 《六大以来选集》（上），中共中央书记处1941年编印，第89页。
⑪ 《六大以来选集》（上），中共中央书记处1941年编印，第92页。

力量和过低估量主观力量,由此不相信革命高潮之快要到来,由此而得到的结论。"①

1941年版:"我要对你说的话大致已经说完了。扯开了话匣,说的未免太多。但我觉得我们的讨论问题是有益的,我们讨论的这个问题果然正确地解决了,影响到红军的行动实在不小,所以我很高兴的写了这一篇。"②

1941年版:"二是我说你欲用流动游击方式去扩大政治影响,不是说你有单纯军事观点和流寇思想。你显然没有此二者,因为二者完全没有争取群众的观念,你则是主张'放手争取群众'的,你不但主张,而且是在实际做的。我所不赞成你的是指你缺乏建立政权的深刻的观念,因之对于争取群众促进革命高潮的任务,就必然不能如你心头所想的完满地达到。我这封信所要说的主要目的就在这一点。我的不对的地方,请你指正。"③

以上这些文字,1951年《毛选》版全部删除。

(3)不改变文义的文字修改

1941年版:"即红军与游击队的存在与发展,以及伴随红军与游击队而来的,成长于四围白色政权中的小块红色政权(苏维埃)之存在与发展(中国以外无此怪事)。"④1951年《毛选》版:"即红军和游击队的存在和发展,以及伴随着红军和游击队而来的,成长于四围白色政权中的小块红色区域的存在和发展(中国以外无此怪事)。"⑤ "与"改"和",不改变文义。1941年版的"与",1951年《毛选》版基本上都改为"和"。

1941年版:"帝国主义与整个中国的矛盾和帝国主义者相互间的矛盾,就同时在中国境内发展起来……"⑥1951年《毛选》版:"帝国主义和整个中国的矛盾,帝国主义者相互间的矛盾,就同时在中国境内发展起来……"⑦

1941年版:"就促令广大的负担赋税者与统治者间的矛盾日益发展;"⑧。1951年《毛选》版:"这样就会促令广大的负担赋税者和反动统

---

① 《六大以来选集》(上),中共中央书记处1941年编印,第93页。
② 《六大以来选集》(上),中共中央书记处1941年编印,第93页。
③ 《六大以来选集》(上),中共中央书记处1941年编印,第93页。
④ 《六大以来选集》(上),中共中央书记处1941年编印,第88页。
⑤ 《毛泽东选集》第一卷,人民出版社1951年版,第104页。
⑥ 《六大以来选集》(上),中共中央书记处1941年编印,第90页。
⑦ 《毛泽东选集》第一卷,人民出版社1951年版,第107页。
⑧ 《六大以来选集》(上),中共中央书记处1941年编印,第90页。

治者之间的矛盾日益发展。"①

1941年版："就是对于时局的估量和伴随而来的我们的行动问题。"② 1951年《毛选》版："在对于时局的估量和伴随而来的我们的行动问题上，"③。"就是"改"在"，增"上"，不改变文义。

1941年版："我觉得是于中国革命不适合的。"④1951年《毛选》版："是于中国革命的实情不适合的。"⑤删"我觉得"，不改变文义。

1941年版："很迅速的就要燃成烈火"⑥。1951年《毛选》版："很快就会燃成烈火"⑦。"很迅速的"改"很快"，不改变文义。

1941年版："工农广大群众消费力的枯竭和政府赋税加重"⑧。1951年《毛选》版："广大工农群众购买力的枯竭和政府赋税的加重"⑨。"工农广大群众"改"广大工农群众"，"消费力"改"购买力"，不改变文义。

1941年版："即是说现在虽只有一点小小的力量，但它的发展是很快的，"⑩。1951年《毛选》版："这就是说，现在虽只有一点小小的力量，但是它的发展会是很快的。"⑪"即是说"改"这就是说"，不改变文义。

1941年版："它在中国的环境里不仅是具备了发展的可能性，直是具备了发展的必然性，这在五卅运动及其后的大革命运动已得了充分的证明。"⑫1951年《毛选》版："它在中国的环境里不仅是具备了发展的可能性，简直是具备了发展的必然性，这在五卅运动及其以后的大革命运动已经得了充分的证明。"⑬"直是"改"简直是"，"及其后"改"及其以后"，不改变文义。

---

① 《毛泽东选集》第一卷，人民出版社1951年版，第107页。
② 《六大以来选集》（上），中共中央书记处1941年编印，第88页。
③ 《毛泽东选集》第一卷，人民出版社1951年版，第103页。
④ 《六大以来选集》（上），中共中央书记处1941年编印，第88页。
⑤ 《毛泽东选集》第一卷，人民出版社1951年版，第103页。
⑥ 《六大以来选集》（上），中共中央书记处1941年编印，第90页。
⑦ 《毛泽东选集》第一卷，人民出版社1951年版，第107页。
⑧ 《六大以来选集》（上），中共中央书记处1941年编印，第89页。
⑨ 《毛泽东选集》第一卷，人民出版社1951年版，第107页。
⑩ 《六大以来选集》（上），中共中央书记处1941年编印，第89页。
⑪ 《毛泽东选集》第一卷，人民出版社1951年版，第105页。
⑫ 《六大以来选集》（上），中共中央书记处1941年编印，第89页。
⑬ 《毛泽东选集》第一卷，人民出版社1951年版，第105页。

1941年版:"我们看事决然的是要看他的实质,而把它的形式只看作入门的向导……"①1951年《毛选》版:"我们看事情必须要看它的实质,而把它的现象只看作入门的向导……"②"决然的是"改"必须","形式"改"现象",不改变文义。

1941年版:"最大的第三次会剿临到了井冈山的时候,一部份同志又有'红旗到底打得多久'的怀疑出来了。"③1951年《毛选》版:"敌人的第三次'会剿'临到了井冈山的时候,一部分同志又有'红旗到底打得多久'的疑问提出来了。"④"怀疑出来了"改"疑问提出来了",不改变文义。

1941年版:"蒋桂冯的混战的式子业已形成……"⑤1951年《毛选》版:"蒋桂冯混战的形势业已形成……"⑥"式子"改"形势",不改变文义。

1941年版:"但那时不但红军及地方党内有一种悲观的心理,"⑦。1951年《毛选》版:"但是在那个时候,不但红军和地方党内有一种悲观的思想,"⑧。修改后,不改变文义。

1941年版:"二月七日中央来信就是代表那时候党内悲观分析的证据。"⑨1951年《毛选》版:"中央二月来信就是代表那时候党内悲观分析的证据。"⑩"二月七日中央来信"改"中央二月来信",不改变文义。

1941年版:"群众对国民党的幻想一定很快的消灭,"⑪。1951年《毛选》版:"群众对国民党的幻想一定很快地消灭。"⑫"的"改"地",不改变文义。

1941年版:"在将来形势之下,什么党派都不能和共产党争群众

---

① 《六大以来选集》(上),中共中央书记处1941年编印,第89页。
② 《毛泽东选集》第一卷,人民出版社1951年版,第105页。
③ 《六大以来选集》(上),中共中央书记处1941年编印,第89页。
④ 《毛泽东选集》第一卷,人民出版社1951年版,第106页。
⑤ 《六大以来选集》(上),中共中央书记处1941年编印,第89页。
⑥ 《毛泽东选集》第一卷,人民出版社1951年版,第106页。
⑦ 《六大以来选集》(上),中共中央书记处1941年编印,第89页。
⑧ 《毛泽东选集》第一卷,人民出版社1951年版,第106页。
⑨ 《六大以来选集》(上),中共中央书记处1941年编印,第90页。
⑩ 《毛泽东选集》第一卷,人民出版社1951年版,第106页。
⑪ 《六大以来选集》(上),中共中央书记处1941年编印,第90页。
⑫ 《毛泽东选集》第一卷,人民出版社1951年版,第108页。

的。"① 1951年《毛选》版："在将来的形势之下，什么党派都是不能和共产党争群众的。"② "都不能"改"都是不能"，不改变文义。

1941年版："没有农民斗争发展超过工人势力而不利于革命本身的"③。1951年《毛选》版："没有农民斗争的发展超过工人的势力而不利于革命本身的"④。增"的"，不改变文义。

1941年版："这封信对红军行动策略问题有如下之答复："⑤。1951年《毛选》版："这封信对红军的行动策略问题有如下的答复："⑥。"之"改"的"，不改变文义。

1941年版："我们从前年冬天（一九二七）就计划起，而且多次实行都是失败的。"⑦ 1951年《毛选》版："我们从一九二七年冬天就计划过，而且多次实行过，但是都失败了。"⑧ 修改后，不改变文义。

1941年版："领导者也不如在恶劣环境时之刻不能离。"⑨ 1951年《毛选》版："领导者也不如在恶劣环境时的刻不能离。"⑩ "之"改"的"，不改变文义。

1941年版："才能于促进革命高潮上发生些实际的效力。"⑪ 1951年《毛选》版："才能于促进革命高潮发生实际的效力。"⑫ 删"上""些"，不改变文义。

1941年版："至于也有分兵的时候没有呢？有的。"⑬ 1951年《毛选》版："至于说到也有分兵的时候没有呢？也是有的。"⑭ "至于"改"至于说到"，"有的"改"也是有的"，不改变文义。

---

① 《六大以来选集》（上），中共中央书记处1941年编印，第90页。
② 《毛泽东选集》第一卷，人民出版社1951年版，第108页。
③ 《六大以来选集》（上），中共中央书记处1941年编印，第91页。
④ 《毛泽东选集》第一卷，人民出版社1951年版，第108页。
⑤ 《六大以来选集》（上），中共中央书记处1941年编印，第91页。
⑥ 《毛泽东选集》第一卷，人民出版社1951年版，第109页。
⑦ 《六大以来选集》（上），中共中央书记处1941年编印，第91页。
⑧ 《毛泽东选集》第一卷，人民出版社1951年版，第109页。
⑨ 《六大以来选集》（上），中共中央书记处1941年编印，第91页。
⑩ 《毛泽东选集》第一卷，人民出版社1951年版，第109页。
⑪ 《六大以来选集》（上），中共中央书记处1941年编印，第91页。
⑫ 《毛泽东选集》第一卷，人民出版社1951年版，第109页。
⑬ 《六大以来选集》（上），中共中央书记处1941年编印，第91页。
⑭ 《毛泽东选集》第一卷，人民出版社1951年版，第109页。

1941年版："用我们的战术，群众斗争的发动是一天一天广大的……"① 1951年《毛选》版："用我们的战术，群众斗争的发动是一天比一天广大的……"② 增"比"，不改变文义。

1941年版："又如去年四月至五月之赣南各县分兵，七月之闽西各县分兵，"③。1951年《毛选》版："又如去年四月至五月在赣南各县的分兵，七月在闽西各县的分兵。"④ "之"改"在"，增"的"，不改变文义。

1941年版："若不能达到这些目的，甚至反因分兵而遭失败，削弱了红军势力……"⑤ 1951年《毛选》版："若不能达到这些目的，或者反因分兵而遭受失败，削弱了红军的力量……"⑥ "甚至"改"或者"，"遭"改"遭受"，"势力"改"力量"，不改变文义。

1941年版："陈卢两部均土匪军，战力甚低；"⑦。1951年《毛选》版："陈卢两部均土匪军，战斗力甚低；"⑧。"战力"改"战斗力"，不改变文义。

1941年版："外来军队'剿共''剿匪'，情形不熟，又远非本省军队之关系切身，而往往不很热心。"⑨ 1951年《毛选》版："外来军队'剿共''剿匪'，情形不熟，又远非本省军队那样关系切身，往往不很热心。"⑩ "之"改"那样"，删"而"，不改变文义。

1941年版："决不是如有些人所谓'有到来之可能'之完全没有行动意义的，可望而不可即的一种空的东西。"⑪ 1951年《毛选》版："决不是如有些人所谓'有到来之可能'那样完全没有行动意义的、可望而不可即的一种空的东西。"⑫ "之"改"那样"，不改变文义。

---

① 《六大以来选集》（上），中共中央书记处1941年编印，第91页。
② 《毛泽东选集》第一卷，人民出版社1951年版，第109页。
③ 《六大以来选集》（上），中共中央书记处1941年编印，第91页。
④ 《毛泽东选集》第一卷，人民出版社1951年版，第110页。
⑤ 《六大以来选集》（上），中共中央书记处1941年编印，第91—92页。
⑥ 《毛泽东选集》第一卷，人民出版社1951年版，第110页。
⑦ 《六大以来选集》（上），中共中央书记处1941年编印，第92页。
⑧ 《毛泽东选集》第一卷，人民出版社1951年版，第111页。
⑨ 《六大以来选集》（上），中共中央书记处1941年编印，第93页。
⑩ 《毛泽东选集》第一卷，人民出版社1951年版，第112页。
⑪ 《六大以来选集》（上），中共中央书记处1941年编印，第93页。
⑫ 《毛泽东选集》第一卷，人民出版社1951年版，第112页。

1941年版："这点是许多同志的共同问题。"②1951年《毛选》版："这点是许多同志的共同的问题。"②增"的"，不改变文义。

1941年版："马克思主义者不是算命先生，未来的发展和变化，只应该也只能说出个大的方向，不应该也不能机械地规定时日。"③1951年《毛选》版："马克思主义者不是算命先生，未来的发展和变化，只应该也只能说出个大的方向，不应该也不可能机械地规定时日。"④"也不能"改"也不可能"，不改变文义。

（4）使表述更通俗、明白的修改。

1941年版："因此就造成中国统治阶级间的一日扩大一日、一日激烈一日的混战"⑤。1951年《毛选》版："因此就造成中国各派反动统治者之间的一天天扩大、一天天激烈的混战"⑥。修改后，更通俗、明白。

1941年版："就是把主观力量看得小一些，把客观力量看得大一些，"⑦。1951年《毛选》版："如果把革命的主观力量看小了，把反革命力量看大了，"⑧。修改后，更通俗、明白。又如：1941年版："犯着革命急性病的同志们是看大了主观的力量，而看小了客观的力量，"⑨。1951年《毛选》版："犯着革命急性病的同志们不切当地看大了革命的主观力量，而看小了反革命力量。"⑩1941年版："对客观力量的估量亦然，也决然不可只看它的形式，要去看它的实质。"⑪1951年《毛选》版："对反革命力量的估量也是这样，决不可只看它的现象，要去看它的实质。"⑫修改后，都更通俗、明白。

---

① 《六大以来选集》（上），中共中央书记处1941年编印，第93页。
② 《毛泽东选集》第一卷，人民出版社1951年版，第112页。
③ 《六大以来选集》（上），中共中央书记处1941年编印，第93页。
④ 《毛泽东选集》第一卷，人民出版社1951年版，第112页。
⑤ 《六大以来选集》（上），中共中央书记处1941年编印，第90页。
⑥ 《毛泽东选集》第一卷，人民出版社1951年版，第107页。
⑦ 《六大以来选集》（上），中共中央书记处1941年编印，第89页。
⑧ 《毛泽东选集》第一卷，人民出版社1951年版，第105页。
⑨ 《六大以来选集》（上），中共中央书记处1941年编印，第89页。
⑩ 《毛泽东选集》第一卷，人民出版社1951年版，第105页。
⑪ 《六大以来选集》（上），中共中央书记处1941年编印，第89页。
⑫ 《毛泽东选集》第一卷，人民出版社1951年版，第106页。

1941年版："怎样的在一种无政府状态之下，"①。1951年《毛选》版："处在怎样一种混乱状态之下"②。修改后，更通俗、明白。

1941年版："仿佛全国全世界的形势概属未可乐观，而革命胜利前途殊属渺茫得很。"③1951年《毛选》版："仿佛全国全世界的形势概属未可乐观，革命胜利的前途未免渺茫得很。"④修改后，更通俗、明白。

1941年版："所以有这种抛弃实质的观察，是原因于他对一般情况的实质未曾科学地了解到。"⑤1951年《毛选》版："所以有这种抓住表面抛弃实质的观察，是因为他们对于一般情况的实质并没有科学地加以分析。"⑥修改后，更通俗、明白。

1941年版："使国货商人及独立小生产者，日及于破产之途；"⑦。1951年《毛选》版："使得国货商人和独立生产者日益走上破产的道路。"⑧修改后，更通俗、明白。

1941年版："为了无限制增加军队于粮饷不足的条件之下及战争之日多一日，使得士兵群众天天在饥寒奔走伤亡的惨痛中；"⑨。1951年《毛选》版："因为反动政府在粮饷不足的条件之下无限制地增加军队，并因此而使战争一天多于一天，使得士兵群众经常处在困苦的环境之中。"⑩修改后，更通俗、明白。

1941年版："因为半殖民地中国的革命，只有农民斗争不得工人领导而失败，"⑪。1951年《毛选》版："因为半殖民地中国的革命，只有农民斗争得不到工人的领导而失败，"⑫。修改后，更通俗、明白。

1941年版："愈是恶劣环境愈须集中……"⑬1951年《毛选》版："愈是

---

① 《六大以来选集》（上），中共中央书记处1941年编印，第90页。
② 《毛泽东选集》第一卷，人民出版社1951年版，第107页。
③ 《六大以来选集》（上），中共中央书记处1941年编印，第90页。
④ 《毛泽东选集》第一卷，人民出版社1951年版，第106页。
⑤ 《六大以来选集》（上），中共中央书记处1941年编印，第90页。
⑥ 《毛泽东选集》第一卷，人民出版社1951年版，第106页。
⑦ 《六大以来选集》（上），中共中央书记处1941年编印，第90页。
⑧ 《毛泽东选集》第一卷，人民出版社1951年版，第107页。
⑨ 《六大以来选集》（上），中共中央书记处1941年编印，第90页。
⑩ 《毛泽东选集》第一卷，人民出版社1951年版，第107页。
⑪ 《六大以来选集》（上），中共中央书记处1941年编印，第91页。
⑫ 《毛泽东选集》第一卷，人民出版社1951年版，第108页。
⑬ 《六大以来选集》（上），中共中央书记处1941年编印，第91页。

恶劣环境，队伍愈须集中……"①修改后，更明白。

1941年版："我们觉得南方数省中粤湘两省买办地主的军力太大……"② 1951年《毛选》版："我们觉得南方数省中广东湖南两省买办地主的军力太大……"③省名简称改全称，更明白。

（5）使表述更精练的修改

1941年版："这才是科学的可靠的而且含了革命意义的分析方法"④。1951年《毛选》版："这才是可靠的科学的分析方法"⑤。修改后更精练。

1941年版："只要看一看各地工人罢工、农民暴动、士兵哗变、商人罢市、学生罢课之全国形势的发展，就知道已经不仅是'星星之火'，而距'燎原'的时期，是毫无疑义的不远的了。"⑥1951年《毛选》版："只要看一看许多地方工人罢工、农民暴动、士兵哗变、学生罢课的发展，就知道这个'星星之火'，距'燎原'的时期，毫无疑义地是不远了。"⑦修改后更精练。

1941年版："那封信上说道："⑧。1951年《毛选》版："那封信上说："⑨。修改后更精练。

1941年版："当时指出的理由见之于给中央信上的，现录如下："⑩。1951年《毛选》版："当时指出的理由，见之于给中央信上的，如下："⑪。修改后更精练。

1941年版："赣南的希望更是很大，"⑫。1951年《毛选》版："赣南的希望更大，"⑬。修改后更精练。

1941年版："上面一年为期争取江西的话，不对的是机械地规定着一年

---

① 《毛泽东选集》第一卷，人民出版社1951年版，第109页。
② 《六大以来选集》（上），中共中央书记处1941年编印，第92页。
③ 《毛泽东选集》第一卷，人民出版社1951年版，第111页。
④ 《六大以来选集》（上），中共中央书记处1941年编印，第89页。
⑤ 《毛泽东选集》第一卷，人民出版社1951年版，第105页。
⑥ 《六大以来选集》（上），中共中央书记处1941年编印，第90页。
⑦ 《毛泽东选集》第一卷，人民出版社1951年版，第108页。
⑧ 《六大以来选集》（上），中共中央书记处1941年编印，第90页。
⑨ 《毛泽东选集》第一卷，人民出版社1951年版，第108页。
⑩ 《六大以来选集》（上），中共中央书记处1941年编印，第92页。
⑪ 《毛泽东选集》第一卷，人民出版社1951年版，第111页。
⑫ 《六大以来选集》（上），中共中央书记处1941年编印，第92页。
⑬ 《毛泽东选集》第一卷，人民出版社1951年版，第111页。

为期。"①1951年《毛选》版："上面争取江西的话，不对的是规定一年为期。"②修改后更精练。

1941年版："也不免伴上了一些机械性和急躁性。"③1951年《毛选》版："也不免伴上了一些急躁性。"④修改后更精练。

1941年版："一是江西的经济主要是封建残余即地租剥削的经济……"⑤1951年《毛选》版："一是江西的经济主要是封建的经济……"⑥修改后更精练。

（6）使表述更合理的修改

1941年版："中国革命主观力量要强得多"⑦。1951年《毛选》版："中国的革命的主观力量也许要强些"⑧。"要强得多"改"也许要强些"，更合理。

1941年版："这是大的原则"⑨。1951年《毛选》版："这是一般的原则"⑩。"大的原则"改为"一般的原则"，更合理。

1941年版："就会明白工农政权口号之绝对的正确。"⑪1951年《毛选》版："就会明白工农民主政权这个口号的正确。"⑫删"之绝对"，更合理。

1941年版："党的无产阶级基础之建立，中心区域产业支部之创造，是目前党在组织方面的最大任务"⑬。1951年《毛选》版："党的无产阶级基础的建立，中心区域产业支部的创造，是目前党在组织方面的重要任务"⑭。"最大"改"重要"，更合理。

---

① 《六大以来选集》（上），中共中央书记处1941年编印，第92页。
② 《毛泽东选集》第一卷，人民出版社1951年版，第111页。
③ 《六大以来选集》（上），中共中央书记处1941年编印，第93页。
④ 《毛泽东选集》第一卷，人民出版社1951年版，第112页。
⑤ 《六大以来选集》（上），中共中央书记处1941年编印，第93页。
⑥ 《毛泽东选集》第一卷，人民出版社1951年版，第112页。
⑦ 《六大以来选集》（上），中共中央书记处1941年编印，第89页。
⑧ 《毛泽东选集》第一卷，人民出版社1951年版，第105页。
⑨ 《六大以来选集》（上），中共中央书记处1941年编印，第91页。
⑩ 《毛泽东选集》第一卷，人民出版社1951年版，第109页。
⑪ 《六大以来选集》（上），中共中央书记处1941年编印，第88页。
⑫ 《毛泽东选集》第一卷，人民出版社1951年版，第104页。
⑬ 《六大以来选集》（上），中共中央书记处1941年编印，第91页。
⑭ 《毛泽东选集》第一卷，人民出版社1951年版，第108页。

1941年版："然后来一个全国暴动，"①。1951年《毛选》版："然后再来一个全国武装起义，"②。1941年版："也就明白农村暴动何以有现在这样的全国形势的发展。"③1951年《毛选》版："也就会明白农村起义何以有现在这样的全国规模的发展。"④"暴动"改"武装起义""起义"，更合理。

1941年版："为了国家赋税加重，地主租息加重及战祸日广一日，造成了普遍全国的灾荒与匪祸，使广大的农民及城市贫民走到求生不得的道路"⑤。1951年《毛选》版："因为国家的赋税加重，地主的租息加重和战祸的日广一日，造成了普遍于全国的灾荒和匪祸，使得广大的农民和城市贫民走上求生不得的道路"⑥。"为了"改"因为"，更合理。

1941年版："就会明白全个世界里头何以只有中国有这种统治阶级混战的怪事……"⑦1951年《毛选》版："就会明白全世界何以只有中国有这种统治阶级内部互相长期混战的怪事……"⑧修改后，更合理。

1941年版："就是中央那时亦不免为那种形式上的客观情况所迷惑，而发出了悲观的论调"⑨。1951年《毛选》版："就是中央那时也不免为那种表面上的情况所迷惑，而发生了悲观的论调"⑩。"形式上的客观情况"改"表面上的情况"，更合理。

1941年版："现时的客观情况，还是容易给只观察形式不观察实质的同志们以迷惑"⑪。1951年《毛选》版："现时的客观情况，还是容易给只观察当前表面现象不观察实质的同志们以迷惑"⑫。"形式"改"当前表面现象"，更合理。

---

① 《六大以来选集》（上），中共中央书记处1941年编印，第88页。
② 《毛泽东选集》第一卷，人民出版社1951年版，第103页。
③ 《六大以来选集》（上），中共中央书记处1941年编印，第88页。
④ 《毛泽东选集》第一卷，人民出版社1951年版，第104页。
⑤ 《六大以来选集》（上），中共中央书记处1941年编印，第90页。
⑥ 《毛泽东选集》第一卷，人民出版社1951年版，第107页。
⑦ 《六大以来选集》（上），中共中央书记处1941年编印，第88页。
⑧ 《毛泽东选集》第一卷，人民出版社1951年版，第103—104页。
⑨ 《六大以来选集》（上），中共中央书记处1941年编印，第89—90页。
⑩ 《毛泽东选集》第一卷，人民出版社1951年版，第106页。
⑪ 《六大以来选集》（上），中共中央书记处1941年编印，第90页。
⑫ 《毛泽东选集》第一卷，人民出版社1951年版，第106页。

《星星之火，可以燎原》版本研究

1941年版："如问中国革命高潮是否快要到来，只有详细地去察看引起革命高潮的各种矛盾是否向前发展才能决定。"[①] 1951年《毛选》版："如问中国革命高潮是否快要到来，只有详细地去察看引起革命高潮的各种矛盾是否真正向前发展了，才能作决定。"[②] "是否向前发展"改"是否真正向前发展了"，更合理。

1941年版："帝国主义与无产阶级间的矛盾是发展了……"[③] 1951年《毛选》版："帝国主义和它们本国的无产阶级之间的矛盾是发展了……"[④] 修改后，更合理。

1941年版："因无钱开学，使在学学生有失学之忧"[⑤]。1951年《毛选》版："因为无钱开学，许多在学学生有失学之忧"[⑥]。"在学学生"有所有"在学学生"之意，改"许多在学学生"，更合理。

1941年版："因生产落后，使毕业学生无就业之望"[⑦]。1951年《毛选》版："因为生产落后，许多毕业学生无就业之望"[⑧]。"毕业学生"有所有"毕业学生"之意，改"许多毕业学生"，更合理。

1941年版："'星火燎原'的话，正是现时局面的适当形容词。"[⑨] 1951年《毛选》版："'星火燎原'的话，正是时局发展的适当的描写。"[⑩] 修改后，更合理。

1941年版："六次大会指示的政治路线和组织路线是十分对的"[⑪]。1951年《毛选》版："党的六次大会所指示的政治路线和组织路线是对的"[⑫]。删"十分"，更合理。

1941年版："武装暴动的宣传和准备应该采取积极的精神。"[⑬] 1951年

---

① 《六大以来选集》（上），中共中央书记处1941年编印，第90页。
② 《毛泽东选集》第一卷，人民出版社1951年版，第106页。
③ 《六大以来选集》（上），中共中央书记处1941年编印，第90页。
④ 《毛泽东选集》第一卷，人民出版社1951年版，第106—107页。
⑤ 《六大以来选集》（上），中共中央书记处1941年编印，第90页。
⑥ 《毛泽东选集》第一卷，人民出版社1951年版，第107页。
⑦ 《六大以来选集》（上），中共中央书记处1941年编印，第90页。
⑧ 《毛泽东选集》第一卷，人民出版社1951年版，第107页。
⑨ 《六大以来选集》（上），中共中央书记处1941年编印，第90页。
⑩ 《毛泽东选集》第一卷，人民出版社1951年版，第108页。
⑪ 《六大以来选集》（上），中共中央书记处1941年编印，第90页。
⑫ 《毛泽东选集》第一卷，人民出版社1951年版，第108页。
⑬ 《六大以来选集》（上），中共中央书记处1941年编印，第90页。

《毛选》版:"武装暴动的宣传和准备应该采取积极的态度。"①"精神"改"态度",更合理。

1941年版:"但畏惧农民势力发展,以为将超过工人的领导而不利于革命,如果党员中有这种意见,我们以为也是错误的。"②1951年《毛选》版:"但是畏惧农民势力的发展,以为将超过工人的势力而不利于革命,如果党员中有这种意见,我们以为也是错误的。"③"领导"改"势力",更合理。

1941年版:"分小则领导机关不健全,恶劣环境应付不来容易失败。"④1951年《毛选》版:"分小则领导不健全,恶劣环境应付不来,容易失败。"⑤"领导机关"改"领导",更合理。

1941年版:"国民党统治从此瓦解,革命高潮很快的会到来。"⑥1951年《毛选》版:"群众斗争的恢复,加上反动统治内部矛盾的扩大,使革命高潮可能快要到来。"⑦修改后,更合理。

1941年版:"除开江西的本身条件之外,还包含有全国革命高潮快要到来的意义"⑧。1951年《毛选》版:"除开江西的本身条件之外,还包含有全国革命高潮快要到来的条件"⑨。"意义"改"条件",更合理。

1941年版:"三是距离帝国主义干涉的影响比较小一点,不比广东接近香港,差不多什么都要受英国的支配。"⑩1951年《毛选》版:"三是距离帝国主义的影响比较远一点,不比广东接近香港,差不多什么都受英国的支配。"⑪"小一点"改"远一点",更合理。

1941年版:"它是站在地平线上遥望海中已经看得桅杆尖头了的一只航

---

① 《毛泽东选集》第一卷,人民出版社1951年版,第108页。
② 《六大以来选集》(上),中共中央书记处1941年编印,第91页。
③ 《毛泽东选集》第一卷,人民出版社1951年版,第108页。
④ 《六大以来选集》(上),中共中央书记处1941年编印,第91页。
⑤ 《毛泽东选集》第一卷,人民出版社1951年版,第109页。
⑥ 《六大以来选集》(上),中共中央书记处1941年编印,第92页。
⑦ 《毛泽东选集》第一卷,人民出版社1951年版,第111页。
⑧ 《六大以来选集》(上),中共中央书记处1941年编印,第92—93页。
⑨ 《毛泽东选集》第一卷,人民出版社1951年版,第111—112页。
⑩ 《六大以来选集》(上),中共中央书记处1941年编印,第93页。
⑪ 《毛泽东选集》第一卷,人民出版社1951年版,第112页。

船……"①1951年《毛选》版:"它是站在海岸遥望海中已经看得见桅杆尖头了的一只航船……"②修改后,更合理。

（7）使表述更准确的修改

1941年版:"大革命失败后革命的主观力量的确大为削弱"③。1951年《毛选》版:"一九二七年革命失败以后,革命的主观力量确实大为削弱了"④。"大革命"改"一九二七年革命",更准确。

1941年版:"就是那时（前年五月至六月）湖南省委估量湖南的统治者鲁涤平的形容词。"⑤1951年《毛选》版:"就是那时（一九二八年五月至六月）湖南省委估量湖南的统治者鲁涤平的形容词。"⑥"（前年五月至六月）"改为"（一九二八年五月至六月）",更准确。

1941年版:"如果认清了中国是一个帝国主义最后阶段中互相争夺的半殖民地……"⑦1951年《毛选》版:"如果认清了中国是一个许多帝国主义国家互相争夺的半殖民地……"⑧增"许多",更准确。

1941年版:"深入土地革命的,扩大武装组织从乡暴动队、区赤卫大队、县赤卫总队、地方红军以至于超地方红军的,政权发展是波浪式向前扩大的政策,是无疑义地正确的。"⑨1951年《毛选》版:"深入土地革命的,扩大人民武装的路线是经由乡赤卫队、区赤卫大队、县赤卫总队、地方红军直至正规红军这样一套办法的,政权发展是波浪式地向前扩大的,等等的政策,无疑义地是正确的。"⑩"扩大武装组织"改为"扩大人民武装的路线",更准确。

1941年版:"必须这样,才能树立对全国革命群众的信仰,如苏俄之于全世界然"⑪。1951年《毛选》版:"必须这样,才能树立全国革命群众的信

---

① 《六大以来选集》（上）,中共中央书记处1941年编印,第93页。
② 《毛泽东选集》第一卷,人民出版社1951年版,第112页。
③ 《六大以来选集》（上）,中共中央书记处1941年编印,第89页。
④ 《毛泽东选集》第一卷,人民出版社1951年版,第105页。
⑤ 《六大以来选集》（上）,中共中央书记处1941年编印,第89页。
⑥ 《毛泽东选集》第一卷,人民出版社1951年版,第106页。
⑦ 《六大以来选集》（上）,中共中央书记处1941年编印,第88页。
⑧ 《毛泽东选集》第一卷,人民出版社1951年版,第103页。
⑨ 《六大以来选集》（上）,中共中央书记处1941年编印,第89页。
⑩ 《毛泽东选集》第一卷,人民出版社1951年版,第104页。
⑪ 《六大以来选集》（上）,中共中央书记处1941年编印,第89页。

仰，如苏联之于全世界然"[1]。"苏俄"改"苏联"，更准确。

1941年版："打破了大一点的敌人"[2]。1951年《毛选》版："消灭了大一点的敌人"[3]。"打破"改"消灭"，更准确。

1941年版："占领了城池"[4]。1951年《毛选》版："占领了城镇"[5]。"城池"改"城镇"，更准确。

1941年版："革命的现时阶段是民权主义而不是社会主义，党的目前任务是争取群众而不是马上武装暴动。"[6] 1951年《毛选》版："革命的现时阶段是民权主义而不是社会主义，党（按：应加'在大城市中'五个字）的目前任务是争取群众而不是马上举行暴动。"[7] 增"（按：应加'在大城市中'五个字）"，更准确。

1941年版："红军多不是本地人，与地方赤卫队来历不同。"[8] 1951年《毛选》版："主力红军多不是本地人，和地方赤卫队来历不同。"[9] "红军"改"主力红军"，更准确。

1941年版："至于江西主客观条件是很值得注意的。除主观条件仍如前头所说"[10]。1951年《毛选》版："至于江西的主观客观条件是很值得注意的。除主观条件如给中央信上所说外"[11]。修改后，更准确。

（8）删除表述不准确的文字

1941年版："六，也就会明白无疑义的它（红军与农民苏维埃）是半殖民地无产阶级斗争最重要的同盟力量（无产阶级要走上去领导它），无疑义的它是促进全国革命高潮的重要因素。"[12] 这句话的表述，不一定准确，1951年《毛选》版中删除。

---

[1] 《毛泽东选集》第一卷，人民出版社1951年版，第104页。
[2] 《六大以来选集》（上），中共中央书记处1941年编印，第91页。
[3] 《毛泽东选集》第一卷，人民出版社1951年版，第109页。
[4] 《六大以来选集》（上），中共中央书记处1941年编印，第91页。
[5] 《毛泽东选集》第一卷，人民出版社1951年版，第109页。
[6] 《六大以来选集》（上），中共中央书记处1941年编印，第90页。
[7] 《毛泽东选集》第一卷，人民出版社1951年版，第108页。
[8] 《六大以来选集》（上），中共中央书记处1941年编印，第91页。
[9] 《毛泽东选集》第一卷，人民出版社1951年版，第109页。
[10] 《六大以来选集》（上），中共中央书记处1941年编印，第93页。
[11] 《毛泽东选集》第一卷，人民出版社1951年版，第112页。
[12] 《六大以来选集》（上），中共中央书记处1941年编印，第88—89页。

1941年版："红军游击队与广大农民群众紧密地配合着组织着从斗争中训练着的"①。这句话的表述，不一定准确，1951年《毛选》版中删除。

1941年版："而把那做向导的形式抛在一边"②。这句话的表述，不一定准确，1951年《毛选》版中删除。

1941年版："我们感觉党在从前犯了盲动主义的错误，现在却在一些地方颇有取消主义的倾向了。"③这句话的表述，不一定准确，1951年《毛选》版中删除。

1941年版："此一年中，要在上海、无锡、宁波、杭州、福州、厦门等处建立无产阶级的斗争基础，使能领导浙赣闽三省的农民斗争。江西省委必须健全，南昌、九江、吉安及南浔路的职工基础须努力建立起来"④。这里的表述，大概与以后的实际不完全符合，所以删除。

（9）政治、思想性修改

1941年版："中国统治阶级间的矛盾"⑤。1951年《毛选》版："中国各派反动统治者之间的矛盾"⑥。1941年版："但立足于中国脆弱的社会经济组织之上的统治阶级的一切组织（政权、武装、党派、组织等）也是弱的。"⑦1951年《毛选》版："但是立足于中国落后的脆弱的社会经济组织之上的反动统治阶级的一切组织（政权、武装、党派等）也是弱的。"⑧"统治者""统治阶级"前增"反动"，强调当时的统治者、统治阶级是反动的。

1941年版："也必须这样，才能真正的创造红军，成为将来大革命的重要工具之一。"⑨1951年《毛选》版："也必须这样，才能真正地创造红军，成为将来大革命的主要工具。"⑩"重要工具之一"改"主要工具"，肯定红军是革命的主要工具。

---

① 《六大以来选集》（上），中共中央书记处1941年编印，第89页。
② 《六大以来选集》（上），中共中央书记处1941年编印，第89页。
③ 《六大以来选集》（上），中共中央书记处1941年编印，第91页。
④ 《六大以来选集》（上），中共中央书记处1941年编印，第92页。
⑤ 《六大以来选集》（上），中共中央书记处1941年编印，第90页。
⑥ 《毛泽东选集》第一卷，人民出版社1951年版，第107页。
⑦ 《六大以来选集》（上），中共中央书记处1941年编印，第89页。
⑧ 《毛泽东选集》第一卷，人民出版社1951年版，第105页。
⑨ 《六大以来选集》（上），中共中央书记处1941年编印，第89页。
⑩ 《毛泽东选集》第一卷，人民出版社1951年版，第104页。

1941年版:"也就会明白红军游击队及苏维埃区域之发展,它是半殖民地农民斗争的最高形式,也就是半殖民地农民斗争必然走向的形式。"[1] 1951年《毛选》版:"也就会明白红军、游击队和红色区域的建立和发展,是半殖民地中国在无产阶级领导之下的农民斗争的最高形式,和半殖民地农民斗争发展的必然结果;并且无疑义地是促进全国革命高潮的最重要因素。"[2] "苏维埃区域"改"红色区域",有去苏维埃化的意味。增"在无产阶级领导之下的",强调了农民斗争只有在无产阶级领导之下,才能促进全国革命的高潮。

1941年版:"但同时农村斗争的发展,小区域苏维埃的建立,红军之创造与扩大,亦是帮助城市斗争,促进革命潮流高涨的条件。"[3] 1951年《毛选》版:"但是在同时,农村斗争的发展,小区域红色政权的建立,红军的创造和扩大,尤其是帮助城市斗争,促进革命潮流高涨的主要条件。"[4] "亦是"改"尤其是",进一步肯定红色政权、红军是促进革命高涨的主要条件。

1941年版:"当湘赣边界割据的初期,有少数同志在当时湖南省委的不正确估量之下,真正相信湖南省委的话,把阶级敌人看的一钱不值"[5]。1951年《毛选》版:"当湘赣边界割据的初期,有些同志真正相信了当时湖南省委的不正确的估量,把阶级敌人看得一钱不值"[6]。"有少数"改"有些",即认为不是少数同志。

1941年版:"中央要我们将队伍分得很小,散向农村中,朱、毛离开队伍,隐匿大的目标,目的在保存红军和发动群众。这是一种理想。"[7] 1951年《毛选》版:"中央要我们将队伍分得很小,散向农村中,朱、毛离开队伍,隐匿大的目标,目的在于保存红军和发动群众。这是一种不切实际的想法。"[8] "理想"改"不切实际的想法",是对中央指示的否定、批评。

---

[1] 《六大以来选集》(上),中共中央书记处1941年编印,第88页。
[2] 《毛泽东选集》第一卷,人民出版社1951年版,第104页。
[3] 《六大以来选集》(上),中共中央书记处1941年编印,第91页。
[4] 《毛泽东选集》第一卷,人民出版社1951年版,第108页。
[5] 《六大以来选集》(上),中共中央书记处1941年编印,第89页。
[6] 《毛泽东选集》第一卷,人民出版社1951年版,第106页。
[7] 《六大以来选集》(上),中共中央书记处1941年编印,第91页。
[8] 《毛泽东选集》第一卷,人民出版社1951年版,第109页。

1941年版："但从此以后中央的估量和指示，大体说来都完全是对的了。"①1951年《毛选》版："但从此以后，中央的估量和指示，大体上说来就都是对的了。"② 删"完全"，即否认中央的指示等是完全对的。

3. 增加了题解、注释

（1）增加了题解

1951年《毛选》版，增加题解："这是毛泽东同志的一篇通信，是为批判当时党内的一种悲观思想而写的。"③

（2）增加了注释

1951年《毛选》版增加了16条注释，分别对中央二月来信、党的六次大会、固定区域的割据、蒋桂战争、郭旅、方志敏、鲁涤平、蒋伯诚、陈卢、张贞、朱培德、熊式辉等进行了解释，有助于理解文义。

六、对《星星之火，可以燎原》修改的思考

毛泽东对1930年给林彪的信进行修改，可以从以下几个方面去理解：

（一）宽以待人、顾全大局精神风貌的体现

毛泽东将给林彪的信，改为《星星之火，可以燎原》，抹去林彪的姓名，把明显批评林彪错误思想观点的地方作了删改，一是考虑到林彪当时在党和国家、军队内的重要地位，避免引起党内外对林彪的误解和猜疑；二是从爱护人、团结人出发，而不必去纠缠历史的旧账。即对事不对人，重在总结、吸取经验教训，丢掉包袱，团结一致向前看。这种伟人的宽以待人、顾全大局的精神风貌，这种领袖的政治意识、大局意识，值得学习。

（二）修改后的表述更通俗、明白

1941年版："就是把主观力量看得小一些，把客观力量看得大一些"。1951年《毛选》版："如果把革命的主观力量看小了，把反革命力量看大

---

① 《六大以来选集》（上），中共中央书记处1941年编印，第92页。
② 《毛泽东选集》第一卷，人民出版社1951年版，第110页。
③ 《毛泽东选集》第一卷，人民出版社1951年版，第104页。

了"。修改后，更通俗、明白。

1941年版："所以有这种抛弃实质的观察，是原因于他对一般情况的实质未曾科学地了解到。"1951年《毛选》版："所以有这种抓住表面抛弃实质的观察，是因为他们对于一般情况的实质并没有科学地加以分析。"修改后，更通俗、明白。

1941年版："为了无限制增加军队于粮饷不足的条件之下及战争之日多一日，使得士兵群众天天在饥寒奔走伤亡的惨痛中；"。1951年《毛选》版："因为反动政府在粮饷不足的条件之下无限制地增加军队，并因此而使战争一天多于一天，使得士兵群众经常处在困苦的环境之中。"修改后，更通俗、明白。

（三）修改后的表述更精练

1941年版："这才是科学的可靠的而且含了革命意义的分析方法"。1951年《毛选》版："这才是可靠的科学的分析方法"。修改后更精练。

1941年版："上面一年为期争取江西的话，不对的是机械地规定着一年为期。"1951年《毛选》版："上面争取江西的话，不对的是规定一年为期。"修改后更精练。

1941年版："赣南的希望更是很大"。1951年《毛选》版："赣南的希望更大"。修改后更精练。

（四）修改后的表述更合理

1941年版："中国革命主观力量要强得多"。1951年《毛选》版："中国的革命的主观力量也许要强些"。"要强得多"改"也许要强些"，更合理、更客观。

1941年版："因无钱开学，使在学学生有失学之忧"。1951年《毛选》版："因为无钱开学，许多在学学生有失学之忧"。"在学学生"改"许多在学学生"，更合理。

1941年版："就会明白全个世界里头何以只有中国有这种统治阶级混战的怪事……"1951年《毛选》版："就会明白全世界何以只有中国有这种统治阶级内部互相长期混战的怪事……""统治阶级混战"改"统治阶级内部

互相长期混战",更合理。

1941年版:"国民党统治从此瓦解,革命高潮很快的会到来。"1951年《毛选》版:"群众斗争的恢复,加上反动统治内部矛盾的扩大,使革命高潮可能快要到来。"修改后,更合理。

(五)修改后的表述更准确

1941年版:"红军多不是本地人,与地方赤卫队来历不同。"1951年《毛选》版:"主力红军多不是本地人,和地方赤卫队来历不同。""红军"改"主力红军",更准确。

1941年版:"如果认清了中国是一个帝国主义最后阶段中互相争夺的半殖民地……"1951年《毛选》版:"如果认清了中国是一个许多帝国主义国家互相争夺的半殖民地……"增"许多",更准确。

毛泽东修改自己的文稿,使之更通俗、更精练、更合理、更准确,是值得肯定的。

(郭寒衣、邹卫韬初稿　周一平修改)

附录：

人民出版社1951年《毛泽东选集》第一卷版、中共晋察冀中央局1947年编印《毛泽东选集》续编与中共中央书记处1941年编印《六大以来选集》（上）校勘记

凡例

1. 《星星之火，可以燎原》各版本简称如下：

中共中央书记处1941年编印《六大以来选集》（上），简称"1941年版"。

中共晋察冀中央局1947年编印《毛泽东选集》续编，简称"1947年版"。

人民出版社1951年版《毛泽东选集》第一卷，简称"1951年《毛选》版"。

2. 凡1947年版、1951年《毛选》版与1941年版标点、文字不同之处，均在每栏（每列）相同位置列出各自的文字。

3. 空行。每栏（列）中的空行，表示上下文字之间有分段，或略去了相同的文字。

4. 各版本中增、删文字的表示：1941年版有的文字，1951年《毛选》版没有，即删除了，1941年版栏（列）中列出文字，1951年《毛选》版栏（列）中相应处注"○"。1951年《毛选》版增加的文字，1941年版、1947年版没有，1951年《毛选》版栏（列）中列出文字，1941年版、1947年版栏（列）中相应处注"○"。

5. 1951年《毛选》版增加的题解、注释。"*"表示增加了题解，题解文字略。数字加"〔 〕"，是增加了的注释号，表示增加了注释，注释文字略。

《星星之火，可以燎原》版本研究

1941年版	1947年版	1951年《毛选》版
毛泽东同志给林彪同志的信 ——一九三〇年一月五日——	给林彪同志的信 ——一九三〇年一月五日——	星星之火，可以燎原* （一九三〇年一月五日）
林彪同志：新年已经到来几天了，你的信我还没有回答。一则因为有些事情忙着，二则也因为我到底写点什么给你呢？有什么好一点的东西可以贡献给你呢？搜索我的枯肠，没有想出一点什么适当的东西来，因此也就拖延着。现在我想得一点东西了，虽然不知道到底于你的情况切合不切合，但我这点材料实是现今斗争中一个重要的问题，即使于你的个别情况不切合，仍是一般紧要的问题，所以我就把它提出来。 我要提出的是什么问题呢？就是	林彪同志：新年已经到来几天了，你的信我还没有回答。一则因为有些事情忙着，二则也因为我到底写点什么给你呢？有什么好一点的东西可以贡献给你呢？搜索我的枯肠，没有想出一点什么适当的东西来，因此也就拖延着。现在我想得一点东西了，虽然不知道到底于你的情况切合不切合，但我这点材料实是现今斗争中一个重要的问题，即使于你的个别情况不切合，仍是一般紧要的问题，所以我就把它提出来。 我要提出的是什么问题呢？就是	○
对于时局的估量和伴随而来的我们的行动问题。	对于时局的估量和伴随而来的我们的行动问题。	在对于时局的估量和伴随而来的我们的行动问题上，
我从前颇感觉、至今还有些感觉你对于时局的估量是比较的悲观。去年五月十八晚上瑞金的会议席上，你这个观点最明显。	我从前颇感觉、至今还有些感觉你对于时局的估量是比较的悲观。去年五月十八晚上瑞金的会议席上，你这个观点最明显。	○
○	○	我们党内有一部分同志还缺少正确的认识。
我知道你相信革命高潮不可避免的要到来，但你不相信革命高潮有迅速到来的可能，因此在行动上你不赞成一年争取江西的计划，而只赞成闽粤赣交界三区域的游击；同时在三区域也没有建立赤色政权的深刻的观念，因之也就没有由这种赤色政权的深入与扩大去促进全国革命高潮的深刻的观念。	我知道你相信革命高潮不可避免的要到来，但你不相信革命高潮有迅速到来的可能，因此在行动上你不赞成一年争取江西的计划，而只赞成闽粤赣交界三区域的游击；同时在三区域也没有建立赤色政权的深刻的观念，因之也就没有由这种赤色政权的深入与扩大去促进全国革命高潮的深刻的观念。	他们虽然相信革命高潮不可避免地要到来，却不相信革命高潮有迅速到来的可能。因此他们不赞成争取江西的计划，而只赞成在福建、广东、江西之间的三个边界区域的流动游击，同时也没有在游击区域建立红色政权的深刻的观念，因此也就没有用这种红色政权的巩固和扩大去促进全国革命高潮的深刻的观念。

175

（续表）

1941年版	1947年版	1951年《毛选》版
由你相信×××式的流动游击政策一点看来，	由你相信×××式的流动游击政策一点看来，	○
似乎你认为在距离革命高潮尚远的时期做建立政权的艰苦工作为徒劳，而有用比较轻便的流动游击方式去扩大政治影响，	似乎你认为在距离革命高潮尚远的时期做建立政权的艰苦工作为徒劳，而有用比较轻便的流动游击方式去扩大政治影响，	他们似乎认为在距离革命高潮尚远的时期做这种建立政权的艰苦工作为徒劳，而希望用比较轻便的流动游击方式去扩大政治影响，
等到全国各地争取群众的工作做好了，或做到某个地步了，然后来一个全国暴动，那时把红军的力量加上去，就成为全国形势的大革命。	等到全国各地争取群众的工作做好了，或做到某个地步了，然后来一个全国暴动，那时把红军的力量加上去，就成为全国形势的大革命。	等到全国各地争取群众的工作做好了，或做到某个地步了，然后再来一个全国武装起义，那时把红军的力量加上去，就成为全国范围的大革命。
你的这种全国范围的、包括一切地方的、先争取群众后建立政权的理论，我觉得是于中国革命不适合的。你的这种理论的来源，据我的观察，主要是没有把中国是一个帝国主义最后阶段中互相争夺的半殖民地一件事认清楚。	你的这种全国范围的、包括一切地方的、先争取群众后建立政权的理论，我觉得是于中国革命不适合的。你的这种理论的来源，据我的观察，主要是没有把中国是一个帝国主义最后阶段中互相争夺的半殖民地一件事认清楚。	他们这种全国范围的、包括一切地方的、先争取群众后建立政权的理论，是于中国革命的实情不适合的。他们的这种理论的来源，主要是没有把中国是一个许多帝国主义国家互相争夺的半殖民地这件事认清楚。
如果认清了中国是一个帝国主义最后阶段中互相争夺的半殖民地，	如果认清了中国是一个帝国主义最后阶段中互相争夺的半殖民地，	如果认清了中国是一个许多帝国主义国家互相争夺的半殖民地，
则一，就会明白全个世界里头何以只有中国有这种统治阶级混战的怪事，而且何以混战一天激烈一天，一天扩大一天，何以始终不能有统一的政权。	则一，就会明白全个世界里头何以只有中国有这种统治阶级混战的怪事，而且何以混战一天激烈一天，一天扩大一天，何以始终不能有统一的政权。	则一，就会明白全世界何以只有中国有这种统治阶级内部互相长期混战的怪事，而且何以混战一天激烈一天，一天扩大一天，何以始终不能有一个统一的政权。
二，就会明白农民问题意义的严重，因之，也就明白农村暴动何以有现在这样的全国形势的发展。	二，就会明白农民问题意义的严重，因之，也就明白农村暴动何以有现在这样的全国形势的发展。	二，就会明白农民问题的严重性，因之，也就会明白农村起义何以有现在这样的全国规模的发展。
三，就会明白工农政权口号之绝对的正确。	三，就会明白工农政权口号之绝对的正确。	三，就会明白工农民主政权这个口号的正确。

(续表)

1941年版	1947年版	1951年《毛选》版
四，就会明白相应于全个世界中只有中国有统治阶级混战的一件怪事而产生出来的另外一件怪事，即红军与游击队的存在与发展，以及伴随红军与游击队而来的，成长于四围白色政权中的小块红色政权（苏维埃）之存在与发展（中国以外无此怪事）。	四，就会明白相应于全个世界中只有中国有统治阶级混战的一件怪事而产生出来的另一件怪事，即红军与游击队的存在与发展，以及伴随红军与游击队而来的，成长于四围白色政权中的小块红色政权（苏维埃）之存在与发展（中国以外无此怪事）。	四，就会明白相应于全世界只有中国有统治阶级内部长期混战的一件怪事而产生出来的另一件怪事，即红军和游击队的存在和发展，以及伴随着红军和游击队而来的，成长于四围白色政权中的小块红色区域的存在和发展（中国以外无此怪事）。
五，也就会明白红军游击队及苏维埃区域之发展，它是半殖民地农民斗争的最高形式，也就是半殖民地农民斗争必然走向的形式。	五，也就会明白红军游击队及苏维埃区域之发展，它是半殖民地农民斗争的最高形式，也就是半殖民地农民斗争必然走向的形式。	五，也就会明白红军、游击队和红色区域的建立和发展，是半殖民地中国在无产阶级领导之下的农民斗争的最高形式，和半殖民地农民斗争发展的必然结果；并且无疑义地是促进全国革命高潮的最重要因素。
六，也就会明白无疑义的它（红军与农民苏维埃）是半殖民地无产阶级斗争最重要的同盟力量（无产阶级要走上去领导它），无疑义的它是促进全国革命高潮的重要因素。	六，也就会明白无疑义的它（红军与农民苏维埃）是半殖民地无产阶级斗争最重要的同盟力量（无产阶级要走上去领导它），无疑义的它是促进全国革命高潮的重要因素。	○
七，也就会明白单纯的流动游击政策是不能达到促进全国革命高潮的任务，而朱毛式、贺龙式、李文林式、方志敏式之有根据地的，	七，也就会明白单纯的流动游击政策是不能达到促进全国革命高潮的任务，而朱毛式、贺龙式、李文林式、方志敏式之有根据地的，	六，也就会明白单纯的流动游击政策，不能完成促进全国革命高潮的任务，而朱德毛泽东式、方志敏[一]式之有根据地的，
有计划地建设政权的，	有计划的建设政权的，	有计划地建设政权的，
红军游击队与广大农民群众紧密地配合着组织着从斗争中训练着的，	红军游击队与广大农民群众紧密地配合着组织着从斗争中训练着的，	○
深入土地革命的，扩大武装组织从乡暴动队、区赤卫大队、县赤卫总队、地方红军以至于超地方红军的，政权发展是波浪式向前扩大的政策，是无疑义地正确的。	深入土地革命的，扩大武装组织从乡暴动队、区赤卫大队、县赤卫总队、地方红军以至于超地方红军的，政权发展是波浪式向前扩大的政策，是无疑义地正确的。	深入土地革命的，扩大人民武装的路线是经由乡赤卫队、区赤卫大队、县赤卫总队、地方红军直至正规红军这样一套办法的，政权发展是波浪式地向前扩大的，等等的政策，无疑义地是正确的。

(续表)

1941年版	1947年版	1951年《毛选》版
必须这样，才能树立对全国革命群众的信仰，如苏俄之于全世界然；	必须这样，才能树立对全国革命群众的信仰，如苏俄之于全世界然；	必须这样，才能树立全国革命群众的信仰，如苏联之于全世界然。
必须这样，才能给统治阶级以甚大的困难，动摇其基础而促进其内部的分解；	必须这样，才能给统治阶级以甚大的困难，动摇其基础而促进其内部的分解；	必须这样，才能给反动统治阶级以甚大的困难，动摇其基础而促进其内部的分解。
也必须这样，才能真正的创造红军，成为将来大革命的重要工具之一。	也必须这样，才能真正的创造红军，成为将来大革命的重要工具之一。	也必须这样，才能真正地创造红军，成为将来大革命的主要工具。
我现在再要说一说我所感觉得的你对于时局估量比较悲观的原因。你的估量我觉得恰是党内革命急性病派的估量的对面。	我现在要再说一说我所感觉得的你对于时局估量比较悲观的原因。你的估量我觉得恰是党内革命急性病派的估量的对面。	○
犯着革命急性病的同志们是看大了主观的力量，而看小了客观的力量，	犯着革命急性病的同志们是看大了主观的力量，而看小了客观的力量，	犯着革命急性病的同志们不切当地看大了革命的主观力量[二]，而看小了反革命力量。
这种估量多半从唯心观点出发，结果无疑的要走上盲动主义的错误道路。	这种估量多半从唯心观点出发，结果无疑的要走上盲动主义的错误道路。	这种估量，多半是从主观主义出发。其结果，无疑地是要走上盲动主义的道路。
你没有这种错误，但你似乎有另一方面缺点，	你没有这种错误，但你似乎是有另一方面缺点，	○
就是把主观力量看得小一些，把客观力量看得大一些，这亦是一种不切当的估量，又必然要产生另一方面的坏结果。你承认主观力量之弱与客观力量之强，但你似乎没有认识下面的那些要点：	就是把主观力量看得小一些，把客观力量看得大一些，这亦是一种不切当的估量，又必然要产生另一方面的坏结果。你承认主观力量之弱与客观力量之强，但你似乎没有认识下面的那些要点：	另一方面，如果把革命的主观力量看得小了，把反革命力量看得大了，这也是一种不切当的估量，又必然要产生另一方面的坏结果。因此，在判断中国政治形势的时候，需要认识下面的这些要点：
（一）中国革命的主观力量虽弱，但立足于中国脆弱的社会经济组织之上的统治阶级的一切组织（政权、武装、党派、组织等）也是弱的。	（一）中国革命的主观力量虽弱，但立足于中国脆弱的社会经济组织之上的统治阶级的一切组织（政权、武装、党派、组织等）也是弱的。	（一）现在中国革命的主观力量虽然弱，但是立足于中国落后的脆弱的社会经济组织之上的反动统治阶级的一切组织（政权、武装、党派等）也是弱的。

(续表)

1941年版	1947年版	1951年《毛选》版
这样就可以解释西欧各国革命的主观力量虽然比中国革命主观力量要强得多，	这样就可以解释西欧各国革命的主观力量虽然比中国革命主观力量要强得多，	这样就可以解释现在西欧各国的革命的主观力量虽然比现在中国的革命的主观力量也许要强些，
但因为他们的统治阶级的力量比中国统治的力量更要强大得许多倍，所以他们仍然不能即时爆发革命；中国革命的主观力量虽弱，但因为客观力量也是弱的，所以中国革命之走向高潮一定比西欧快。	但因为它们的统治阶级的力量比中国统治的力量更要强大得许多倍，所以它们仍然不能即时爆发革命；中国革命的主观力量虽弱，但因为客观力量也是弱的，所以中国革命之走向高潮一定比西欧快。	但因为它们的反动统治阶级的力量比中国的反动统治阶级的力量更要强大许多倍，所以仍然不能即时爆发革命。现时中国革命的主观力量虽然弱，但是因为反革命力量也是相对地弱的，所以中国革命的走向高潮，一定会比西欧快。
（二）大革命失败后革命的主观力量的确大为削弱，剩下的一点小小的主观力量，若据形式上看，自然要使同志们（作这样看法的同志们）发生悲观的念头，	（二）大革命失败后革命的主观力量的确大为削弱，剩下的一点小小的主观力量，若据形式上看，自然要使同志们（作这样看法的同志们）发生悲观的念头，	（二）一九二七年革命失败以后，革命的主观力量确实大为削弱了。剩下的一点小小的力量，若仅依据某些现象来看，自然要使同志们（作这样看法的同志们）发生悲观的念头。
但若从实质上看便大大不然。这里用得着中国的一句老话："星星之火，可以燎原"。	但若从实质上看便大大不然。这里用得着中国的一句老话："星星之火，可以燎原"。	但若从实质上看，便大大不然。这里用得着中国的一句老话："星星之火，可以燎原。"
即是说现在虽只有一点小小的力量，但它的发展是很快的，	即是说现在虽只有一点小小的力量，但它的发展是很快的，	这就是说，现在虽只有一点小小的力量，但是它的发展会是很快的。
它在中国的环境里不仅是具备了发展的可能性，直是具备了发展的必然性，这在五卅运动及其后的大革命运动已得了充分的证明。	它在中国的环境里不仅是具备了发展的可能性，直是具备了发展的必然性，这在五卅运动及其后的大革命运动已得了充分的证明。	它在中国的环境里不仅是具备了发展的可能性，简直是具备了发展的必然性，这在五卅运动及其以后的大革命运动已经得了充分的证明。
我们看事决然的是要看他的实质，而把它的形式只看作入门的向导，一进了门就要抓住它的实质，	我们看事决然的是要看它的实质，而把它的形式只看作入门的向导，一进了门就要抓住它的实质，	我们看事情必须要看它的实质，而把它的现象只看作入门的向导，一进了门就要抓住它的实质，
而把那做向导的形式抛在一边，	而把那作向导的形式抛在一边，	○

（续表）

1941年版	1947年版	1951年《毛选》版
这才是科学的可靠的而且含了革命意义的分析方法。	这才是科学的可靠的而且含了革命意义的分析方法。	这才是可靠的科学的分析方法。
（三）对客观力量的估量亦然，也决然不可只看它的形式，要去看它的实质。	（三）对客观力量的估量亦然，也决然不可只看它的形式，要去看它的实质。	（三）对反革命力量的估量也是这样，决不可只看它的现象，要去看它的实质。
当湘赣边界割据的初期，有少数同志在当时湖南省委的不正确估量之下，真正相信湖南省委的话，把阶级敌人看的一钱不值，	当湘赣边界割据的初期，有少数同志在当时湖南省委的不正确估量之下，真正相信湖南省委的话，把阶级敌人看得一钱不值，	当湘赣边界割据的初期，有些同志真正相信了当时湖南省委的不正确的估量，把阶级敌人看得一钱不值；
到现在还传为笑话的"十分动摇""恐慌万状"两句话，就是那时（前年五月至六月）湖南省委估量湖南的统治者鲁涤平的形容词。	到现在还传为笑话的"十分动摇""恐慌万状"两句话，就是那时（前年五月至六月）湖南省委估量湖南的统治者鲁涤平的形容词。	到现在还传为笑谈的所谓"十分动摇"、"恐慌万状"两句话，就是那时（一九二八年五月至六月）湖南省委估量湖南的统治者鲁涤平[三]的形容词。
但到了前年十一月至去年二月（蒋桂战争未爆发前）约四个月间，	但到了前年十一月至去年二月（蒋桂战争未爆发前）约四个月间，	但是到了同年十一月至去年二月（蒋桂战争[四]尚未爆发之前）约四个月期间内，
最大的第三次会剿临到了井冈山的时候，一部份同志又有"红旗到底打得多久"的怀疑出来了。	最大的第三次会剿临到了井冈山的时候，一部份同志又有"红旗到底打得多久"的怀疑出来了。	敌人的第三次"会剿"[五]临到了井冈山的时候，一部分同志又有"红旗到底打得多久"的疑问提出来了。
其实那时英、美、日在中国的斗争已经走到十分露骨的地步，蒋桂冯的混战的式子业已形成，实质是反革命潮流开始下落，革命潮流开始复兴的时候。	其实那时英、美、日在中国的斗争已经走到十分露骨的地步，蒋桂冯的混战的式子业已形成，实质是反革命潮流开始下落，革命潮流开始复兴的时候。	其实，那时英、美、日在中国的斗争已到十分露骨的地步，蒋桂冯混战的形势业已形成，实质上是反革命潮流开始下落，革命潮流开始复兴的时候。
但那时不但红军及地方党内有一种悲观的心理，	但那时不但红军及地方党内有一种悲观的心理，	但是在那个时候，不但红军和地方党内有一种悲观的思想，
就是中央那时亦不免为那种形式上的客观情况所迷惑，而发出了悲观的论调；	就是中央那时亦不免为那种形式上的客观情况所迷惑，而发生了悲观的论调；	就是中央那时也不免为那种表面上的情况所迷惑，而发生了悲观的论调。

《星星之火，可以燎原》版本研究

（续表）

1941年版	1947年版	1951年《毛选》版
二月七日中央来信就是代表那时候党内悲观分析的证据。	二月七日中央来信就是代表那时候党内悲观分析的证据。	中央二月来信[六]就是代表那时候党内悲观分析的证据。
（四）现时的客观情况，还是容易给只观察形式不观察实质的同志们以迷惑，	（四）现时的客观情况，还是容易给只观察形式不观察实质的同志们以迷惑，	（四）现时的客观情况，还是容易给只观察当前表面现象不观察实质的同志们以迷惑。
特别是我们在红军工作的人，一遇到败仗，或四面围困，或强敌跟追的时候，往往不自觉地把这种一时的特殊的小的环境，一般化扩大化起来，仿佛全国全世界的形势概属未可乐观，而革命胜利前途殊属渺茫得很。	特别是我们在红军工作的人，一遇到败仗，或四面围困，或强敌跟追的时候，往往不自觉地把这种一时的特殊的小的环境，一般化扩大化起来，仿佛全国全世界的形势概属未可乐观，而革命胜利前途殊属渺茫得很。	特别是我们在红军中工作的人，一遇到败仗，或四面被困，或强敌跟追的时候，往往不自觉地把这种一时的特殊的小的环境，一般化扩大化起来，仿佛全国全世界的形势概属未可乐观，革命胜利的前途未免渺茫得很。
所以有这种抛弃实质的观察，是原因于他对一般情况的实质未曾科学地了解到。	所以有这种抛弃实质的观察，是原因于他对一般情况的实质未曾科学地了解到。	所以有这种抓住表面抛弃实质的观察，是因为他们对于一般情况的实质并没有科学地加以分析。
如问中国革命高潮是否快要到来，只有详细地去察看引起革命高潮的各种矛盾是否向前发展才能决定。	如问中国革命高潮是否快要到来，只有详细地去察看引起革命高潮的各种矛盾是否向前发展才能决定。	如问中国革命高潮是否快要到来，只有详细地去察看引起革命高潮的各种矛盾是否真正向前发展了，才能作决定。
如果我们确切认识了	如果我们确切认识了	○
国际上帝国主义相互间、帝国主义与殖民地间、帝国主义与无产阶级间的矛盾是发展了，因而帝国主义争夺中国的需要就更迫切；	国际上帝国主义相互间、帝国主义与殖民地间、帝国主义与无产阶级间的矛盾是发展了，因而帝国主义争夺中国的需要就更迫切；	既然国际上帝国主义相互之间、帝国主义和殖民地之间、帝国主义和它们本国的无产阶级之间的矛盾是发展了，帝国主义争夺中国的需要就更迫切了。
帝国主义争夺一迫切，帝国主义与整个中国的矛盾和帝国主义者相互间的矛盾，就同时在中国境内发展起来，因此就造成中国统治阶级间的一日扩大一日、一日激烈一日的混战——中国统治阶级间的矛盾，就越益发展起来；	帝国主义争夺一迫切，帝国主义与整个中国的矛盾和帝国主义者相互间的矛盾，就同时在中国境内发展起来，因此就造成中国统治阶级间的一日扩大一日、一日激烈一日的混战——中国统治阶级间的矛盾，就越益发展起来；	帝国主义争夺中国一迫切，帝国主义和整个中国的矛盾，帝国主义者相互间的矛盾，就同时在中国境内发展起来，因此就造成中国各派反动统治者之间的一天天扩大、一天天激烈的混战，中国各派反动统治者之间的矛盾，就日益发展起来。

（续表）

1941年版	1947年版	1951年《毛选》版
伴随统治者间的矛盾——军阀混战而来的赋税之无情的加重，就促令广大的负担赋税者与统治者间的矛盾日益发展；	伴随统治者间的矛盾——军阀混战而来的赋税之无情的加重，就促令广大的负担赋税者与统治者间的矛盾日益发展；	伴随各派反动统治者之间的矛盾——军阀混战而来的，是赋税的加重，这样就会促令广大的负担赋税者和反动统治者之间的矛盾日益发展。
伴随帝国主义与中国资本主义的矛盾，即中国资产阶级得不到帝国主义的让步，就即刻发展了中国资产阶级与中国工人阶级之间的矛盾，即中国资产阶级不得不加重对工人阶级的剥削；	伴随帝国主义与中国资本主义的矛盾，即中国资产阶级得不到帝国主义的让步，就即刻发展了中国资产阶级与中国工人阶级之间的矛盾，即中国资产阶级不得不加重对工人阶级的剥削；	伴随着帝国主义和中国民族工业的矛盾而来的，是中国民族工业得不到帝国主义的让步的事实，这就发展了中国资产阶级和中国工人阶级之间的矛盾，中国资本家从拼命压榨工人找出路，中国工人则给以抵抗。
伴随于帝国主义商品侵略，商业资本剥蚀，与赋税负担加重等，对于地主阶级的矛盾，使地主阶级与农民的矛盾越益深刻化，即地租与利钱的剥削越益加重；	伴随于帝国主义商品侵略，商业资本剥蚀，与赋税负担加重等，对于地主阶级的矛盾，使地主阶级与农民的矛盾越益深刻化，即地租与利钱的剥削越益加重；	伴随着帝国主义的商品侵略，中国商业资本的剥蚀，和政府的赋税加重等项情况，便使地主阶级和农民的矛盾更加深刻化，即地租和高利贷的剥削更加重了，
○	○	农民则更加仇恨地主。
为了外货的压迫，工农广大群众消费力的枯竭和政府赋税加重，使国货商人及独立小生产者，日及于破产之途；	为了外货的压迫，工农广大群众消费力的枯竭和政府赋税加重，使国货商人及独立小生产者，日及于破产之途；	因为外货的压迫，广大工农群众购买力的枯竭和政府赋税的加重，使得国货商人和独立生产者日益走上破产的道路。
为了无限制增加军队于粮饷不足的条件之下及战争之日多一日，使得士兵群众天天在饥寒奔走伤亡的惨痛中；	为了无限制增加军队于粮饷不足的条件之下及战争之日多一日，使得士兵群众天天在饥寒奔走伤亡的惨痛中；	因为反动政府在粮饷不足的条件之下无限制地增加军队，并因此使战争一天多于一天，使得士兵群众经常处在困苦的环境之中。
为了国家赋税加重，地主租息加重及战祸日广一日，造成了普遍全国的灾荒与匪祸，使广大的农民及城市贫民走到求生不得的道路；	为了国家赋税加重，地主租息加重及战祸日广一日□造成了普遍全国的灾荒与匪祸，使广大的农民及城市贫民走到求生不得的道路；	因为国家的赋税加重，地主的租息加重和战祸的日广一日，造成了普遍于全国的灾荒和匪祸，使得广大的农民和城市贫民走上求生不得的道路。
因无钱开学，使在学学生有失学之忧；	因无钱开学，使在学学生有失学之忧；	因为无钱开学，许多在学学生有失学之忧；

(续表)

1941年版	1947年版	1951年《毛选》版
因生产落后，使毕业学生无就业之望；	因生产落后，使毕业学生无就业之望；	因为生产落后，许多毕业学生无就业之望。
认识了以上这些矛盾，就知道中国是怎样的在一种皇皇不可终日的局面之下，怎样的在一种无政府状态之下，	认识了以上这些矛盾，就知道中国是怎样的在一种皇皇不可终日的局面之下，怎样的在一种无政府状态之下，	如果我们认识了以上这些矛盾，就知道中国是处在怎样一种皇皇不可终日的局面之下，处在怎样一种混乱状态之下。
就知道反帝反军阀反地主的革命高潮，是怎样的不可避免而且是很快的要到来。中国是全国都布满了干柴，很迅速的就要燃成烈火；	就知道反帝反军阀反地主的革命高潮，是怎样的不可避免而且是很快的要到来。中国是全国都布满了干柴，很迅速的就要燃成烈火；	就知道反帝反军阀反地主的革命高潮，是怎样不可避免，而且是很快会要到来。中国是全国都布满了干柴，很快就会燃成烈火。
"星火燎原"的话，正是现时局面的适当形容词。	"星火燎原"的话，正是现时局面的适当形容词。	"星火燎原"的话，正是时局发展的适当的描写。
只要看一看各地工人罢工、农民暴动、士兵哗变、商人罢市、学生罢课之全国形势的发展，就知道已经不仅是"星星之火"，而距"燎原"的时期，是毫无疑义的不远的了。	只要看一看各地工人罢工、农民暴动、士兵哗变、商人罢市、学生罢课之全国形势的发展，就知道已经不仅是"星星之火"，而距"燎原"的时期，是毫无疑义的不远的了。	只要看一看许多地方工人罢工、农民暴动、士兵哗变、学生罢课的发展，就知道这个"星星之火"，距"燎原"的时期，毫无疑义地是不远了。
上面的话的大意，在去年四月五日前委给中央的信中就已经表明出来了。那封信上说道：	上面的话的大意，在去年四月五日前委给中央的信中就已经表明出来了。那封信上说道：	上面的话的大意，在去年四月五日前委给中央的信中，就已经有了。那封信上说：
"中央此信（指二月九日来信）对客观形势和主观力量的估量，都太悲观了。	"中央此信（指二月九日来信）对客观形势和主观力量的估量，都太悲观了。	"中央此信（去年二月九日）对客观形势和主观力量的估量，都太悲观了。
三次进剿井冈山表示了反革命的最高潮，	三次进剿井冈山表示了反革命的最高潮，	国民党三次'进剿'井冈山，表示了反革命的最高潮。
群众是一定归向我们的；	群众是一定归向我们的；	群众是一定归向我们的。
屠杀主义固然是为渊驱鱼，改良主义也再不能号召群众了。	屠杀主义固然是为渊驱鱼，改良主义也再不能号召群众了。	屠杀主义[七]固然是为渊驱鱼，改良主义也再不能号召群众了。

（续表）

1941年版	1947年版	1951年《毛选》版
群众对国民党的幻想一定很快的消灭，	群众对国民党的幻想一定很快的消灭，	群众对国民党的幻想一定很快地消灭。
在将来形势之下，什么党派都不能和共产党争群众的。	在将来形势之下，什么党派都不能和共产党争群众的。	在将来的形势之下，什么党派都是不能和共产党争群众的。
六次大会指示的政治路线和组织路线是十分对的：	六次大会指示的政治路线和组织路线是十分对的：	党的六次大会〔八〕所指示的政治路线和组织路线是对的：
革命的现时阶段是民权主义而不是社会主义，党的目前任务是争取群众而不是马上武装暴动。	革命的现时阶段是民权主义而不是社会主义，党的目前任务是争取群众而不是马上武装暴动。	革命的现时阶段是民权主义而不是社会主义，党（按：应加'在大城市中'五个字）的目前任务是争取群众而不是马上举行暴动。
但革命的发展是很快的，武装暴动的宣传和准备应该采取积极的精神。	但革命的发展是很快的，武装暴动的宣传和准备应该采取积极的精神。	但是革命的发展将是很快的，武装暴动的宣传和准备应该采取积极的态度。
在大混乱的现局之下，只有积极口号积极精神才能领导群众，	在大混乱的现局之下，只有积极口号积极精神才能领导群众，	在大混乱的现局之下，只有积极的口号积极的态度才能领导群众。
党的战斗力的恢复也一定要在这种积极精神之下才有可能。	党的战斗力的恢复也一定要在这种积极精神之下才有可能。	党的战斗力的恢复也一定要在这种积极态度之下才有可能。
我们感觉党在从前犯了盲动主义的错误，现在却在一些地方颇有取消主义的倾向了。	我们感觉党在从前犯了盲动主义的错误，现在却在一些地方颇有取消主义的倾向了。	○
……无产阶级领导是革命胜利的唯一关键，	……无产阶级领导是革命胜利的唯一关键，	……无产阶级领导是革命胜利的唯一关键。
党的无产阶级基础之建立，中心区域产业支部之创造，是目前党在组织方面的最大任务。	党的无产阶级基础之建立，中心区域产业支部之创造，是目前党在组织方面的最大任务。	党的无产阶级基础的建立，中心区域产业支部的创造，是目前党在组织方面的重要任务；

(续表)

1941年版	1947年版	1951年《毛选》版
但同时农村斗争的发展，小区域苏维埃的建立，红军之创造与扩大，亦是帮助城市斗争，促进革命潮流高涨的条件。	但同时农村斗争的发展，小区域苏维埃的建立，红军之创造与扩大，亦是帮助城市斗争，促进革命潮流高涨的条件。	但是在同时，农村斗争的发展，小区域红色政权的建立，红军的创造和扩大，尤其是帮助城市斗争，促进革命潮流高涨的主要条件。
所以抛弃城市斗争，	所以抛弃城市斗争，	所以，抛弃城市斗争，
沈溺于农村游击主义	沈溺于农村游击主义	○
是最大的错误，	是最大的错误，	是错误的；
但畏惧农民势力发展，以为将超过工人的领导而不利于革命，如果党员中有这种意见，我们以为也是错误的。	但畏惧农民势力发展，以为将超过工人的领导而不利于革命，如果党员中有这种意见，我们以为也是错误的。	但是畏惧农民势力的发展，以为将超过工人的势力而不利于革命，如果党员中有这种意见，我们以为也是错误的。
因为半殖民地中国的革命，只有农民斗争不得工人领导而失败，	因为半殖民地中国的革命，只有农民斗争不得工人领导而失败，	因为半殖民地中国的革命，只有农民斗争得不到工人的领导而失败，
没有农民斗争发展超过工人势力而不利于革命本身的。"	没有农民斗争发展超过工人势力而不利于革命本身的。"	没有农民斗争的发展超过工人的势力而不利于革命本身的。"
这封信对红军行动策略问题有如下之答复：	这封信对红军行动策略问题有如下之答复：	这封信对红军的行动策略问题有如下的答复：
"中央要我们将队伍分得很小，散向农村中，朱、毛离开队伍，隐匿大的目标，目的在保存红军和发动群众。这是一种理想。	"中央要我们将队伍分得很小，散向农村中，朱、毛离开队伍，隐匿大的目标，目的在保存红军和发动群众。这是一种理想。	"中央要我们将队伍分得很小，散向农村中，朱、毛离开队伍，隐匿大的目标，目的在于保存红军和发动群众。这是一种不切实际的想法。
以连或营为单位，单独行动，分散在农村中，用游击的战术发动群众避免目标，我们从前年冬天（一九二七）就计划起，而且多次实行都是失败的。	以连或营为单位，单独行动，分散在农村中，用游击的战术发动群众避免目标，我们从前年冬天（一九二七）就计划起，而且多次实行都是失败的。	以连或营为单位，单独行动，分散在农村中，用游击的战术发动群众，避免目标，我们从一九二七年冬天就计划过，而且多次实行过，但是都失败了。

(续表)

1941年版	1947年版	1951年《毛选》版
因为：（一）红军多不是本地人，与地方赤卫队来历不同。	因为：（一）红军多不是本地人，与地方赤卫队来历不同。	因为：（一）主力红军多不是本地人，和地方赤卫队来历不同。
（二）分小则领导机关不健全，恶劣环境应付不来容易失败。	（二）分小则领导机关不健全，恶劣环境应付不来容易失败。	（二）分小则领导不健全，恶劣环境应付不来，容易失败。
（四）愈是恶劣环境愈须集中，领导者愈须坚决奋斗，方能团结内部应付敌人。	（四）愈是恶劣环境愈须集中，领导者愈须坚决奋斗，方能团结内部应付敌人。	（四）愈是恶劣环境，队伍愈须集中，领导者愈须坚决奋斗，方能团结内部，应付敌人。
只有在好的环境里才好分兵游击，领导者也不如在恶劣环境时之刻不能离。……"	只有在好的环境里才好分兵游击，领导者也不如在恶劣环境时之刻不能离。……"	只有在好的环境里才好分兵游击，领导者也不如在恶劣环境时之刻不能离。"
兵力集中的积极理由应该是：集中了才能打破大一点的敌人，才能占领城池。	兵力集中的积极理由应该是：集中了才能打破大一点的敌人，才能占领城池。	分兵集中的积极的理由是：集中了才能消灭大一点的敌人，才能占领城镇。
打破了大一点的敌人，占领了城池，才能发动大范围的群众，建立几个县份连在一块的政权。	打破了大一点的敌人，占领了城池，才能发动大范围的群众，建立几个县份连在一块的政权。	消灭了大一点的敌人，占领了城镇，才能发动大范围的群众，建立几个联系在一块的政权。
这样才能耸动远近的视听（所谓扩大政治影响），才能于促进革命高潮上发生些实际的效力。	这样才能耸动远近的视听（所谓扩大政治影响），才能于促进革命高潮上发生些实际的效力。	这样才能耸动远近的视听（所谓扩大政治影响），才能于促进革命高潮发生实际的效力。
如我们前年干的湘赣边界政权，去年干的闽西政权，都是这种兵力集中政策的结果。	如我们前年干的湘赣边界政权，去年干的闽西政权，都是这种兵力集中政策的结果。	例如我们前年干的湘赣边界政权，去年干的闽西政权[九]，都是这种兵力集中政策的结果。
这是大的原则。	这是大的原则。	这是一般的原则。
至于也有分兵的时候没有呢？有的。	至于也有分兵的时候没有呢？有的。	至于说到也有分兵的时候没有呢？也是有的。
前委给中央的信上说了红军的游击战术，那里面包括了近距离的分兵。	前委给中央的信上说了红军的游击战术，那里面包括了近距离的分兵。	前委给中央的信上说了红军的游击战术，那里面包括了近距离的分兵：

（续表）

1941年版	1947年版	1951年《毛选》版
大要如下：	大要如下：	○
用我们的战术，群众斗争的发动是一天一天广大的，任何强大的敌人是奈何我们不得的。	用我们的战术，群众斗争的发动是一天一天广大的，任何强大的敌人是奈何我们不得的。	用我们的战术，群众斗争的发动是一天比一天广大的，任何强大的敌人是奈何我们不得的。
我们的战术就是游击的战术。大要说来是：'分兵以发动群众，集中以应付敌人'。'敌进我退，敌驻我扰，敌疲我打，敌退我追'。'固定区域的割据。用波浪式的推进政策。强敌跟追，用盘旋式的打圈子政策'。'很短的时间，很好的方法，发动很大的群众'。	我们的战术就是游击的战术。大要说来是：'分兵以发动群众，集中以应付敌人'。'敌进我退，敌驻我扰，敌疲我打，敌退我追'。'固定区域的割据，用波浪式的推进政策。强敌跟追，用盘旋式的打圈子政策'。'很短的时间，很好的方法，发动很大的群众'。	我们的战术就是游击的战术。大要说来是：'分兵以发动群众，集中以应付敌人。''敌进我退，敌驻我扰，敌疲我打，敌退我追。''固定区域的割据〔一○〕，用波浪式的推进政策。强敌跟追，用盘旋式的打圈子政策。''很短的时间，很好的方法，发动很大的群众。'
这种战术正如打网，要随时打开，又要随时收拢。	这种战术正如打网，要随时打开□又要随时收拢。	这种战术正如打网，要随时打开，又要随时收拢。
三年以来都是用的这种战术"。	三年以来都是用的这种战术。"	三年以来，都是用的这种战术。"
这里所谓"打开"；就指近距离的，	这里所谓"打开"，就指近距离的，	这里所谓"打开"，就是指近距离的分兵。
或如湘赣边界第一次打下永新时，二十九团与三十一团之永新境内的分兵；	或如湘赣边界第一次打下永新时，二十九团与三十一团之永新境内的分兵；	例如湘赣边界第一次打下永新时，二十九团和三十一团在永新境内的分兵。
第三次打下永新时二十八团往安福边境，二十九团往莲花，三十一团往吉安边界的分兵；又如去年四月至五月之赣南各县分兵，七月之闽西各县分兵，	第三次打下永新时二十八团往安福边境，二十九团往莲花，三十一团往吉安边界的分兵；又如去年四月至五月之赣南各县分兵，七月之闽西各县分兵，	又如第三次打下永新时，二十八团往安福边境，二十九团往莲花，三十一团往吉安边境的分兵。又如去年四月至五月在赣南各县的分兵，七月在闽西各县的分兵。
都是适例。	都是适例。	○

（续表）

1941年版	1947年版	1951年《毛选》版
若不能达到这些目的，甚至反因分兵而遭失败，削弱了红军势力，如前年八月湘赣边界分兵打郴州一样，则不如不分的好。	若不能达到这些目的，甚至反因分兵而遭失败，削弱了红军势力，如前年八月湘赣边界分兵打郴州一样，则不如不分的好。	若不能达到这些目的，或者反因分兵而遭受失败，削弱了红军的力量，例如前年八月湘赣边界分兵打郴州那样，则不如不分为好。
如果具备了上述两个条件，那是无疑地应该分兵的，因为在这两个条件下分兵比集中更有利。	如果具备了上述两个条件，那是无疑地应该分兵的，因为在这两个条件下分兵比集中更有利。	如果具备了上述两个条件，那就无疑地应该分兵，因为在这两个条件下，分散比集中更有利。
至于在严重环境下为保存实力避免目标集中而分兵，此点我在原则上是反对的，前头所引前委给中央的信内业已说明。此外，将来是否有因为经济情况不许可集中而应该分兵工作的时候呢？那也或许会有，但我不能对此下一肯定的断语，因为我们还没有这种情况的具体经验。	至于在严重环境下为保存实力避免目标集中而分兵，此点我在原则上是反对的，前头所引前委给中央的信内业已说明。此外，将来是否有因为经济情况不许可集中而应该分兵工作的时候呢？那也或许会有，但我不能对此下一肯定的断语，因为我们还没有这种情况的具体经验。	○
中央二月来信的精神是不好的，这封信给了四军党内小部份同志以不良影响，	中央二月来信的精神是不好的，这封信给了四军党内小部份同志以不良影响，	中央二月来信的精神是不好的，这封信给了四军党内一部分同志以不良影响。
即如你也似乎受了些影响。	即如你也似乎受了些影响。	○
中央那时还有一个通告谓蒋桂战争不一定会爆发。	中央那时还有一个通告谓蒋桂战争不一定会爆发。	中央那时还有一个通告，谓蒋桂战争不一定会爆发。
但从此以后中央的估量和指示，大体说来都完全是对的了。	但从此以后中央的估量和指示，大体说来都完全是对的了。	但从此以后，中央的估量和指示，大体上说来就都是对的了。
对于那个估量不适当的通告（其实只通告内一部份），	对于那个估量不适当的通告（其实只通告内一部份），	对于那个估量不适当的通告，
对于红军这一信，虽没有形式的更正，但后来的指示，就完全没有那些悲观的精神了，对红军行动的主张也完全与前委的主张一致了。	对于红军这一信，虽没有形式的更正，但后来的指示，就完全没有那些悲观的精神了，对红军行动的主张也完全与前委的主张一致了。	对于红军的这一封信，虽然没有更正，但是后来的指示，就没有那些悲观的论调了，对于红军行动的主张也和我们的主张一致了。

《星星之火，可以燎原》版本研究

(续表)

1941年版	1947年版	1951年《毛选》版
但中央那个信给一部份同志的不良影响是仍存在的。	但中央那个信给一部份同志的不良影响是仍存在的。	但是中央那个信给一部分同志的不良影响是仍然存在的。
前委复中央那个信虽然是与中央来信同时在党内发表了；但对于这一部份同志似乎没有发生很大的影响，因为中央那个信恰合了这一部份同志的脾胃，而中央后头许多对于时局估量的正确指示，或反不为这部份同志所注意，注意了或仍不能把从前的那个印象洗干净。	前委复中央那个信虽然是与中央来信同时在党内发表了；但对于这一部份同志似乎没有发生很大的影响，因为中央那个信恰合了这一部份同志的脾胃，而中央后头许多对于时局估量的正确指示，或反不为这部份同志所注意，注意了或仍不能把从前的那个印象洗干净。	○
当时指出的理由见之于给中央信上的，现录如下：	当时指出的理由见之于给中央信上的，现录如下：	当时指出的理由，见之于给中央信上的，如下：
国民党统治从此瓦解，革命高潮很快的会到来。	国民党统治从此瓦解，革命高潮很快的会到来。	群众斗争的恢复，加上反动统治内部矛盾的扩大，使革命高潮可能很快到来。
在这种局面之下来布置工作，我们觉得南方数省中粤湘两省买办地主的军力太大，湖南则更因党的盲动主义政策的错误，	在这种局面之下来布置工作，我们觉得南方数省中粤湘两省买办地主的军力太大，湖南则更因党的盲动主义政策的错误，	在这种局面之下来布置工作，我们觉得南方数省中广东湖南两省买办地主的军力太大，湖南则更因党的盲动主义的错误，
第一，三省军力最弱。浙江只有蒋伯成的少数省防军。	第一，三省军力最弱。浙江只有蒋伯成的少数省防军。	第一，三省敌人军力最弱。浙江只有蒋伯诚[一一]的少数省防军。
福建五部虽有十四团，但郭旅已被击破；	福建五部虽有十四团，但郭旅已被击破；	福建五部虽有十四团，但郭旅[一二]已被击破；
陈卢两部均土匪军，战力甚低；	陈卢两部均土匪军，战力甚低；	陈卢[一三]两部均土匪军，战斗力甚低；
陆战队两旅在沿海从前并未打过仗，战力必不大；	陆战队两旅在沿海从前并未打过仗，战力必不大；	陆战队两旅在沿海从前并未打过仗，战斗力必不大；
只有张贞比较能打，但据福建省委分析张亦只有两团好的；	只有张贞比较能打，但据福建省委分析张亦只有两团好的；	只有张贞[一四]比较能打，但据福建省委分析，张亦只有两个团战力较强。

189

（续表）

1941年版	1947年版	1951年《毛选》版
且现完全是无政府，不统一。	且现完全是无政府，不统一。	且福建现在完全是混乱状态，不统一。
江西朱培德、熊式辉两部共有十六团比闽浙军力为强，然比起湖南来就差得多。	江西朱培德、熊式辉两部共有十六团比闽浙军力为强，然比起湖南来就差得多。	江西朱培德〔一五〕、熊式辉〔一六〕两部共有十六团，比闽浙军力为强，然比起湖南来就差得多。
以江西论，赣北之德安、修水、铜鼓尚有相当基础。	以江西论，赣北之德安、修水、铜鼓尚有相当基础。	以江西论，赣北之德安、修水、铜鼓尚有相当基础；
赣西宁冈、永新、莲花、遂川党和赤卫队的势力是依然仍在的；赣南的希望更是很大，	赣西宁冈、永新、莲花、遂川党和赤卫队的势力是依然仍在的；赣南的希望更是很大，	赣西宁冈、永新、莲花、遂川，党和赤卫队的势力是依然存在的；赣南的希望更是很大，
我们建议中央在国民党军阀长期战争期间，	我们建议中央在国民党军阀长期战争期间，	我们建议中央，在国民党军阀长期战争期间，
在三省扩大红军的数量，造成群众的割据，以一年为期完成此计划。	在三省扩大红军的数量，造成群众的割据，以一年为期完成此计划。	在三省扩大红军的数量，造成群众的割据，以一年为期完成此计划。"
此一年中，要在上海、无锡、宁波、杭州、福州、厦门等处建立无产阶级的斗争基础，使能领导浙赣闽三省的农民斗争。江西省委必须健全，南昌、九江、吉安及南浔路的职工基础须努力建立起来"。	此一年中，要在上海、无锡、宁波、杭州、福州、厦门等处建立无产阶级的斗争基础，使能领导浙、赣、闽三省的农民斗争。江西省委必须健全，南昌、九江、吉安及南浔路的职工基础须努力建立起来。"	○
上面一年为期争取江西的话，不对的是机械地规定着一年为期。	上面一年为期争取江西的话，不对的是机械地规定一年为期。	上面争取江西的话，不对的是规定一年为期。
在我的意识中	在我的意识中	○
除开江西的本身条件之外，还包含有全国革命高潮快要到来的意义，	除开江西的本身条件之外，还包含有全国革命高潮快要到来的意义，	除开江西的本身条件之外，还包含有全国革命高潮快要到来的条件。

(续表)

1941年版	1947年版	1951年《毛选》版
那个建议的缺点就是不该机械地说为一年，因此，影响到革命高潮快要到来的所谓"快要"，也不免伴上了一些机械性和急躁性。	那个建议的缺点就是不该机械地说为一年，因此，影响到革命高潮快要到来的所谓"快要"，也不免伴上了一些机械性和急躁性。	那个建议的缺点就是不该规定为一年，因此，影响到革命高潮快要到来的所谓"快要"，也不免伴上了一些急躁性。
但你不相信一年争取江西，则是由于你之过高估量客观力量和过低估量主观力量，由此不相信革命高潮之快要到来，由此而得到的结论。	但你不相信一年争取江西，则是由于你之过高估量客观力量和过低估量主观力量，由此不相信革命高潮之快要到来，由此而得到的结论。	○
至于江西主客观条件是很值得注意的。除主观条件仍如前头所说，	至于江西主客观条件是很值得注意的。除主观条件仍如前头所说，	至于江西的主观客观条件是很值得注意的。除主观条件如给中央信上所说外，
没有新的意见增加外，	没有新的意见增加外，	○
一是江西的经济主要是封建残余即地租剥削的经济，商业资产阶级势力较小，而地主的武装在南方各省中又比那一省有力。	一是江西的经济主要是封建残余即地租剥削的经济，商业资产阶级势力较小，而地主的武装在南方各省中又比那一省有力。	一是江西的经济主要是封建的经济，商业资产阶级势力较小，而地主的武装在南方各省中又比那一省都弱。
二是江西没有本省的军队，自来都是外省军队前往驻防。外来军队"剿共""剿匪"，情形不熟，又远非本省军队之关系切身，而往往不很热心。	二是江西没有本省的军队，自来都是外省军队前往驻防。外来军队"剿共""剿匪"，情形不熟，又远非本省军队之关系切身，而往往不很热心。	二是江西没有本省的军队，向来都是外省军队来此驻防。外来军队"剿共""剿匪"，情形不熟，又远非本省军队那样关系切身，往往不很热心。
三是距离帝国主义干涉的影响比较小一点，不比广东接近香港，差不多什么都要受英国的支配。	三是距离帝国主义干涉的影响比较小一点，不比广东接近香港，差不多什么都要受英国的支配。	三是距离帝国主义的影响比较远一点，不比广东接近香港，差不多什么都受英国的支配。
我们懂得了这三点，就可以解释为什么江西的农村暴动比那一省要普遍，红军游击队比那一省要多了。	我们懂得了这三点，就可以解释为什么江西的农村暴动比那一省要普遍，红军游击队比那一省要多了。	我们懂得了这三点，就可以解释为什么江西的农村起义比那一省都要普遍，红军游击队比那一省都要多了。

(续表)

1941年版	1947年版	1951年《毛选》版
我要对你说的话大致已经说完了。扯开了话匣，说的未免太多。但我觉得我们的讨论问题是有益的，我们讨论的这个问题果然正确地解决了，影响到红军的行动实在不小，所以我很高兴的写了这一篇。 末了还有两点须要作个申明。 一是	我要对你说的话大致已经说完了。扯开了话匣，说的未免太多。但我觉得我们的讨论问题是有益的，我们讨论的这个问题果然正确地解决了，影响到红军的行动实在不小，所以我很高兴的写了这一篇。 末了还有两点须要作个申明。 一是	○
所谓革命高潮快要到来的"快要"二字作何解释，这点是许多同志的共同问题。	所谓革命高潮快要到来的"快要"二字作何解释，这点是许多同志的共同问题。	所谓革命高潮快要到来的"快要"二字作何解释，这点是许多同志的共同的问题。
马克思主义者不是算命先生，未来的发展和变化，只应该也只能说出个大的方向，不应该也不能机械地规定时日。	马克思主义者不是算命先生，未来的发展和变化，只应该也只能说出个大的方向，不应该也不能机械地规定时日。	马克思主义者不是算命先生，未来的发展和变化，只应该也只能说出个大的方向，不应该也不可能机械地规定时日。
但我所说的中国革命高潮快要到来，决不是如有些人所谓"有到来之可能"之完全没有行动意义的，可望而不可即的一种空的东西。	但我所说的中国革命高潮快要到来，决不是如有些人所谓"有到来之可能"之完全没有行动意义的，可望而不可即的一种空的东西。	但我所说的中国革命高潮快要到来，决不是如有些人所谓"有到来之可能"那样完全没有行动意义的、可望而不可即的一种空的东西。
它是站在地平线上遥望海中已经看得桅杆尖头了的一只航船，它是立于高山之巅远看东方光芒四射喷薄欲出的一轮朝日，它是燥动于母腹中的快要成熟了的一个婴儿。	它是站在地平线上遥望海中已经看得桅杆尖头了的一只航船，它是立于高山之巅远看东方光芒四射喷薄欲出的一轮朝日，它是燥动于母腹中的快要成熟了的一个婴儿。	它是站在海岸遥望海中看得见桅杆尖头了的一只航船，它是立于高山之巅远看东方已见光芒四射喷薄欲出的一轮朝日，它是躁动于母腹中的快要成熟了的一个婴儿。

（续表）

1941年版	1947年版	1951年《毛选》版
二是我说你欲用流动游击方式去扩大政治影响，不是说你有单纯军事观点和流寇思想。你显然没有此二者，因为二者完全没有争取群众的观念，你则是主张"放手争取群众"的，你不但主张，而且是在实际做的。我所不赞成你的是指你缺乏建立政权的深刻的观念，因之对于争取群众促进革命高潮的任务，就必然不能如你心头所想的完满地达到。我这封信所要说的主要目的就在这一点。	二是我说你欲用流动游击方式去扩大政治影响，不是说你有单纯军事观点和流寇思想。你显然没有此二者，因为二者完全没有争取群众的观念，你则是主张"放手争取群众"的，你不但主张，而且是在实际做的。我所不赞成你的是指你缺乏建立政权的深刻的观念，因之对于争取群众促进革命高潮的任务，就必然不能如你心头所想的完满地达到。我这封信所要说的主要目的就在这一点。	○
我的不对的地方，请你指正。	我的不对的地方，请你指正。	○
毛泽东，于上杭古田。	毛泽东，于上杭古田	○

参考文献

一、史料

（一）中文版本

1. 《六大以来——党内秘密文件》（上），中共中央书记处1941年编印。

2. 《六大以来选集——党内秘密文件》（上），中共中央书记处1941年编印。

3. 《军事文献》（一），中共中央革命军事委员会1942年编印。

4. 《两条路线》（上），中共中央书记处1943年编印。

5. 《拂晓》，1944年第1卷第12期。

6. 《抗战以前选集》第一集，中共中央北方局1944年编印。

7. 《党的路线问题选集》第二册，中共中央山东分局1945年编印。

8. 《毛泽东选集》续编，中共晋察冀中央局1947年编印。

9. 《毛泽东选集》第一卷，人民出版社1951年版。

10. 《星星之火，可以燎原　关心群众生活，注意工作方法》，西安群众日报图书出版1951年版。

11. 《关于纠正党内的错误思想，星星之火可以燎原，关心群众生活注意工作方法，论反对日本帝国主义的策略》，东北日报社1951年编印。

12. 《星星之火，可以燎原》，人民出版社1951年版。

13. 《毛泽东选集》第一卷，人民出版社1952年版。

14. 《星星之火，可以燎原》，人民出版社1952年版。

15. 中国共产党云南省委员会宣传部编：《辩证唯物主义与历史唯物主义学习材料》（上），云南人民出版社1957年版。

16. 中国人民大学中共党史教研室编：《批判中国资产阶级中间路线参考资料》第2辑，中国人民大学出版社1959年版。

17. 《毛泽东选集》第一卷，人民出版社1960年版。

18．《毛泽东选集》（一卷本），中国人民解放军战士出版社1964年翻印。

19．《毛泽东选集》第一卷（线装本缩小版），人民出版社1965年版。

20．《毛泽东著作选读》，中国人民解放军总政治部编，解放军总政1966年编印。

21．《毛泽东选集》（一卷本），人民出版社1966年版。

22．《毛泽东选集》第一卷（横排本），人民出版社1966年版。

23．《星星之火，可以燎原》，人民出版社1967年版。

24．《中国的红色政权为什么能够存在？井冈山的斗争 关于纠正党内的错误思想 星星之火，可以燎原》，人民出版社1967年版。

25．《毛泽东选集》（袖珍一卷本），人民出版社1967年版。

26．《毛泽东选集》（袖珍一卷本），人民出版社1968年版。

27．《毛泽东选集》（袖珍一卷本），中国人民解放军战士出版社1968年版。

28．《毛泽东选集》第一卷，人民出版社1969年版。

29．《星星之火，可以燎原》，人民出版社1975年版。

30．《星星之火，可以燎原》，人民出版社1976年版。

31．《毛泽东著作选读》（战士读本），中国人民解放军战士出版社1978年版。

32．《中共党史学习资料（新民主主义革命时期）》，中国人民解放军测绘学院政治部政教室1980年编印。

33．《毛泽东集》第2卷，日本苍苍社1983年版。

34．《中共党史学习文件》，对外经贸大学马列主义教研室1985年编印。

35．《中国革命史原著选编》（上），云南高校中共党史教学研究会、云南师范大学马列主义教研室1985年编印。

36．《国际共产主义运动史文献史料选编》第5卷，中国人民大学出版社1986年版。

37．《毛泽东著作选读》（上册），人民出版社1986年版。

38．浙江省中国革命史教学研究会编：《中国革命史补充教材》，浙江工学院社会科学部1987年编印。

39．《中共中央文件选集》第六册，中共中央党校出版社1989年版。

40．《马克思主义原著读本》，华东师范大学出版社1991年版。

41．《毛泽东选集》第一卷，人民出版社1991年版。

42．韩扬主编：《学习中共党史必读》，经济日报出版社1991年版。

43．《中共党史文献选编　新民主主义革命时期》，中共中央党校教材审定委员会审定，中共中央党校出版社1992年版。

44．万平近等主编：《福建革命根据地文学史料》，海峡文艺出版社1993年版。

45．《中国近代名家著作选粹·毛泽东卷》，香港商务印书馆1994年版。

46．《毛泽东著作选》，台湾商务印书馆1994年版。

47．吴江雄编撰：《中华通鉴　影响历史的一百篇名作》（上），广西民族出版社1996年版。

48．罗正楷主编：《中国共产党大典》，红旗出版社1996年版。

49．周溯源编著：《毛泽东评点古今人物》，红旗出版社1998年版。

50．蒋建农主编：《毛泽东全书》第五卷，河北人民出版社1998年版。

51．宋卫忠等主编：《败鉴》第1—2卷，中国物资出版社1998年版。

52．周可仁编著：《感动中国　100年来感动过中国的文字与声像》2，延边人民出版社1999年版。

53．郝景泉主编：《〈毛泽东思想概论〉文献选编》，北京出版社2000年版。

54．段治文主编：《毛泽东思想：文献导读》，上海人民出版社2000年版。

55．苏州大学毛泽东思想教研室编：《毛泽东思想概论导读》，苏州大学出版社2000年版。

56．肖威主编：《二十四史领导干部读本》（下），内蒙古人民出版社2000年版。

57．《毛泽东选集手抄本》第一卷，西苑出版社2001年版。

58．吉勇夫主编：《中国共产党文库》，光明日报出版社2001年版。

59．谢莹等主编：《中国共产党八十年珍贵档案》第3卷，中国档案出版社2001年版。

60．杨大明主编：《马克思主义著作选读》（下），甘肃人民出版社2002年版。

61．《毛泽东著作选编》，中共中央党校出版社2002年版。

62．杨大明主编：《马克思主义著作选读》（下），甘肃人民出版社2002年版。

63．本书课题组编写：《高校思想政治理论课学习指导》，汕头大学出版社2004年版。

64．苏志宏等主编：《马克思主义原著及重要文献选读》，四川大学出版社2004年版。

65．陈洪等主编：《毛泽东思想基本著作青年读本与导读》，重庆出版社2005年版。

66．赖平主编：《毛泽东思想和中国特色社会主义理论体系概论精选原著导读》，湘潭大学出版社2010年版。

67．中共中央文献研究室、中国井冈山干部学院编：《毛泽东在江西革命斗争时期的著作选编》，中央文献出版社2010年版。

68．中共中央文献研究室等编：《建党以来重要文献选编》第七册，中央文献出版社2011年版。

69．《毛泽东全集》第4卷，润东出版社2013年版。

70．《古田会议文献资料》，中共党史出版社2017年版。

71．任俊宏编：《中共党史经典文献导读》，江西人民出版社2019年版。

72．王蒙主编：《中国精神读本》，浙江文艺出版社2019年版。

节选、摘录本：

1．《毛泽东同志国际问题言论选录》，世界知识出版社1959年版。

2．李巨川主编：《毛泽东语言艺术鉴赏大辞典》，中原农民出版社1997年版。

3．郭春燕等主编：《毛泽东思想概论导读》，中央文献出版社2000年版。

4．毛慧主编：《毛泽东思想经典文献选读与复习题解》，浙江大学出版社2002年版。

5. 曹敏等主编：《毛泽东思想概论 教学改革与研究》，西北大学出版社2002年版。

6. 陈金龙等主编：《中国近现代史纲要》，广东高等教育出版社2009年版。

7. 中共弋阳县委、弋阳县人民政府2012年编：《江西省上饶市弋阳县申请确认为中央苏区区域申报材料》。

8. 赵丰主编：《党员干部必读的历史经典71篇》，湖北教育出版社2012年版。

9. 吴玉才编著：《毛泽东思想文献解读》，安徽师范大学出版社2015年版。

10. 曹峰旗主编：《经典导读与案例精选 大学生思想政治理论课辅学读本》，上海交通大学出版社2016年版。

11. 车志慧等主编：《中国近现代史纲要实践读本》，河海大学出版社2016年版。

12. 田永秀主编：《中国近现代史纲要参考资料选读》，西南交通大学出版社2016年版。

（二）少数民族文版本

1. 《星星之火，可以燎原》（维吾尔文版），新疆人民出版社1952年版。

2. 《星星之火，可以燎原》（哈萨克文版），新疆人民出版社1952年版。

3. 《星星之火，可以燎原》（托忒蒙古文版），新疆人民出版社1952年版。

4. 《星星之火，可以燎原》（蒙古文版），民族事务委员会1952年版。

5. 《星星之火，可以燎原》（蒙古文版），内蒙古人民出版社1952年版。

6. 《星星之火，可以燎原》（藏文版），民族出版社1957年版。

7. 《星星之火，可以燎原》（朝鲜文版），民族出版社1960年版。

8. 《星星之火，可以燎原》（维吾尔文版），民族出版社1960年版。

9. 《星星之火，可以燎原》（哈萨克文版），民族出版社1960年版。

10. 《星星之火，可以燎原》（托忒蒙古文版），新疆人民出版社1960年版。

11. 《星星之火，可以燎原》（蒙古文版），民族出版社1960年版。

12. 《星星之火，可以燎原》（藏文版），民族出版社1966年版。

13. 《星星之火，可以燎原》（维吾尔文版），民族出版社1966年版。

14. 《星星之火，可以燎原》（蒙古文版），民族出版社1966年版。

15. 《星星之火，可以燎原》（托忒蒙古文版），新疆人民出版社1974年版。

16. 《星星之火，可以燎原》（朝鲜文版），民族出版社1976年版。

17. 《星星之火，可以燎原》（蒙古文版），民族出版社1977年版。

18. 《中国的红色政权为什么能够存在？井冈山的斗争　关于纠正党内的错误思想　星星之火，可以燎原》（朝鲜文版），民族出版社1969年版。

19. 《中国的红色政权为什么能够存在？井冈山的斗争　关于纠正党内的错误思想　星星之火，可以燎原》（藏文版），民族出版社1970年版。

20. 《中国的红色政权为什么能够存在？井冈山的斗争　关于纠正党内的错误思想　星星之火，可以燎原》（哈萨克文版），民族出版社1970年版。

21. 《中国的红色政权为什么能够存在？井冈山的斗争　关于纠正党内的错误思想　星星之火，可以燎原》（维吾尔文版），民族出版社1970年版。

（三）外文版本

1. 《星星之火，可以燎原》（英文版），外文出版社1953年版。

2. 《星星之火，可以燎原》（英文版），外文出版社1956年版。

3. 《星星之火，可以燎原》（法文版），外文出版社1956年版。

4. 《星星之火，可以燎原》（西班牙文版），南美出版社1958年版。

5. 《星星之火，可以燎原》（西班牙文版），外文出版社1959年版。

6. 《星星之火，可以燎原》（印尼文版），外文出版社1960年版。

7. 《星星之火，可以燎原》（尼泊尔文版），外文出版社1960年版。

8. 《星星之火，可以燎原》（法文版），外文出版社1960年版。
9. 《星星之火，可以燎原》（西班牙文版），外文出版社1960年版。
10. 《星星之火，可以燎原》（西班牙文版），外文出版社1961年版。
11. 《星星之火，可以燎原》（法文版），外文出版社1961年版。
12. 《星星之火，可以燎原》（缅甸文版），外文出版社1962年版。
13. 《星星之火，可以燎原》（英文版），外文出版社1963年版。
14. 《星星之火，可以燎原》（波斯文版），外文出版社1964年版。
15. 《星星之火，可以燎原》（德文版），外文出版社1964年版。
16. 《星星之火，可以燎原》（泰文版），外文出版社1964年版。
17. 《星星之火，可以燎原》（法文版），外文出版社1964年版。
18. 《星星之火，可以燎原》（西班牙文版），外文出版社1965年版。
19. 《星星之火，可以燎原》（希腊文版），历史出版社1965年版。
20. 《毛泽东选集》（第一卷）（英文版），外文出版社1965年版。
21. 《星星之火，可以燎原》（葡萄牙文版），外文出版社1965年版。
22. 《星星之火，可以燎原》（法文版），外文出版社1965年版。
23. 《星星之火，可以燎原》（英文版），外文出版社1965年版。
24. 《星星之火，可以燎原》（印地文版），外文出版社1966年版。
25. 《星星之火，可以燎原》（德文版），外文出版社1966年版。
26. 《星星之火，可以燎原》（英文版），外文出版社1966年版。
27. 《星星之火，可以燎原》（阿拉伯文版），外文出版社1966年版。
28. 《星星之火，可以燎原》（斯瓦希里文版），外文出版社1966年版。
29. 《星星之火，可以燎原》（俄文版），外文出版社1967年版。
30. 《星星之火，可以燎原》（乌尔都文版），外文出版社1967年版。
31. 《星星之火，可以燎原》（尼泊尔文版），中国驻尼泊尔大使馆文化处1967年版。
32. 《星星之火，可以燎原》（日文版），外文出版社1968年版。
33. 《星星之火，可以燎原》（斯瓦希里文版），外文出版社1968年版。
34. 《星星之火，可以燎原》（波斯文版），外文出版社1968年版。
35. 《星星之火，可以燎原》（西班牙文版），外文出版社1968年版。
36. 《星星之火，可以燎原》（西班牙文版），智利 南方出版社（出版年月不详）。

37．《星星之火，可以燎原》（阿拉伯文版），外文出版社1968年版。

38．《星星之火，可以燎原》（印尼文版），外文出版社1968年版。

39．《星星之火，可以燎原》（蒙古文版），外文出版社1968年版。

40．《星星之火，可以燎原》（越南文版），外文出版社1968年版。

41．《星星之火，可以燎原》（孟加拉文版），外文出版社1968年版。

42．《星星之火，可以燎原》（日文版），外文出版社1968年版。

43．《星星之火，可以燎原》（豪萨文版），外文出版社1968年版。

44．《星星之火，可以燎原》（意大利文版），外文出版社1968年版。

45．《星星之火，可以燎原》（葡萄牙文〈巴西〉版），外文出版社1968年版。

46．《星星之火，可以燎原》（缅甸文版），外文出版社1969年版。

47．《星星之火，可以燎原》（泰文版），外文出版社1969年版。

48．《星星之火，可以燎原》（泰米尔文版），外文出版社1969年版。

49．《星星之火，可以燎原》（葡萄牙文版），外文出版社1969年版。

50．《星星之火，可以燎原》（世界语版），外文出版社1969年版。

51．《星星之火，可以燎原》（朝鲜文版），外文出版社1970年版。

52．《星星之火，可以燎原》（老挝文版），外文出版社1971年版。

53．《星星之火，可以燎原》（土耳其文版），外文出版社1971年版。

54．《中国的红色政权为什么能够存在？井冈山的斗争　关于纠正党内的错误思想　星星之火，可以燎原》（英文版），外文出版社1967年版。

55．《中国的红色政权为什么能够存在？井冈山的斗争　关于纠正党内的错误思想　星星之火，可以燎原》（英文版），外文出版社1968年版。

56．《中国的红色政权为什么能够存在？井冈山的斗争　关于纠正党内的错误思想　星星之火，可以燎原》（日文版），外文出版社1968年版。

57．《中国的红色政权为什么能够存在？井冈山的斗争　关于纠正党内的错误思想　星星之火，可以燎原》（法文版），外文出版社1968年版。

58．《中国的红色政权为什么能够存在？井冈山的斗争　关于纠正党内的错误思想　星星之火，可以燎原》（缅甸文版），外文出版社1968年版。

59．《中国的红色政权为什么能够存在？井冈山的斗争　关于纠正党内

的错误思想　星星之火，可以燎原》（俄文版），外文出版社1968年版。

60．《中国的红色政权为什么能够存在？井冈山的斗争　关于纠正党内的错误思想　星星之火，可以燎原》（越南文版），外文出版社1969年版。

61．《中国的红色政权为什么能够存在？井冈山的斗争　关于纠正党内的错误思想　星星之火，可以燎原》（俄文版），外文出版社1969年版。

62．《中国的红色政权为什么能够存在？井冈山的斗争　关于纠正党内的错误思想　星星之火，可以燎原》（印尼文版），外文出版社1969年版。

63．《中国的红色政权为什么能够存在？井冈山的斗争　关于纠正党内的错误思想　星星之火，可以燎原》（越南文版），外文出版社1970年版。

64．《中国的红色政权为什么能够存在？井冈山的斗争　关于纠正党内的错误思想　星星之火，可以燎原》（德文版），外文出版社1970年版。

65．《中国的红色政权为什么能够存在？井冈山的斗争　关于纠正党内的错误思想　星星之火，可以燎原》（老挝文版），外文出版社1971年版。

66．《中国的红色政权为什么能够存在？井冈山的斗争　关于纠正党内的错误思想　星星之火，可以燎原》（朝鲜文版），外文出版社1971年版。

67．《中国的红色政权为什么能够存在？井冈山的斗争　关于纠正党内的错误思想　星星之火，可以燎原》（西班牙文版），外文出版社1972年版。

68．《中国的红色政权为什么能够存在？井冈山的斗争　关于纠正党内的错误思想　星星之火，可以燎原》（孟加拉文版），外文出版社1972年版。

（四）盲文版本

1．《星星之火，可以燎原》，盲人月刊社1961年版。

2．《中国的红色政权为什么能够存在？井冈山的斗争　星星之火，可以燎原》，盲人月刊社1968年版。

3．《星星之火，可以燎原》，盲人月刊社1968年版。

（五）不同文字对照本及注音本

1．《星星之火，可以燎原》（中俄对照），中共中央俄文编译局编译，中华书局1953年版。

2. 《星星之火，可以燎原》（注音本），文字改革出版社1960年版。

二、著作

1. 中共中央内蒙古分局宣传部辑：《党史学习参考资料》第2辑，内蒙古人民出版社1955年版。

2. 《学习毛泽东著作论文集》2，吉林人民出版社1960年版。

3. 《学习毛主席著作论文集》第2集，安徽人民出版社1960年版。

4. 《正确认识党内两条路线斗争》，辽宁省新华书店1971年版。

5. 《学习马克思主义批判修正主义》（一），湖南人民出版社1972年版。

6. 《认真读毛主席的书》，四川人民出版社1972年版。

7. 《认真学习毛主席著作》，湖北人民出版社1974年版。

8. 《学习毛主席著作辅导材料》（一），广东工学院马列主义教研室1977年编印。

9. 《学习〈毛泽东选集〉第一卷　参考材料》，黑龙江大学哲学系1977年编印。

10. 厦门大学历史系中共党史教研组：《闽西革命根据地》，上海人民出版社1978年版。

11. 解放军报编辑部：《毛泽东同志四十三篇著作简介》，长征出版社1982年版。

12. 刘惠吾主编：《中国现代史论文摘编》，河南人民出版社1984年版。

13. 夏征农主编：《社会主义辞典》，吉林人民出版社1985年版。

14. 孔永松等编著：《中央革命根据地史要》，江西人民出版社1985年版。

15. 曾广兴等主编：《中共党史简明题解　新民主主义革命时期》，中原农民出版社1986年版。

16. 四川省社会科学院毛泽东思想研究所《毛泽东思想研究》编辑部：《学习〈毛泽东著作选读〉》，四川省社会科学院1986年版。

17. 戴向青等：《中央革命根据地史稿》，上海人民出版社1986年版。

18. 许征帆主编：《马克思主义辞典》，吉林大学出版社1987年版。

19．杨树桢等主编：《中国革命史文献介绍》，陕西师范大学出版社1987年版。

20．北京大学哲学系等：《中国现代哲学史教学资料选辑 下册》，北京大学出版社1988年版。

21．龚育之：《在历史的转折中》，生活·读书·新知三联书店1988年版。

22．赵增延等编：《中国革命根据地经济大事记 1927—1937》，中国社会科学出版社1988年版。

23．彭克宏主编：《社会科学大词典》，中国国际广播出版社1989年版。

24．《1990—1993企业职工脱产政治轮训实用教材》编写组：《1990—1993企业职工脱产政治轮训实用教材》，中国政法大学出版社1990年版。

25．段永林主编：《中华人民共和国大事典》，吉林人民出版社1991年版。

26．河北省新闻出版局出版史志编辑部：《中国共产党晋察冀边区出版史资料选编》，河北人民出版社1991年版。

27．许龙贤等主编：《哲学政治经济学原理例析》，海洋出版社1991年版。

28．李锦坤等主编：《光辉的七十年 中国共产党历史知识三百题》，天津人民出版社1991年版。

29．吴敏先等主编：《毛泽东思想原著概要》，东北师范大学出版社1991年版。

30．《毛泽东选集》（第二版）导读编写组编著：《〈毛泽东选集〉第二版导读》，新华出版社1991年版。

31．唐培吉主编：《中国革命与建设史辞典》，经济日报出版社1991年版。

32．张树军主编：《新版〈毛泽东选集〉学习问答》，中国人民大学出版社1991年版。

33．冯雷等主编：《新版毛泽东选集学习辞典》，大连出版社1991年版。

34．翟泰丰主编：《新版〈毛泽东选集〉导读》，中国华侨出公司1991年版。

35．中共中央文献研究室：《〈毛泽东选集〉一至四卷注释校订本》，中央文献出版社1991年版。

36．刘广州等主编：《工会工作实用大全》，四川人民出版社1991年版。

37．熊国保主编：《学习毛泽东与毛泽东思想》，军事译文出版社1991年版。

38．杨瑞森等主编：《新版〈毛泽东选集〉导读》，中国人事出版社1991年版。

39．石崇科主编：《〈毛泽东选集〉第二版引读》，北京工业大学出版社1991年版。

40．朱贵玉等主编：《毛泽东著作研究文集》，中国经济出版社1991年版。

41．鲁鱼等主编：《国际共产主义运动史大事录（1847年—1990年）》，黄河出版社1991年版。

42．韩扬主编：《学习中共党史必读》，经济日报出版社1991年版。

43．焦根强等主编：《毛泽东著作辞典》，中国政法大学出版社1991年版。

44．袁竞主编：《毛泽东著作大辞典》，中国国际广播出版社1991年版。

45．韩荣璋主编：《新版〈毛泽东选集〉学习辅导》，改革出版社1991年版。

46．郭志民等主编：《新版〈毛泽东选集〉学习提要》，陕西人民教育出版社1992年版。

47．刘秉义等主编：《毛泽东重要著作引读》，陕西人民教育出版社1992年版。

48．王进等主编：《毛泽东大辞典》，广西人民出版社等1992年版。

49．冯金武等主编：《毛泽东思想与中国共产党的实践》，改革出版社1992年版。

50．姜春云等主编：《中华魂丛书 变革卷》，山东人民出版社1992年版。

51．胡国铤主编：《南天红中华——中央革命根据地史话》，中共党史出版社1992年版。

52．张传芳主编：《从经典走向现代立场、观点、方法新论》，中国美术学院社1993年版。

53．邵华泽主编：《中国国情总览》，山西教育出版社1993年版。

54．张宏儒主编：《二十世纪中国大事全书》，北京出版社1993年版。

55．危仁条等主编：《江西现代革命史辞典》，华东师范大学出版社1993年版。

56．任天石主编：《20世纪中国社会思潮史论》，南京大学出版社1993年版。

57．陈天绶等：《毛泽东七次入闽》，福建教育出版社1993年版。

58．廖盖隆等主编：《毛泽东百科全书》，光明日报出报社1993年版，2003年修订版。

59．赵本乾等：《中国革命与建设道路简论》，辽宁大学出版社1993年版。

60．巢峰主编：《毛泽东思想大辞典》，上海辞书出版社1993年版。

61．泰安市人民政府《泰安年鉴》编辑部：《泰安年鉴1992》，中国书籍出版社1993年版。

62．陈祥明等编著：《毛泽东的幽默》，中国电影出版社1994年版。

63．李新等：《中国新民主主义革命史长编　星火燎原　1927—1931》，上海人民出版社1994年版。

64．石玉亮主编：《毛泽东兵法与企业竞争艺术》，企业管理出版社1994年版。

65．蔡翔等主编：《二十世纪中国通鉴》，改革出版社1994年版。

66．施金炎主编：《毛泽东著作版本述录与考订》，海南国际新闻出版中心1995年版。

67．刘贵芹：《百年求索——中国人民走上历史必由之路》，福建人民出版社1995年版。

68．人民教育出版社历史室编著：《中国历史》第四册，人民教育出版社1995年版。

69．杨柏等主编：《中国公文史上的丰碑　毛泽东的公文理论与实践》，大连出版社1996年版。

70．李济琛等：《谁主沉浮　旧中国五十年政治风云》，改革出版社1997年版。

71．袁永松主编：《伟人毛泽东》（上卷），红旗出版社1997年版。

72．《中国人民解放军通鉴》编辑委员会编：《中国人民解放军通鉴1927—1996》，甘肃人民出版社1997年版。

73．张静如主编：《毛泽东研究全书》卷二，长春出版社1998年版。

74．李巨川主编：《毛泽东语言艺术鉴赏大辞典》，中原农民出版社1997年版。

75．柴宇球主编：《毛泽东大智谋》下，中国档案出版社1998年版。

76．吴江雄主编：《毛泽东谈古论今》上，安徽人民出版社1998年版。

77．胡哲峰等主编：《毛泽东与林彪》，广西人民出版社1998年版。

78．米敏等主编：《运筹帷幄：伟人的领导艺术与领导方法研究》，教育科学出版社1999年版。

79．余音等主编：《毛泽东的故事》，山西人民出版社1999年版。

80．许蕾：《中国20世纪的三大伟人 新中国的缔造者毛泽东》，中国少年儿童出版社1999年版。

81．郑德荣主编：《中国共产党优良作风鉴览：坚定信念追求真理》，吉林人民出版社2000年版。

82．丁文主编：《中国通史》第7卷，天津古籍出版社2000年版。

83．龚育之：《龚育之文存》上，上海人民出版社2000年版。

84．中共中央文献研究室等：《二十年回眸（一九七八——一九九八）》，福建教育出版社2000年版。

85．曹茂春等主编：《毛泽东思想研析》，群众出版社2001年版。

86．冯克正等主编：《新世纪少年百科大世界 军事·通信》，中国少年儿童出版社2001年版。

87．赵志远等主编：《中华辞海》第三册，印刷工业出版社2001年版。

88．张利凯编写：《1930年的故事》，中国少年儿童出版社2001年版。

89．李鸿文：《李鸿文著述选》，吉林人民出版社2001年版。

90．马西林等主编：《中国共产党 党的理论80年历程》上，光明日报出版社2001年版。

91．陈明显：《毛泽东思想概论考试辅导教材》，国家行政学院出版社2001年版。

92．曾长秋等主编：《毛泽东思想概论》，湖南人民出版社2001年版。

93．张斌等主编：《毛泽东思想概论》，经济科学出版社2002年版。

94．齐豫生等主编：《中国全史》第5卷，吉林摄影出版社2002年版。

95．田树德：《真相毛泽东史实80问》，中国青年出版社2002年版。

96．丁仕达（诗），黄宁（文）：《踏遍闽山留胜迹——毛泽东与福建》，北京燕山出版社2003年版。

97．何明：《伟人毛泽东》上，中央文献出版社2003年版。

98．中央文献研究室科研部图书馆：《毛泽东著作是怎样编辑出版的》，中国青年出版社2003年版。

99．陶永祥主编：《毛泽东笔下的诗文典故》，中央文献出版社2004年版。

100．王晗等主编：《历史上的今天 青少年365天必知历史事件》，时代文艺出版社2004年版。

101．顾永高主编：《青少年百科 毛泽东哲学略览》，喀什维吾尔文出版社2004年版。

102．文仲编：《百年历史回眸：1930年的故事》，陕西旅游出版社2004年版。

103．郭振伦等：《毛泽东思想研究论丛》，宁夏人民出版社2004年版。

104．唐涛等主编：《反围剿战争》，远方出版社2005年版。

105．王新全等主编：《1930年的故事》，延边大学出版社2005年版。

106．郑庆政：《领导者的眼光》，吉林人民出版社2005年版。

107．李海宁主编：《〈毛泽东思想概论〉学习指导》，青海人民出版社2005年版。

108．鲁林等主编：《红色记忆》卷1，济南出版社2005年版。

109．何山编著：《影响华夏文明与历史进程的101件中国大事》，中国长安出版社2006年版。

110．孙广来主编：《世界百年风云纪实》第1辑，内蒙古人民出版社2006年版。

111．李小三主编：《让历史告诉现在 毛泽东等在江西革命斗争时期的领导方略》，江西人民出版社2006年版。

112．谢琍等主编：《伟大长征》，现代教育出版社2006年版。

113．傅如通等主编：《红色闽西》，中央文献出版社2007年版。

114．中国井冈山干部学院教材编审委员会组织编写：《井冈山革命根据地简史》，党建读物出版社2007年版。

115．李迎春等：《品味上杭》，海潮摄影艺术出版社2007年版。

116．林爱枝主编：《福建历史文化名镇名村》，福建人民出版社2008年版。

117．李延编著：《口号：历史的轨迹》，广州市新时代影音公司2008年版。

118．文尚卿等：《井冈山精神与庐陵文化》，国家行政学院出版社2008年版。

119．井冈山革命博物馆主编：《题解井冈山》，中央文献出版社2008年版。

120．柳礼泉：《中国共产党对艰苦奋斗精神的发展与升华》，湖南大学出版社2008年版。

121．陈金龙等主编：《中国近现代史纲要》，广东高等教育出版社2009年版。

122．柏钦水主编：《毛泽东著作版本鉴赏》，山东人民出版社2009年版。

123．张明林主编：《参政语录》，中国古籍出版社2009年版。

124．石仲泉等主编：《毛泽东的故事》，中共党史出版社2010年版。

125．王志强：《中国的标语口号》，中央文献出版社2010年版。

126．杨军等主编：《〈毛泽东思想和中国特色社会主义理论体系概论〉教学案例》，武汉大学出版社2010年版。

127．白运增编著：《百年语录 1911—2010中国最有影响力的话语》，武汉出版社2011年版。

128．康树元等主编：《〈毛泽东思想和中国特色社会主义理论体系概论〉案例导读》，天津大学出版社2011年版。

129．刘金田主编：《红色精神》，湖南教育出版社2011年版。

130．喻言主编：《一本书读懂中国5000年大全集》，中国城市出版社2011年版。

131．李朝军：《红色的故事（1921—1949）》，上海人民出版社2011年版。

132．中国井冈山干部学院教材编审委员会编：《苏区风范》，中央文献出版社2011年版。

133．党波涛编：《中华民族脊梁故事　现代卷》，华中师范大学出版社2011年版。

134．刘莉等：《毛泽东的科学预见与决策》，现代教育出版社2011年版。

135．李捷主编：《毛泽东著作辞典》，浙江人民出版社2011年版。

136．刘金田等：《尘封　毛泽东选集出版的前前后后》，台海出版社2012年版。

137．金中主编：《青少年红色经典故事系列　红色履历》，新疆生产建设兵团出版社2012年版。

138．许丁心：《青少年走近伟人丛书·传记故事　毛泽东》，国际文化出版公司2012年版。

139．王立柱等主编：《马克思主义箴言　经典背诵荟萃》，天津人民出版社2012年版。

140．李楠主编：《点亮星火红色旅游——闽、粤、桂旅行圣地导航》，吉林摄影出版社2012年版。

141．蒋建农等：《毛泽东著作版本编年纪事》，湖南人民出版社2013年第2版。

142．谭一青：《军事家毛泽东》上，中国青年出版社2013年版。

143．刘绍卫：《领导干部读党史经典》，广西人民出版社2013年版。

144．徐明天：《向毛主席学习　中国企业从此站立起来了》，海天出版社2013年版。

145．贾章旺：《毛泽东的故事》，中国文史出版社2013年版。

146．李捷等主编：《实录毛泽东》2，长征出版社2013年版。

147．田湘波编：《毛泽东名言问世记》，中国青年出版社2013年版。

148．杜忠明编：《毛泽东名言故事》，辽宁人民出版社2014年版。

149．梅黎明主编：《伟大预演　中华苏维埃共和国历史》，中国发展出版社2014年版。

150．梅黎明主编：《浴血罗霄　井冈山革命根据地历史》，中国发展出版社2014年版。

151．中共浙江省委宣传部：《开卷有益　富强》，浙江人民出版社2014年版。

152．孔德勇主编：《五行教育探新》，华中科技大学出版社2014年版。

153．康树元主编：《毛泽东思想和中国特色社会主义理论体系概论案例教程》，天津大学出版社2014年版。

154．孟庆春：《向毛泽东学带队伍》，机械工业出版社2014年版。

155．杨庆旺：《毛泽东足迹考察记》上，中央文献出版社2015年版。

156．曾珺：《毛泽东书信背后的故事》，浙江人民出版社2015年版。

157．吴玉才编：《毛泽东思想文献解读》，安徽师范大学出版社2015年版。

158．林星主编：《伟大的苏区精神》，中共党史出版社2015年版。

159．来永宝等：《闽西红色旅游文化概论》，厦门大学出版社2015年版。

160．黄立志主编：《当代中国社会导论》，上海人民出版社2015年版。

161．中共中央组织部等编：《风范　老一辈革命家"三严三实"事例选》，中共党史出版社2015年版。

162．郝金镇等：《成语故事中的哲学》，山东人民出版社2015年版。

163．胡松涛：《毛泽东影响中国的88个关键词》，中国青年出版社2016年版。

164．郑轩主编：《简明党史知识一本通》，东方出版社2016年版。

165．周利生等主编：《我们的红色记忆》，光明日报出版社2016年版。

166．徐东升等主编：《沂蒙精神大学生读本》，山东人民出版社2016年版。

167．曹峰旗等主编：《经典导读与案例精选　大学生思想政治理论课辅学读本》，上海交通大学出版社2016年版。

168．张文灿等主编：《中国近现代史纲要（1840—1949）教学辅导读本》，中国政法大学出版社2016年版。

169．赵章山：《心的力量》，新华出版社2016年版。

170．张泰城等主编：《井冈山的红色文献》，江西人民出版社2016年版。

171．杨宪福：《毛泽东领导理论与实践》，山东大学出版社2017年版。

172．康树元编：《毛泽东思想和中国特色社会主义理论体系概论学习指南》，天津大学出版社2017年版。

173．李自宏：《不忘初心　回望井冈山》，江西高校出版社2017年版。

174．姜宝军：《战略思维》，企业管理出版社2017年版。

175．韩毓海：《重读毛泽东　从1893到1949》，中国少年儿童出版社2017年版。

176．张万禄：《毛泽东的道路（1893—1949）》上，陕西人民出版社2017年版。

177．邱小云：《苏区精神》，中共党史出版社2017年版。

178．李觐主编：《"毛泽东思想和中国特色社会主义理论体系概论"教学案例解析》，中国矿业大学出版社2018年版。

179．徐浩然：《改造我们的世界　从闽西苏维埃运动看中国道路的历史经验　1929—1933》，中共党史出版社2018年版。

180．徐浩然：《关于中国革命的四篇经典文献导读》，中共中央党校出版社2018年版。

181．孙国亮：《福建客家文化读本》，海峡文艺出版社2018年版。

182．吴楚婴编著：《毛泽东著作背后的故事》，当代中国出版社2018年版。

183．谢春涛主编：《毛泽东要篇导读》，人民出版社2018年版。

184．卢广森：《卢广森学术文集》，大象出版社2018年版。

185．康树元等主编：《毛泽东思想和中国特色社会主义理论体系概论　辅学教程》，重庆大学出版社2018年版。

186．孙启航：《直销特种兵训练教程》，中国致公出版社2018年版。

187．李捷等主编：《实录毛泽东》2，北京联合出版公司2018年版。

188．黄小同主编：《中国共产党历史重要文献辞典》，中共党史出版社2019年版。

三、论文

（一）报刊论文

1. 张迪懋：《光辉的榜样，伟大的启示——纪念〈星星之火，可以燎原〉发表三十周年》，《中山大学学报》1960年第1期。

2. 蔡荣：《重读"星星之火，可以燎原" 纪念"星星之火，可以燎原"发表三十周年》，《政治与经济》1960年第1期。

3. 舒实：《科学分析和革命热情的高度结合——学习毛主席的"星星之火，可以燎原"一文的笔记》，《理论战线》1960年第1期。

4. 时进：《读〈星星之火，可以燎原〉——学习毛主席著作笔记》，《学术月刊》1960年第1期。

5. 林晨：《学习毛主席的马克思列宁主义创造精神——纪念'星星之火，可以燎原'发表三十周年》，《教学与研究》1960第1期。

6. 赖仲元：《新生事物，不可战胜——读"星星之火，可以燎原"》，《学术研究》1960年第2期。

7. 周原冰：《再读〈星星之火，可以燎原〉》，《读书》1960年第4期。

8. 黄志仁：《科学的预见 伟大的实践——重读毛主席〈星星之火，可以燎原〉》，《中国经济问题》1976年第1期。

9. 马哲：《革命车轮 势不可挡——学习〈星星之火，可以燎原〉》，《江西师院》1977年第3期。

10. 张玉鹏：《毛泽东同志农村包围城市理论的形成》，《河南师大学报（社会科学版）》1981年第1期。

11. 海军：《星火燎原——重新学习毛泽东同志"农村包围城市"的光辉理论》，《固原师专学报（社会科学版）》1984年第1期。

12. 袁继成：《关于中国革命新道路理论的形成和发展——学习毛泽东关于"农村包围城市"道路的理论》，《武汉大学学报（社会科学版）》1984年第1期。

13. 玉国：《具有中国特色的革命道路——读毛泽东著作〈星星之火，可以燎原〉等文》，《北方第二民族学院学报（哲学社会科学版）》1992年第1期。

14．黄丽芬：《试论毛泽东关于农村包围城市、武装夺取政权理论的形成》，《吴中学刊》1994年第1期。

15．邱守娟：《毛泽东的战争观——重读毛泽东军事著作》，《北京社会科学》2000年第4期。

16．刘晶芳：《古田会议与农村包围城市道路的开辟》，《新疆师范大学学报（哲学社会科学版）》2001年第1期。

17．周声柱：《毛泽东在井冈山时期革命实践新探》，《南昌大学学报（人文社会科学版）》2003年第2期。

18．冯显诚：《重读毛泽东1929年前后的几封信——纪念毛泽东110周年诞辰》，《上海师范大学学报（哲学社会科学版）》2003年第5期。

19．王建国：《〈毛泽东给林彪的信〉探析》，《毛泽东思想研究》2007年第3期。

20．晓陆：《毛泽东的坚定信念与林彪的悲观情绪——〈星星之火，可以燎原〉鲜为人知的故事》，《当代江西》2009年第2期。

21．王春华：《毛泽东林彪与〈星星之火　可以燎原〉》，《贵阳文史》2009年第3期。

22．王树人：《〈星星之火，可以燎原〉公开发表始末》，《党史纵横》2009年第10期。

23．梁柱：《毛泽东中国革命新道路理论的当代价值——纪念〈星星之火，可以燎原〉发表80周年》，《中国井冈山干部学院学报》2010年第2期。

24．张绪雄：《农村包围城市，武装夺取政权：毛泽东"实事求是"思想的伟大实践》，《中共南昌市委党校学报》2010年第3期。

25．高婷等：《毛泽东、林彪与〈星星之火，可以燎原〉》，《党史纵横》2011年第3期。

26．黄伟：《科学分析时局　坚守信仰高地——学习〈星星之火，可以燎原〉》，《行政管理改革》2011年第7期。

27．汤玉洁等：《〈星星之火，可以燎原〉与毛泽东关于中国革命道路的探索》，《中共贵州省委党校学报》2012年第6期。

28．刘付春：《土地革命时期毛泽东信念观探析——重温〈井冈山的斗争〉与〈星星之火，可以燎原〉》，《桂海论丛》2012年第4期。

29．徐世强：《〈星星之火，可以燎原〉原貌出版的一波三折》，《党史文苑》2014年第23期。

30．李帅：《浅析〈星星之火，可以燎原〉的科学依据》，《赤子（下旬）》2016年第2期。

31．闫丽慧等：《论"农村包围城市，武装夺取政权"》，《商》2016年第14期。

32．胡继鹏：《浅析毛泽东"星火燎原"思想的产生背景》，《法制与社会》2016年第15期。

33．王文华：《"星星之火 可以燎原"的哲学启示及当代价值》，《西部皮革》2016年第22期。

34．徐浩然：《游击战争的政治维度——以〈星星之火，可以燎原〉为中心的再阐释》，《科学社会主义》2017年第5期。

35．张大卫等：《〈星星之火 可以燎原〉的方法论分析》，《内蒙古师范大学学报（哲学社会科学版）》2017年第4期。

36．王晓平：《〈星星之火，可以燎原〉背后的故事》，《共产党员（河北）》2018年第5期。

37．张瑜：《〈星星之火，可以燎原〉的版本变化探析》，《中北大学学报（社会科学版）》2018年第6期。

38．吴沂蔓：《读〈星星之火，可以燎原〉的启迪》，《青年文学家》2018年第33期。

39．徐世强：《〈星星之火，可以燎原〉原貌出版的一波三折》，《党的生活（黑龙江）》2018年第8期。

40．张埔华：《新世纪以来福建红色文化研究述评》，《福建党史月刊》2019年第6期。

41．刘晨光：《从〈星星之火，可以燎原〉中看中国共产党的自信心》，《汉字文化》2019年第8期。

42．王雪超：《马克思主义中国化的生成逻辑——重读毛泽东〈星星之火，可以燎原〉和〈反对本本主义〉》，《思想理论教育导刊》2020年第5期。

43．葛宁：《探索中国革命道路 坚定革命理想信念——重读〈星星之火，可以燎原〉》，《山东干部函授大学学报（理论学习）》2020年第7期。

44．张健彪：《土地革命战争初期党对中国革命发展道路的认识——重读〈星星之火，可以燎原〉的历史省思》，《思想理论教育导刊》2020年第9期。

45．徐莹等：《〈星星之火，可以燎原〉蕴含的思想政治教育资源》，《学习月刊》2020年第10期。

46．林思瀚：《星星之火，可以燎原》，《海峡通讯》2021年第1期。

47．谭春林：《星星之火 可以燎原》，《新西藏（汉文版）》2021年第2期。

48．刘国权：《〈星星之火，可以燎原〉的版本考辩、内容精析与当代启示》，《大连干部学刊》2021年第3期。

49．王梅莲：《从〈星星之火，可以燎原〉中感悟"三心"》，《党史博采（下）》2021年第6期。

50．汪建新：《星星之火 可以燎原》，《吉林人大》2021年第4期。

51．谭莉：《重读〈星星之火，可以燎原〉》，《江西工人报》2009年11月4日。

52．韦诚：《井冈山：星星之火，可以燎原》，《华中农业大学校报》2011年6月30日。

53．易舒：《井冈山 星星之火，可以燎原》，《亮报》2011年7月1日。

54．高婷等：《关于〈星星之火，可以燎原〉的故事》，《湖南工人报》2011年10月26日。

55．户华为：《"星星之火，可以燎原"是何时提出的？》，《光明日报》2012年8月29日。

56．徐世强等：《〈星星之火，可以燎原〉全文出版的一波三折》，《团结报》2015年1月8日。

57．李方祥：《质疑〈星星之火，可以燎原〉没有任何理据》，《中国社会科学报》2016年2月25日。

58．杨春长：《致敬燎原的星火——纪念建军90年重读毛主席〈星星之火可以燎原〉》，《文摘报》2017年9月21日。

59．戴安林：《1930年元旦：星星之火，可以燎原》，《老年生活报》

2018年1月1日。

60．潘硕珍：《"星星之火，可以燎原"的出处》，《民主协商报》2020年7月7日。

61．武锁宁：《星星之火　可以燎原》，《人民邮电报》2021年2月3日。

62．罗姝：《星星之火，可以燎原》，《闽西日报》2021年3月4日。

63．汪建新：《星星之火　可以燎原》，《国防时报》2021年4月2日。

64．曾汉辉等：《〈星星之火，可以燎原〉：革命的星火　永恒的灯塔》，《团结报》2021年7月24日。

（二）博硕论文

1．包银山：《中国革命道路理论形成问题之认识论解读》，内蒙古师范大学硕士论文2004年。

2．杨烁：《根据地创建时期党的思想工作及其对我党独创性思想政治教育的影响研究》，东北师范大学硕士论文2006年。

3．周君：《井冈山斗争时期思想政治教育研究》，江西师范大学硕士论文2012年。

4．马亚洲：《中央苏区时期民众革命信仰的构建及其巩固研究》，赣南师范学院硕士论文2013年。

5．孙权：《探析毛泽东的战争哲学》，内蒙古大学硕士论文2013年。

6．陈杰：《井冈山道路研究》，江西师范大学硕士论文2014年。

7．刘雷：《井冈山时期（1927.10—1930.2）革命文献及历史作用研究》，江西师范大学硕士论文2014年。

8．肖杨杨：《井冈山时期中国共产党纯洁性建设的历史经验及启示》，华东交通大学硕士论文2015年。

9．赵敏：《毛泽东农村包围城市道路理论及其当代价值》，北京交通大学硕士论文2017年。

10．梁珍：《古田会议思想建党实践探索与发展研究》，广西师范学院硕士论文2017年。

11．毕钰：《井冈山精神新时代价值研究》，东华理工大学硕士论文2018年。

12．王振邦：《井冈山精神及其当代价值研究》，吉林农业大学硕士论文2018年。

13．孔祥艳：《毛泽东哲学对马克思主义中国化的理论贡献》，黑龙江大学博士论文2019年。

14．王伟伟：《毛泽东文化自信思想的历史考察》，湖南师范大学博士论文2021年。

《怎样分析农村阶级》版本研究

一、写作背景、成文过程

1. 写作背景

1931年，工农民主政府深入开展了土地革命。当时以王明为代表的"左"倾路线开始占据了领导地位，把马克思主义教条化，把苏联经验神圣化，在农民土地问题上，推行"地主不分田，富农分坏田"的"左"倾政策，否定了毛泽东此前提出的"抽多补少""抽肥补瘦""按人口平均分配土地"等一系列比较正确的土地革命路线和政策，认为这是"富农路线""非阶级路线"，是"严重的右倾主义"。同年3月发布的《土地法草案》中规定：所有封建主、地主、军阀、豪绅等大私有主的土地，在被没收后，无权取得任何分地。中国富农的特性是兼半地主或高利贷者，其土地也要同样没收与分配，被没收土地后，可以分得较坏的"劳动份地"。① 同时，该草案还主张平均分配一切土地。同年8月21日，中共苏区中央局通过的《关于土地问题的决议案》中指出，"在分配土地时，地主豪绅及其家属根本无权分得土地"，"富农可以分得一份较坏的土地"；过去中央苏区把土地分给一切人，地主、富农及其家属都同贫农中农分得同样的土地，"是不正确的，是非阶级的"。② 11月初全国苏维埃代表大会通过了带有"左"倾性质的《中华苏维埃共和国土地法》，以法律手段规定"地主不分田，富农分坏田"等"左"倾政策，并强调"各苏区内已经分配的土地，如不合本法

---

① 《红旗周报》1931年3月5日第1期第2版《苏维埃第一次全国代表大会土地法草案》。
② 中共中央文献研究室等编：《建党以来重要文献选编》第八册，中央文献出版社2011年版，第524—530页。

令原则者，则须重新分配"。①

1933年初，临时中央迁入中央苏区后，在土地问题上，继续强推"左"倾政策。2月1日，临时中央颁布中央工农民主政府土地人民委员部第二号训令，要求苏区重新查田、分田。此时，毛泽东已被解除党和红军中的领导职务，只负责苏维埃政府的工作，临时中央责成他通过政府系统开展查田运动。在这样的背景下，毛泽东领导了中央苏区的查田运动。

6月1日，中央工农民主政府发布《关于查田运动的训令》（以下简称"《训令》"）。《训令》指出，之所以要开展查田运动是因为"现在各苏区，尤其是中央苏区，尚有广大区域，没有彻底解决土地问题。这种区域，在中央区差不多占百分之八十的面积，群众在二百万以上"，"这些地方的农民群众，还没有最广大的发动起来；封建残余势力，还没有最后的克服下去；苏维埃政权中、群众团体中、地方武装中，还有不少的阶级异己分子在暗藏活动着，还有不少的反革命秘密组织在各地活动，破坏革命"。②因此，在查田运动中，"要坚决执行阶级路线。以农村中工人阶级为领导，依靠着贫农，坚固联合中农，向着封建半封建势力作坚决的进攻。把一切冒称'中农'、'贫农'的地主富农完全清查出来，没收地主阶级的一切土地财产，没收富农的土地及多余的耕牛、农具、房屋，分配给过去分田不够的及尚未分到田的工人、贫农、中农，富农则分与较坏的劳动份地。"③

6月2日，中共苏区中央局通过了《关于查田运动的决议》，指出查田运动是一场剧烈而残酷的阶级斗争，因此对于农村各个阶层要采取正确和适当的策略。而这个正确和适当的策略应该是："依靠在雇农及贫农（农村中无产阶级及半无产阶级），与中农群众结成巩固的联盟，并使雇农群众在查田运动中起先锋队的领导作用，来消灭地主阶级的残余势力，削弱富农经济上的势力与打击他们窃取土地革命果实的企图。"并强调"在无情的消灭地主残余的斗争中，决不能容许任何消灭富农的企图。当然我们应对富农窃取土地革命果实的企图给以严厉的打击，没收他们多余的农具与好的田地，分给

---

① 《红旗周报》1932年8月10日第47期《中华苏维埃共和国土地法》。
② 中共中央文献研究室等编：《建党以来重要文献选编》第十册，中央文献出版社2011年版，第253页。
③ 中共中央文献研究室等编：《建党以来重要文献选编》第十册，中央文献出版社2011年版，第254—255页。

他们以坏的'劳动份地'。"① 由此，查田运动便在中央苏区全面开展起来。

毛泽东一方面根据中共苏区中央局的决议精神，对查田运动的开展作了详细的说明和部署，另一方面又对查田运动的目的、路线和步骤作了与"左"倾教条主义者不同的阐述。

6月中下旬，在瑞金叶坪，毛泽东主持召开了瑞金、会昌、博生等8县区以上苏维埃政府主要负责人查田运动大会，并先后作了《查田运动是广大区域内的中心重大任务》和《查田运动的第一步——组织上的大规模动员》两个报告。报告中详细介绍了查田运动的原因：苏区政权、群众团体和地方武装中还存在不少阶级异己分子和反革命组织，在各地暗中活动破坏革命。把他们完全打倒，是一刻也不容再缓的任务。② 同时，毛泽东又在上述8县区主持召开了贫农团代表大会，并作了《在八县查田运动大会上的报告》。该报告指出：查田运动的目的是查阶级，而不是再分田；其阶级路线是以工人为领导，依靠贫农，联合中农，削弱富农，消灭地主。并详细介绍了查田运动的步骤：讲阶级（做宣传）、查阶级、通过阶级、没收分配，而这许多工作都须动员广大群众，宣传正确的路线和政策。最后指出要正确开展查田运动，就必须反对查田运动中的侵犯中农、消灭富农的"左"倾机会主义，包庇地主富农的右倾机会主义，反对官僚主义的领导方法和工作方法。③

但是，自查田运动全面开展以来，毛泽东的一些正确思想未能得到完全贯彻落实，一些地方依然受"地主不分田，富农分坏田"的"左"倾思想的影响，使运动发生了很大偏差。由于对划分阶级成分没有统一的标准，也没有明确怎样划分，许多地方混淆了中农、富农、地主之间的界限，把大量中农特别是富裕中农错误划分为地主、富农并加以打击，把不少富农当作地主加以打击，并且发生了严重侵犯中农利益和过分打击富农的"左"的倾向。尤为严重的是，还将查田运动与肃反运动及"洗刷"阶级异己分子搅在一起，将大量新查出的"地主富农分子"洗刷出革命队伍。这严重影响到了根据地的生产发展和政治稳定，损伤了农民的生产积极性，给党和人民带来了极大的困扰。

---

① 《红色中华》1933年6月20日第87期第2版《中央局关于查田运动的决议》。
② 《红旗周报》1933年8月31日第59期《查田运动是广大区域内的中心重大任务》。
③ 毛泽东：《论查田运动》，晋察冀新华书店1947年版，第5—12页。

9月8日，中共苏区中央局作出《关于查田运动的第二次决议》，承认查田运动中出现了错误，并责成临时中央政府予以纠正，以保障查田运动完全的胜利。

2. 成文过程

从1925年开始，毛泽东通过各种途径和方式，深入了解农民的生产生活情况以及农村的阶级状况，逐渐形成了关于农村阶级分析的理论。

1925年12月1日，毛泽东发表了《中国社会各阶级的分析》。文中通过对中国社会各阶级的经济地位及其对革命态度的分析，将中国社会阶级划分为"地主阶级、买办阶级、中产阶级、小资产阶级、半无产阶级和无产阶级"[1]。这是第一次对中国社会的阶级状况作了较为全面的分析。

1926年1月1日，毛泽东又在《中国农民》第1期上发表了《中国农民中各阶级的分析及其对于革命的态度》一文，将农村居民中"大地主、小地主、自耕农、半自耕农、半益农、贫农、雇农及乡村手工业者、游民这八种人分为八个阶级"[2]，并对各阶级的经济地位、生活状况和对革命的态度进行了分析比较。

1927年3月，毛泽东在《湖南农民运动考察报告》中提出了农民中的阶级划分和划分标准，把农民划分为富农、中农和贫农，贫农中又分为"全然无业，即既无土地，又无资金，完全失去生活依据"[3]的赤贫和"半无业，即略有土地，或略有资金，但吃的多，收的少，终年在劳碌愁苦中过生活"[4]的次农。

1930年5月，毛泽东对寻乌进行了全面、系统的调查，这对他了解农村阶级关系、制定正确的土地政策产生了重要的影响。毛泽东根据收租量的多少，将地主分为大地主（收租500石以上的）、中地主（收租500石以下200石以上的）、小地主（收租200石以下的）；根据生活状况的好坏，将农村人口分为富农（有余钱剩米放债的）、中农（够食不欠债的）、贫农（不够食欠债的）；还有手工工人（各种工匠、船夫、专门脚夫）、游民（无业的）及

---

[1] 《毛泽东选集》第一卷，人民出版社1991年版，第2—11页。
[2] 毛泽东：《中国农民中各阶级的分析及其对于革命的态度》，《中国农民》1926年第1期。
[3] 《毛泽东选集》第一卷，人民出版社1991年版，第20—21页。
[4] 《毛泽东选集》第一卷，人民出版社1991年版，第21页。

雇农（长工及专门做零工的）。①

1933年3月，在毛泽东的直接领导下，王观澜在瑞金县（今瑞金市）叶坪乡开展查田运动试点。王观澜深入叶坪乡的贫困农民中去，认真调查研究，摸清实际情况，并把在叶坪乡的调查情况向毛泽东作了汇报。毛泽东指示他"必须依靠群众、发动群众，肃清封建、半封建的势力，把群众组织起来，支持革命战争，做好各项工作"②。王观澜按照毛泽东的指示，继续在叶坪深入开展查田试点工作。首先将贫农团组织起来后，成立"查田委员会"，发动群众查阶级、评议阶级；然后将群众提供的各种材料综合分析，确定地主和富农的成分，报上级审批；最后按政策规定处理他们的财产。经过查田运动，叶坪乡的面貌大大改变，在苏区引起了强烈反响。有了经验后，毛泽东和临时中央政府决定组织工作团到瑞金县的云集、壬田两区指导开展查田运动，扩大试点成果，以取得更多的经验。根据毛泽东的指示，王观澜总结了叶坪乡查田运动的经验，起草了以经济剥削占有比重作为划分阶级的基本标准的文件。毛泽东以王观澜的初稿为基础，花了几天时间，对原稿的说明顺序、材料取舍和语言文字等方面进行了加工修改。在修改过程中，毛泽东多次约王观澜商酌，修改后又请王观澜通读提意见，最后定名为《怎样分析阶级》。③ 6月29日《红色中华》第89期第8版全文刊载了《怎样分析阶级》。

10月10日，中华苏维埃临时中央政府批准了《怎样分析阶级》作为开展土地革命的指导性文件，同时，批准了毛泽东主持制定的另一篇划分阶级的文件《关于土地斗争中一些问题的决定》，作为对《怎样分析阶级》的补充一并颁布实施。临时中央政府还发出命令，要求各级政府按照上述两个文件精神对农村阶级成分进行复查，并指出："凡在一九三三年十月十日以前各地处置之阶级成分有不合本决定者，应即依据本决定予以变更。"④

关于《怎样分析阶级》的成文时间，人民出版社1951年版《毛泽东选

---

① 《毛泽东农村调查文集》，人民出版社1982年版，第105页。
② 徐明清：《明清岁月：徐明清回忆录》，中共党史出版社2014年版，第137—138页。
③ 孙国林：《毛泽东与王观澜》，《党史博采（纪实）》2010年第6期。
④ 中央档案馆编：《中共中央文件选集》第九册，中共中央党校出版社1991年版，第547页。

集》第一卷的题解说："这个文件，是毛泽东同志一九三三年十月为纠正在土地改革工作中发生的偏向、正确地解决土地问题而写的，曾由当时中央工农民主政府通过，作为划分农村阶级成份的标准。"①1991年《毛泽东选集》再版时订正了一些文章的写作时间，但仍未对第一卷中《怎样分析农村阶级》一文的写作时间进行校订，题解中仍说是1933年10月写的。这一说法，依据的是1933年10月中华苏维埃临时中央政府通过的《关于土地斗争中一些问题的决定》。②该《决定》在开头语中指出："在分田与查田的斗争中，发生了许多实际问题。这些问题，或是以前的文件没有规定，或是规定不明悉，或是苏维埃工作人员解释不正确，以致执行上发生错误。人民委员会为了正确的发展土地斗争，纠正及防止这些问题上的错误起见，除了批准《怎样分析阶级》关于分析地主富农中农贫农工人的各项原则外，特作下面的决定"③。其中提到的《怎样分析阶级》就是后来收入《毛泽东选集》第一卷的《怎样分析农村阶级》。1951年版《毛泽东选集》将中华苏维埃临时中央政府批准《怎样分析阶级》的时间当作是写作时间，这是不准确的。实际上，这篇文章成文于1933年6月。

1933年6月17日至21日，毛泽东主持召开了瑞金、会昌、于都、胜利、博生、石城、宁化、长汀等8县区以上苏维埃负责人员查田运动大会，会议通过的《八县区以上苏维埃负责人员查田运动大会所通过的结论》，要求"从实际社会关系中正确的分析阶级成份，是执行阶级路线的重要部分，过去在这个问题上面所犯的一切错误，必须迅速改正。要根据此次规定的标准（'怎样分析阶级'）去解决一切实际的阶级成份问题。要在群众中普遍解释这个标准，首先是教育干部，使之完全懂得这个标准"④。6月25日至7月1日，召开的上述8县区贫农团代表大会上通过的《八县贫农团代表大会决议》中指出："大会一致的拥护中央政府人民委员会第十一号关于查田运动的训令，

---

① 《毛泽东选集》第一卷，人民出版社1951年版，第124页。
② 该文件收录在中共中央党校出版社1991年出版的《中共中央文件选集》第九册，和中央文献出版社2011年出版的《建党以来重要文献选编》第十册。
③ 中共中央文献研究室等编：《建党以来重要文献选编》第十册，中央文献出版社2011年版，第547页。
④ 江西省档案馆等选编：《中央革命根据地史料选编》（下），江西人民出版社1982年版，第487页。

中央政府毛主席关于查田运动的报告，及八县区以上苏维埃负责人员查田运动大会的结论，八县贫农团应按照这几个文件上的指示，及'怎样分析阶级'的原则，坚决的去进行查田查阶级运动的工作，以达到彻底的消灭封建残余势力。"[1]《八县区以上苏维埃负责人员查田运动大会所通过的结论》和《八县贫农团代表大会决议》中提到的《怎样分析阶级》，即刊载于1933年6月29日出版的《红色中华》第89期第8版上的《怎样分析阶级》。因此，《怎样分析阶级》在1933年6月就已成文并发表，这是最早的版本，此后的大多数版本是以《红色中华》版为底本。

1933年9月18日出版的第110期《红色中华》，刊载了永丰县南坑区苏维埃主席刘基和与中央政府秘书处关于查田查阶级运动中两个政策界限问题的往返信《怎样分析阶级两点疑问》。中央政府秘书处的回信中引用了《红色中华》版的原文来说明问题："怎样分析阶级的第一段上说：富农'经常依靠剥削为其生活来源之一部，有些还是大部。'第二段举出富农剥削的方式，说'富农剥削是经常的'……"回信中的落款是"中府秘书处，八，一四。"[2] 10月之前的中央政府秘书处8月14日的信中已引用了《红色中华》中刊登《怎样分析阶级》的原文，也说明《怎样分析阶级》成文于1933年10月之前。

二、主旨、意义

1. 主旨

毛泽东以马克思主义阶级分析法为指导，根据以往土地革命斗争的实践和中国农村社会的实际，并在大量调查研究和总结经验的基础上，以生产资料的占有情况、是否参加劳动以及剥削程度为标准，把农村的社会阶级划分为地主、富农、中农、贫农和工人（雇农）五个阶级，并对五个阶级进行了全面而深入的分析。

从生产资料的占有情况分析，毛泽东对这五个阶级的划分做了明确的规定。地主拥有完全的生产资料，军阀、官僚、土豪、劣绅是地主阶级的政治

---

[1] 《红色中华》1933年7月5日第91期第6版《八县贫农团代表大会决议》。
[2] 《红色中华》1933年9月18日第110期第8版《怎样分析阶级两点疑问》。

代表，并且阐述了破产后的地主、收租管家以及高利贷者三种人的阶级划分。富农拥有部分生产资料，一般占有比较优良的生产工具和活动资本。中农拥有部分生产资料，贫农"有些占有一部份土地与不完全的工具。有些全无土地，只有一些不完全的工具"①。工人"一般全无土地与工具，有些有极小部份的土地工具"②。

以是否劳动、剥削方式为标准，规定了五个阶级划分的界限。首先，把地主与富农两个剥削阶级进行比较。在对待劳动的态度上，地主自己不参加劳动，或只附带劳动，富农自己参加劳动；在生活来源上，地主以剥削农民为生，富农生活来源的一部或大部要靠剥削；在剥削方式上，地主主要是收取地租，富农主要是剥削雇佣劳动（请长工）。其次，把富农与中农相比较。中农全靠或主要靠自己劳动来生活，有时还要受到别人小部分的剥削，这是其与富农的最大区别。富裕中农与富农的区别在于剥削程度的不同，富农的剥削是经常的并且是主要的，富裕中农的剥削是非经常的和非主要的，而富裕中农又是中农的一部分，这就划清了富农与富裕中农之间的界限。最后，将中农与贫农、工人（雇佣工人）进行对比，以出卖劳动力的多少来决定被剥削的程度。中农一般不出卖劳动力，贫农一般要出卖小部分的劳动力，这是区别中农和贫农的主要标准。工人则完全地或主要地以出卖劳动力为生。

2. 意义

《怎样分析农村阶级》是以毛泽东为代表的中国共产党人把马克思主义阶级分析法同中国农村阶级的客观实际相结合的产物。

它的发布纠正了以王明为代表的"左"倾教条主义在划分农村阶级问题上的错误，解决了中国农村土地斗争中含混不清的、容易混淆的问题，如对地主与富农的区别，富农与富裕中农的区别等。毛泽东在划分这些阶级时，是根据他们的经济标准、经济地位来划分，而不是按照政治思想态度来划分。以政治、思想、态度来划分阶级，容易出现阶级成分划分上的主观随意性。而以经济的具体客观标准来划分，可以避免主观因素的干扰。这样的划分"不仅坚持了以生产资料所有制为根本标准的马克思主义阶级划分方法，

---

① 《毛泽东选集》第一卷，人民出版社1991年第二版，第127—129页。
② 《毛泽东选集》第一卷，人民出版社1991年第二版，第129页。

并且发展了马克思主义关于农民阶级的理论和阶级分析与阶层分析相结合的理论"[1]，"彻底地实现了从按政治态度划分阶级关系到按经济标准、经济地位划分阶级关系的飞跃"[2]，是毛泽东对中国农村社会阶级分析方面认识的深化和发展。

在中国共产党的领导下，通过对农村阶级的重新划分，"清洗了混进工农政权的阶级异己分子，镇压了暗藏的反革命，打击了封建残余势力"[3]。也"正是通过对农村阶级的重新划分，以及在此基础上展开的土地革命与阶级斗争，不仅改变了乡村农民的经济地位，而且他们的政治地位也相应地得到了提高，由此也获得了较为广泛的权力。而原有的地主豪绅的权力却因阶级划分和阶级斗争受到了挤压，并最终失去了其在基层社会的权力地位"[4]。因此，通过对农村阶级的重新划分，提高了广大人民群众的生产积极性和革命热情，壮大了革命队伍，有力支援了人民革命战争。

《怎样分析农村阶级》虽然提出了划分农村五个主要阶级成分标准的质的规定，但还是有一定的局限性。在解放战争时期的1948年，中共中央对该文进行修改、补充和完善后重新颁布，纠正了当时新发生的"左"的倾向。1950年又进行了修改、补充和完善，避免了以往在划分阶级成分上出现的偏差，保障了《中华人民共和国土地改革法》的贯彻执行。这篇著作经过几次修改、补充和完善，逐渐形成了符合社会实际情况的指导性文件，在解放战争时期、中华人民共和国成立初期的土地改革运动中发挥了重要指导作用。

三、版本综述

《怎样分析阶级》，在新民主主义革命时期，刊载、翻印、出版的版本不少。

---

[1] 任莹：《毛泽东阶级分析法探析：读〈怎样分析农村阶级〉有感》，《学理论》2014年第7期。
[2] 胡艳辉等：《中国共产党与中国农民》（第1卷），湖南人民出版社2002年版，第268页。
[3] 福建师范大学编：《毛主席诗词学习参考资料》，福建人民出版社1979年版，第226页。
[4] 杨东：《乡村的民意——陕甘宁边区的基层参议员研究》，山西人民出版社2013年版，第67页。

（一）1949年10月以前版本

主要有：《红色中华》1933年6月29日《怎样分析阶级》；中华苏维埃共和国临时中央政府1933年编印《查田运动指南》；现收藏于瑞金中央革命根据地纪念馆1933年10月《怎样分析阶级》铅印本[①]；湘鄂川黔省革委会1934年翻印《中央政府关于土地斗争中的一些问题的决定》；1935年湘鄂川黔省革委会翻印《中国历史参考资料》；中华苏维埃共和国临时中央政府西北办事处1936年1月1日印《怎样分析阶级》；冀东新华书店1947年8月版《怎样分析阶级》；中共晋绥分局1948年1月编印《怎样分析阶级》；中共华东局秘书处1948年1月翻印《怎样分析阶级》；中共晋察冀中央局1948年2月编印《怎样分析阶级》；承德《群众日报》1948年5月31日《怎样分析阶级》[②]；《晋察冀日报》1948年5月31日《怎样分析阶级》；《冀中导报》1948年5月31日《怎样分析阶级》；《东北日报》1948年5月31日《怎样分析阶级》；《吉林日报》1948年6月2日《怎样分析阶级》；《内蒙古日报》1948年6月3日《怎样分析阶级》；《察哈尔日报》1948年6月4日《怎样分析阶级》；《哈尔滨日报》1948年6月4日《怎样分析阶级》；中共嫩江省委1948年6月编印《怎样分析阶级——一九三三年的两个重要文件》；太行区党委编，太行群众书店1948年6月版《中共中央文件辑要》；中共华中九地委宣传部1948年6月编印《怎样分析阶级》；渤海新华书店1948年7月版《土改整党手册》；冀南新华书店1948年8月版《土改整党手册》；解放社编，新华书店1948年9月版、1949年5月版、1949年7月版《目前形势和我们的任务》；《新华日报》（太岳版）1948年9月21日《怎样分析阶级》；《华商报》1948年第750号《怎样分析阶级》；合江日报社编，合江日报社1948年版《怎样分析阶级》；鄂豫公学1949年4月翻印《怎样分析阶级》；冀东新华书店1949年4月版《怎样分析阶级》；毛泽东等著，华中新华书店1949年4月版《目前形势和我们的任务》（第3版）；解放社编，晋南新华书店1949年4月版《目前形势和我们的任务》；中共华北中央局编，新华书店1949年8月版、11月再版《怎样分析阶

[①] 《新湘评论》2019年第12期《毛泽东〈怎样分析阶级〉铅印本》。
[②] 此文在该报上的发表时间，蒋建农等《毛泽东著作版本编年纪事》（一册）（湖南人民出版社2013年第2版）第160页标1948年"5月1日"，日期误，应为1948年5月31日。

级》；湖南省委会办公室1949年9月翻印《怎样分析阶级》；新华书店1949年版《政策选辑》。

还有一些摘录本，如：华中新华书店出版1948年5月版《土改中的几个问题》（摘录），湖南省书报编印生产合作社1949年8月编印《中国土地法大纲与实践》（摘录），等等。

（二）1949年10月以后版本

1. 中文版本

主要有：《河南日报》1950年8月26日；《广州市政》1950年第8—9期；《新华月报》1950年第2卷第5期；《新中华》1950年第17期；信阳地委宣传部1950年编印《怎样分析阶级》；新华书店 1950年第3版《中央人民政府政务院关于划分农村阶级成份的决定》（根据1950年8月初版重印）；中共华北中央局编，河南新华书店1950年第3版《怎样分析阶级》；中共中央华南分局宣传部编，新华书店华南总分店1950年版《干部学习资料》（第15辑）；人民出版社1951年版《毛泽东选集》第一卷；西南军政委员会民政部编，西南人民出版社1951年版《人民民主政权建设文件汇集》；人民出版社1952年版《毛泽东选集》第一卷；中国人民解放军军事学院中共党史教授会1956年编印《学习中国共产党历史第三次国内革命战争时期的阅读文件》；湖南历史考古研究所筹备处等编，湖南人民出版社1957年版《湖南现代革命史料汇集》（第3册）；中共龙岩地委党史办公室1958年编印《闽西党史研究参考资料》（1931年—1934年 合订本）；群众出版社1960年版《毛泽东同志论无产阶级专政和肃反工作》（全文）；中共晋东南地委党校1962年翻印《怎样分析农村阶级》；人民出版社1963年新1版《怎样分析农村阶级》；中共浙江省委办公厅1964年翻印《怎样分析农村阶级》；人民出版社1964年第1版《毛泽东选集》（一卷本）；中国青年出版社1964年第1版、1965年第2版、1966年版（根据1965年第2版重排）《毛泽东著作选读》乙种本；人民出版社1965年版《怎样分析农村阶级》；中国人民解放军总政治部编，中国人民解放军总参谋部出版局1966年第3版《毛泽东著作选读》；人民出版社1966年版《毛泽东选集》（横排）第一卷；人民出版社1967年版《毛泽东选集》（袖珍一卷本）；人民出版社1968年版《毛泽东选集》（袖珍一卷本）；中国人民解放军战士出版社1968年版《毛泽东选集》（袖珍一卷本）；莲花县群众专政委员会1968年翻印《怎样分析农村阶级》；江西省革命委员会政治部1968年编印《怎样分析农村阶级》；江西省九江市革命委员会政治部1969年翻印《怎样分析农村阶级》；江苏省无锡市革命委员会政法组1969年翻印《怎样分析农村阶级》；陕西省革命委员会政工组1971年编印《农村工作文件选编》；中共阿荣旗委整党建党办公室1973年翻印《怎样分析农村阶级》；王健民编，中文图书供应社1975年版《中国共产党史稿》（第2编 江西时期 增订本）；北京师范大学中共党史系1976年编印《国民经济恢复时期的社会改革运动》；南开大学马列主义教研室1977年编印《学习〈毛泽东选集〉第五卷》（参考资料）上；江西师院历史系中共党史教研组1977年编印《学习〈毛泽东选集〉第五卷》（历史资料汇编）；陕西省西安市中级人民法院1978年编印《司法资料汇编》（第1辑）；辽宁省图书馆编，辽宁人民出版社1978年版《学习〈毛泽东选集〉第五卷》（参考资料）；西南政法学院刑法教研室1978年编印《中华人民共和国刑法参考资料》（第1辑）；中国人民解放军战士出版社1978年第1版《毛泽东著作选读》（战士读本）；中共中央党校党史教研室编，人民出版社1979年版《中共党史参考资料》三（第二次国内革命战争时期），《中共党史参考资料》六（第三次国内革命战争时期）；中国人民大学农业经济系资料室1980年编印《农村政策文件选编》（1947—1957年）；北京农业大学农业经济法研究组等1981年编印《农业经济法规资料汇编》（第1辑）；中国社会科学院经济研究所中国现代经济史组编，人民出版社1981年版《第一、二次国内革命战争时期土地斗争史料选编》；中央人民政府法制委员会1982年编印《中央人民政府法令汇编》（1949年—1950年）；陈翰笙等编，中国展望出版社1985年版《解放前的中国农村》（第1辑）；人民出版社1991年第2版《毛泽东选集》第一卷；中国社会科学院编，社会科学文献出版社1992年版《中华人民共和国经济档案资料选编》（1949—1952 农村经济体制卷）；中国经济出版社1994年版《中华人民共和国大典》；光明日报出版社1997年版《二十世纪中国实录》（第四卷）；中共梅州市委党史研究室1999年编印《从清匪反霸到土地改革》；李松晨等主编，当代中国出版社1999年版《开国档案》（1949—1956）；西苑出版社2001年版《毛泽东选集手抄本》；中国档案出版社2001年版《中国共产党八十年珍贵档案》第一卷；张培田等编，中国政法大学出版社2003年版《新中国法制研究史料通鉴》第1卷；国务院法制办公室编，中国法制出版社2005年版《中华人民共和国法规汇编》（1949—1952）第1卷；陆学艺等主编，广西人民出版社2007年版《中国社会思想史资料选辑》（民国卷）下册；于建嵘主编，中国农业出版社2007年版《中国农民问题研究资料汇编》（第1卷 1912—1949）、（第2卷 1949—2007）上；中共内蒙古自治区委党史研究室编，中共党史出版社2008年版《内蒙古的土地制度改革》；中共瑞金市委等2008年编印《红色经典》上册；中共中央文献研究室等编，中央文献出版社2011年版《建党以来重要文献选编》第十册；中共中央文献研究室编，中央文献出版社2011年版《建国以来重要文献选编》（第一册）；张迪杰主编，润东出版社2013年版《毛泽东全集》第6卷；中央档案馆等编，江西人民出版社2016年版《红色中华》全编（整理本3）；梁玥主编，山东人民出版社2016年版《行政组织法典汇编》（1949—1965）；中国人民解放军政治学院党史教研室编印《中共党史参考资料》（第19册）（出版日期不详）；1977年版《农业政策学习材料》（编者、出版社不详）；《建国以来重要文件汇编》（国民经济的恢复时期）（出版社、出版日期不详）。

还有一些节录本，如：香港新华分社编，中国出版社1949年版《怎样分析阶级》（第1种）（摘录）；人民出版社1964年版《毛泽东著作专题摘录》；江西人民出版社1982年版《湘赣革命根据地斗争史》（节录）；路德庆主编，华东师范大学出版社1983年版《写作艺术示例》（节录）；冯金武等主编，改革出版社1992年版《毛泽东思想与中国共产党的实践》（摘录）；乔宗寿等著，上海人民出版社1993年版《毛泽东经济思想发展史》（节录）；蒋建农主编，河北人民出版社1998年版《毛泽东全书》第一卷；胡艳辉等，湖南人民出版社2002年版《中国共产党与中国农民》（第1卷）（节录）；深圳市档案馆编，花城出版社2005年版《建国30年深圳档案文献演绎》第1卷（摘录）；王天舒编著，湖南大学出版社2006年版《议论文写作教程》（节录）；万振凡著，经济日报出版社2008年版《弹性结构与传统乡村社会变迁——以1927—1937年江西农村革命与改良冲击为例》（摘录）；杨会清著，江西人民出版社2008年版《中国苏维埃运动中的革命动员模式研究》（节录）；中央文献出版社2011年版《毛泽东思想年编》（一九二一—

一九七五)(节录);唐显凯主编,华文出版社2012年版《江西与中国统一战线》(摘录);杨东著,山西人民出版社等2013年版《乡村的民意:陕甘宁边区的基层参议员研究》(节录);上海师大教育革命组编印《〈水浒〉评论专辑》(节录);辽宁省党史学会编印《党史研究参考资料(第二次国内革命战争时期)》(摘录);等等。

2. 其他版本

外文版有英文、老挝文、俄文、法文、缅甸文、斯瓦希里文、泰米尔文、泰文、土耳其文、西班牙文、印尼文、越南文、日文等13种。还有日本苍苍社1983年第2版《毛泽东集》第3卷等。

少数民族版有托忒蒙古文、哈萨克文、蒙文、维吾尔文、朝鲜文、藏文等。

四、研究综述

(一)版本的介绍

施金炎主编《毛泽东著作版本述录与考订》对《怎样分析农村阶级》进行了版本介绍:汉文版单行本2种,少数民族文本2种,外文版14种。[1] 蒋建农等《毛泽东著作版本编年纪事》对《怎样分析农村阶级》做了版本介绍。[2] 柏钦水主编《毛泽东著作版本鉴赏》关于《怎样分析农村阶级》的版本收录外文版单行本2种。[3] 张惠芝等主编《毛泽东生平著作研究目录大全》中收录的汉文版单行本1种,盲文版汇编本1种,外文版单行本13种,少数民族文版4种,其中汇编本3种。[4] 何明星主编《中华人民共和国外文图书出版发行编年史(1949—1979)》(下)中收录外文版单行本12种。[5] 中共中央高级

---

[1] 施金炎主编:《毛泽东著作版本述录与考订》,海南国际新闻出版中心1995年版,第196—198页。

[2] 蒋建农等:《毛泽东著作版本编年纪事》(一册),湖南人民出版社2013年第2版,第160—161页。

[3] 柏钦水主编:《毛泽东著作版本鉴赏》,山东人民出版社2009年版,第356、425页。

[4] 张惠芝等主编:《毛泽东生平著作研究目录大全》,河北教育出版社1993年版,第1277—1513页。

[5] 何明星主编:《中华人民共和国外文图书出版发行编年史(1949—1979)》(下),学习出版社2013年版,第498—746页。

党校图书馆编印《馆藏马克思列宁主义经典著作书目》①和陈矩弘《新中国出版史研究1949—1965》②中收录少数民族汇编本2种。

还有些书籍也介绍了《怎样分析农村阶级》的版本，如：国家出版事业管理局版本图书馆编，中华书局出版1976年版《全国总书目》（1973）；中国版本图书馆编，中华书局1987年版《全国总书目》（1966—1969）；廖盖隆等主编，光明日报出报社1993年版，2003年修订版《毛泽东百科全书》；何明星著，新华出版社2014年版《中国图书在世界的传播与影响》；卢洁等编，湘潭大学出版社2014年版《毛泽东文物图集》（下卷1893—1949）；1961年版《马克思列宁主义经典著作目录》（增订本）（编者、出版社不详）；等等。

（二）版本的校勘、研究

日本学者竹内实主编的《毛泽东集》（日本北望社1971年初版，苍苍社1983年第2版）第3卷收入了《怎样分析阶级》，以《红色中华》第89期为底本，参考了中华苏维埃中央临时政府1933年印的《查田运动指南》、国民党政府1935年编印的《赤匪反动文件汇编》第三册，与人民出版社1951年版的《毛泽东选集》第一卷收入的《怎样分析农村阶级》进行了校勘，列出校勘记47条。这是较早地对《怎样分析农村阶级》进行版本校勘、研究的著作。

周一平《日版〈毛泽东集〉〈毛泽东集补卷〉校勘与研究》（中国国际文化出版社2013年版）对日版《毛泽东集》《毛泽东集补卷》进行了校勘、研究，指出："日《集》第3卷本《怎样分析阶级》与《毛选》第1卷本《怎样分析农村阶级》相校，《毛选》第1卷本有很多删节。"③又指出："日《集》第3卷《怎样分析阶级》（即《毛选》第1卷《怎样分析农村阶级》）有40余条校记。"④

---

① 中共中央高级党校图书馆1958年编印：《馆藏马克思列宁主义经典著作书目》，第43—45页。

② 陈矩弘主编：《新中国出版史研究1949—1965》，上海交通大学出版社2012年版，第133—134页。

③ 周一平：《日版〈毛泽东集〉〈毛泽东集补卷〉校勘与研究》，中国国际文化出版社2013年版，第130页。

④ 周一平：《日版〈毛泽东集〉〈毛泽东集补卷〉校勘与研究》，中国国际文化出版社2013年版，第152页。

还指出：" 日《集》第10卷《关于一九三三年两个文件的决定》，收入了《决定》，又收入了《怎样分析阶级》《关于土地斗争中一些问题的决定》两个文件。《怎样分析阶级》已收入了日《集》第3卷，《关于土地斗争中一些问题的决定》已收入了日《集》第4卷，这一点应加注说明，设法避免重复。"[1] " 日《集》第10卷《关于一九三三年两个文件的决定》，收入了《决定》，又收入了《怎样分析阶级》、《关于土地斗争中一些问题的决定》两个文件。而《怎样分析阶级》日《集》第3卷中已有，《关于土地斗争中一些问题的决定》日《集》第4卷中已有，而日《集》中《怎样分析阶级》《关于土地斗争中一些问题的决定》的两个不同版本，文字略有不同，应将两个不同的版本合在一处进行校勘，既可避免重复，校勘也可更深入。"[2]

还指出："日《集》第3卷《怎样分析阶级》署'一九三三•六'，并注：'一九三三•六→一九三三年十月'（265页）。即指出《毛选》本署'一九三三年十月'。注出处为：'红色中华八九期一九三三•六•二九'（268页）。日《毛著表》将此文系于'33•6•29'，并注：'日期6月29日是《红色中华》第89期发表日'（96页）。现在能查到的1933年6月29日《红色中华》第89期为四版（《红色中华》有时为四版，有时为六版），其中没有发表《怎样分析阶级》。此文即《毛选》第1卷本《怎样分析农村阶级》，《毛选》本署'一九三三年十月'。题注为：'这个文件，是毛泽东一九三三年十月为纠正土地改革中发生的偏向、正确地解决土地问题而写的……'（127页）《毛谱》记：1933年10月10日，'临时中央政府批准毛泽东起草的《怎样分析阶级》一文……这篇著作编入《毛泽东选集》时，题名《怎样分析农村阶级》'（上卷413页）。《怎样分析阶级》究竟何时起草的，待查"[3]。

这也是对《怎样分析农村阶级》进行的一种版本研究。

人民出版社1991年第2版《毛泽东选集》中的注释，较1951年至1960年第

---

[1] 周一平：《日版〈毛泽东集〉〈毛泽东集补卷〉校勘与研究》，中国国际文化出版社2013年版，第76页。

[2] 周一平：《日版〈毛泽东集〉〈毛泽东集补卷〉校勘与研究》，中国国际文化出版社2013年版，第172—173页。

[3] 周一平：《日版〈毛泽东集〉〈毛泽东集补卷〉校勘与研究》，中国国际文化出版社2013年版，第90—91页。

1版《毛泽东选集》中的注释，有不少修改、增补，有关注释修订的情况被汇编成《〈毛泽东选集〉一至四卷注释校订本》（中共中央文献研究室编，中央文献出版社1991年版），《怎样分析农村阶级》中"管公堂和收学租"这一条注释的修订情况，见该书第81—82页。

（三）背景、内容、意义等研究

第一，对背景的研究、论述。

书籍如：汤应武主编《中国共产党重大史实考证》（中国档案出版社2001年版）论述，1933年，在逆境中的毛泽东先后领导了中央苏区的查田运动和经济建设工作。查田运动开始时，毛泽东没有完全按照当时中央的"左"倾指令而大轰大嗡地进行，而是首先组织指导有当时任土地部副部长的王观澜等参加的工作队，到瑞金县云集区叶坪乡试点。叶坪乡查田运动试点后，1933年6月1日，中央政府发出《关于查田运动的训令》，6月2日苏区中央局发出《关于查田运动的决议》，大规模的查田运动便在中央苏区开展起来。查田运动首要的是分析阶级和确定阶级成分。为此，毛泽东写下了《怎样分析阶级》一文。[①]

又如中共厦门市委工交政治部编《学习毛主席著作参考资料》（民族出版社1966年版）中论述，毛泽东写的《怎样分析农村阶级》一文，是1933年10月发表的。当时我国正处在第二次国内革命战争时期。我们党的工作重心，已经由城市转到农村，集中力量发动农民，解决农民土地问题。要想彻底解决农民问题、贯彻党的土地革命路线和政策，就必须正确地分析农村阶级。正是在这个问题上，有些地方发生了一些偏差，不能正确地贯彻党的农村工作路线和政策。毛泽东为了纠正当时土地改革工作中发生的偏向、指导革命运动正确地向前发展，发表了这篇伟大的马克思列宁主义的历史文献。[②]

论文如：贺世友《毛泽东与查田运动》〔《上海师范大学学报（哲学社会科学版）》1987年第1期〕论述，1933年上半年，毛泽东亲自指导进行的查田运动试点，注意发动群众、调查研究、实事求是地处理土地革命中的一

---

① 汤应武主编：《中国共产党重大史实考证》，中国档案出版社2001年版，第517—518页。
② 中共厦门市委工交政治部编：《学习毛主席著作参考资料》，民族出版社1966年版，第68页。

些问题，坚持了土地革命中的正确政策。下半年，查田运动全面开展起来之后，毛泽东并没有按照"左"倾的指导思想去做。他在有关查田运动的一系列报告和文章中，比较正确地阐明了查田运动的目的、意义、政策、步骤和方法，指出要根据不同地区的土地革命的实际情况，确定工作的中心。但是，由于"左"倾机会主义的影响和干扰，查田运动全面展开以后，仍然发生了许多"左"倾的错误，主要表现在划分阶级成分扩大化，侵犯了中农，过重地打击了富农，还伤害了大批干部。这年十月，中央工农民主政府颁布了毛泽东《怎样分析农村阶级》一文和他主持制定的《关于土地斗争中一些问题的决定》，作为土地革命中分析和划分阶级成分的标准与依据。[①]

还有一些书籍、论文也论述了《怎样分析农村阶级》的背景，如书籍：中共中央纪律检查委员会信访室编《信访工作手册》（吉林人民出版社1988年版）；丛广玉主编《中国现代史教程》（黑龙江人民出版社1990年第1版）；蒋建农主编《毛泽东全书》第一卷（河北人民出版社1998年版）；中共中央文献研究室第一编研部等编《历史巨人毛泽东画传》（第1卷）（中央文献出版社2013年版）；徐明清《明清岁月：徐明清回忆录》（中共党史出版社2014年版）；林星主编《伟大的苏区精神》（中共党史出版社2015年版）；李新芝编著《毛泽东题词题字珍闻》（台海出版社2016年第1版）等。如论文：姜义华《论查田运动》〔《复旦学报（社会科学版）》1980年第6期〕；闫中恒《中央革命根据地的查田运动初探》（《江西社会科学》1981年第1期）；罗添时《红都瑞金的查田运动及其历史意义》（《江西师范大学学报》1984年第2期）；吴锦荣《毛泽东与中央苏区的查田运动》（《福建党史月刊》1991年第2期）；蒋伯英《论闽西苏区的土地政策》（《党史研究与教学》1993年第1期）；王作坤《毛泽东在党的土地革命路线形成中的贡献》（《齐鲁学刊》1993年第6期）；黄伟《毛泽东与查田运动述论》〔《阜阳师范学院学报（社会科学版）》1993年第4期〕；袁征《毛泽东与中央苏区的查田运动》（《赣南师范学院学报》1994年第2期）；赵来群《王观澜与晋绥土改》（《党史文汇》2001年第5期）；李晓航《苏区"查田运动"始末》（《文史精华》2003年第4期）；晓农《1933年中央苏区的查田运动》（《党史博览》

---

① 贺世友：《毛泽东与查田运动》，《上海师范大学学报（哲学社会科学版）》1987年第1期。

2004年第6期）；许人俊《王观澜与毛泽东的深情厚谊》（《党史博览》2005年第5期）；殷涛《毛泽东对王明"左"倾富农政策的抵制和斗争》〔《郑州航空工业管理学院学报（社会科学版）》2007年第5期〕；吕新民《阶级成分》（《档案天地》2008年第5期）；牛保良《试述中央苏区查田运动》（《党史文苑》2008年第18期）；孙国林《毛泽东与王观澜》〔《党史博采（纪实）》2010年第6期〕；江小华《毛泽东与中央苏区的查田运动》（《中国井冈山干部学院学报》2012年第2期）；叶介甫《毛泽东与王观澜的革命情谊》（《党史纵览》2014年第5期）；杨晓哲《解放战争时期土改侵犯中农问题纠偏始末》（《百年潮》2018年第2期）；尹占文《"阶级"何以在苏区农村落地？——以毛泽东1933年的三篇经典文献为考察依据》（《山西高等学校社会科学学报》2019年第5期）等。

第二，对内容的分析。

书籍如：刘光杰主编《毛泽东经济变革与发展思想研究》（武汉大学出版社1993年版）中指出，在《怎样分析农村阶级》一文中，毛泽东实际上提出了划分农村阶级的客观标准，归纳起来有三个方面。第一，生产资料（土地、耕畜、农具等）的占有状况，即占有与否、占有多少、占有什么；第二，生产资料的使用状况（劳动状况），即自己是否劳动，主要劳动还是附带劳动；第三，剥削状况，即剥削别人还是被人剥削，或者兼而有之。①

又如张万禄主编《毛泽东的道路》（1921—1935）（中央文献出版社2006年版）中分析，《怎样分析农村阶级》一文，运用马克思主义阶级分析的方法，对如何分析地主、富农、中农、贫农和工人，作了明确规定，并作为划分农村阶级成分的标准。② 赵凤岐主编《怎样认识社会主义时期的阶段斗争问题》（福建人民出版社1982年版）认为：在《怎样分析农村阶级》一文中，关于怎么划分阶级，都有明确规定，都是说的要根据经济地位，根据对生产资料的关系来划分阶级，而不是根据什么政治、思想来划分阶级。③

论文如：任莹《毛泽东阶级分析法探析：读〈怎样分析农村阶级〉有

---

① 刘光杰主编：《毛泽东经济变革与发展思想研究》，武汉大学出版社1993年版，第111页。
② 张万禄主编：《毛泽东的道路》（1921—1935），中央文献出版社2006年版，第613页。
③ 赵凤岐主编：《怎样认识社会主义时期的阶段斗争问题》，福建人民出版社1982年版，第15页。

感》(《学理论》2014年第7期）中认为，毛泽东没有把农民阶级看作一个整体，而是具体分析他们的生产资料占有情况、生产中所处的地位和产品的分配方式，把他们进一步划分为地主、富农、中农、贫农和工人（雇农）五个阶级。由于这五个阶级的经济状况不同，决定他们对革命的态度也是不同的。他们对革命的不同态度决定了我们的革命应当联合谁、打击谁。正是基于这样的出发点和目的，毛泽东灵活运用马克思主义阶级分析法，把阶级分析与阶层分析结合起来，正确地对农民阶级做出了分析，对革命的胜利起了重要的指导作用。①

还有一些书籍也论述了《怎样分析农村阶级》的内容，如：《毛泽东选集》（第二版）导读编写组编著《〈毛泽东选集〉第二版导读》（新华出版社1991年版）；袁竞主编《毛泽东著作大辞典》（中国国际广播出版社1991年版）；王进等主编《毛泽东大辞典》（广西人民出版社等1992年版）；马进主编《毛泽东思想研究》（宁夏人民出版社1992年版）；何平主编《毛泽东大辞典》（中国国际广播出版社1992年版）；（美）斯塔尔主编，中共中央文献研究室《国外研究毛泽东思想资料选辑》编辑组编译《毛泽东的政治哲学》（中央文献出版社1992年版）；朱企泰等《毛泽东统战思想研究》（中国工人出版社1993年版）；赵文绪主编《毛泽东经济思想体系概论》（华中理工大学出版社1994年版）；柴宇球主编《毛泽东大智谋》（下卷）（中国档案出版社1998年版）；蒋建农主编《毛泽东全书》第六卷（河北人民出版社1998年版）；肖浩辉《毛泽东决策思想研究》（湖南人民出版社1999年版）；余玮等《中国高端访问》（7）（经济日报出版社2007年版）；杨会清《中国苏维埃运动中的革命动员模式研究》（江西人民出版社2008年版）等。

此外，还有一些书籍介绍了1950年8月中央人民政府政务院会议通过的《关于划分农村阶级成份的决定》中，甲部分《怎样分析农村阶级》的删改和补充情况。如朱健华等主编《中华人民共和国大事纪事本末》："《决定》指出，1933年中华苏维埃共和国临时中央政府制定的《怎样分析农村阶级》一文，除一小部分现已不适用外，其余部分在现实土地改革中是基本适用的。因此，政务院将该文件删改并加以补充后，再行公布，与其他两个文

---

① 任莹：《毛泽东阶级分析法探析：读〈怎样分析农村阶级〉有感》，《学理论》2014年第7期。

件共同作为今后正确解决土地问题的文件。《补充决定》在原文件下面均加（政务院补充决定）字样。"①还有陈奇文主编《统一战线知识手册》（湖北教育出版社1989年第一版）、段永林主编《中华人民共和国大事典》（吉林人民出版社1991年版）；钟明主编《中国工运大典》（下）（中国物资出版社1998年版）；中国二十世纪通鉴编委会编《中国二十世纪通鉴》（1941—1960第3册）（线装书局2002年版）；廖洪乐《中国农村土地制度六十年——回顾与展望》（中国财政经济出版社2008年版）；《中国的土地改革》（当代中国出版社等2009年第一版）；张树军主编《图文共和国年轮》（1949—1959）（河北人民出版社2009年第一版）等。

第三，对作用、意义的研究、论述。

书籍如：《李达文集》（第4卷）（人民出版社1988年版）认为，毛泽东的《怎样分析农村阶级》这一著作的发表，在这方面提供了依据，解决了困难，其意义是极大的。这不仅是对于土改的成败，即对整个新民主主义革命说来，也是有着决定性的作用的。中国人民自从有了这一文献，在划阶级当中，有了准则，很少再有划错阶级的。因而保证了土改的顺利进行与成功；保证了土改在一地一地的迅速完成；保证了中国人民民主统一战线一日一日的强大；保证了中国人民民主政权越来越巩固。像毛泽东同志这样一篇著作，一经形诸实践，就获得这样伟大的成就，亦即为中国人民缔造无限的幸福，这是特别值得我们加深体会的。②

又如冯金武等编《毛泽东思想与中国共产党的实践》（改革出版社1992年版）认为，《怎样分析农村阶级》一文，不仅对当时纠正"左"倾错误的土改政策起了一定的积极作用，激发了广大农民群众的劳动生产热情和革命积极性，发展了农业生产，壮大了红军队伍，促进了革命根据地的巩固和发展，有力地支援了人民革命战争，而且在新中国成立后的1950年冬到1953年春，在全国新解放区农村分期分批地进行土地改革划分农村阶级成分时，基本上是按照《怎样分析农村阶级》一文规定的标准进行的。③

论文如：郑英年《毛泽东同志与中国农村阶级分析》（《社会科学》

---

① 朱健华等主编：《中华人民共和国大事纪事本末》，吉林教育出版1992年版，第105页。
② 《李达文集》（第4卷），人民出版社1988年版，第173—174页。
③ 冯金武等主编：《毛泽东思想与中国共产党的实践》，改革出版社1992年版，第109页。

1983年第12期)认为,毛泽东的《怎样分析农村阶级》,标志着作为毛泽东思想的中国农村各阶级分析的胜利完成,也标志着我国建立起一套有中国特色的对农村各阶级分析的科学概念系统,解决了历史上长期未解决的问题。[①] 中国井冈山干部学院编《纪念中央革命根据地创建暨中华苏维埃共和国成立80周年学术研讨会论文集》(江西人民出版社2012年版)认为,《怎样分析农村阶级》为土地革命中划分农村阶级成分提供了科学准确的标准,解决了第二次国内革命战争时期中国共产党一直没有解决的农村阶级成分划分问题,进一步完善了毛泽东的土地革命路线。[②]

还有一些书籍、论文也阐述了《怎样分析农村阶级》的意义,如:郑昌等编《学习〈毛泽东选集〉第一卷》(新建设杂志社1952年版);蓝全普主编《解放区法规概要》(群众出版社1982年版);吴怀连《农村社会学》(安徽人民出版社1991年版);朱健华主编《中华人民共和国大事纪事本末》(吉林教育出版社1992年版);《二十世纪中国实录》(第四卷)(光明日报出版社1997年版);袁永松主编《伟人毛泽东》(上)(红旗出版社1997年版);蒋建农主编《毛泽东全书》第五卷(河北人民出版社1998年版);中共中央党校理论研究室编《历史的丰碑 中华人民共和国国史全鉴》1(政治卷)(中共中央文献出版社2005年版);李伟《毛泽东与中国社会改造》(中央文献出版社2006年版);邱延生《历史的真迹 毛泽东风雨沉浮五十年》(新华出版社2006年版);李捷主编《毛泽东著作辞典》(浙江人民出版社2011年版);李小三主编《苏区干部好作风》(江西人民出版社2011年版);等等。论文如:朱剑农《读怎样分析农村阶级》(《新建设》1951年第3期)等。

此外,乔明甫等主编《中国共产党建设大辞典》(四川人民出版社1991年版);程敏主编《〈毛泽东选集〉导读》(中国国际广播出版社1991年第1版);焦根强等主编《毛泽东著作辞典》(中国政法大学出版社1991年版);乔宗寿等《毛泽东经济思想发展史》(上海人民出版社1993年版);廖盖隆等主编《毛泽东百科全书》(光明日报出版社1993年版,2003年修订

---

① 郑英年:《毛泽东同志与中国农村阶级分析》,《社会科学》1983年第12期。
② 中国井冈山干部学院编:《纪念中央革命根据地创建暨中华苏维埃共和国成立80周年学术研讨会论文集》,江西人民出版社2012年版,第333页。

版）等，对《怎样分析农村阶级》的背景、内容、意义做了介绍和论述。《辞海试行本》第2分册（哲学）（中华书局辞海编辑所修订1961年）；顾龙生编著《毛泽东经济年谱》（中共中央党校出版社1993年版）；巢峰主编《毛泽东思想大辞典》（上海辞书出版社1993年版）；张深溪《中外历史上的重大改革研究》（中共中央党校出版社2004年版）；中共中央文献研究室编《毛泽东思想形式与发展大事记》（中央文献出版社2011年版）；逄先知主编《毛泽东年谱 1893—1949》（修订本）上（中央文献出版社2013年版）等，简要介绍了《怎样分析农村阶级》一文。也有些博硕论文涉及了《怎样分析农村阶级》的研究，如：李伟《土地革命战争时期苏区的查田运动探析》，2008年云南师范大学硕士论文；董平《中共第一代领导人对我国阶级阶层的分析》，2012年东北师范大学博士论文；吕连仁《民主革命时期毛泽东的农村阶级理论与政策研究》，2015年山东大学博士论文；谢辉《马克思主义阶级分析理论梳正及时代化思考》，2016年广西师范大学硕士论文；等等。还有一些书籍收录了关于研究此文的文章目录，如：韩荣璋主编《毛泽东生平思想研究索引》（武汉出版社1994年版）；张静如主编《毛泽东研究全书》卷二（长春出版社1998年版）等。

五、校勘与分析

（一）1949年10月以前版本校勘与分析

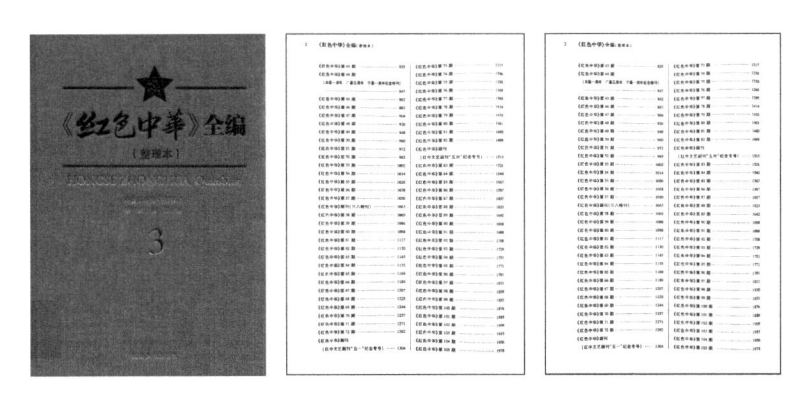

江西人民出版社2016年版《红色中华》全编（整理本3）书影

由中国井冈山干部学院和中央档案馆编、江西人民出版社2016年出版的

《红色中华》全编（整理本 3）中完整收录了《红色中华》1933年6月29日第89期第8版上《怎样分析阶级》一文（以下简称"《红色中华》版"），《红色中华》版是最早的版本，此后的大多数版本也是以《红色中华》版为底本。

1. 中华苏维埃共和国临时中央政府1933年印《查田运动指南》与《红色中华》1933年6月29日第89期版异同

中华苏维埃共和国临时中央政府1933年印《查田运动指南》书影

中华苏维埃共和国临时中央政府1933年印发的《查田运动指南》[①]中包括《怎样分析阶级》（以下简称"《查田运动指南》"）。此版与《红色中华》版相校，主要有以下不同：

（1）标点符号不同

标点符号不同有29处，主要是标点的增、删或者改换。如：

《红色中华》版："此外或兼放债，或兼雇工，或兼营工商业。但对农民剥削地租是地主剥削的主要方式。"[②]《查田运动指南》："此外或兼放债。或兼雇工。或兼营工商业。但对农民剥削地租，是地主剥削的主要方式，"[③]。

《红色中华》版："此外或兼以一部分土地租人剥削地租，或兼放债，

[①] 由严帆编、江西高校出版社1991年出版的《中央革命根据地新闻出版史》，叶再生编、华文出版社2002年出版的《中国近代现代出版通史》（第2卷）和《中央苏区文艺丛书》编委会编、长江文艺出版社2017年出版的《中央苏区文艺史料集》等书籍中都介绍到《查田运动指南》是中华苏维埃共和国临时中央政府1933年6月印发的，这是不准确的。《查田运动指南》，没有注明出版时间。该目录中第六部分《贫农团组织与工作大纲》是1933年7月15日发布的，第七部分《为查田运动给瑞金黄柏区苏维埃的一封信》是1933年7月13日的信件。因此，说《查田运动指南》是中华苏维埃共和国临时中央政府1933年6月印发的，是不准确的。

[②] 中央档案馆等编：《红色中华》全编（整理本 3），江西人民出版社2016年版，第1664页。

[③] 《查田运动指南》，中华苏维埃共和国临时中央政府1933年印，第27页。

或兼做生意及小工业，"①。《查田运动指南》："此外或兼以一部份土地租人剥削地租。或兼放债。或兼做生意及小工业。"②

《红色中华》版："自己都有相当的工具，全靠自己劳动，或大部靠自己劳动，一般不剥削人，许多还要受别人一部分地租债利等剥削。"③《查田运动指南》："自己都有相当的工具。全靠自己劳动，或大部靠自己劳动。一般不剥削人。许多还要受别人一部份地租债利等剥削。"④

《红色中华》版："贫农在土地分配中应该与中农雇农得到同等的利益，且原有的一些土地工具不没收。"⑤《查田运动指南》："贫农在土地分配中，应该与中农雇农得到同等的利益其原有的一些土地工具不没收。"⑥

……

（2）文字不同

文字修改33处，主要分为以下几类：

第一，不改变文义的文字修改。

《红色中华》版："占有土地（不论多少），自己不劳动，他只附带劳动，专靠剥削为生。"⑦《查田运动指南》："占有土地（不论多少），自己不劳动，或只附带劳动，专靠剥削为生。"⑧"他"改"或"，不改变文义。

《红色中华》版："富农一般占有土地，但也有只占有一部分土地，另租人一部分土地的。也有自己全无土地，全部土地都是租入的（后二种少）。富农一般都占有比较优良的工具及活动资本，"⑨。《查田运动指南》："富农一般占有土地。但也有只占有一部份土地，另租入一部份土地的。也有自己全无土地，全部土地都是租入的（后二种少数）。富农一般都

---

① 中央档案馆等编：《红色中华》全编（整理本3），江西人民出版社2016年版，第1664页。
② 《查田运动指南》，中华苏维埃共和国临时中央政府1933年印，第28页。
③ 中央档案馆等编：《红色中华》全编（整理本3），江西人民出版社2016年版，第1665页。
④ 《查田运动指南》，中华苏维埃共和国临时中央政府1933年印，第28页。
⑤ 中央档案馆等编：《红色中华》全编（整理本3），江西人民出版社2016年版，第1665页。
⑥ 《查田运动指南》，中华苏维埃共和国临时中央政府1933年印，第29页。
⑦ 中央档案馆等编：《红色中华》全编（整理本3），江西人民出版社2016年版，第1664页。
⑧ 《查田运动指南》，中华苏维埃共和国临时中央政府1933年印，第27页。
⑨ 中央档案馆等编：《红色中华》全编（整理本3），江西人民出版社2016年版，第1664页。

占有比较优良的生产工具及活动资本。"[1] "部分"改"部份"，全文共有14处；"后二种少"改"后二种少数"，"工具"改"生产工具"，均不改变文义。

《红色中华》版："但中国的富农除自己劳动之外，并不雇工，而另以地租债利等方式剥削农民。"[2]《查田运动指南》："但中国的富农也常有自己劳动之外，并不雇工而另以地租债利等方式剥削农民。"[3] 修改后，不改变文义。

《红色中华》版："他们的耕牛农具房屋则只没收其多余的部分，而仍分给以较坏的劳动份地。"[4]《查田运动指南》："他们的耕牛农具房屋则只没收其多余的一部份。而仍分给较坏的劳动份地。"[5] "部分"改"一部份"，删"以"，均不改变文义。

《红色中华》版："另一部分中农，包括富裕中农，则对别人有一部分的剥削，"[6]。《查田运动指南》："另一部份中农（包括富裕中农在内）则对别人有部份的剥削，"[7]。"包括富裕中农"改"包括富裕中农在内"，"一部分"改"部份"，均不改变文义。

《红色中华》版："至于那一家人中有人在城市作工的是工人，但他的家属在乡下有土地出租，或有钱放债，如果他的家庭不是靠收租为主要生活来源，其土地不没收，并照一般农民分田。如果他的家庭是靠着收租或放债主要生活来源，其土地没收，但应分田与他的妻及子女，但工人仍在城市不分田。"[8]《查田运动指南》："至于那些一家人中有人在城市作工，他是工人，但他的家庭在乡下有地出租，或有钱放债，如果他的家庭不是靠着收租为主要生活来源。其土地不没收，并照一般农民分田。如果他的家庭是靠着收租放债为生活的主要来源，其土地没收，但应分田与他的妻及子女，他

---

[1] 《查田运动指南》，中华苏维埃共和国临时中央政府1933年印，第28页。
[2] 中央档案馆等编：《红色中华》全编（整理本3），江西人民出版社2016年版，第1664页。
[3] 《查田运动指南》，中华苏维埃共和国临时中央政府1933年印，第28页。
[4] 中央档案馆等编：《红色中华》全编（整理本3），江西人民出版社2016年版，第1664页。
[5] 《查田运动指南》，中华苏维埃共和国临时中央政府1933年印，第28页。
[6] 中央档案馆等编：《红色中华》全编（整理本3），江西人民出版社2016年版，第1665页。
[7] 《查田运动指南》，中华苏维埃共和国临时中央政府1933年印，第28—29页。
[8] 中央档案馆等编：《红色中华》全编（整理本3），江西人民出版社2016年版，第1664页。

本人因在城市不分田。"①修改后，不改变文义。

……

第二，使表述更明确、更准确的修改。

《红色中华》版："地主阶级是革命的主要敌人，苏维埃对地主的政策，是没收他们的一切财产，消灭地主阶级。"②《查田运动指南》："地主阶级是土地革命的主要敌人，苏维埃对地主的政策，是没收他们一切土地财产，消灭地主阶级。"③"革命"改"土地革命"，"一切财产"改"一切土地财产"，修改后，使表述更明确、更准确。

《红色中华》版："帮助地主收租管家依靠地主剥削的一些人，应与地主一例看待。"④《查田运动指南》："帮助地主收租管家依靠地主剥削农民为生的一些人，应与地主一律看待。"⑤"依靠地主剥削的一些人"改"依靠地主剥削农民为生的一些人"，修改后，更明确、更准确。

……

2. 中华苏维埃共和国临时中央政府西北办事处1936年印《怎样分析阶级》与《红色中华》1933年6月29日第89期版异同

人民出版社1981年《第一、二次国内革命战争时期土地斗争史料选编》版书影

中国社会科学院经济研究所中国现代经济史组编、人民出版社1981年出版的《第一、二次国内革命战争时期土地斗争史料选编》中收录了中华苏

---

① 《查田运动指南》，中华苏维埃共和国临时中央政府1933年印，第29—30页。
② 中央档案馆等编：《红色中华》全编（整理本3），江西人民出版社2016年版，第1664页。
③ 《查田运动指南》，中华苏维埃共和国临时中央政府1933年印，第27页。
④ 中央档案馆等编：《红色中华》全编（整理本3），江西人民出版社2016年版，第1664页。
⑤ 《查田运动指南》，中华苏维埃共和国临时中央政府1933年印，第27页。

维埃共和国临时中央政府西北办事处1936年1月1日印发的《怎样分析阶级》（以下简称"1936年单行本"）[①]。此版与《红色中华》版相校，主要有以下不同：

（1）标点符号不同

标点符号不同有30处，主要是标点的增、删或者改换。如：

《红色中华》版："军阀官僚土豪劣绅是地主阶级的政治代表，是地主中特别凶恶者。"[②]1936年单行本："军阀、官僚、土豪、劣绅是地主阶级的政治代表，是地主中特别凶恶者。"[③]

《红色中华》版："富农一般占有土地，但也有只占有一部分土地，另租入一部分土地的。也有自己全无土地，全部土地都是租入的（后二种少）。"[④]1936年单行本："富农一般占有土地，但也有只占有一部分土地，另租入一部分土地的，也有自己全无土地，全部土地都是租入的（后二种少数）……"[⑤]

《红色中华》版："富农的剥削方式，主要是剥削雇佣劳动（请长工）。"[⑥]1936年单行本："富农的剥削方式，主要是剥削雇佣劳动（请长工），"[⑦]。

……

（2）文字不同

文字修改有59处，主要分为以下几类：

第一，修改标题。

《红色中华》版："（一）什么叫做地主？""（二）什么叫做富农？""（三）什么叫做中农？""（四）什么叫做贫农？""（五）什

[①] 1936年1月1日，中华苏维埃共和国临时中央政府西北办事处主席博古发布命令，公布《怎样分析阶级》及《陕甘苏区土地斗争中一些问题的决定》，并要求各级苏维埃依此实行。

[②] 中央档案馆等编：《红色中华》全编（整理本3），江西人民出版社2016年版，第1664页。

[③] 中国社会科学院经济研究所中国现代经济史组编：《第一、二次国内革命战争时期土地斗争史料选编》，人民出版社1981年版，第840页。

[④] 中央档案馆等编：《红色中华》全编（整理本3），江西人民出版社2016年版，第1664页。

[⑤] 中国社会科学院经济研究所中国现代经济史组编：《第一、二次国内革命战争时期土地斗争史料选编》，人民出版社1981年版，第843页。

[⑥] 中央档案馆等编：《红色中华》全编（整理本3），江西人民出版社2016年版，第1664页。

[⑦] 中国社会科学院经济研究所中国现代经济史组编：《第一、二次国内革命战争时期土地斗争史料选编》，人民出版社1981年版，第843页。

么叫做工人？"①。1936年单行本："一、地主""二、富农""三、中农""四、贫农""五、工人"②。

第二，不改变文义的文字修改。

《红色中华》版："富农的剥削是经常的，许多并且是主要的。"③1936年单行本："富农的剥削是经常的，许多并且是占其主要的生活来源。"④ "许多并且是主要的"改"许多并且是占其主要的生活来源"，修改后，不改变文义。

《红色中华》版："有些占有一部分土地，另租入一部分土地。"⑤ 1936年单行本："有些中农只占有一部分土地，另租入一部分土地，"⑥。《红色中华》版："一般全无土地与工具，有些有极小部分的土地工具，"⑦。1936年单行本："工人一般全无土地与工具，有些工人有极小部分的土地工具，"⑧。在句中、句首增"中农""工人"，上述修改，均不改变文义。

《红色中华》版："另一部分中农，包括富裕中农，则对别人有一部分的剥削，但非经常的与主要的，这些都是中农。"⑨ 1936年单行本："另一部分中农（富裕中农），则对别人有轻微的剥削，但非经常的与主要的，这些都是中农。"⑩ "包括富裕中农"改"富裕中农"，"一部分"改"轻微"，修改后，不改变文义。

《红色中华》版："苏维埃对中农的政策，是坚固的联合他们。中农的

---

① 中央档案馆等编：《红色中华》全编（整理本3），江西人民出版社2016年版，第1664—1665页。
② 中国社会科学院经济研究所中国现代经济史组编：《第一、二次国内革命战争时期土地斗争史料选编》，人民出版社1981年版，第840—845页。
③ 中央档案馆等编：《红色中华》全编（整理本3），江西人民出版社2016年版，第1664页。
④ 中国社会科学院经济研究所中国现代经济史组编：《第一、二次国内革命战争时期土地斗争史料选编》，人民出版社1981年版，第843页。
⑤ 中央档案馆等编：《红色中华》全编（整理本3），江西人民出版社2016年版，第1665页。
⑥ 中国社会科学院经济研究所中国现代经济史组编：《第一、二次国内革命战争时期土地斗争史料选编》，人民出版社1981年版，第844页。
⑦ 中央档案馆等编：《红色中华》全编（整理本3），江西人民出版社2016年版，第1665页。
⑧ 中国社会科学院经济研究所中国现代经济史组编：《第一、二次国内革命战争时期土地斗争史料选编》，人民出版社1981年版，第845页。
⑨ 中央档案馆等编：《红色中华》全编（整理本3），江西人民出版社2016年版，第1665页。
⑩ 中国社会科学院经济研究所中国现代经济史组编：《第一、二次国内革命战争时期土地斗争史料选编》，人民出版社1981年版，第845页。

土地，不得本人同意不应平分，土地不够的中农，应该与贫农雇农分得同等的土地。"①1936年单行本："苏维埃对于中农的政策，是坚决的保护他们，中农的土地，不得本人同意，不得平分。土地不够的中农，应与贫农分得同等的土地。"②修改后，不改变文义。

第三，使表述更明确、更准确的修改。

《红色中华》版："自己不劳动，他只附带劳动，专靠剥削为生。"③1936年单行本："自己不劳动，或只有附带的劳动，专靠剥削为生的，叫做地主。"④"只"改"只有"，增"的""叫做地主"，修改后，更准确、明确。

《红色中华》版："地主阶级是革命的主要敌人，苏维埃对地主的政策，是没收他们的一切财产，消灭地主阶级。"⑤1936年单行本："地主阶级是土地革命的主要敌人，苏维埃对地主阶级的政策，是没收他们的一切土地财产，消灭地主阶级。"⑥"革命"改"土地革命"，"地主"改"地主阶级"，"一切财产"改"一切土地财产"，修改后，使表述更明确、更准确。

《红色中华》版："全靠自己劳动，或大部靠自己劳动，"⑦。1936年单行本："中农的生活来源全靠自己劳动，或主要靠自己劳动。"⑧"全靠自己劳动"改"中农的生活来源全靠自己劳动"，"大部"改"主要"，修改后，更准确、明确。

《红色中华》版："一般不剥削人，许多还要受别人一部分地租债利等剥削。但中农一般不出卖劳动力。"⑨1936年单行本："中农一般不剥削

---

① 中央档案馆等编：《红色中华》全编（整理本3），江西人民出版社2016年版，第1665页。
② 中国社会科学院经济研究所中国现代经济史组编：《第一、二次国内革命战争时期土地斗争史料选编》，人民出版社1981年版，第845页。
③ 中央档案馆等编：《红色中华》全编（整理本3），江西人民出版社2016年版，第1664页。
④ 中国社会科学院经济研究所中国现代经济史组编：《第一、二次国内革命战争时期土地斗争史料选编》，人民出版社1981年版，第840页。
⑤ 中央档案馆等编：《红色中华》全编（整理本3），江西人民出版社2016年版，第1664页。
⑥ 中国社会科学院经济研究所中国现代经济史组编：《第一、二次国内革命战争时期土地斗争史料选编》，人民出版社1981年版，第841页。
⑦ 中央档案馆等编：《红色中华》全编（整理本3），江西人民出版社2016年版，第1665页。
⑧ 中国社会科学院经济研究所中国现代经济史组编：《第一、二次国内革命战争时期土地斗争史料选编》，人民出版社1981年版，第845页。
⑨ 中央档案馆等编：《红色中华》全编（整理本3），江西人民出版社2016年版，第1665页。

人，反而普遍的受苛捐杂税的剥削，其中许多还要受别人小部分地租、债利等剥削。并且中农一般不出卖劳动力。"①增"反而普遍的受苛捐杂税的剥削"，"一部分"改"小部分"，修改后，更明确、准确。

《红色中华》版："一般都须租入土地来耕，受人地租债利与部分雇佣劳动，贫农一般须出卖一部分劳动力□的剥削。（原文如此——编者）这些都是贫农。"②1936年单行本："一般都须租入土地与牛驴来耕，受人地租、债利与小部分雇佣劳动的剥削，这些都是贫农。中农一般不要出卖劳动力，贫农一般要出卖小部分劳动力，这是区别中农与贫农的主要标准。"③修改后，贫农与中农有了更明确的区分。

第四，使表述更简练、明了的修改。

《红色中华》版："贫农在土地分配中应该与中农雇农得到同等的利益，且原有的一些土地工具不没收。"④1936年单行本："贫农在土地分配中，应该与雇农、中农得到同等的利益。"⑤修改后，更简练、明了。

第五，使表述更合理的修改。

《红色中华》版："帮助地主收租管家依靠地主剥削的一些人，应与地主一例看待。"⑥1936年单行本："帮助地主收租管家，依靠地主剥削农民为主要生活来源的一些人，不得分配土地。"⑦"依靠地主剥削的一些人"改"依靠地主剥削农民为主要生活来源的一些人"，强调了收租管家主要的生活来源是靠剥削农民；"应与地主一例看待"改"不得分配土地"，修改后，更合理。

《红色中华》版："此外或兼以一部分土地租人剥削地租，或兼放债，或兼做生意及小工业，富农多半还管公堂。但中国的富农除自己劳动之外，

---

① 中国社会科学院经济研究所中国现代经济史组编：《第一、二次国内革命战争时期土地斗争史料选编》，人民出版社1981年版，第845页。
② 中央档案馆等编：《红色中华》全编（整理本3），江西人民出版社2016年版，第1665页。
③ 中国社会科学院经济研究所中国现代经济史组编：《第一、二次国内革命战争时期土地斗争史料选编》，人民出版社1981年版，第845页。
④ 中央档案馆等编：《红色中华》全编（整理本3），江西人民出版社2016年版，第1665页。
⑤ 中国社会科学院经济研究所中国现代经济史组编：《第一、二次国内革命战争时期土地斗争史料选编》，人民出版社1981年版，第845页。
⑥ 中央档案馆等编：《红色中华》全编（整理本3），江西人民出版社2016年版，第1664页。
⑦ 中国社会科学院经济研究所中国现代经济史组编：《第一、二次国内革命战争时期土地斗争史料选编》，人民出版社1981年版，第840页。

并不雇工，而另以地租债利等方式剥削农民。"[1] 1936年单行本："此外或兼以一部分土地租人剥削地租，或兼放债，或伙喂牲口或兼营工商业，但中国的富农，常有自己劳动之外，并不雇工，而另以地租债利或伙喂牲畜等方式剥削农民，"[2]。修改后，更合理。

第六，略改变文义的修改。

1936年单行本中收录的《怎样分析阶级》，是根据1933年10月苏维埃临时中央政府颁布的《怎样分析阶级》的原则精神，结合西北地区的特点及土地斗争的经验，在西北地区的具体运用。因此，带有一定地域性，例如：《红色中华》版："占有土地（不论多少），"[3]。1936年单行本："占有土地，或多数牛羊，"[4]。《红色中华》版："地主剥削的方式，主要是以地租（学租在内）方式剥削农民。此外或兼放债，或兼雇工，或兼营工商业。但对农民剥削地租是地主剥削的主要方式。管公堂也是地租剥削的一种。"[5] 1936年单行本："地主剥削的方式，主要是以地租方式剥削农民，此外或兼放债，或伙喂牲畜，或兼雇工，或兼营工商业，但对农民剥削地租，是地主剥削的主要形式。"[6]《红色中华》版："富农一般都占有比较优良的工具及活动资本，自己劳动。但经常依靠剥削为其生活来源之一部。有些还是大部。"[7] 1936年单行本："一般都占有优良的生产工具与多量的牲畜，及活动资本，自己劳动，或经营土地生产，但经常依靠剥削为其生活来源的重要部分。"[8]《红色中华》版："自己都有相当的工

---

[1] 中央档案馆等编：《红色中华》全编（整理本3），江西人民出版社2016年版，第1664页。
[2] 中国社会科学院经济研究所中国现代经济史组编：《第一、二次国内革命战争时期土地斗争史料选编》，人民出版社1981年版，第843页。
[3] 中央档案馆等编：《红色中华》全编（整理本3），江西人民出版社2016年版，第1664页。
[4] 中国社会科学院经济研究所中国现代经济史组编：《第一、二次国内革命战争时期土地斗争史料选编》，人民出版社1981年版，第840页。
[5] 中央档案馆等编：《红色中华》全编（整理本3），江西人民出版社2016年版，第1664页。
[6] 中国社会科学院经济研究所中国现代经济史组编：《第一、二次国内革命战争时期土地斗争史料选编》，人民出版社1981年版，第840页。
[7] 中央档案馆等编：《红色中华》全编（整理本3），江西人民出版社2016年版，第1664页。
[8] 中国社会科学院经济研究所中国现代经济史组编：《第一、二次国内革命战争时期土地斗争史料选编》，人民出版社1981年版，第843页。

具。"①1936年单行本："中农自己都有相当的马牛羊与农具。"②《红色中华》版："贫农有些占有一部分土地与不完全的工具。有些全无土地，只有一些不完全的工具，"③。1936年单行本："贫农有些占有一部分土地与不完全的工具，有少数牲畜，有些完全无土地牲畜，只有一些不完全的工具，"④

《红色中华》版："地主中以小地主的剥削更为残酷。有些地主虽已破产了，但破产之后仍不劳动，以欺骗掠夺与靠亲友接济等为生，仍然算是地主。"⑤1936年单行本中删除了这两句话。

《红色中华》版："专靠或大部靠高利贷剥削为生的人，称为高利贷者，这些人虽不是地主，但高利贷是封建剥削，应该没收其一切财产，消灭高利贷者。"⑥1936年单行本："依靠高利贷剥削为主要生活来源的人，称高利贷者，高利贷者，应与地主一律看待。"⑦修改后，把"高利贷者"归为地主一类，与地主一样看待。

《红色中华》版："苏维埃对于富农的政策，是没收他们的土地，他们的耕牛农具房屋则只没收其多余的部分，而仍分给以较坏的劳动份地。"⑧1936年单行本："苏维埃对富农的政策，是没收富农的封建剥削部分，即取消富农的高利贷没收出租部分的土地，其余富农的土地（雇长工耕种的在内）财产不没收，富农有雇佣劳动（力）经营工商业之自由（参看一九三五年十二月十五日中央执行委员会关于富农问题的命令）。"⑨1935年12月6日，中共中央通过了《关于改变对富农策略的决定》（以下简称"《决定》"），《决定》分析了全国政治形势的变化，在民族革命战争紧

---

① 中央档案馆等编：《红色中华》全编（整理本3），江西人民出版社2016年版，第1665页。
② 中国社会科学院经济研究所中国现代经济史组编：《第一、二次国内革命战争时期土地斗争史料选编》，人民出版社1981年版，第844—845页。
③ 中央档案馆等编：《红色中华》全编（整理本3），江西人民出版社2016年版，第1665页。
④ 中国社会科学院经济研究所中国现代经济史组编：《第一、二次国内革命战争时期土地斗争史料选编》，人民出版社1981年版，第845页。
⑤ 中央档案馆等编：《红色中华》全编（整理本3），江西人民出版社2016年版，第1664页。
⑥ 中央档案馆等编：《红色中华》全编（整理本3），江西人民出版社2016年版，第1664页。
⑦ 中国社会科学院经济研究所中国现代经济史组编：《第一、二次国内革命战争时期土地斗争史料选编》，人民出版社1981年版，第840—841页。
⑧ 中央档案馆等编：《红色中华》全编（整理本3），江西人民出版社2016年版，第1664页。
⑨ 中国社会科学院经济研究所中国现代经济史组编：《第一、二次国内革命战争时期土地斗争史料选编》，人民出版社1981年版，第843页。

迫的时期，"富农也开始参加反对帝国主义侵略及豪绅地主军阀官僚的革命斗争，或采取同情与善意的中立态度，对于我们现在不是不（可）怕的，而是有利的"。① 因此，加紧反对富农的策略"现在已经不适当了"。现在对于富农"我们只取消其封建式剥削的部分，即没收其出租的土地，并取消其高利贷。富农所经营的（包括雇工经营的）土地，商业，以及其他财产则不能没收。苏维埃政府并应保障富农扩大生产（如租佃土地，开辟荒地，雇用工人等）与发展工商业的自由"。② 12月15日，毛泽东签发的《中华苏维埃共和国中央执行委员会命令》（新字第二号），12月25日，中共中央政治局瓦窑堡会议通过的《中共中央关于目前政治形势与党的任务决议》，都进一步肯定了对富农的新政策。

《红色中华》版："至于那一家人中有人在城市作工的是工人，但他的家属在乡下有土地出租，或有钱放债，如果他的家庭不是靠收租为主要生活来源，其土地不没收，并照一般农民分田。如果他的家庭是靠着收租或放债主要生活来源，其土地没收，但应分田与他的妻及子女，但工人仍在城市不分田。"③ 1936年单行本："至于城市及乡村工人家属，有少数田地、现款出租或放债，借以维持其贫困之生活者，其土地不应没收，并依照农民一样分得土地，工人在城市中工作者不分田。"④ 是否以收租放债为主要生活来源来确定没收工人家庭的土地与分田，改为靠着收租放债借以维持其贫困之生活者不应没收其土地。修改后，工人家属如果把收租放债作为维持其贫困生活的主要来源，则不没收他们的土地，体现了党对特殊情形的包容性。

1936年单行本增加了对地主、富农和工人一些特殊情形的阐述，并举例说明。如：在地主后增："（一）有些人按照剥削情形来看似地主，但生活状况，却很贫困者，则不能当地主待遇。"⑤ "（二）有些人，依靠自己劳动为生活主要来源（如教员、医生、城市的独立劳动者等），但兼有小部分

---

① 中央档案馆编：《中共中央文件选集》第十册，中共中央党校出版社1991年版，第585页。
② 中央档案馆编：《中共中央文件选集》第十册，中共中央党校出版社1991年版，第586页。
③ 中央档案馆等编：《红色中华》全编（整理本3），江西人民出版社2016年版，第1665页。
④ 中国社会科学院经济研究所中国现代经济史组编：《第一、二次国内革命战争时期土地斗争史料选编》，人民出版社1981年版，第845页。
⑤ 中国社会科学院经济研究所中国现代经济史组编：《第一、二次国内革命战争时期土地斗争史料选编》，人民出版社1981年版，第841页。

土地出租，这也不能当地主看待，土地不应没收。"①"（三）有些人剥削地租债利的数量很大，家中虽有人受苦，但依靠自己生产的收入部分，占其收入极其微小，这不能算富农，应该决定地主，反之，自己生产的收入，占了每年总收入的重要部分，虽不是主要部分，则不能决定地主，应该判为富农。"②"地主阶级成分，在其土地财产已经被没收之后，一切在革命后，用自己的劳动（如开荒、做小买卖、或受人雇用等）所得的粮食与资料，不得再行没收。并在他们不反抗苏维埃法令及忠实的劳动为生之情况下，经过几年，得给以苏维埃公民权。近来在查田运动中，有将已经没收了的地主阶级出身的分子用自己劳动，所得之粮食等再行没收，这是错误的。"③在富农后增："（一）有些人本来是中农成分，革命前三、四年，因某种原因（如老病死）减少了劳动力，不得不将土地出租或请长工耕种，而家庭生活反而困难者，以致比普通农民不如，则不能定为富农，应该定为中农。"④"（二）有些人自己有多量土地、牲畜，自己劳动并兼雇长工，或放债，但因家庭人口多，消费大，不能决定富农。"⑤在工人后增："有些地主、富农家庭将其子弟送往城市里商店或工厂中当职员或学徒的，其家庭之主要生活来源，仍然靠封建的剥削者，则对符（原文如此——编者）其家庭应依照其家庭的社会地位来定，不过该职员的妻及子女应该分得田地，本人则因在城市中有职业不分田。"⑥上述增加的内容，对于怎样划分阶级有了更加清晰的参照范例。

---

① 中国社会科学院经济研究所中国现代经济史组编：《第一、二次国内革命战争时期土地斗争史料选编》，人民出版社1981年版，第841页。
② 中国社会科学院经济研究所中国现代经济史组编：《第一、二次国内革命战争时期土地斗争史料选编》，人民出版社1981年版，第842页。
③ 中国社会科学院经济研究所中国现代经济史组编：《第一、二次国内革命战争时期土地斗争史料选编》，人民出版社1981年版，第843页。
④ 中国社会科学院经济研究所中国现代经济史组编：《第一、二次国内革命战争时期土地斗争史料选编》，人民出版社1981年版，第843—844页。
⑤ 中国社会科学院经济研究所中国现代经济史组编：《第一、二次国内革命战争时期土地斗争史料选编》，人民出版社1981年版，第844页。
⑥ 中国社会科学院经济研究所中国现代经济史组编：《第一、二次国内革命战争时期土地斗争史料选编》，人民出版社1981年版，第845页。

3. 中共晋绥分局1948年印单行本与《红色中华》1933年6月29日第89期版异同

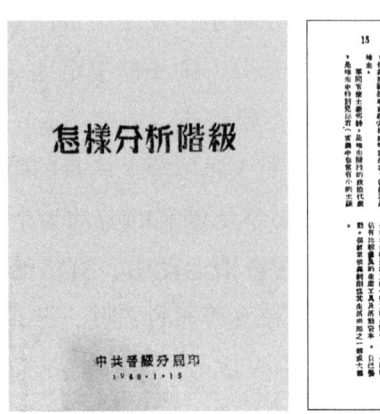

中共晋绥分局1948年印《怎样分析阶级》单行本书影

中共晋绥分局1948年印《怎样分析阶级》单行本（以下简称"1948年单行本"）与《红色中华》版相校，主要有以下不同：

（1）标点符号不同

标点符号不同有14处，主要是标点的增、删或者改换。如：

《红色中华》版："此外或兼放债，或兼雇工，或兼营工商业。"[1] 1948年单行本："此外或兼放债，或兼雇工，或兼营工商业，"[2]。

《红色中华》版："有些全无土地，只有一些不完全的工具，一般都须租入土地来耕，"[3]。1948年单行本："有些全无土地，只有一些不完全的工具。一般的都须租入土地来耕。"[4]

……

（2）文字不同

文字修改有48处，主要分为以下几类：

第一，修改标题。

《红色中华》版："（一）什么叫做地主？""（二）什么叫做富农？""（三）什么叫做中农？""（四）什么叫做贫农？""（五）什

---

[1] 中央档案馆等编：《红色中华》全编（整理本3），江西人民出版社2016年版，第1664页。
[2] 《怎样分析阶级》，中共晋绥分局1948年印，第15页。
[3] 中央档案馆等编：《红色中华》全编（整理本3），江西人民出版社2016年版，第1665页。
[4] 《怎样分析阶级》，中共晋绥分局1948年印，第16页。

么叫做工人？"①。1948年单行本："一、地主""二、富农""三、中农""四、贫农""五、工人"②。

第二，不改变文义的文字修改。

《红色中华》版："地主剥削的方式，主要是以地租（学租在内）方式剥削农民……管公堂也是地租剥削的一种。"③1948年单行本："地主剥削的方式，主要是以地租的方式剥削农民……管公堂及收学租也是地租剥削一类。"④修改后，不改变文义。

《红色中华》版："以欺骗掠夺与靠亲友接济等为生，仍然算是地主。"⑤1948年单行本："依靠欺骗掠夺或亲友接济等为生者，仍然算是地主。"⑥"以"改"依靠"，"与"改"或"，"为生"改"为生者"，均不改变文义。

《红色中华》版："富农一般占有土地，但也有只占有一部分土地，另租入一部分土地的。也有自己全无土地，全部土地都是租入的（后二种少）。富农一般都占有比较优良的工具及活动资本，"⑦。1948年单行本："富农一般占有土地。但也有只占有一部份土地，另租入一部份土地的。也有自己全无土地，全部土地都是租入的（后二种少数）。一般都占有比较优良的生产工具及活动资本。"⑧修改后，不改变文义。

《红色中华》版："自己劳动。但经常依靠剥削为其生活来源之一部。有些还是大部。"⑨1948年单行本："自己劳动。但经常依靠剥削为其生活来源之一部或大部。"⑩"有些还是大部"改"或大部"，不改变文义。

《红色中华》版："一般不剥削人，许多还要受别人一部分地租债利等剥削。但中农一般不出卖劳动力。另一部分中农，包括富裕中农，则对别

---

① 中央档案馆等编：《红色中华》全编（整理本3），江西人民出版社2016年版，第1664—1665页。
② 《怎样分析阶级》，中共晋绥分局1948年印，第15—16页。
③ 中央档案馆等编：《红色中华》全编（整理本3），江西人民出版社2016年版，第1664页。
④ 《怎样分析阶级》，中共晋绥分局1948年印，第15页。
⑤ 中央档案馆等编：《红色中华》全编（整理本3），江西人民出版社2016年版，第1664页。
⑥ 《怎样分析阶级》，中共晋绥分局1948年印，第15页。
⑦ 中央档案馆等编：《红色中华》全编（整理本3），江西人民出版社2016年版，第1664页。
⑧ 《怎样分析阶级》，中共晋绥分局1948年印，第15页。
⑨ 中央档案馆等编：《红色中华》全编（整理本3），江西人民出版社2016年版，第1664页。
⑩ 《怎样分析阶级》，中共晋绥分局1948年印，第15页。

人有一部分的剥削，但非经常的与主要的，这些都是中农。"①1948年单行本："中农一般不剥削别人，许多中农还要受别人小部份地租债利等剥削。但中农一般不出卖劳动力。另一部份中农（富裕中农）则对别人有轻微的剥削，但非经常的与主要的，这些都是中农。"②在句首、句中增"中农"，"一部分"改"小部份"，"部分"改"部份"全文共有9处；"包括富裕中农"改"富裕中农"，"一部分"改"轻微"，均不改变文义。

《红色中华》版："一般全无土地与工具，有些有极小部分的土地工具，完全的或主要的以出卖劳动力为主。"③1948年版单行本："工人，一般全无土地与工具，有些工人有极小部份的土地工具，完全的或主要的以出卖劳动力为生。"④句首、句中增"工人"，"为主"改"为生"，不改变文义。

……

第三，使表述更明确、更准确的修改。

《红色中华》版："占有土地（不论多少），自己不劳动，他只附带劳动，专靠剥削为生。"⑤1948年单行本："占有土地，自己不劳动，或只有附带的劳动，专靠剥削为生的，叫做地主。"⑥修改后，更准确、明确。

《红色中华》版："自己都有相当的工具，全靠自己劳动，或大部靠自己劳动，"⑦。1948年单行本："中农自己都有相当的工具。中农的生活来源全靠自己劳动，或主要靠自己劳动，"⑧。"全靠自己劳动"改"中农的生活来源全靠自己劳动"，"大部"改"主要"，修改后，更准确、明确。

《红色中华》版："受人地租债利与部分雇佣劳动，贫农一般须出卖一部分劳动力□的剥削。（原文如此——编者）这些都是贫农。"⑨1948年单行本："受人地租债利与小部份雇佣劳动的剥削。这些都是贫农。中农一般

---

① 中央档案馆等编：《红色中华》全编（整理本3），江西人民出版社2016年版，第1665页。
② 《怎样分析阶级》，中共晋绥分局1948年印，第16页。
③ 中央档案馆等编：《红色中华》全编（整理本3），江西人民出版社2016年版，第1665页。
④ 《怎样分析阶级》，中共晋绥分局1948年印，第16页。
⑤ 中央档案馆等编：《红色中华》全编（整理本3），江西人民出版社2016年版，第1664页。
⑥ 《怎样分析阶级》，中共晋绥分局1948年印，第15页。
⑦ 中央档案馆等编：《红色中华》全编（整理本3），江西人民出版社2016年版，第1665页。
⑧ 《怎样分析阶级》，中共晋绥分局1948年印，第16页。
⑨ 中央档案馆等编：《红色中华》全编（整理本3），江西人民出版社2016年版，第1665页。

不要出卖劳动力，贫农一般要出卖小部份劳动力，这是区别中农与贫农的主要标准。"① 修改后，贫农与中农有了更明确的区分。

第四，使表述更合理的修改。

《红色中华》版："帮助地主收租管家依靠地主剥削的一些人，应与地主一例看待。"② 1948年单行本："帮助地主收租管家依靠地主剥削农民为主要生活来源的一些人，应依地主一例看待。"③ "依靠地主剥削的一些人"改"依靠地主剥削农民为主要生活来源的一些人"，强调了收租管家主要的生活来源是靠剥削农民，修改后，更合理。

《红色中华》版："此外或兼以一部分土地租人剥削地租，或兼放债，或兼做生意及小工业，"④。1948年单行本："此外或兼以一部土地租人剥削地租，或兼放债，或兼营工商业。"⑤ "或兼做生意及小工业"改"或兼营工商业"，工商业涵盖范围更广，修改后，更合理。

第五，略改变文义的修改。

《红色中华》版："地主中以小地主的剥削更为残酷。"⑥ 1948年单行本中删除了这句话。

《红色中华》版："军阀官僚土豪劣绅是地主阶级的政治代表，是地主中特别凶恶者。"⑦ 1948年单行本："军阀官僚土豪劣绅，是地主阶级的政治代表，是地主中特别凶恶者（富农中也常有小的土豪劣绅）。"⑧ 增"富农中也常有小的土豪劣绅"，把富农中小的土豪、劣绅，归属于地主的范畴。

《红色中华》版："专靠或大部靠高利贷剥削为生的人，称为高利贷者，这些人虽不是地主，但高利贷是封建剥削，应该没收其一切财产，消灭高利贷者。"⑨ 1948年单行本："依靠高利贷为主要生活来源的人，称为高利贷者，高利贷者应与地主一例看待。"⑩ 修改后，把"高利贷者"归为地主

---

① 《怎样分析阶级》，中共晋绥分局1948年印，第16页。
② 中央档案馆等编：《红色中华》全编（整理本3），江西人民出版社2016年版，第1664页。
③ 《怎样分析阶级》，中共晋绥分局1948年印，第15页。
④ 中央档案馆等编：《红色中华》全编（整理本3），江西人民出版社2016年版，第1664页。
⑤ 《怎样分析阶级》，中共晋绥分局1948年印，第16页。
⑥ 中央档案馆等编：《红色中华》全编（整理本3），江西人民出版社2016年版，第1664页。
⑦ 中央档案馆等编：《红色中华》全编（整理本3），江西人民出版社2016年版，第1664页。
⑧ 《怎样分析阶级》，中共晋绥分局1948年印，第15页。
⑨ 中央档案馆等编：《红色中华》全编（整理本3），江西人民出版社2016年版，第1664页。
⑩ 《怎样分析阶级》，中共晋绥分局1948年印，第15页。

一类，与地主一样看待。

《红色中华》版："地主阶级是革命的主要敌人，苏维埃对地主的政策，是没收他们的一切财产，消灭地主阶级。"[1]"苏维埃对于富农的政策，是没收他们的土地，他们的耕牛农具房屋则只没收其多余的部分，而仍分给以较坏的劳动份地。"[2]"苏维埃对中农的政策，是坚固的联合他们。中农的土地，不得本人同意不应平分，土地不够的中农，应该与贫农雇农分得同等的土地。"[3]"贫农在土地分配中应该与中农雇农得到同等的利益，且原有的一些土地工具不没收。"[4]"土地革命中，农村中的工人都应分得与贫农中农同等的土地。对于他们中间有些人原有的那一小部分土地工具不没收。至于那一家人中有人在城市作工的是工人，但他的家属在乡下有土地出租，或有钱放债，如果他的家庭不是靠收租为主要生活来源，其土地不没收，并照一般农民分田。如果他的家庭是靠着收租或放债主要生活来源，其土地没收，但应分田与他的妻及子女，但工人仍在城市不分田。"[5]1948年单行本删除了上述对待各阶级政策的内容。1947年7月，人民解放军由战略防御转入战略进攻的新形势，解放区农民群众对于解决土地问题的要求日益迫切；同时也为了进一步扩大和深化土地改革来发动和组织广大农民支援战争，中共中央作出决定，改变抗日战争时期的土地政策，把减租减息改为没收地主土地，分配给农民。1947年9月全国土地会议制定的《中国土地法大纲》中规定：废除封建性和半封建性剥削的土地制度，实行耕者有其田；废除一切地主的土地所有权；按乡村全部人口统一平均分配，在土地数量上抽多补少，质量上抽肥补瘦，使全乡村人民均获得同等的土地，并归个人所有。此后，各解放区的土地改革迅速兴起。但一些地区又出现了"左"的偏向，他们把许多并无封建剥削或者只有轻微剥削的劳动者错误地划分到地主富农中，错误地扩大了打击面；侵犯了属于地主富农所有的工商业，在清查经济反革命的斗争中，超出了应当清查的范围。这种"左"的偏向在各地产生了极坏的影响。为了纠正"左"的偏向和配合《中国土地法大纲》的

---

[1] 中央档案馆等编：《红色中华》全编（整理本3），江西人民出版社2016年版，第1664页。
[2] 中央档案馆等编：《红色中华》全编（整理本3），江西人民出版社2016年版，第1664页。
[3] 中央档案馆等编：《红色中华》全编（整理本3），江西人民出版社2016年版，第1665页。
[4] 中央档案馆等编：《红色中华》全编（整理本3），江西人民出版社2016年版，第1665页。
[5] 中央档案馆等编：《红色中华》全编（整理本3），江西人民出版社2016年版，第1665页。

实施，中共中央在1947年12月将毛泽东于1933年所写的《怎样分析阶级》和《关于土地斗争中一些问题的决定》两个文件修改后，作为党内参考文件发给解放区的各级党委，但未公开发表。1948年5月25日，中共中央在1947年12月删改的基础上再次对这两个文件进行了改动，发出《关于一九三三年两个文件的决定》，将其作为正式文件重新发给各级党委在土地改革中加以应用，并在各地报纸上公布。修改后的文件中，删除了对五个阶级政策的内容。

4. 《晋察冀日报》1948年5月31日版与《红色中华》1933年6月29日第89期版异同

《晋察冀日报》1948年5月31日第1版图片

1948年5月25日，中共中央发出《关于一九三三年两个文件的决定》，将其作为正式文件重新发给各级党委在土地改革中加以应用，并在各地报纸上公布。现以《晋察冀日报》1948年5月31日所载《关于一九三三年两个文件的决定》（以下简称"《晋察冀日报》版"）中的《怎样分析阶级》为例，与《红色中华》版相校，不同之处主要有：

（1）标点符号不同

标点符号不同有22处，主要是标点的增、删或者改换。如：

《红色中华》版："此外或兼放债，或兼雇工，或兼营工商业。"[①]《晋察冀日报》版："此外或兼放债，或兼雇工，或兼营工商业，"[②]。

---

① 中央档案馆等编：《红色中华》全编（整理本3），江西人民出版社2016年版，第1664页。
② 《晋察冀日报》1948年5月31日第1版。

《红色中华》版:"富农的剥削方式,主要是剥削雇佣劳动(请长工)。"[1]《晋察冀日报》版:"富农的剥削方式主要是剥削雇佣劳动(请长工)。"[2]

《红色中华》版:"但中国的富农除自己劳动之外,并不雇工,而另以地租债利等方式剥削农民。富农的剥削是经常的,许多并且是主要的。"[3]《晋察冀日报》版:"但中国的富农常有自己的劳动之外并不雇工,而另以地租债利等方式剥削农民。富农的剥削是经常的。许多并且是主要的。"[4]

……

(2)文字不同

文字修改有49处,主要分为以下几类:

第一,修改标题。

《红色中华》版:"(一)什么叫做地主?""(二)什么叫做富农?""(三)什么叫做中农?""(四)什么叫做贫农?""(五)什么叫做工人?"[5]。《晋察冀日报》版:"(一)地主""(二)富农""(三)中农""(四)贫农""(五)工人"[6]。

第二,不改变文义的文字修改。

《红色中华》版:"地主剥削的方式,主要是以地租(学租在内)方式剥削农民……管公堂也是地租剥削的一种。"[7]《晋察冀日报》版:"地主剥削的方式,主要是以地租方式剥削农民……管公堂及收学租也是地租剥削一类。"[8]修改后不改变文义。

《红色中华》版:"富农一般都占有比较优良的工具及活动资本,自己劳动。但经常依靠剥削为其生活来源之一部。有些还是大部。"[9]《晋察冀

---

[1] 中央档案馆等编:《红色中华》全编(整理本3),江西人民出版社2016年版,第1664页。
[2] 《晋察冀日报》1948年5月31日第1版。
[3] 中央档案馆等编:《红色中华》全编(整理本3),江西人民出版社2016年版,第1664页。
[4] 《晋察冀日报》1948年5月31日第1版。
[5] 中央档案馆等编:《红色中华》全编(整理本3),江西人民出版社2016年版,第1664—1665页。
[6] 《晋察冀日报》1948年5月31日第1版。
[7] 中央档案馆等编:《红色中华》全编(整理本3),江西人民出版社2016年版,第1664页。
[8] 《晋察冀日报》1948年5月31日第1版。
[9] 中央档案馆等编:《红色中华》全编(整理本3),江西人民出版社2016年版,第1664页。

日报》版："一般都占有比较优良的生产工具及活动资本。自己劳动。但经常依靠剥削为其生活来源之一部或大部。"① 句首删"富农"，"工具"改"生产工具"，"有些还是大部"改"或大部"，修改后，不改变文义。

《红色中华》版："一般不剥削人，许多还要受别人一部分地租债利等剥削。但中农一般不出卖劳动力。另一部分中农，包括富裕中农，则对别人有一部分的剥削，但非经常的与主要的，这些都是中农。"②《晋察冀日报》版："中农一般不剥削人，许多中农还要受别人小部份地租债利等剥削。但中农一般不出卖劳动力。另一部份中农（富裕中农）则对别人有轻微的剥削，但非经常的与主要的。这些都是中农。"③ 在句首、句中增"中农"，"一部分"改"小部份"，"部分"改"部份"，全文共有9处，"包括富裕中农"改"富裕中农"，"一部分"改"轻微"，均不改变文义。

《红色中华》版："一般全无土地与工具，有些有极小部分的土地工具，完全的或主要的以出卖劳动力为主。这是工人（雇农在内）。"④《晋察冀日报》版："工人（雇农在内）一般全无土地与工具，有些工人有极小部份的土地工具，完全的或主要的以出卖劳动力为生，这是工人。"⑤ 在句首、句中增"工人"，"为主"改"为生"，不改变文义。

……

第三，使表述更明确、更准确的修改。

《红色中华》版："占有土地（不论多少），自己不劳动，他只附带劳动，专靠剥削为生。"⑥《晋察冀日报》版："占有土地，自己不劳动，或只有附带的劳动，而靠剥削为生的，叫做地主。"⑦ 删"不论多少"，增"叫做地主"，修改后，更准确、明确。

《红色中华》版："以欺骗掠夺与靠亲友接济等为生，仍然算是地主。"⑧《晋察冀日报》版："依靠欺骗掠夺或亲友接济等为生，而其生活

---

① 《晋察冀日报》1948年5月31日第1版。
② 中央档案馆等编：《红色中华》全编（整理本3），江西人民出版社2016年版，第1665页。
③ 《晋察冀日报》1948年5月31日第1版。
④ 中央档案馆等编：《红色中华》全编（整理本3），江西人民出版社2016年版，第1665页。
⑤ 《晋察冀日报》1948年5月31日第1版。
⑥ 中央档案馆等编：《红色中华》全编（整理本3），江西人民出版社2016年版，第1664页。
⑦ 《晋察冀日报》1948年5月31日第1版。
⑧ 中央档案馆等编：《红色中华》全编（整理本3），江西人民出版社2016年版，第1664页。

状况超过普通中农者，仍然算是地主。"①增"而其生活状况超过普通中农者"，修改后，更准确、明确。

《红色中华》版："自己都有相当的工具，全靠自己劳动，或大部靠自己劳动，"②。《晋察冀日报》版："中农自己都有相当的工具。中农的生活来源全靠自己劳动，或主要靠自己劳动。"③修改后，更准确、明确。

《红色中华》版："专靠或大部靠高利贷剥削为生的人，称为高利贷者，这些人虽不是地主，但高利贷是封建剥削，应该没收其一切财产，消灭高利贷者。"④《晋察冀日报》版："依靠高利贷剥削为主要生活来源，其生活状况超过普通中农的人，称为高利贷者，应与地主一律看待。"⑤修改后，对"高利贷者"，有了更明确的规定。

《红色中华》版："受人地租债利与部分雇佣劳动，贫农一般须出卖一部分劳动力□的剥削。（原文如此——编者）这些都是贫农。"⑥《晋察冀日报》版："受人地租债利与小部份雇佣劳动的剥削。这些都是贫农。中农一般不要出卖劳动力，贫农一般要出卖小部份劳动力，这是区别中农与贫农的主要标准。"⑦修改后，贫农与中农有了更明确的区分。

第四，使表述更合理的修改。

《红色中华》版："帮助地主收租管家依靠地主剥削的一些人，应与地主一例看待。"⑧《晋察冀日报》版："帮助地主收租管家，依靠地主剥削农民为主要生活来源，其生活状况超过普通中农的一些人，应与地主一律看待。"⑨修改后，更合理。

《红色中华》版："此外或兼以一部分土地租人剥削地租，或兼放债，或兼做生意及小工业，"⑩。《晋察冀日报》版："此外或兼以一部土地出租

---

① 《晋察冀日报》1948年5月31日第1版。
② 中央档案馆等编：《红色中华》全编（整理本3），江西人民出版社2016年版，第1665页。
③ 《晋察冀日报》1948年5月31日第1版。
④ 中央档案馆等编：《红色中华》全编（整理本3），江西人民出版社2016年版，第1664页。
⑤ 《晋察冀日报》1948年5月31日第1版。
⑥ 中央档案馆等编：《红色中华》全编（整理本3），江西人民出版社2016年版，第1665页。
⑦ 《晋察冀日报》1948年5月31日第1版。
⑧ 中央档案馆等编：《红色中华》全编（整理本3），江西人民出版社2016年版，第1664页。
⑨ 《晋察冀日报》1948年5月31日第1版。
⑩ 中央档案馆等编：《红色中华》全编（整理本3），江西人民出版社2016年版，第1664页。

剥削地租，或兼放债，或兼营工商业。"① "租人"改"出租"，"或兼做生意及小工业"改"或兼营工商业"，修改后，更合理。

第五，政治性、思想性修改。

《红色中华》版："地主中以小地主的剥削更为残酷。"②《晋察冀日报》版中删除了这句话。

《红色中华》版："军阀官僚土豪劣绅是地主阶级的政治代表，是地主中特别凶恶者。"③《晋察冀日报》版："军阀、官僚、土豪、劣绅是地主阶级的政治代表，是地主中特别凶恶者（富农中亦常有小的土豪、劣绅）。"④ 增"富农中亦常有小的土豪、劣绅"，将富农中小的土豪、劣绅，也列入地主的范畴。

相校于《红色中华》《怎样分析阶级》，《晋察冀日报》版删除了对待各阶级政策的内容，详见上节。

（二）1949年10月以后版本校勘与分析

1950年5月，《毛泽东选集》出版委员会成立，毛泽东亲自主持了《毛泽东选集》的编辑。《怎样分析阶级》经毛泽东修改后，改题为《怎样分析农村阶级》，收入人民出版社1951年10月出版的《毛泽东选集》第一卷（以下简称"1951年《毛选》版"）。这个版本相比于《红色中华》版和1950年版《中央人民政府政务院关于划分农村阶级成份的决定》有较多修改（下节详论）。但此后的各种版本，除繁简字体、横竖版式、注释略有不同外，没有再对文本内容作任何的改动。

---

① 《晋察冀日报》1948年5月31日第1版。
② 中央档案馆等编：《红色中华》全编（整理本3），江西人民出版社2016年版，第1664页。
③ 中央档案馆等编：《红色中华》全编（整理本3），江西人民出版社2016年版，第1664页。
④ 《晋察冀日报》1948年5月31日第1版。

1. 人民出版社1951年《毛泽东选集》第一卷版与河南新华书店1950年单行本异同

人民出版社1951年《毛泽东选集》第一卷版书影

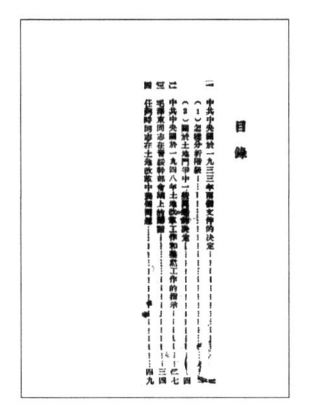

河南新华书店1950年第3版《怎样分析阶级》单行本书影

1951年《毛选》版与河南新华书店1950年3月第3版《怎样分析阶级》单行本（以下简称"1950年单行本"）相校，有很多不同：

（1）标点符号不同

标点符号不同有16处，主要是标点的增、删或者改换。如：

1950年单行本："是地主中特别凶恶者（富农中亦常有小的土豪、劣绅）。"① 1951年《毛选》版："是地主中特别凶恶者。富农中亦常有较小的土豪、劣绅。"②

---

① 中共华北中央局编：《怎样分析阶级》，河南新华书店1950年第3版，第2页。
② 《毛泽东选集》第一卷，人民出版社1951年版，第123页。

1950年单行本："此外或兼以一部土地出租剥削地租，或兼放债，或兼营工商业，"①。1951年《毛选》版："此外，或兼以一部土地出租剥削地租，或兼放债，或兼营工商业。"②

1950年单行本："富农的剥削方式主要是剥削雇佣劳动（请长工）。"③ 1951年《毛选》版："富农的剥削方式，主要是剥削雇佣劳动（请长工）。"④

……

（2）文字不同

文字修改有34处，主要分为以下几类：

第一，修改标题。

1950年单行本标题："怎样分析阶级"⑤。1951年《毛选》版标题："怎样分析农村阶级"，标题左有"一九三三年十月"⑥。这里标的"一九三三年十月"是文件被批准的日期，不是成文的时间，成文的时间是1933年6月。详前。

第二，不改变文义的文字修改。

全文中，"及"改"和"有2处，增"的"有3处，均不改变文义。如：1950年单行本："管公堂及收学租也是地租剥削一类。"⑦ 1951年《毛选》版："管公堂和收学租也是地租剥削的一类。"⑧

全文中，"部份"改"部分"有9处，"与"改"和"有7处，均不改变文义。如：1950年单行本："贫农有些占有一部份土地与不完全的工具。有些全无土地，只有一些不完全的工具，一般都须租入土地来耕。受人地租债利与小部份雇佣劳动的剥削。"⑨ 1951年《毛选》版："贫农有些占有一部分土地和不完全的工具；有些全无土地，只有一些不完全的工具。一般都须租入土地来耕，受人地租、债利和小部分雇佣劳动的剥削。"⑩

---

① 中共华北中央局编：《怎样分析阶级》，河南新华书店1950年第3版，第3页。
② 《毛泽东选集》第一卷，人民出版社1951年版，第124页。
③ 中共华北中央局编：《怎样分析阶级》，河南新华书店1950年第3版，第3页。
④ 《毛泽东选集》第一卷，人民出版社1951年版，第124页。
⑤ 中共华北中央局编：《怎样分析阶级》，河南新华书店1950年第3版，第2页。
⑥ 《毛泽东选集》第一卷，人民出版社1951年版，第123页。
⑦ 中共华北中央局编：《怎样分析阶级》，河南新华书店1950年第3版，第2页。
⑧ 《毛泽东选集》第一卷，人民出版社1951年版，第123页。
⑨ 中共华北中央局编：《怎样分析阶级》，河南新华书店1950年第3版，第4页。
⑩ 《毛泽东选集》第一卷，人民出版社1951年版，第125页。

1950年单行本："有些地主虽已破产了……依靠欺骗掠夺或亲友接济等为生，而其生活状况超过普通中农者，仍然算是地主。"① 1951年《毛选》版："有些地主虽然已破产了……依靠欺骗、掠夺或亲友接济等方法为生，而其生活状况超过普通中农者，仍然算是地主。"② "虽"改"虽然"，增"方法"，不改变文义。

1950年单行本："但经常依靠剥削为其生活来源之一部或大部。"③ 1951年《毛选》版："但经常地依靠剥削为其生活来源的一部或大部。"④ 增"地"，"之"改"的"，不改变文义。

1950年单行本："完全的或主要的以出卖劳动力为生，这是工人。"⑤ 1951年《毛选》版："工人完全地或主要地以出卖劳动力为生。"⑥ 修改后，不改变文义。

……

第三，使表述更明确、更准确的修改。

1950年单行本："占有土地，自己不劳动，或只有附带的劳动，而靠剥削为生的，叫做地主。"⑦ 1951年《毛选》版："占有土地，自己不劳动，或只有附带的劳动，而靠剥削农民为生的，叫做地主。"⑧ 增"农民"，明确了"地主"剥削的对象是"农民"。

1950年单行本："但中国的富农常有自己的劳动之外并不雇工，而另以地租债利等方式剥削农民。"⑨ 1951年《毛选》版："有的占有相当多的优良土地，除自己劳动之外并不雇工，而另以地租债利等方式剥削农民，此种情况也应以富农看待。"⑩ 修改后，什么是富农更明确。

1950年单行本："富农的剥削是经常的。许多并且是主要的。"⑪ 1951年

---

① 中共华北中央局编：《怎样分析阶级》，河南新华书店1950年第3版，第2页。
② 《毛泽东选集》第一卷，人民出版社1951年版，第123页。
③ 中共华北中央局编：《怎样分析阶级》，河南新华书店1950年第3版，第3页。
④ 《毛泽东选集》第一卷，人民出版社1951年版，第124页。
⑤ 中共华北中央局编：《怎样分析阶级》，河南新华书店1950年第3版，第4页。
⑥ 《毛泽东选集》第一卷，人民出版社1951年版，第126页。
⑦ 中共华北中央局编：《怎样分析阶级》，河南新华书店1950年第3版，第2页。
⑧ 《毛泽东选集》第一卷，人民出版社1951年版，第123页。
⑨ 中共华北中央局编：《怎样分析阶级》，河南新华书店1950年第3版，第3页。
⑩ 《毛泽东选集》第一卷，人民出版社1951年版，第124页。
⑪ 中共华北中央局编：《怎样分析阶级》，河南新华书店1950年第3版，第3页。

《毛选》版："富农的剥削是经常的，许多富农的剥削收入在其全部收入中并且是主要的。"①修改后，更明确了富农的剥削收入是主要的。

第四，使表述更简练、明了的修改。

1950年单行本："地主剥削的方式，主要是以地租方式剥削农民，"②。1951年《毛选》版："地主剥削的方式，主要地是收取地租，"③。修改后，更简练、明了。

第五，使表述更合理的修改。

1950年单行本："一般都占有比较优良的生产工具及活动资本。自己劳动。"④ 1951年《毛选》版："富农一般都占有比较优裕的生产工具和活动资本，自己参加劳动，"⑤。增"富农""参加"，"优良"改"优裕"，修改后，对富农占有的生产工具和活动资本给予量化，使表述更合理。

第六，略改变文义的修改。

1950年单行本："富农一般占有土地。但也有自己占有一部份土地，另租入一部份土地的。也有自己全无土地，全部土地都是租入的（后二种少数）。"⑥ 1951版《毛选》："富农一般占有土地。但也有自己占有一部分土地，另租入一部分土地的。也有自己全无土地，全部土地都是租入的。"⑦ 删"（后二种少数）"，即否定了后二种是少数。

（3）增加题解

增加了题解："这个文件，是毛泽东同志一九三三年十月为纠正在土地改革工作中发生的偏向、正确地解决土地问题而写的，曾由当时中央工农民主政府通过，作为划分农村阶级成份的标准。"⑧题解中说是1933年10月写的，是不准确的。详前。

（4）增加注释

增加了1条注释，对"管公堂和收学租"做了注释。这有助于更好地理解

---

① 《毛泽东选集》第一卷，人民出版社1951年版，第124页。
② 中共华北中央局编：《怎样分析阶级》，河南新华书店1950年第3版，第2页。
③ 《毛泽东选集》第一卷，人民出版社1951年版，第123页。
④ 中共华北中央局编：《怎样分析阶级》，河南新华书店1950年第3版，第3页。
⑤ 《毛泽东选集》第一卷，人民出版社1951年版，第124页。
⑥ 中共华北中央局编：《怎样分析阶级》，河南新华书店1950年第3版，第3页。
⑦ 《毛泽东选集》第一卷，人民出版社1951年版，第124页。
⑧ 《毛泽东选集》第一卷，人民出版社1951年版，第124页。

文义。

2. 人民出版社1951年《毛泽东选集》第一卷版与1950年《中央人民政府政务院关于划分农村阶级成份的决定》版异同

1950年8月《中央人民政府政务院关于划分农村阶级成份的决定》书影

1950年8月4日中央人民政府政务院会议通过《中央人民政府政务院关于划分农村阶级成份的决定》，其中，甲部分就是把1933年瑞金苏维埃临时中央政府制定的《怎样分析农村阶级》稍加删改并加以补充后，与乙、丙两部分一起作为正确解决当时土地问题的文件。新华书店1950年8月4日《中央人民政府政务院关于划分农村阶级成份的决定》（以下简称"1950年《决定》版"），1951年《毛选》版与之相校，主要有以下不同：

（1）标点符号不同

标点符号不同有12处，主要是标点的增、删或者改换。如：

1950年《决定》版："此外或兼放债、或兼雇工、或兼营工商业，"[1]。1951年《毛选》版："此外或兼放债，或兼雇工，或兼营工商业。"[2]

1950年《决定》版："除自己劳动之外，并不雇工，而另以地租、债利等方式剥削农民，"[3]。1951年《毛选》版："除自己劳动之外并不雇工，

---

[1] 《中央人民政府政务院关于划分农村阶级成份的决定》，新华书店1950年中南第3版，第3页。
[2] 《毛泽东选集》第一卷，人民出版社1951年版，第123页。
[3] 《中央人民政府政务院关于划分农村阶级成份的决定》，新华书店1950年中南第3版，第5页。

而另以地租债利等方式剥削农民，"①。

……

（2）文字不同

文字修改有31处，主要分为以下几类：

第一，修改标题。

1950年《决定》版标题没有标日期。1951年《毛选》版中，标题左有"一九三三年十月"②。关于这个日期的说明，详前。

第二，不改变文义的文字修改。

全文中"及""与"改"和"共有9处，增"的"有4处，均不改变文义。1950年《决定》版："管公堂及收学租也是地租剥削一类。"③1951年《毛选》版："管公堂和收学租也是地租剥削的一类。"④1950年《决定》版："工人（雇农在内）一般全无土地与工具，有些工人有极小部分的土地与工具，"⑤。1951年《毛选》版："工人（雇农在内）一般全无土地和工具，有些工人有极小部分的土地和工具。"⑥

1950年《决定》版："但经常依靠剥削为其生活来源之一部或大部。"⑦1951年《毛选》版："但经常地依靠剥削为其生活来源的一部或大部。"⑧"经常"改"经常地"，"之"改"的"。1950年《决定》版："此种情况亦应以富农看待。"⑨1951年《毛选》版："此种情况也应以富农看待。"⑩"亦"改"也"。上述修改均不改变文义，只使原文的表达更加符合现代汉语的习惯。

1950年《决定》版："富农剥削的方式，主要是剥削雇佣劳动（请长

---

① 《毛泽东选集》第一卷，人民出版社1951年版，第124页。
② 《毛泽东选集》第一卷，人民出版社1951年版，第123页。
③ 《中央人民政府政务院关于划分农村阶级成份的决定》，新华书店1950年中南第3版，第3页。
④ 《毛泽东选集》第一卷，人民出版社1951年版，第123页。
⑤ 《中央人民政府政务院关于划分农村阶级成份的决定》，新华书店1950年中南第3版，第8页。
⑥ 《毛泽东选集》第一卷，人民出版社1951年版，第126页。
⑦ 《中央人民政府政务院关于划分农村阶级成份的决定》，新华书店1950年中南第3版，第5页。
⑧ 《毛泽东选集》第一卷，人民出版社1951年版，第124页。
⑨ 《中央人民政府政务院关于划分农村阶级成份的决定》，新华书店1950年中南第3版，第5页。
⑩ 《毛泽东选集》第一卷，人民出版社1951年版，第124页。

工）。"[①] 1951年《毛选》版:"富农的剥削方式,主要是剥削雇佣劳动(请长工)。"[②] "富农剥削的方式"改"富农的剥削方式",不改变文义。

1950年《决定》版:"这是分别中农与贫农的主要标准。"[③] 1951年《毛选》版:"这是区别中农和贫农的主要标准。"[④] "分别"改"区别",不改变文义。

1950年《决定》版:"完全地或主要地以出卖劳动力为生。这是工人。"[⑤] 1951年《毛选》版:"工人完全地或主要地以出卖劳动力为生。"[⑥] 修改后,不改变文义。

……

第三,使表述更明确、更准确的修改。

1950年《决定》版:"占有土地,自己不劳动,或只有附带的劳动,而靠剥削为生的,叫做地主。"[⑦] 1951年《毛选》版:"占有土地,自己不劳动,或只有附带的劳动,而靠剥削农民为生的,叫做地主。"[⑧] 增"农民",明确了"地主"剥削的对象是"农民"。

1950年《决定》版:"富农的剥削是经常的,许多并且是主要的。"[⑨] 1951年《毛选》版:"富农的剥削是经常的,许多富农的剥削收入在其全部收入中并且是主要的。"[⑩] 修改后,更明确了富农的剥削收入是主要的。

第四,使表述更精练的修改。

1950年《决定》版:"地主剥削的方式,主要是以地租方式剥削

[①] 《中央人民政府政务院关于划分农村阶级成份的决定》,新华书店1950年中南第3版,第5页。
[②] 《毛泽东选集》第一卷,人民出版社1951年版,第124页。
[③] 《中央人民政府政务院关于划分农村阶级成份的决定》,新华书店1950年中南第3版,第8页。
[④] 《毛泽东选集》第一卷,人民出版社1951年版,第125页。
[⑤] 《中央人民政府政务院关于划分农村阶级成份的决定》,新华书店1950年中南第3版,第7—8页。
[⑥] 《毛泽东选集》第一卷,人民出版社1951年版,第126页。
[⑦] 《中央人民政府政务院关于划分农村阶级成份的决定》,新华书店1950年中南第3版,第3页。
[⑧] 《毛泽东选集》第一卷,人民出版社1951年版,第123页。
[⑨] 《中央人民政府政务院关于划分农村阶级成份的决定》,新华书店1950年中南第3版,第5页。
[⑩] 《毛泽东选集》第一卷,人民出版社1951年版,第124页。

农民，"[1]。1951年《毛选》版："地主剥削的方式，主要地是收取地租，"[2]。修改后，更精练。

第五，使表述更合理的修改。

1950年《决定》版："一般都占有比较优良的生产工具及活动资本，"[3]。1951年《毛选》版："富农一般都占有比较优裕的生产工具和活动资本，"[4]。"优良"改"优裕"，更合理。

第六，略改变文义的修改。

1950年《决定》版："有些地主虽已破产了，但破产之后有劳动力仍不劳动，而其生活状况超过普通中农者，仍然算是地主。"[5] 1951年《毛选》版："有些地主虽然已破产了，但破产之后仍不劳动，依靠欺骗、掠夺或亲友接济等方法为生，而其生活状况超过普通中农者，仍然算是地主。"[6] "有劳动力仍不劳动"改"仍不劳动"，增"依靠欺骗、掠夺或亲友接济等方法为生"。修改后，强调了破产后的地主中，依靠欺骗、掠夺或者是亲友接济等方法为生的，才算是地主。

1950年《决定》版中没有对高利贷者的规定。1951年《毛选》版有："依靠高利贷剥削为主要生活来源，其生活状况超过普通中农的人，称为高利贷者，应和地主一例看待。"[7]

1950年《决定》版是为配合《中华人民共和国土地改革法》的正确实施，保证新解放区土地改革的顺利进行而下发的，凡补充的均加上了"政务院补充决定"字样。如"向地主租入大量土地，自己不劳动，转租于他人，收取地租，其生活状况超过普通中农的人，称为二地主。二地主应与地主一例

---

[1] 《中央人民政府政务院关于划分农村阶级成份的决定》，新华书店1950年中南第3版，第3页。
[2] 《毛泽东选集》第一卷，人民出版社1951年版，第123页。
[3] 《中央人民政府政务院关于划分农村阶级成份的决定》，新华书店1950年中南第3版，第5页。
[4] 《毛泽东选集》第一卷，人民出版社1951年版，第124页。
[5] 《中央人民政府政务院关于划分农村阶级成份的决定》，新华书店1950年中南第3版，第3页。
[6] 《毛泽东选集》第一卷，人民出版社1951年版，第123页。
[7] 《毛泽东选集》第一卷，人民出版社1951年版，第124页。

看待。其自己劳动耕种一部分土地者,应与富农一例看待。"[①] "富农出租大量土地超过其自耕和雇人耕种的土地数量者,称为半地主式的富农。对富农及半地主式的富农的土地和其他财产,按土地改革法第六条处理"[②],等等。由于1951年《毛选》版是以1948年《决定》中的《怎样分析阶级》为底本,以及社会形势的变化,所以没有上述补充的内容。

(3)增加了题解、注释

增加题解、注释的情况,详前。

3. 人民出版社1991年《毛泽东选集》第一卷版与人民出版社1951年《毛泽东选集》第一卷版异同

人民出版社1991年出版的《毛泽东选集》第一卷(横排简体字)(以下简称"1991年《毛选》版")与1951年《毛选》版(竖排繁体字)相校,只是题解和注释有改动,正文文字没有改动。

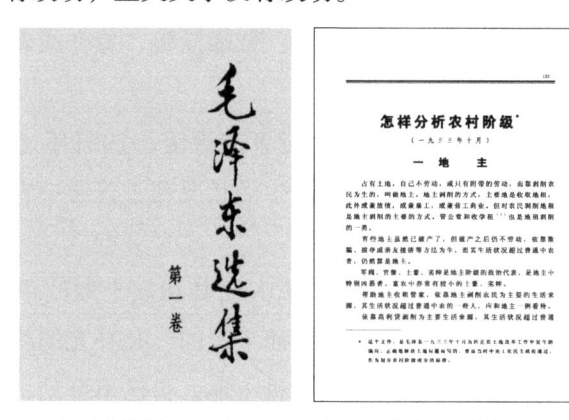

人民出版社1991年《毛泽东选集》第一卷版书影

(1)题解修改

1951年《毛选》版:"这个文件,是毛泽东同志一九三三年十月为纠正在土地改革工作中发生的偏向、正确地解决土地问题而写的,曾由当时中央工农民主政府通过,作为划分农村阶级成份的标准。"[③] 1991年《毛选》版:"这个文件,是毛泽东一九三三年十月为纠正在土地改革工作中发生的

---

① 《中央人民政府政务院关于划分农村阶级成份的决定》,新华书店1950年中南第3版,第4页。

② 《中央人民政府政务院关于划分农村阶级成份的决定》,新华书店1950年中南第3版,第6页。

③ 《毛泽东选集》第一卷,人民出版社1951年版,第124页。

偏向、正确地解决土地问题而写的，曾由当时中央工农民主政府通过，作为划分农村阶级成分的标准。"① "毛泽东同志"改"毛泽东"。题解中仍说是1933年10月写的，是不准确的。详前。

（2）注释修改

关于"管公堂和收学租"注释，1951年《毛选》版为："中国农村中有许多的公共土地。有些是政治性的，例如一些区乡政府所有的土地。有些是宗族性的，例如各姓祠堂所有的土地。有些是宗教性的，例如佛教道教天主教回教寺庙所有的土地。有些是社会救济或社会公益性的，例如义仓的土地和为修桥铺路而设置的土地。有些是教育性的，例如学田。所有这些土地，大多数都掌握在地主富农手里，只有一小部分农民有权干与。"② 1991年《毛选》版为："旧中国农村中有许多的公共土地。有些是政治性的，例如一些区乡政府所有的土地。有些是宗族性的，例如各姓祠堂所有的土地。有些是宗教性的，例如佛教、道教、天主教、伊斯兰教的寺、观、教堂、清真寺所有的土地。有些是社会救济或者社会公益性的，例如义仓的土地和为修桥补路而设置的土地。有些是教育性的，例如学田。所有这些土地，大部分都掌握在地主富农手里，只有一小部分，农民有权干预。"③ 1951年《毛选》版，将佛教、道教、天主教等传教地统称为寺庙，这是不准确的，修改后，更准确了。"干与"改"干预"，校正了错字。关于1991年版注释修改的情况，可参见中共中央文献研究室编《〈毛泽东选集〉一至四卷注释校订本》（中央文献出版社1991年版）第81—82页。

（三）人民出版社1951年《毛泽东选集》第一卷版与《红色中华》1933年6月29日第89期版校勘与分析

《怎样分析农村阶级》，《红色中华》版全篇1213个字，1951年《毛选》版全篇912个字（不包含题解和注释字数）。两版相校，主要有以下不同：

1. 标点符号不同

标点符号不同有23处，主要是标点的增、删或者改换。如：

---

① 《毛泽东选集》第一卷，人民出版社1991年版，第127页。
② 《毛泽东选集》第一卷，人民出版社1951年版，第126页。
③ 《毛泽东选集》第一卷，人民出版社1991年版，第129页。

《红色中华》版："贫农有些占有一部分土地与不完全的工具。有些全无土地，只有一些不完全的工具，"①。1951年《毛选》版："贫农有些占有一部分土地和不完全的工具；有些全无土地，只有一些不完全的工具。"②

《红色中华》版："中农许多占有土地，有些占有一部分土地，"③。1951年《毛选》版："中农许多都占有土地。有些中农只占有一部分土地，"④。

……

2. 文字不同

文字修改有47处，主要分为以下几类：

（1）标题修改

《红色中华》版："怎样分析阶级"。⑤1951年《毛选》版："怎样分析农村阶级"，标题左有"一九三三年十月"⑥。

《红色中华》版："（一）什么叫做地主？""（二）什么叫做富农？""（三）什么叫做中农？""（四）什么叫做贫农？""（五）什么叫做工人？"⑦。1951年《毛选》版："一地主""二富农""三中农""四贫农""五工人"⑧。

（2）不改变文义的文字修改

《红色中华》版："但对农民剥削地租是地主剥削的主要方式。"⑨1951年《毛选》版："但对农民剥削地租是地主剥削的主要的方式。"⑩ 增"的"，不改变文义。

《红色中华》版："有些地主虽已破产了，"⑪。1951年《毛选》版："有些地主虽然已破产了，"⑫。"虽"改"虽然"，不改变文义。

---

① 中央档案馆等编：《红色中华》全编（整理本3），江西人民出版社2016年版，第1665页。
② 《毛泽东选集》第一卷，人民出版社1951年版，第125页。
③ 中央档案馆等编：《红色中华》全编（整理本3），江西人民出版社2016年版，第1665页。
④ 《毛泽东选集》第一卷，人民出版社1951年版，第125页。
⑤ 中央档案馆等编：《红色中华》全编（整理本3），江西人民出版社2016年版，第1664页。
⑥ 《毛泽东选集》第一卷，人民出版社1951年版，第123页。
⑦ 中央档案馆等编：《红色中华》全编（整理本3），江西人民出版社2016年版，第1664—1665页。
⑧ 《毛泽东选集》第一卷，人民出版社1951年版，第123—126页。
⑨ 中央档案馆等编：《红色中华》全编（整理本3），江西人民出版社2016年版，第1664页。
⑩ 《毛泽东选集》第一卷，人民出版社1951年版，第123页。
⑪ 中央档案馆等编：《红色中华》全编（整理本3），江西人民出版社2016年版，第1664页。
⑫ 《毛泽东选集》第一卷，人民出版社1951年版，第123页。

《红色中华》版:"自己劳动。但经常依靠剥削为其生活来源之一部。有些还是大部。"①1951年《毛选》版:"自己参加劳动,但经常地依靠剥削为其生活来源的一部或大部。"②"自己劳动"改"自己参加劳动","经常"改"经常地","之"改"的","有些还是大部"改"或大部",不改变文义。

《红色中华》版:"另一部分中农,包括富裕中农,则对别人有一部分的剥削,但非经常的与主要的,这些都是中农。"③1951年《毛选》版:"另一部分中农(富裕中农)则对别人有轻微的剥削,但非经常的和主要的。"④"包括富裕中农"改"富裕中农","一部分"改"轻微",删"这些都是中农",不改变文义;"与"改"和",全文有5处,均不改变文义。

《红色中华》版:"有些并无土地,全部土地都是租入的。自己都有相当的工具,"⑤。1951年《毛选》版:"有些中农并无土地,全部土地都是租入的。中农自己都有相当的工具……"⑥句中增"中农",不改变文义。

《红色中华》版:"一般全无土地与工具,有些有极小部分的土地工具,完全的或主要的以出卖劳动力为主。这是工人(雇农在内)。"⑦1951年《毛选》版:"工人(雇农在内)一般全无土地和工具,有些工人有极小部分的土地和工具。工人完全地或主要地以出卖劳动力为生。"⑧把"工人(雇农在内)"放置句首,句中增"工人","土地工具"改"土地和工具","的"改"地",均不改变文义。

……

(3)使表述更明确、更准确的修改

《红色中华》版:"占有土地(不论多少),自己不劳动,他只附带劳动,专靠剥削为生。"⑨1951年《毛选》版:"占有土地,自己不劳动,

---

① 中央档案馆等编:《红色中华》全编(整理本3),江西人民出版社2016年版,第1664页。
② 《毛泽东选集》第一卷,人民出版社1951年版,第124页。
③ 中央档案馆等编:《红色中华》全编(整理本3),江西人民出版社2016年版,第1665页。
④ 《毛泽东选集》第一卷,人民出版社1951年版,第125页。
⑤ 中央档案馆等编:《红色中华》全编(整理本3),江西人民出版社2016年版,第1665页。
⑥ 《毛泽东选集》第一卷,人民出版社1951年版,第125页。
⑦ 中央档案馆等编:《红色中华》全编(整理本3),江西人民出版社2016年版,第1665页。
⑧ 《毛泽东选集》第一卷,人民出版社1951年版,第126页。
⑨ 中央档案馆等编:《红色中华》全编(整理本3),江西人民出版社2016年版,第1664页。

或只有附带的劳动，而靠剥削农民为生的，叫做地主。"①修改后，明确了"地主"剥削的对象是"农民"。

《红色中华》版："以欺骗掠夺与靠亲友接济等为生，仍然算是地主。"②1951年《毛选》版："依靠欺骗、掠夺或亲友接济等方法为生，而其生活状况超过普通中农者，仍然算是地主。"③增"而其生活状况超过普通中农者"，明确了什么算破产后的地主。

《红色中华》版："富农的剥削是经常的，许多并且是主要的。"④1951年《毛选》版："富农的剥削是经常的，许多富农的剥削收入在其全部收入中并且是主要的。"⑤修改后，更明确了富农的剥削收入是主要的。

《红色中华》版："但中国的富农除自己劳动之外，并不雇工，而另以地租债利等方式剥削农民。"⑥1951年《毛选》版："有的占有相当多的优良土地，除自己劳动之外并不雇工，而另以地租债利等方式剥削农民，此种情况也应以富农看待。"⑦修改后，什么是富农更明确。

《红色中华》版："专靠或大部靠高利贷剥削为生的人，称为高利贷者，这些人虽不是地主，但高利贷是封建剥削，应该没收其一切财产，消灭高利贷者。"⑧1951年《毛选》版："依靠高利贷剥削为主要生活来源，其生活状况超过普通中农的人，称为高利贷者，应和地主一例看待。"⑨修改后，明确了什么样的高利贷者应和地主一律看待，不是所有的高利贷者都和地主一律看待。

《红色中华》版："全靠自己劳动，或大部靠自己劳动，"⑩。1951年《毛选》版："中农的生活来源全靠自己劳动，或主要靠自己劳动。"⑪修改后，什么是中农更明确。

---

① 《毛泽东选集》第一卷，人民出版社1951年版，第123页。
② 中央档案馆等编：《红色中华》全编（整理本3），江西人民出版社2016年版，第1664页。
③ 《毛泽东选集》第一卷，人民出版社1951年版，第123页。
④ 中央档案馆等编：《红色中华》全编（整理本3），江西人民出版社2016年版，第1664页。
⑤ 《毛泽东选集》第一卷，人民出版社1951年版，第124页。
⑥ 中央档案馆等编：《红色中华》全编（整理本3），江西人民出版社2016年版，第1664页。
⑦ 《毛泽东选集》第一卷，人民出版社1951年版，第124页。
⑧ 中央档案馆等编：《红色中华》全编（整理本3），江西人民出版社2016年版，第1664页。
⑨ 《毛泽东选集》第一卷，人民出版社1951年版，第124页。
⑩ 中央档案馆等编：《红色中华》全编（整理本3），江西人民出版社2016年版，第1665页。
⑪ 《毛泽东选集》第一卷，人民出版社1951年版，第125页。

《红色中华》版："受人地租债利与部分雇佣劳动，贫农一般须出卖一部分劳动力□的剥削。（原文如此——编者）这些都是贫农。"[①] 1951年《毛选》版："受人地租、债利和小部分雇佣劳动的剥削。中农一般不要出卖劳动力，贫农一般要出卖小部分的劳动力，这是区别中农和贫农的主要标准。"[②] 修改后，贫农与中农有了更明确的区分。

（4）使表述更精练的修改

《红色中华》版："地主剥削的方式，主要是以地租（学租在内）方式剥削农民……管公堂也是地租剥削的一种。"[③] 1951年《毛选》版："地主剥削的方式，主要地是收取地租……管公堂和收学租也是地租剥削的一类。"[④] 修改后，更精练。

（5）使表述更合理的修改

《红色中华》版："帮助地主收租管家依靠地主剥削的一些人，应与地主一例看待。"[⑤] 1951年《毛选》版："帮助地主收租管家，依靠地主剥削农民为主要的生活来源，其生活状况超过普通中农的一些人，应和地主一例看待。"[⑥] 修改后，实际上强调了对帮助地主收租管家的人要分不同情况区别对待，只有那些生活状况超过普通中农的一些人，才和地主一例看待，那些生活状况没有超过普通中农的一些人，不应和地主一例看待。修改后，更合理。

《红色中华》版："富农一般都占有比较优良的工具及活动资本，"[⑦]。1951年《毛选》版："富农一般都占有比较优裕的生产工具和活动资本，"[⑧]。"优良"改"优裕"，更合理。

《红色中华》版："此外或兼以一部分土地租人剥削地租，或兼放债，或兼做生意及小工业，"[⑨]。1951年《毛选》版："此外，或兼以一部土地

---

① 中央档案馆等编：《红色中华》全编（整理本3），江西人民出版社2016年版，第1665页。
② 《毛泽东选集》第一卷，人民出版社1951年版，第125页。
③ 中央档案馆等编：《红色中华》全编（整理本3），江西人民出版社2016年版，第1664页。
④ 《毛泽东选集》第一卷，人民出版社1951年版，第123页。
⑤ 中央档案馆等编：《红色中华》全编（整理本3），江西人民出版社2016年版，第1664页。
⑥ 《毛泽东选集》第一卷，人民出版社1951年版，第123—124页。
⑦ 中央档案馆等编：《红色中华》全编（整理本3），江西人民出版社2016年版，第1664页。
⑧ 《毛泽东选集》第一卷，人民出版社1951年版，第124页。
⑨ 中央档案馆等编：《红色中华》全编（整理本3），江西人民出版社2016年版，第1664页。

出租剥削地租，或兼放债，或兼营工商业。"①修改后，更合理。

（6）政治性、思想性的修改

《红色中华》版："地主中以小地主的剥削更为残酷。"②这样说可能有点极端化，是不是所有的小地主的剥削都更为残酷？大概是个问题。1951年《毛选》版中删除了这句话，是合理的。

《红色中华》版："军阀官僚土豪劣绅是地主阶级的政治代表，是地主中特别凶恶者。"③1951年《毛选》版："军阀、官僚、土豪、劣绅是地主阶级的政治代表，是地主中特别凶恶者。富农中亦常有较小的土豪、劣绅。"④增"富农中亦常有较小的土豪、劣绅"，修改后，强调了富农中的小土豪、劣绅，也是要打击的。

《红色中华》版："富农一般占有土地，但也有只占有一部分土地，另租人一部分土地的。也有自己全无土地，全部土地都是租入的（后二种少）。"⑤1951年《毛选》版："富农一般占有土地。但也有自己占有一部分土地，另租入一部分土地的。也有自己全无土地，全部土地都是租入的。"⑥删"（后二种少数）"，即否定了后二种是少数。

1951年《毛选》版《怎样分析农村阶级》是以1948年5月25日下发的《关于一九三三年两个文件的决定》中的《怎样分析阶级》为底本，相校于《红色中华》版，无对待各阶级政策的内容。

3. 增加了题解、注释

增加题解、注释的情况，详前。

六、对《怎样分析农村阶级》修改的思考

1951年毛泽东对1933年的文章进行修改，可以从以下几个方面去理解：

---

① 《毛泽东选集》第一卷，人民出版社1951年版，第124页。
② 中央档案馆等编：《红色中华》全编（整理本3），江西人民出版社2016年版，第1664页。
③ 中央档案馆等编：《红色中华》全编（整理本3），江西人民出版社2016年版，第1664页。
④ 《毛泽东选集》第一卷，人民出版社1951年版，第123页。
⑤ 中央档案馆等编：《红色中华》全编（整理本3），江西人民出版社2016年版，第1664页。
⑥ 《毛泽东选集》第一卷，人民出版社1951年版，第125页。

（一）修改后的表述更明确、更准确

如：《红色中华》版："占有土地（不论多少），自己不劳动，他只附带劳动，专靠剥削为生。"1951年《毛选》版："占有土地，自己不劳动，或只有附带的劳动，而靠剥削农民为生的，叫做地主。"

如：《红色中华》版："以欺骗掠夺与靠亲友接济等为生，仍然算是地主。"1951年《毛选》版："依靠欺骗、掠夺或亲友接济等方法为生，而其生活状况超过普通中农者，仍然算是地主。"

（二）修改后的表述更合理

如：《红色中华》版："帮助地主收租管家依靠地主剥削的一些人，应与地主一例看待。"1951年《毛选》版："帮助地主收租管家，依靠地主剥削农民为主要的生活来源，其生活状况超过普通中农的一些人，应和地主一例看待。"

如：《红色中华》版："富农一般都占有比较优良的工具及活动资本，"。1951年《毛选》版："富农一般都占有比较优裕的生产工具和活动资本。"

（三）有些修改是因为社会、形势发生了变化

如：《红色中华》版："地主阶级是革命的主要敌人，苏维埃对地主的政策，是没收他们的一切财产，消灭地主阶级。""苏维埃对于富农的政策，是没收他们的土地，他们的耕牛农具房屋则只没收其多余的部分，而仍分给以较坏的劳动份地。"等等。1949年10月，中华人民共和国成立，社会、形势发生了巨大的变化，1933年苏维埃政府的土地政策已经不符合1949年10月以后的社会状况，以上这些关于各阶级政策的具体规定已过时，1951年《毛选》版删除之是必然的。

毛泽东修改自己的著作，使之更准确、更合理，是值得肯定的。

（霍杰初稿　周一平修改）

附录：

人民出版社1951年《毛泽东选集》第一卷版、1950年《中央人民政府政务院关于划分农村阶级成份的决定》版与《红色中华》1933年6月29日第89期版校勘记

凡例

1. 《怎样分析农村阶级》各版本简称如下：

《红色中华》1933年6月29日第89期，简称"《红色中华》版"。

1950年8月4日《中央人民政府政务院关于划分农村阶级成份的决定》（新华书店1950年8月中南第3版），简称"1950年《决定》版"。

人民出版社1951年《毛泽东选集》第一卷，简称"1951年《毛选》版"。

2. 凡1950年《决定》版、1951年《毛选》版与《红色中华》版标点、文字不同之处，均在每栏（每列）相同位置写出各自的文字。

3. 空行。每栏（列）中的空行，表示上下文字之间有分段，或略去了相同的文字。

4. 各版本中增、删文字的表示：《红色中华》版有的文字，1950年《决定》版、1951年《毛选》版没有，即删除了，《红色中华》版栏（列）中列出文字，1950年《决定》版、1951年《毛选》版栏（列）中相应处注"〇"。1950年《决定》版、1951年《毛选》版增加的文字，《红色中华》版没有，1950年《决定》版、1951年《毛选》版栏（列）中列出文字，《红色中华》版栏（列）中相应处注"〇"。

5. 1951年《毛选》版增加的题解、注释。"*"表示增加了题解，题解文字略。数字加"〔〕"，是增加了的注释号，表示增加了注释，注释文字略。

《怎样分析农村阶级》版本研究

《红色中华》版	1950年《决定》版	1951年《毛选》版
怎样分析阶级 ○	怎样分析农村阶级 ○	怎样分析农村阶级* （一九三三年十月）
（一）什么叫做地主？	一、地主	一 地主
占有土地（不论多少），自己不劳动，他只附带劳动，专靠剥削为生。	占有土地，自己不劳动，或只有附带的劳动，而靠剥削为生的，叫做地主。	占有土地，自己不劳动，或只有附带的劳动，而靠剥削农民为生的，叫做地主。
地主剥削的方式，主要是以地租（学租在内）方式剥削农民。	地主剥削的方式，主要是以地租方式剥削农民，	地主剥削的方式，主要地是收取地租，
此外或兼放债，或兼雇工，或兼营工商业。	此外或兼放债、或兼雇工、或兼营工商业，	此外或兼放债，或兼雇工，或兼营工商业。
但对农民剥削地租是地主剥削的主要方式。管公堂也是地租剥削的一种。	但对农民剥削地租是地主剥削的主要方式。管公堂及收学租也是地租剥削一类。	但对农民剥削地租是地主剥削的主要方式。管公堂和收学租〔一〕也是地租剥削的一类。
地主中以小地主的剥削更为残酷。	○	○
有些地主虽已破产了，但破产之后仍不劳动，以欺骗掠夺与靠亲友接济等为生，仍然算是地主。	有些地主虽已破产了，但破产之后有劳动力仍不劳动，而其生活状况超过普通中农者，仍然算是地主。	有些地主虽然已破产了，但破产之后仍不劳动，依靠欺骗、掠夺或亲友接济等方法为生，而其生活状况超过普通中农者，仍然算是地主。
军阀官僚土豪劣绅是地主阶级的政治代表，是地主中特别凶恶者。	军阀、官僚、土豪、劣绅是地主阶级的政治代表，是地主中特别凶恶者（富农中亦常有小的土豪、劣绅）。	军阀、官僚、土豪、劣绅是地主阶级的政治代表，是地主中特别凶恶者。富农中亦常有较小的土豪、劣绅。
地主阶级是革命的主要敌人，苏维埃对地主的政策，是没收他们的一切财产，消灭地主阶级。	○	○
帮助地主收租管家依靠地主剥削的一些人，应与地主一例看待。	帮助地主收租管家，依靠地主剥削农民为主要生活来源，其生活状况超过普通中农的一些人，应与地主一例看待。	帮助地主收租管家，依靠地主剥削农民为主要的生活来源，其生活状况超过普通中农的一些人，应和地主一例看待。

281

(续表)

《红色中华》版	1950年《决定》版	1951年《毛选》版
专靠或大部靠高利贷剥削为生的人，称为高利贷者，这些人虽不是地主，但高利贷是封建剥削，应该没收其一切财产，消灭高利贷者。	○	依靠高利贷剥削为主要生活来源，其生活状况超过普通中农的人，称为高利贷者，应和地主一例看待。
○	（政务院补充决定） （一）向地主租入大量土地，自己不劳动，转租于他人，收取地租，其生活状况超过普通中农的人，称为二地主。二地主应与地主一例看待。其自己劳动耕种一部分土地者，应与富农一例看待。	○
○	（二）革命军人、烈士家属、工人、职员、自由职业者、小贩以及因从事其他职业或因缺乏劳动力而出租小量土地者，应依其职业决定其成份，或称为小土地出租者，不得以地主论。其土地应按土地改革法第五条处理。	○
○	（三）有其他职业收入，但同时占有并出租大量农业土地，达到当地地主每户所有土地平均数以上者，应依其主要收入决定其成份，称为其他成份兼地主，或地主兼其他成份。其直接用于其他职业的土地和财产，不得没收。	○
○	（四）各地地主每户所有土地平均数，以一个或几个县为单位计算，由各专区或县人民政府提出呈报省人民政府批准后，决定之。	○

（续表）

《红色中华》版	1950年《决定》版	1951年《毛选》版
（二）什么叫做富农？	二、富农	二 富农
富农一般占有土地，但也有只占有一部分土地，另租入一部分土地的。也有自己全无土地，全部土地都是租入的（后二种少）。	富农一般占有土地。但也有自己占有一部分土地，另租入一部分土地的。也有自己全无土地，全部土地都是租入的。	富农一般占有土地。但也有自己占有一部分土地，另租入一部分土地的。也有自己全无土地，全部土地都是租入的。
富农一般都占有比较优良的工具及活动资本，自己劳动。但经常依靠剥削为其生活来源之一部。有些还是大部。	一般都占有比较优良的生产工具及活动资本，自己参加劳动，但经常依靠剥削为其生活来源之一部或大部。	富农一般占有比较优裕的生产工具和活动资本，自己参加劳动，但经常地依靠剥削为其生活来源的一部或大部。
富农的剥削方式，主要是剥削雇佣劳动（请长工）。	富农剥削的方式，主要是剥削雇佣劳动（请长工）。	富农的剥削方式，主要是剥削雇佣劳动（请长工）。
此外或兼以一部分土地租人剥削地租，或兼放债，或兼做生意及小工业，	此外或兼以一部土地出租剥削地租、或兼放债、或兼营工商业。	此外，或兼以一部土地出租剥削地租，或兼放债，或兼营工商业。
但中国的富农除自己劳动之外，并不雇工，而另以地租债利等方式剥削农民。富农的剥削是经常的，许多并且是主要的。	有的占有相当多的优良土地，除自己劳动之外，并不雇工，而另以地租、债利等方式剥削农民，此种情况亦应以富农看待。富农的剥削是经常的，许多并且是主要的。	有的占有相当多的优良土地，除自己劳动之外并不雇工，而另以地租债利等方式剥削农民，此种情况也应以富农看待。富农的剥削是经常的，许多富农的剥削收入在其全部收入中并且是主要的。
苏维埃对于富农的政策，是没收他们的土地，他们的耕牛农具房屋则只没收其多余的部分，而仍分给以较坏的劳动份地。	○	○
○	（政务院补充决定）（一）富农出租大量土地超过其自耕和雇人耕种的土地数量者，称为半地主式的富农。对富农及半地主式的富农的土地和其他财产，按土地改革法第六条处理。	○

（续表）

《红色中华》版	1950年《决定》版	1951年《毛选》版
○	（二）地主家庭中，有人自己常年参加主要农业劳动，或同时雇人耕种一部分土地，而以主要部分土地出租，其出租土地数量超过其自耕和雇人耕种的土地数量三倍以上（例如出租一百五十亩，自耕和雇人耕种不到五十亩），在占有土地更多的情形下，其出租土地数量超过其自耕和雇人耕种的土地数量二倍以上（例如出租二百亩，自耕和雇人耕种不到一百亩）者，不得称为富农，而应称为地主。其土地及其他财产，应按土地改革法第二条处理。但其自己劳动耕种部分的土地，在适当地加以抽补后，应在基本上予以保留。其参加劳动的人，如果在家庭中不是居于支配的而是居于被支配的地位，则其参加劳动的人应定为适当的劳动者成份，以别于家庭中其他不参加劳动的人的成份。	○
（三）什么叫做中农？	三、中农	三 中农
中农许多占有土地，有些占有一部分土地，另租入一部分土地。有些并无土地，全部土地都是租入的。	中农许多都占有土地。有些中农只占有一部分土地，另租入一部分土地。有些中农并无土地，全部土地都是租入的。	中农许多都占有土地。有些中农只占有一部分土地，另租入一部分土地。有些中农并无土地，全部土地都是租入的。
自己都有相当的工具，全靠自己劳动，或大部靠自己劳动，	中农自己都有相当的工具。中农的生活来源全靠自己劳动，或主要靠自己劳动。	中农自己都有相当的工具。中农的生活来源全靠自己劳动，或主要靠自己劳动。
一般不剥削人，许多还要受别人一部分地租债利等剥削。但中农一般不出卖劳动力。	中农一般不剥削人，许多中农还要受别人小部分地租、债利等剥削。但中农一般不出卖劳动力。	中农一般不剥削别人，许多中农还要受别人小部分地租、债利等剥削。但中农一般不出卖劳动力。

《怎样分析农村阶级》版本研究

(续表)

《红色中华》版	1950年《决定》版	1951年《毛选》版
另一部分中农，包括富裕中农，则对别人有一部分的剥削，但非经常的与主要的，这些都是中农。	另一部分中农（富裕中农）则对别人有轻微的剥削，但非经常的与主要的。这些都是中农。	另一部分中农（富裕中农）则对别人有轻微的剥削，但非经常的和主要的。
苏维埃对中农的政策，是坚固的联合他们。中农的土地，不得本人同意不应平分，土地不够的中农，应该与贫农雇农分得同等的土地。	○	○
（四）什么叫做贫农？	四、贫农	四 贫农
贫农有些占有一部份土地与不完全的工具。有些全无土地，只有一些不完全的工具，	贫农有些占有一部分土地与不完全的工具。有些全无土地，只有一些不完全的工具。	贫农有些占有一部分土地和不完全的工具；有些全无土地，只有一些不完全的工具。
一般都须租入土地来耕，受人地租债利与部分雇佣劳动，贫农一般须出卖一部分劳动力□的剥削。（原文如此——编者）这些都是贫农。	一般都须租入土地来耕，受人地租、债利与小部分雇佣劳动的剥削。这些都是贫农。	一般都须租入土地来耕，受人地租、债利和小部分雇佣劳动的剥削。
○	中农一般不要出卖劳动力，贫农一般要出卖小部分劳动力，这是分别中农与贫农的主要标准。	中农一般不要出卖劳动力，贫农一般要出卖小部分的劳动力，这是区别中农和贫农的主要标准。
贫农在土地分配中应该与中农雇农得到同等的利益，且原有的一些土地工具不没收。	○	○
（五）什么叫做工人？	五、工人	五 工人
一般全无土地与工具，有些有极小部分的土地工具，完全的或主要的以出卖劳动力为主。这是工人（雇农在内）。	工人（雇农在内）一般全无土地与工具，有些工人有极小部分的土地与工具，完全地或主要地以出卖劳动力为生。这是工人。	工人（雇农在内）一般全无土地和工具，有些工人有极小部分的土地和工具。工人完全地或主要地以出卖劳动力为生。

（续表）

《红色中华》版	1950年《决定》版	1951年《毛选》版
土地革命中，农村中的工人都应分得与贫农中农同等的土地。对于他们中间有些人原有的那一小部分土地工具不没收。至于那一家人中有人在城市作工的是工人，但他的家属在乡下有土地出租，或有钱放债，如果他的家庭不是靠收租为主要生活来源，其土地不没收，并照一般农民分田。如果他的家庭是靠着收租或放债主要生活来源，其土地没收，但应分田与他的妻及子女，但工人仍在城市不分田。	○	○

参考文献

一、史料

（一）中文版本

1. 《怎样分析阶级》，《红色中华》1933年6月29日。

2. 《怎样分析阶级》，1933年10月铅印本。

3. 《中央政府关于土地斗争中的一些问题的决定》，湘鄂川黔省革委会1934年翻印。

4. 《中国历史参考资料》，湘鄂川黔省革委会1935年翻印。

5. 《怎样分析阶级》，中华苏维埃共和国临时中央政府西北办事处1936年1月1日印。

6. 《怎样分析阶级》，冀东新华书店1947年8月版。

7. 《怎样分析阶级》，中共晋绥分局1948年1月编印。

8. 《怎样分析阶级》，中共华东局秘书处1948年1月翻印。

9. 《怎样分析阶级》，中共晋察冀中央局1948年2月编印。

10. 《怎样分析阶级》，承德《群众日报》1948年5月31日。

11. 《怎样分析阶级》，《晋察冀日报》1948年5月31日。

12. 《怎样分析阶级》，《冀中导报》1948年5月31日。

13. 《怎样分析阶级》，《东北日报》1948年5月31日。

14. 《土改中的几个问题》（摘录），华中新华书店出版1948年5月版。

15. 《怎样分析阶级》，《吉林日报》1948年6月2日。

16. 《怎样分析阶级》，《内蒙古日报》1948年6月3日。

17. 《怎样分析阶级》，《察哈尔日报》1948年6月4日。

18. 《怎样分析阶级》，《哈尔滨日报》1948年6月4日。

19. 《怎样分析阶级——一九三三年的两个重要文件》，中共嫩江省委1948年6月编印。

20.《中共中央文件辑要》，太行群众书店1948年6月版。

21.《怎样分析阶级》，中共华中九地委宣传部1948年6月编印。

22.《土改整党手册》，渤海新华书店1948年7月版。

23.《土改整党手册》，冀南新华书店1948年8月版。

24.《怎样分析阶级》，《新华日报》（太岳版）1948年9月21日。

25.《目前形势和我们的任务》，解放社编，新华书店1948年9月版。

26.《怎样分析阶级》，《华商报》1948年第750号。

27.《怎样分析阶级》，合江日报社编，合江日报社1948年版。

28.《怎样分析阶级》，冀东新华书店1949年4月版。

29.《怎样分析阶级》，鄂豫公学1949年4月翻印。

30.《目前形势和我们的任务》（第3版），毛泽东等著，华中新华书店1949年4月版。

31.《目前形势和我们的任务》，解放社编，晋南新华书店1949年4月版。

32.《目前形势和我们的任务》，解放社编，新华书店1949年5月版。

33.《目前形势和我们的任务》，解放社编，新华书店1949年7月版。

34.《怎样分析阶级》，中共华北中央局编，新华书店1949年8月版。

35.《怎样分析阶级》，湖南省委会办公室1949年9月翻印。

36.《怎样分析阶级》（第1种）（摘录），香港新华分社编，中国出版社1949年10月版。

37.《怎样分析阶级》，中共华北中央局编，新华书店1949年11月再版。

38.《政策选辑》，新华书店1949年版。

39.《怎样分析阶级》，信阳地委宣传部1950年编印。

40.《关于划分农村阶级成份的决定》，《河南日报》1950年8月26日。

41.《关于划分农村阶级成份的决定》，《广州市政》1950年第8—9期。

42.《关于划分农村阶级成份的决定》，《新华月报》1950年第2卷第5期。

43.《关于划分农村阶级成份的决定》，《新中华》1950年第17期。

44．《怎样分析阶级》（第3版），中共华北中央局编，河南新华书店1950年3月版。

45．《中央人民政府政务院关于划分农村阶级成份的决定》（第3版），新华书店1950年版。

46．《干部学习资料》（第15辑），中共中央华南分局宣传部编，新华书店华南总分店1950年版。

47．《毛泽东选集》第一卷，人民出版社1951年版。

48．《人民民主政权建设文件汇集》，西南军政委员会民政部编，西南人民出版社1951年版。

49．《毛泽东选集》第一卷，人民出版社1952年版。

50．《学习中国共产党历史第三次国内革命战争时期的阅读文件》，中国人民解放军军事学院中共党史教授会1956年编印。

51．《湖南现代革命史料汇集》（第3册），湖南历史考古研究所筹备处等编，湖南人民出版社1957年版。

52．《闽西党史研究参考资料》（1931年—1934年 合订本），中共龙岩地委党史办公室1958年编印。

53．《毛泽东同志论无产阶级专政和肃反工作》，群众出版社1960年第1版。

54．《怎样分析农村阶级》，中共晋东南地委党校1962年翻印。

55．《怎样分析农村阶级》，人民出版社1963年新1版。

56．《怎样分析农村阶级》，中共浙江省委办公厅1964年翻印。

57．《毛泽东选集》（一卷本），人民出版社1964年版。

58．《毛泽东著作专题摘录》，人民出版社1964年版。

59．《毛泽东著作选读》乙种本，中国青年出版社1964年第1版。

60．《毛泽东著作选读》乙种本，中国青年出版社1965年第2版。

61．《怎样分析农村阶级》，人民出版社1965年第1版。

62．《毛泽东著作选读》乙种本（根据1965年6月第2版重排），毛泽东著作选读编辑委员会编，中国青年出版社1966年版。

63．《毛泽东著作选读》，中国人民解放军总政治部编，中国人民解放军总参谋部出版局1964年第1版。

64．《毛泽东著作选读》，中国人民解放军总政治部编，中国人民解放军总参谋部出版局1965年第2版。

65．《毛泽东著作选读》，中国人民解放军总政治部编，中国人民解放军总参谋部出版局1966年第3版。

66．《毛泽东选集》（横排）（根据1952年8月第1版重排）第一卷，人民出版社1966年版。

67．《毛泽东选集》（袖珍一卷本），人民出版社1967年版。

68．《毛泽东选集》（袖珍一卷本），人民出版社1968年版。

69．《毛泽东选集》（袖珍一卷本），中国人民解放军战士出版社1968年版。

70．《怎样分析农村阶级》，莲花县群众专政委员会1968年翻印。

71．《怎样分析农村阶级》，江西省革命委员会政治部1968年编印。

72．《怎样分析农村阶级》，江西省九江市革命委员会政治部1969年翻印。

73．《怎样分析农村阶级》，江苏省无锡市革命委员会政法组1969年翻印。

74．《农村工作文件选编》，陕西省革命委员会政工组1971年编印。

75．《怎样分析农村阶级》，中共阿荣旗委整党建党办公室1973年翻印。

76．《中国共产党史稿》（第2编 江西时期 增订本），王健民编，中文图书供应社1975年版。

77．《国民经济恢复时期的社会改革运动》，北京师范大学中共党史系1976年编印。

78．《学习〈毛泽东选集〉第五卷》（参考资料 上），南开大学马列主义教研室1977年编印。

79．《学习〈毛泽东选集〉第五卷》（历史资料汇编），江西师院历史系中共党史教研组1977年编印。

80．《毛泽东著作选读》（战士读本），中国人民解放军战士出版社1978年第1版。

81．《司法资料汇编》（第1辑），陕西省西安市中级人民法院1978年编印。

82．《学习〈毛泽东选集〉第五卷》（参考资料），辽宁省图书馆编，辽宁人民出版社1978年版。

83．《中华人民共和国刑法参考资料》（第1辑），西南政法学院刑法教研室1978年编印。

84．《中共党史参考资料》三（第二次国内革命战争时期），中共中央党校党史教研室编，人民出版社1979年版。

85．《中共党史参考资料》六（第三次国内革命战争时期），中共中央党校党史教研室编，人民出版社1979年版。

86．《农村政策文件选编》（1947—1957年），中国人民大学农业经济系资料室1980年编印。

87．《农业经济法规资料汇编》（第1辑），北京农业大学农业经济法研究组等1981年编印。

88．《第一、二次国内革命战争时期土地斗争史料选编》，中国社会科学院经济研究所中国现代经济史组编，人民出版社1981年版。

89．《中央人民政府法令汇编》（1949年—1950年），中央人民政府法制委员会1982年编印。

90．《湘赣革命根据地斗争史》（节录），江西人民出版社1982年版。

91．《写作艺术示例》（节录），路德庆主编，华东师范大学出版社1983年版。

92．《解放前的中国农村》（第1辑），陈翰笙等编，中国展望出版社1985年版。

93．《毛泽东选集》第一卷，人民出版社1991年版。

94．《中华人民共和国经济档案资料选编》（1949—1952 农村经济体制卷），中国社会科学院编，社会科学文献出版社1992年版。

95．《毛泽东思想与中国共产党的实践》（摘录），冯金武等主编，改革出版社1992年版。

96．《毛泽东经济思想发展史》（节录），乔宗寿等，上海人民出版社1993年版。

97．《中华人民共和国大典》，中国经济出版社1994年版。

98．《二十世纪中国实录》（第四卷），光明日报出版社1997年版。

99．《毛泽东全书》第一卷（摘录），蒋建农主编，河北人民出版社1998年版。

100．《从清匪反霸到土地改革》，中共梅州市委党史研究室1999年编印。

101．《开国档案》（1949—1956），李松晨等主编，当代中国出版社1999年版。

102．《毛泽东选集手抄本》，西苑出版社2001年版。

103．《中国共产党八十年珍贵档案》第一卷，中国档案出版社2001年版。

104．《中国共产党与中国农民》（第1卷）（节录），胡艳辉等，湖南人民出版社2002年版。

105．《新中国法制研究史料通鉴》（第1卷），张培田等编，中国政法大学出版社2003年版。

106．《建国30年深圳档案文献演绎》（第1卷）（摘录），深圳市档案馆编，花城出版社2005年版。

107．《中华人民共和国法规汇编》（1949—1952）第1卷，国务院法制办公室编，中国法制出版社2005年版。

108．《议论文写作教程》（节录），王天舒编著，湖南大学出版社2006年版。

109．《中国社会思想史资料选辑》（民国卷）下册，陆学艺等编，广西人民出版社2007年版。

110．《中国农民问题研究资料汇编》（第1卷 1912—1949）上，于建嵘主编，中国农业出版社2007年版。

111．《中国农民问题研究资料汇编》（第1卷 1912—1949）下，于建嵘主编，中国农业出版社2007年版。

112．《中国农民问题研究资料汇编》（第2卷 1949—2007）上，于建嵘主编，中国农业出版社2007年版。

113．《弹性结构与传统乡村社会变迁——以1927—1937年江西农村革命与改良冲击为例》（摘录），万振凡著，经济日报出版社2008年版。

114．《中国苏维埃运动中的革命动员模式研究》（节录），杨会清著，江西人民出版社2008年版。

115．《内蒙古的土地制度改革》，中共内蒙古自治区委党史研究室编著，中共党史出版社2008年版。

116．《红色经典》上册，中共瑞金市委等2008年编印。

117．《毛泽东思想年编》（一九二一——一九七五）（节录），中央文献出版社2011年版。

118．《建国以来重要文献选编》（第一册），中共中央文献研究室编，中央文献出版社2011年版。

119．《建党以来重要文献选编》第十册，中共中央文献研究室等编，中央文献出版社2011年版。

120．《江西与中国统一战线》（摘录），唐显凯主编，华文出版社2012年版。

121．《毛泽东全集》第6卷，润东出版社2013年版。

122．《乡村的民意：陕甘宁边区的基层参议员研究》（节录），杨东著，山西人民出版社等2013年版。

123．《行政组织法典汇编》（1949—1965），梁玥主编，山东人民出版社2016年版。

124．《红色中华》全编（整理本3），中央档案馆等编，江西人民出版社2016年版。

125．《农业政策学习材料》，1977年版。

126．《农村政策文件选编》（一），北京经济学院农业经济系资料室编印。

127．《中共党史参考资料》（第19册），中国人民解放军政治学院党史教研室编印。

128．《〈水浒〉评论专辑》（节录），上海师大教育革命组编印。

129．《党史研究参考资料（第二次国内革命战争时期）》（摘录），辽宁省党史学会编印。

130．《建国以来重要文件汇编》（国民经济的恢复时期）。

131．《中国农民中各阶级的分析及其对于革命的态度》，《中国农民》1926年1月1日第1期。

132．《苏维埃第一次全国代表大会土地法草案》，《红旗周报》1931年3月5日第1期。

133．《中华苏维埃共和国土地法》，《红旗周报》1932年8月10日第47期。

134．《中央局关于查田运动的决议》，《红色中华》1933年6月20日第87期。

135．《八县贫农团代表大会决议》，《红色中华》1933年7月5日第91期。

136．《查田运动是广大区域内的中心重大任务》，《红旗周报》1933年8月31日第59期。

137．《怎样分析阶级两点疑问》，《红色中华》1933年9月18日第110期。

138．《关于查田运动的初步总结》，《红旗周报》1933年10月30日第61期。

（二）外文版本

1．《怎样分析农村阶级》（英文），外文出版社1966年版。

2．《怎样分析农村阶级》（缅甸文），外文出版社1968年袖珍版第1版。

3．《怎样分析农村阶级》（印尼文），外文出版社1968年版。

4．《怎样分析农村阶级》（泰文），外文出版社1969年版。

5．《怎样分析农村阶级》（越南文），外文出版社1969年版。

6．《怎样分析农村阶级》（日文），外文出版社1969年版。

7．《怎样分析农村阶级》（俄文），外文出版社1969年版。

8．《怎样分析农村阶级》（法文），外文出版社1969年版。

9．《怎样分析农村阶级》（英文），外文出版社1969年版。

10．《怎样分析农村阶级》（西班牙文），外文出版社1970年版。

11．《怎样分析农村阶级》（斯瓦希里文），外文出版社1970年版。

12．《怎样分析农村阶级》（老挝文），外文出版社1971年版。

13．《怎样分析农村阶级》（土耳其文），外文出版社1971年版。

14．《怎样分析农村阶级》（泰米尔文），外文出版社1973年版。

15．《毛泽东集》第3卷，日本苍苍社1983年第2版。

（三）少数民族文版本

1．《怎样分析农村阶级》（蒙古文），中央民族事务委员会1952年编印。

2．《中国社会各阶级的分析·怎样分析农村阶级》（托忒蒙古文），新疆人民出版社1952年版。

3．《中国社会各阶级的分析·怎样分析农村阶级》（哈萨克文），新疆人民出版社1952年版。

4．《怎样分析农村阶级》（朝鲜文），民族出版社1964年版。

5．《怎样分析农村阶级》（维吾尔文），民族出版社1964年版。

6．《怎样分析农村阶级》（藏文），民族出版社1965年版。

二、著作

1．毛泽东：《论查田运动》，晋察冀新华书店1947年版。

2．郑昌等：《学习〈毛泽东选集〉第一卷》，新建设杂志社1952年版。

3．中共中央高级党校图书馆1958年编印：《馆藏马克思列宁主义经典著作书目》。

4．《辞海试行本》第2分册（哲学），中华书局辞海编辑所1961年版。

5．中共厦门市委工交政治部编：《学习毛主席著作参考资料》，民族出版社1966年版。

6．国家出版事业管理局版本图书馆编：《全国总书目》（1973），中华书局1976年版。

7．福建师范大学编：《毛主席诗词学习参考资料》，福建人民出版社1979年版。

8．赵凤岐主编：《怎样认识社会主义时期的阶段斗争问题》，福建人民出版社1982年版。

9．蓝全普主编：《解放区法规概要》，群众出版社1982年版。

10．《毛泽东农村调查文集》，人民出版社1982年版。

11．中国版本图书馆编：《全国总书目》（1966—1969），中华书局

1987年版。

12．中共中央纪律检查委员会信访室编：《信访工作手册》，吉林人民出版社1988年版。

13．《李达文集》（第4卷），人民出版社1988年版。

14．陈奇文主编：《统一战线知识手册》，湖北教育出版社1989年版。

15．丛广玉主编：《中国现代史教程》，黑龙江人民出版社1990年版。

16．中央档案馆编：《中共中央文件选集》第九册，中共中央党校出版社1991年版。

17．中央档案馆编：《中共中央文件选集》第十册，中共中央党校出版社1991年版。

18．段永林主编：《中华人民共和国大事典》，吉林人民出版社1991年版。

19．《毛泽东选集》（第二版）导读编写组编著：《〈毛泽东选集〉第二版导读》，新华出版社1991年版。

20．袁竞主编：《毛泽东著作大辞典》，中国国际广播出版社1991年版。

21．中共中央文献研究室编：《〈毛泽东选集〉一至四卷注释校订本》，中央文献出版社1991年版。

22．吴怀连：《农村社会学》，安徽人民出版社1991年版。

23．乔明甫等主编：《中国共产党建设大辞典》，四川人民出版社1991年版。

24．程敏主编：《〈毛泽东选集〉导读》，中国国际广播出版社1991年版。

25．焦根强等主编：《毛泽东著作辞典》，中国政法大学出版社1991年版。

26．朱健华主编：《中华人民共和国大事纪事本末》，吉林教育出版社1992年版。

27．王进等主编：《毛泽东大辞典》，广西人民出版社等1992年版。

28．马进主编：《毛泽东思想研究》，宁夏人民出版社1992年版。

29．何平主编：《毛泽东大辞典》，中国国际广播出版社1992年版。

30．（美）斯塔尔主编，中共中央文献研究室编译：《毛泽东的政治哲学》，中央文献出版社1992年版。

31．顾龙生编著：《毛泽东经济年谱》，中共中央党校出版社1993年版。

32．巢峰主编：《毛泽东思想大辞典》，上海辞书出版社1993年版。

33．廖盖隆等主编：《毛泽东百科全书》，光明日报出报社1993年版，2003年修订版。

34．刘光杰主编：《毛泽东经济变革与发展思想研究》，武汉大学出版社1993年版。

35．朱企泰等：《毛泽东统战思想研究》，中国工人出版社1993年版。

36．张惠芝等主编：《毛泽东生平著作研究目录大全》，河北教育出版社1993年版。

37．赵文绪主编：《毛泽东经济思想体系概论》，华中理工大学出版社1994年版。

38．韩荣璋主编：《毛泽东生平思想研究索引》，武汉出版社1994年版。

39．施金炎主编：《毛泽东著作版本述录与考订》，海南国际新闻出版中心1995年版。

40．袁永松主编：《伟人毛泽东》（上），红旗出版社1997年版。

41．张静如主编：《毛泽东研究全书》卷二，长春出版社1998年版。

42．柴宇球编著：《毛泽东大智谋》（下卷），中国档案出版社1998年版。

43．钟明主编：《中国工运大典》（下），中国物资出版社1998年版。

44．蒋建农主编：《毛泽东全书》第五卷，河北人民出版社1998年版。

45．蒋建农主编：《毛泽东全书》第六卷，河北人民出版社1998年版。

46．肖浩辉：《毛泽东决策思想研究》，湖南人民出版社1999年版。

47．汤应武主编：《中国共产党重大史实考证》，中国档案出版社2001年版。

48．《中国二十世纪通鉴》编委会编：《中国二十世纪通鉴》（1941—1960 第3册），线装书局2002年版。

49．蒋建农等：《毛泽东著作版本编年纪事》（一册），湖南人民出版社2013年第2版。

50．张深溪：《中外历史上的重大改革研究》，中共中央党校出版社

2004年版。

51．中共中央党校理论研究室编：《历史的丰碑　中华人民共和国国史全鉴》1（政治卷），中共中央文献出版社2005年版。

52．李伟：《毛泽东与中国社会改造》，中央文献出版社2006年版。

53．邸延生：《历史的真迹　毛泽东风雨沉浮五十年》，新华出版社2006年版。

54．张万禄：《毛泽东的道路》（1921—1935），中央文献出版社2006年版。

55．余玮：《中国高端访问》（7），经济日报出版社2007年版。

56．廖洪乐：《中国农村土地制度六十年——回顾与展望》，中国财政经济出版社2008年版。

57．杨会清：《中国苏维埃运动中的革命动员模式研究》，江西人民出版社2008年版。

58．柏钦水主编：《毛泽东著作版本鉴赏》，山东人民出版社2009年版。

59．张树军主编：《图文共和国年轮》（1949—1959），河北人民出版社2009年版。

60．《中国的土地改革》，当代中国出版社等2009年版。

61．中共中央文献研究室编：《毛泽东思想形式与发展大事记》，中央文献出版社2011年版。

62．中国井冈山干部学院教材编审委员会编：《苏区风范》，中央文献出版社2011年版。

63．李小三主编：《苏区干部好作风》，江西人民出版社2011年版。

64．李捷主编：《毛泽东著作辞典》，浙江人民出版社2011年版。

65．中共中央文献研究室等：《建党以来重要文献选编》第八册，中央文献出版社2011年版。

66．陈矩弘：《新中国出版史研究1949—1965》，上海交通大学出版社2012年版。

67．中国井冈山干部学院编：《纪念中央革命根据地创建暨中华苏维埃共和国成立80周年学术研讨会论文集》，江西人民出版社2012年版。

68．何明星主编：《中华人民共和国外文图书出版发行编年史（1949—

1979）》（下），学习出版社2013年版。

69．周一平：《日版〈毛泽东集〉〈毛泽东集补卷〉校勘与研究》，中国国际文化出版社2013年版。

70．中共中央文献研究室第一编研部等：《历史巨人毛泽东画传》（第1卷），中央文献出版社2013年版。

71．逄先知主编：《毛泽东年谱：1893—1949》（修订本）上，中央文献出版社2013年版。

72．何明星：《中国图书在世界的传播与影响》，新华出版社2014年版。

73．卢洁等编：《毛泽东文物图集》（下卷 1893—1949），湘潭大学出版社2014年版。

74．徐明清：《明清岁月：徐明清回忆录》，中共党史出版社2014年版。

75．林星主编：《伟大的苏区精神》，中共党史出版社2015年版。

76．李新芝编著：《毛泽东题词题字珍闻》，台海出版社2016年版。

77．《马克思列宁主义经典著作目录》（增订本），1961年版。

78．中国人民解放军政治学院党史教研室编：《中共党史参考资料》第15册。

三、论文

（一）报刊论文

1．朱剑农：《读怎样分析农村阶级》，《新建设》1951年第3期。

2．姜义华：《论查田运动》，《复旦学报（社会科学版）》1980年第6期。

3．闫中恒：《中央革命根据地的查田运动初探》，《江西社会科学》1981年第1期。

4．郑英年：《毛泽东同志与中国农村阶级分析》，《社会科学》1983年第12期。

5．罗添时：《红都瑞金的查田运动及其历史意义》，《江西师范大学学报》1984年第2期。

6．贺世友：《毛泽东与查田运动》，《上海师范大学学报（哲学社会科学版）》1987年第1期。

7．吴锦荣：《毛泽东与中央苏区的查田运动》，《福建党史月刊》1991年第2期。

8．蒋伯英：《论闽西苏区的土地政策》，《党史研究与教学》1993年第1期。

9．王作坤：《毛泽东在党的土地革命路线形成中的贡献》，《齐鲁学刊》1993年第6期。

10．黄伟：《毛泽东与查田运动述论》，《阜阳师范学院学报（社会科学版）》1993年第4期。

11．袁征：《毛泽东与中央苏区的查田运动》，《赣南师范学院学报》1994年第2期。

12．李倩：《毛泽东农民问题理论形成的再认识》，《佳木斯师专学报》1995年第3期。

13．赵来群：《王观澜与晋绥土改》，《党史文汇》2001年第5期。

14．李晓航：《苏区"查田运动"始末》，《文史精华》2003年第4期。

15．晓农：《1933年中央苏区的查田运动》，《党史博览》2004年第6期。

16．许人俊：《王观澜与毛泽东的深情厚谊》，《党史博览》2005年第5期。

17．殷涛：《毛泽东对王明"左"倾富农政策的抵制和斗争》，《郑州航空工业管理学院学报（社会科学版）》2007年第5期。

18．吕新民：《阶级成分》，《档案天地》2008年第5期。

19．牛保良：《试述中央苏区查田运动》，《党史文苑》2008年第18期。

20．孙国林：《毛泽东与王观澜》，《党史博采（纪实）》2010年第6期。

21．江小华：《毛泽东与中央苏区的查田运动》，《中国井冈山干部学院学报》2012年第2期。

22．任莹：《毛泽东阶级分析法探析：读〈怎样分析农村阶级〉有感》，《学理论》2014年第7期。

23．叶介甫：《毛泽东与王观澜的革命情谊》，《党史纵览》2014年第5期。

24．杨晓哲：《解放战争时期土改侵犯中农问题纠偏始末》，《百年潮》2018年第2期。

25．尹占文：《"阶级"何以在苏区农村落地？——以毛泽东1933年的三篇经典文献为考察依据》，《山西高等学校社会科学学报》2019年第5期。

26．《毛泽东〈怎样分析阶级〉铅印本》，《新湘评论》2019年第12期。

（二）博硕论文

1．李伟：《土地革命战争时期苏区的查田运动探析》，云南师范大学硕士论文2008年。

2．董平：《中共第一代领导人对我国阶级阶层的分析》，东北师范大学博士论文2012年。

3．吕连仁：《民主革命时期毛泽东的农村阶级理论与政策研究》，山东大学博士论文2015年。

4．谢辉：《马克思主义阶级分析理论梳正及时代化思考》，广西师范大学硕士论文2016年。

《关心群众生活，注意工作方法》版本研究

《关心群众生活，注意工作方法》是毛泽东于1934年1月27日在江西瑞金召开的中华苏维埃共和国第二次全国代表大会上所作的结论的一部分。

一、写作背景、成文过程

1. 写作背景

第一，国民党军队对中央苏区发动第五次"围剿"。

"九一八"事变后，在蒋介石不抵抗政策下，日本迅速占领了东北三省。1933年初，日本帝国主义加紧入侵华北，中华民族危机日益严重。然而，国民党政府按照蒋介石"攘外必先安内"的方针，为了集中力量对付中央苏区红军，5月31日同日本帝国主义签订了出卖华北的"塘沽协定"。

在"塘沽协定"签订的同时，蒋介石已着手准备对中央革命根据地发动第五次"围剿"。1933年5月国民党政府与美国签订5000万美元（次年改订为2000万美元）的棉、麦借款，把在中国出售美国棉、麦的款充作军费，另一方面又向西方国家大量订购武器装备。又于5月在南昌成立了由蒋介石全权负责处理粤、赣、闽、鄂、湘五省军政事宜的军事委员会委员长行营，总管"剿匪"指挥。

6月8日至12日，蒋介石在南昌召开了五省"剿匪"军事会议，策划对中央革命根据地进行第五次军事"围剿"。鉴于过去对革命根据地红军四次"围剿"失败的教训，这次会议专门研究和制定了第五次"围剿"的战略战术，将过去惯用的"长驱直入、分进合击"的速战速决方针，转变为"战略攻势，战术守势"和"步步为营，节节推进，碉堡公路，连绵不绝，经济封锁，滴水不漏"的策略方针，并根据柳维垣、戴岳等人提出的碉堡战术，决

定在这次"围剿"中采取碉堡推进政策。

为进一步强调贯彻"三分军事，七分政治"的策略，国民党政府颁布了《整理保甲方案》，在接近根据地的地区建立保甲制度，实行"连坐法"，设立地方保安队。同时在中央苏区北线的各战略要地修筑大量碉堡。又于7月在庐山等地举办"军官训练团"，聘请德国军事顾问团和一些意、美军事教官帮助对其军官进行指导与教练。为适应山地战、堡垒战，对其部队进行整编。9月下旬，蒋介石调集一百万军队、二百架飞机，对革命根据地发动第五次"围剿"，其中五十万军队直接用于进攻中央革命根据地。

国民党在进行军事"围剿"的同时，还对中央革命根据地实行经济封锁。蒋介石认为"匪区数年以来，农村受长期之扰乱，人民无喘息之余地，实已十室九空，倘再予以严密封锁，使其交通物质，两相断绝，则内无生产，外无接济，既不得活动，又不能鼠窜，困守一隅，束手待毙"[①]。为此，专门制定了封锁苏区的各种办法。在中央革命根据地四周交界地，设立"封锁管理所"，除了军用品，又严禁食盐、粮食、汽油、药品等一些生活必需品运入苏区，并规定了严格的法令，凡是和苏区沟通消息的、私下通商偷运货物的，一经发现，以"通匪"论罪，并处以极刑，以图达到"无粒米勺水之救济，无虮蜉蚊蚁之通报"。

面对国民党即将发动的第五次"围剿"，从1933年6月开始，中共中央局（由上海中央局与苏区中央局合并而成，亦称中共临时中央）和中华苏维埃临时中央政府就领导苏区广大军民，着手进行第五次反"围剿"的准备工作。首先，为壮大红军发展队伍，提出"扩大百万铁的红军"口号，中央苏区开展了大规模的扩红运动。其次，广泛而深入地进行政治动员，号召全苏区人民积极参加革命战争，提出"粉碎敌人的新的五次'围剿'""保卫与扩大苏区""不让敌人踩躏一寸苏区""争取苏维埃在全中国的胜利"等口号。[②]还发布动员令，要求各级政府"用尽全部力量来进行战争的动员"，"务使苏区每一个工农，都要了解粉碎五次'围剿'战斗的意义，来热烈的踊跃的

---

① 杨奎松：《中国近代通史》第八卷（内战与危机），江苏人民出版社2007年版，第366页。
② 中共中央文献研究室等编：《建党以来重要文献选编》第十册，中央文献出版社2011年版，第361页。

进行参战工作"①。并在全苏区军民中进行广泛的动员宣传。还建立了从后方通往前线的后勤运输线，确保红军作战物资的补充和伤病员的护送。

但是，以王明为代表的"左"倾冒险主义统治下的中共中央局，在第五次反"围剿"一开始就错误地估计了敌我形势，以"左"倾空谈轻视国民党堡垒政策。特别是中共中央局决定由共产国际派到中国的军事顾问李德主管军事战略、战役战术领导以及部队和后勤的组织等问题后，使错误的战略方针进一步贯穿于第五次反"围剿"战争的全过程。李德无视中国革命战争的特点和红军取得前四次反"围剿"胜利的宝贵经验，采取了一整套与红军原来正确原则完全相反的所谓正规原则，先是实行进攻中的冒险主义，主张"御敌于国门之外"；后又采取消极防御的战略方针和"短促突击"的战术，强令红军同国民党军队打正规战、阵地战，致使红一方面军在第五次反"围剿"一开始便受损失，陷入被动。

面对国民党的经济封锁，在根据地经济建设问题上也存在两种极其错误的观点：一种是认为"革命战争已经忙不了，哪里还有闲工夫去做经济建设工作，因此见到谁谈经济建设，就要骂为'右倾'。他们认为在革命战争环境中没有进行经济建设的可能，要等战争最后胜利了，有了和平的安静的环境，才能进行经济建设"②。另一种则是认为要把经济建设作为当前一切任务的中心，"而忽视革命战争，离开革命战争去进行经济建设。"③在"左"倾错误路线的影响下，一些地区的工作人员"只讲扩大红军，扩充运输队，收土地税，推销公债，其他事情呢，不讲也不管，甚至一切都不管"④。在工作方法上，"不反对官僚主义的工作方法而采取实际的具体的工作方法，不抛弃命令主义的工作方法而采取耐心说服的工作方法"⑤。他们把革命战争同经济建设、关心群众生活对立起来，没有正确认识到经济建设、群众生活同革命战争的关系。不关心人民群众的实际生活困难，不采用正确的工作方法，不注意调动群众的积极性。这些观点和做法直接影响到党和群众的关系，给革命根据地的经济、群众生活和第五次反"围剿"，带来

---

① 江西档案馆等选编：《中央革命根据地史料选编》中，江西人民出版社1982年版，第702页。
② 《毛泽东选集》第一卷，人民出版社1991年版，第119页。
③ 《毛泽东选集》第一卷，人民出版社1991年版，第123页。
④ 《毛泽东选集》第一卷，人民出版社1991年版，第137页。
⑤ 《毛泽东选集》第一卷，人民出版社1991年版，第140页。

了严重的损害。

第二，在第五次反"围剿"期间，中央苏区召开了中华苏维埃共和国第二次全国代表大会（即全苏二大）。

1933年6月8日，苏维埃临时中央政府执行委员会作出《关于召集第二次全苏大会的决议》，《决议》中指出："为了加强对全国革命的领导，使全国反帝国主义国民党的伟大斗争开展新的局面，为了总结两年以来全国苏维埃运动的经验，决定新的方针及改选中央执行委员会，必须召集第二次全国苏维埃代表大会。"[1] 还明确提出和规定了全苏二大召开的时间、地点、材料准备以及各地苏维埃改选等事情。

但是，由于红一方面军在第五次反"围剿"一开始即实行进攻中的冒险主义，在军事上的失利影响了中央苏区各地地方政府的选举工作，加上紧张的战争环境和苏区各级代表未能按时到达瑞金，原定于12月召开的全苏二大不得不延期举行。

11月"福建事变"发生后，蒋介石亲抵闽北前线，指挥原"围剿"中央苏区的北路军主力东调入闽，"讨伐"十九路军。"福建事变"的发生，打乱了蒋介石的军事部署，分散了"围剿"中央苏区的兵力，使中央苏区北线的军事压力减小并得以暂时休整。12月至次年1月，中央苏区所属苏维埃政府先后完成选举，其他苏区代表也陆续到达瑞金。

1934年1月22日，中华苏维埃共和国第二次全国代表大会在瑞金沙洲坝的临时中央政府礼堂隆重开幕。24日下午和25日上午，毛泽东代表中央执行委员会和人民委员会向大会作了工作报告。报告总结了临时中央政府成立以来在红军建设、经济建设等方面的经验，提出了当前的具体任务。27日，根据代表们的讨论意见，毛泽东又作了《关于中央执行委员会报告的结论》，其中阐述了关心群众生活和注意工作方法两个问题。2月1日，大会闭幕。

2. 成文过程

毛泽东在青少年时期就关心农民的疾苦，为他们提供帮助。

1919年7月，毛泽东在《〈湘江评论〉创刊宣言》中明确指出"什么力

---

[1] 《红色中华》1933年6月17日第86期第2版《中央执行委员会关于召集第二次全苏大会的决议》。

量最强？民众联合的力量最强"①。随后，又在《湘江评论》上连载《民众的大联合》，指出："国家坏到了极处，人类苦到了极处，社会黑暗到了极处"②，其补救和改造的一个根本方法就是进行以小联合为基础的"民众的大联合"。以民众的大联合反抗强权者、贵族、资本家的联合，并进行社会改革。此时，毛泽东已完全以社会改革、拯救民众于苦难为己任了。

1926年9月，毛泽东在为《农民运动丛刊》写的序言《国民革命与农民运动》中指出："农民问题乃国民革命的中心问题，农民不起来参加并拥护国民革命，国民革命不会成功；农民运动不赶速地做起来，农民问题不会解决；农民问题不在现在的革命运动中得到相当的解决，农民不会拥护这个革命。"③毛泽东深刻论证了解决农民问题在中国革命中的重要性。

1927年，毛泽东历时32天，对湖南湘潭、湘乡、衡山、醴陵、长沙五县的农民运动进行考察后，写下了《湖南农民运动考察报告》。毛泽东对农民运动给予了充分的肯定，认为农民运动"其势如暴风骤雨，迅猛异常，无论什么大的力量都将压抑不住。他们将冲决一切束缚他们的罗网，朝着解放的路上迅跑。一切帝国主义、军阀、贪官污吏、土豪劣绅，都将被他们葬入坟墓"④。毛泽东认为农民运动"好得很"，"农村中须有一个大的革命热潮，才能鼓动成千成万的群众，形成一个大的力量"⑤，才能推翻根深蒂固的地主权力。充分体现了毛泽东重视、维护农民利益，革命必须依靠农民群众的思想。

1927年秋收起义，至1928年创建井冈山革命根据地的过程中，毛泽东逐渐制定了红军的"三大纪律""六项注意"：行动听指挥，不拿老百姓一个红薯，打土豪要归公；上门板，捆铺草，说话和气，买卖公平，借东西要还，损坏东西要赔。以后发展成"三大纪律""八项注意"。三大纪律：一是一切行动听指挥，二是不拿群众一针一线，三是一切缴获要归公；"八项注意"：一是说话和气，二是买卖公平，三是借东西要还，四是损坏东西要

---

① 中共中央文献研究室等编：《毛泽东早期文稿》，湖南人民出版社2013年第3版，第201页。
② 中共中央文献研究室等编：《毛泽东早期文稿》，湖南人民出版社2013年第3版，第239页。
③ 中共中央文献研究室等编：《建党以来重要文献选编》第三册，中央文献出版社2011年版，第384页。
④ 《毛泽东选集》第一卷，人民出版社1991年版，第13页。
⑤ 《毛泽东选集》第一卷，人民出版社1991年版，第17页。

赔，五是不打人骂人，六是不损坏庄稼，七是不调戏妇女，八是不虐待俘虏。这实际上强调了中国共产党和红军必须关心、维护群众利益，善于搞好和群众的关系，得到群众的信任、支持、拥护，才能生存、发展。

1929年12月，毛泽东在为中国共产党红军第四军第九次代表大会写的决议中强调了，红军的任务不只是单纯地打仗，他除了打仗消灭敌人，"还要负担宣传群众、组织群众、武装群众、帮助群众建立革命政权以至于建立共产党的组织等项重大的任务"①。即要解决群众各方面的问题。

1930年5月，毛泽东为了反对当时党和红军中存在的教条主义写了《反对本本主义》。批评党内有些干部"喜欢一到就宣布政见，看到一点表面，一个枝节，就指手画脚地说这也不对，那也错误"，对实际情况不了解就指导工作，"这种纯主观地'瞎说一顿'，实在是最可恶没有的。他一定要弄坏事情，一定要失掉群众，一定不能解决问题。"②还有一些干部，对上级领导机关的指示"不根据实际情况进行讨论和审察，一味盲目执行"③，这种单纯建立在"上级"观念上的形式主义的错误态度，导致党的策略路线总是不能深入群众。强调了不能脱离实际，不能脱离群众。

1933年6月，毛泽东在领导中央苏区的查田运动时，再次强调："一切脱离群众的官僚主义命令主义工作方式，是查田运动最大的敌人"④。"一切不做宣传或宣传不正确、不认真、不普遍，查阶级、通过阶级与没收分配不按阶级路线与群众路线，不得群众赞助与同意，都不能使查田运动收到成绩，反会使群众不满，阻碍查田运动的进行。"⑤强调了必须得到群众赞助与同意，必须让群众满意，查田运动才能顺利进行。

1933年8月，毛泽东在召开的中央革命根据地南部17县经济建设大会上作了题为《必须注意经济工作》的报告。文章中指出："为着改善人民群众的生活，由此更加激发人民群众参加革命战争的积极性；为着在经济战线上把

---

① 《毛泽东选集》第一卷，人民出版社1991年版，第86页。
② 《毛泽东选集》第一卷，人民出版社1991年版，第110页。
③ 《毛泽东选集》第一卷，人民出版社1991年版，第111页。
④ 中共中央文献研究室等编：《建党以来重要文献选编》第十册，中央文献出版社2011年版，第315页。
⑤ 中共中央文献研究室等编：《建党以来重要文献选编》第十册，中央文献出版社2011年版，第320页。

广大人民群众组织起来，并且教育他们，使战争得着新的群众力量……就需要进行经济方面的建设工作。"① 在动员群众的方式方法上，"不应该是官僚主义的……应该是群众化的方式，即是每一个工人、农民所喜欢接受的方式……我们一定不能要命令主义，我们要的是努力宣传，说服群众，按照具体的环境、具体地表现出来的群众情绪，去发展合作社，去推销公债，去做一切经济动员的工作"②。在这里，毛泽东再次明确提出了要改进领导方式和工作方法，提出了应采用群众化的领导方法、工作方法。

1933年11月，毛泽东为了准备即将召开的全苏二大及总结革命根据地政权建设的经验，率领中央工农民主政府检查团，先后到江西兴国的长冈乡和福建上杭的才溪乡进行调查研究后，分别写出《乡苏工作的模范（一）——长冈乡》（即《长冈乡调查》）和《乡苏工作的模范（二）——才溪乡》（即《才溪乡调查》）。《长冈乡调查》系统总结了长冈乡的先进经验：第一，关于密切联系群众，充分发动和依靠群众，坚持党的群众路线的经验。第二，关于切实关心群众生活，把群众生活和革命战争紧密联系起来的经验。第三，关于把革命的工作方法和工作任务同时解决的经验。③ 这两篇调查报告为后来起草《关于中央执行委员会报告的结论》提供了可靠的第一手资料。

1934年1月22日，全苏二大在瑞金沙洲坝的临时中央政府礼堂正式开幕。毛泽东把《长冈乡调查》和《才溪乡调查》印发给参加大会的全体代表。1月27日，毛泽东向大会作了《关于中央执行委员会报告的结论》报告，毛泽东特别以这两个乡的工作经验为例，着重阐述了关心群众生活和注意工作方法两个问题，并分析了关心群众生活、注意工作方法与夺取革命胜利的关系。1月31日，《关于中央执行委员会报告的结论》全文发表在《红色中华》第5期第二次全苏大会特刊上。中华人民共和国成立后，毛泽东将此《结论》的主要部分作了修改，并改题为《关心群众生活，注意工作方法》，收入人民出版社1951年出版的《毛泽东选集》第一卷。

---

① 《毛泽东选集》第一卷，人民出版社1991年版，第119页。
② 《毛泽东选集》第一卷，人民出版社1991年版，第124—125页。
③ 中共中央文献研究室编：《毛泽东年谱》（1893—1949）（修订本）上卷，中央文献出版社2013年版，第416页。

二、主旨、意义

1. 主旨

第一,阐述了关心群众生活的重大意义。

毛泽东指出,我们党现在的中心任务是动员广大群众参加革命战争,以打倒帝国主义和国民党,把革命发展到全国去,把帝国主义赶出中国去。要完成这个中心任务,"我们对于广大群众的切身利益问题,群众的生活问题,就一点也不能疏忽,一点也不能看轻。因为革命战争是群众的战争,只有动员群众才能进行战争,只有依靠群众才能进行战争"[①]。要动员群众革命战争,要夺取革命的胜利,"一定还要做很多的工作。领导农民的土地斗争,分土地给农民;提高农民的劳动热情,增加农业生产;保障工人的利益;建立合作社;发展对外贸易;解决群众的穿衣问题,吃饭问题,住房问题,柴米油盐问题,疾病卫生问题,婚姻问题。总之,一切群众的实际生活问题,都是我们应当注意的问题。假如我们对这些问题注意了,解决了,满足了群众的需要,我们就真正成了群众生活的组织者,群众就会真正围绕在我们的周围,热烈地拥护我们。同志们,那时候,我们号召群众参加革命战争,能够不能够呢?能够的,完全能够的"[②]。毛泽东强调:一定要"使广大群众认识我们是代表他们的利益的,是和他们呼吸相通的。要使他们从这些事情出发,了解我们提出来的更高的任务","拥护革命,把革命推到全国去"。"在革命政府的周围团结起千百万群众来,发展我们的革命战争,我们就能消灭一切反革命,我们就能夺取全中国"。[③]毛泽东强调了关心群众的生活,不是小事,而是关系到中国共产党领导的革命战争能不能胜利的大事,关系到共产党能不能代表群众利益,能不能得到群众支持的大事。实际上就是共产党、红军能不能生存、发展、走向胜利的大事。

毛泽东不仅在理论上说明了关心群众生活的重大意义,还举了正反两方面的现实例子,批评了汀州市政府只管扩大红军和动员运输队,对于群众生活问题一点不理,结果是除扩大红军等,没有什么成绩。表扬了长冈乡、才

[①] 《毛泽东选集》第一卷,人民出版社1991年版,第136页。
[②] 《毛泽东选集》第一卷,人民出版社1991年版,第136—137页。
[③] 《毛泽东选集》第一卷,人民出版社1991年版,第138—139页。

溪乡政府非常关心群众生活,所以各方面的工作都有很大成绩。毛泽东呼吁:"我们要学习长冈乡、才溪乡,反对汀州市那样的官僚主义的领导者!"①

第二,阐述了工作方法的重要性。

毛泽东指出,组织革命战争和改良群众生活是我们的两大任务,而要完成这两大任务,"工作方法的问题,就严重地摆在我们的面前。我们不但要提出任务,而且要解决完成任务的方法问题"。"不解决方法问题,任务也只是瞎说一顿"。"不讲究扩大红军的方法,尽管把扩大红军念一千遍,结果还是不能成功。其他如查田工作、经济建设工作、文化教育工作、新区边区的工作,一切工作,如果仅仅提出任务而不注意实行时候的工作方法,不反对官僚主义的工作方法而采取实际的具体的工作方法,不抛弃命令主义的工作方法而采取耐心说服的工作方法,那末,什么任务也是不能实现的。"② 毛泽东强调了要做好任何工作,都要讲究工作方法,都要反对高高在上的官僚主义,都要深入实际,沉下去,具体地踏实地切合实际地开展工作,做一些给群众带来实惠的、受群众欢迎的工作,都要抛弃命令主义,都要采取耐心说服的工作方法,否则,什么工作都做不好,什么任务都完不成。

毛泽东表扬了兴国、赣东北等地方的同志有很好的工作方法,创造了第一等的工作。同时,希望工作做得好的同志"帮助那些工作薄弱的地方,帮助那些还不善于工作的同志们作好工作","要造成几千个长冈乡,几十个兴国县","我们就能从这些阵地出发去粉碎敌人的'围剿',去打倒帝国主义和国民党在全国的统治"。③

毛泽东关于关心群众生活、注意工作方法的讲话,实际上也是第五次反"围剿"很好的政治动员。政治工作、经济工作要切合实际,反对官僚主义,军事工作更需要切合实际,反对官僚主义。

2. 历史意义

毛泽东《关心群众生活,注意工作方法》,运用辩证唯物主义和历史唯物主义,阐述了关心群众生活、注意工作方法和完成革命任务的辩证关系,

---

① 《毛泽东选集》第一卷,人民出版社1991年版,第138页。
② 《毛泽东选集》第一卷,人民出版社1991年版,第139—140页。
③ 《毛泽东选集》第一卷,人民出版社1991年版,第140—141页。

强调了群众是真正的铜墙铁壁,只有依靠群众、发动群众,才能取得革命战争的胜利;强调了要依靠群众、发动群众,就要关心群众生活,就要讲究关心群众生活、发动群众的工作方法,就要反对官僚主义、命令主义。实际上阐述了中国共产党群众路线的重要工作内容和工作方法,为中国共产党群众路线的发展奠定了思想、理论基础。在抗日战争和解放战争中,中国共产党群众路线不断发展并越来越全面深入地为广大的党员、干部所掌握,从而极大地推动了中国共产党的各项工作,极大地推动了中国共产党及其领导的革命军队的发展,从而极大地推动了中国革命向前发展,中国共产党贯彻落实群众路线,赢得了人民,最终在人民的支持、参与下,领导人民赢得了新民主主义革命的胜利。

3. 现实意义

社会主义时期,关心群众生活,注意工作方法仍是中国共产党领导、指导一切工作的基本原则,并不断发展。特别是从"三个代表"重要思想,到"以人民为中心",从《中国共产党章程》写进了"权为民用,情为民所系,利为民所谋",到中共十九届六中全会通过的《中共中央关于党的百年奋斗重大成就和历史经验的决议》写进了"人民对美好生活的向往就是我们的奋斗目标""让老百姓过上好日子是我们一切工作的出发点和落脚点""只要我们始终坚持全心全意为人民服务的根本宗旨,坚持党的群众路线,始终牢记江山就是人民、人民就是江山,坚持一切为了人民、一切依靠人民,坚持为人民执政、靠人民执政,坚持发展为了人民、发展依靠人民、发展成果由人民共享,坚定不移走全体人民共同富裕道路,就一定能够领导人民夺取中国特色社会主义新的更大胜利"[1]。让人民群众过上美好生活,走全体人民共同富裕道路,成为中国共产党的奋斗目标,这是"关心群众生活,注意工作方法"思想理论,是群众路线,在改革开放和社会主义现代化建设新时期、中国特色社会主义新时代的新发展。中国共产党"关心群众生活,注意工作方法"思想理论、群众路线仍将不断发展,仍将指导中国共产党领导中国人民创造新的辉煌,中国人民的生活将越来越美好。

---

[1] 《中共中央关于党的百年奋斗重大成就和历史经验的决议》,《人民日报》2021年11月17日。

三、版本综述

《关心群众生活，注意工作方法》最早以《关于中央执行委员会报告的结论》为题刊载于《红色中华》1934年1月31日第5期第二次全苏大会特刊上。此后，各报刊、出版社刊载、翻印、出版不少，很多集子也都全文或摘录此文的若干段落将其收录。除中文版本外，还有少数民族文本、外文本等。

（一）1949年10月以前版本

主要有：现收藏于瑞金中央革命根据地纪念馆1934年1月《关于中央执行委员会报告的结论》铅印本[①]；《红色中华》1934年1月31日第5期第二次全苏大会特刊《关于中央执行委员会报告的结论》；《斗争》（上海版）1934年3月1日第66期；上海中国书店1934年版《中华苏维埃共和国第二次全国代表大会文献》；中华苏维埃共和国人民委员会1934年编印《中华苏维埃共和国第二次全国代表大会文献》；苏联外国工人出版社1935年版《苏维埃中国》（第2集）。

（二）1949年10月以后版本

1. 中文版本

主要有：《人民日报》1951年7月31日；《新华月报》1951年第4卷第4期；《新中国妇女》1951年第24期；群众日报图书出版科1951年版《星星之火，可以燎原·关心群众生活，注意工作方法》；东北日报社1951年版《关于纠正党内的错误思想 星星之火，可以燎原 关心群众生活，注意工作方法 论反对日本帝国主义的策略》；人民出版社1951年版《关心群众生活，注意工作方法》；人民出版社1951年版，广东人民出版社重印、湖北人民出版社重印、福建人民出版社重印《关心群众生活，注意工作方法》；中南人民出版社1951年中南重印初版《关心群众生活，注意工作方法》；西南人民出版社1951年西南第1版《关心群众生活，注意工作方法》；中国人民革命

[①] 卢洁等编：《毛泽东文物图集》（下卷1893—1949），湘潭大学出版社2014年版，第154页。

军事委员会总政治部1951年印《整党建党学习资料》；人民出版社1951年版《毛泽东选集》第一卷；人民出版社1952年版《毛泽东选集》第一卷；人民出版社1952年版《关心群众生活，注意工作方法》；人民出版社、根据1952年7月《毛泽东选集》第一卷北京第1版第4次印刷（重排本）排印《关心群众生活，注意工作方法》；人民出版社、根据1952年7月《毛泽东选集》第一卷北京第1版第4次印刷（重排本）排印、四川人民出版社重印《关心群众生活，注意工作方法》；人民出版社1952年版，吉林人民出版社重印、重庆人民出版社重印、上海人民出版社重印、江苏人民出版社重印、辽宁人民出版社重印、安徽人民出版社重印、江西人民出版社重印、山西人民出版社重印、黑龙江人民出版社重印、甘肃人民出版社重印、河南人民出版社重印《关心群众生活，注意工作方法》；中国国民党革命委员会中央宣传部1954年编印《做好机关工作》；中共湖北省委宣传部1955年印《关心群众生活，注意工作方法》；中国人民志愿军参谋学校1955年印《毛泽东选集》第一卷；《苏维埃中国》第二集，中国现代史资料编辑委员会1957年翻印；人民教育出版社1958年版《毛泽东同志论教育工作》（全文）；湖南人民出版社1958年版《关于党的群众路线问题》；中国人民大学哲学系编，中国人民大学出版社1958年版《毛泽东哲学著作学习文件汇编》（下册）；《红星》编辑部编，甘肃人民出版社1960年版《学习唯物辩证的工作方法》；中共信阳地委宣传部1960年翻印《关心群众生活，注意工作方法》；人民出版社1964年版，1965年第2版《毛泽东著作选读》甲种本；中国青年出版社1964年版，1966年版《毛泽东著作选读》乙种本；人民出版社1964版《毛泽东选集》（一卷本）；人民出版社1964年版《毛泽东选集》第一卷；人民出版社1964年版《毛泽东选集》第一卷（线装本）；人民出版社1965年版《毛泽东选集》第一卷（线装本缩小版）；湖北教师进修学院编，湖北人民出版社1965年版《干部业余初级中学课本》（语文 第5册 试用本）；人民出版社1966年版《毛泽东选集》一卷本（竖排本）；人民出版社1966年版《毛泽东选集》第一卷（横排本）；人民出版社1966年版《毛泽东选集》一卷本（横排本）；中国人民解放军战士出版社1966年版《毛泽东选集》第一卷（横排本）；中国人民解放军战士出版社1966年版《毛泽东选集》一卷本（横排本）；人民出版社1966年版《关心群众生活，注意工作方法》；中国人民解放军总政治部编，中国人民解放军总参谋部出版局1966年版《毛泽东著作选读》；人民出版社1967年版《毛泽东选集》第一卷；人民出版社1967年版《毛泽东选集》一卷本（横排本）；人民出版社1967年版《毛泽东选集》（袖珍一卷本）；中国人民解放军战士出版社1967年版《毛泽东选集》一卷本；中国人民解放军战士出版社1967年版《毛泽东选集》（袖珍一卷本）；中国人民解放军总后勤部1967年翻印《毛泽东选集》（袖珍一卷本）；装甲兵政治部1967年翻印《毛泽东选集》一卷本；中国人民解放军炮兵政治部1967年翻印《毛泽东选集》（袖珍一卷本）；工程兵政治部1967年翻印《毛泽东选集》一卷本；江西省军区政治部1967年翻印《毛泽东选集》一卷本；北京军区政治部1967年翻印《毛泽东选集》一卷本；人民出版社1968年第1版《关心群众生活，注意工作方法》；中国人民解放军战士出版社1968年版《毛泽东选集》一卷本；中国人民解放军战士出版社1968年版《毛泽东选集》（袖珍一卷本）；香港三联书店1968年版《毛泽东选集》一卷本；中国人民解放军通信兵政治部根据人民出版社纸型1968年翻印《毛泽东选集》一卷本；中国科学院革命委员会根据人民出版社纸型1968年翻印《毛泽东选集》一卷本；中国金属材料公司北京市公司革命委员会根据人民出版社纸型1968年翻印《毛泽东选集》一卷本；中华人民共和国粮食部革命委员会1968年翻印《毛泽东选集》一卷本；外文印刷厂革命委员会1968年翻印《毛泽东选集》一卷本；济南军区四好连队运动经验交流大会1968年翻印《毛泽东选集》（袖珍一卷本）；天津人民出版社1969年版《关心群众生活，注意工作方法 关于领导方法的若干问题 关于健全党委制 党委会的工作方法》；人民出版社1969年版《毛泽东选集》（袖珍一卷本）；人民出版社1969年版《毛泽东选集》第一卷（16开横排大字本）；人民出版社1969年版《毛泽东选集》第一卷（25开横排大字本）；国防工业出版社1969年版《毛泽东选集》（袖珍一卷本）；第一轻工业部制盐设计室革命领导小组1969年翻印《毛泽东选集》（袖珍一卷本）；人民出版社1975年版《关心群众生活，注意工作方法》；中国人民解放军战士出版社1978年第1版《毛泽东著作选读》（战士读本）；中共中央整党工作指导委员会编，人民出版社1983年版《毛泽东同志论党的作风和党的组织》；人民出版社1986年版《毛泽东著作选读》（上册）；中共中央政策研究室编，大地出社1990年版《论党的群众路线》；中共辽宁省委办公厅编，白山出版社1990年版《加强党同人民群众的联系 学习十三届六中全会决定读本》；中共中央办公厅调研室编，人民出版社1990年版《毛泽东 周恩来 刘少奇 朱德 邓小平 陈云论党的群众工作》（全文）；人民出版社1991年第2版《毛泽东选集》第一卷（平装本）；人民出版社1991年第2版《毛泽东选集》第一卷（精装本）；人民出版社1991年第2版《毛泽东选集》第一卷（16开精装本）；张德昌主编，暨南大学出版社1991年版《共产党员文库》；莫川主编，四川教育出版社1992年版《老一辈革命家关于青年修养论著选编》；中共辽宁省委党校1992年版《马克思主义原著选读》；中共中央党校出版社1992年版《马克思主义著作选编》（党的学说）；军事科学出版社、中央文献出版社1993年版《毛泽东军事文集》第一卷；中共中央文献研究室编辑，中央文献出版社、中共中央党校出版社1998年版《毛泽东 邓小平 江泽民论党的建设》；中共中央宣传部宣传教育局，学习出版社1998年版《毛泽东 邓小平 江泽民论为人民服务》；人民出版社1998年版《毛泽东选集》第一卷（典藏本）；线装书局1998年版《毛泽东选集》第一卷（16开线装本）；河北人民出版社1998年版《毛泽东全书》第五卷；郑德荣主编，吉林人民出版社2000年版《中国共产党优良作风鉴览：联系群众民主集中》；胡泽尧主编，贵州人民出版社2001年版《思想政治工作原著及重要文献选读》；中央档案馆编，中国档案出版社2001年版《中国共产党八十年珍贵档案》第三卷；西苑出版社2001年版《毛泽东选集手抄本》第一卷；张宝特主编，新华出版社2002年版《实践"三个代表"》；瑞金市党史办2008年版《红色经典》上册；中共中央文献研究室编，中央文献出版社2010年版《毛泽东在江西革命斗争时期的著作选编》；线装书局2011年版《毛泽东选集》（线装本）第一卷；中共中央文献研究室等编，中央文献出版社2011年版《建党以来重要文献选编》第十一册；闽西革命历史博物馆，中共党史出版社2012年版《闽西与中国革命》；中共龙岩市委党的群众路线教育实践活动领导小组办公室2013年编印《闽西：党的群众路线发源地》；中共龙岩市委党史研究室，中共党史出版社2013年版《闽西红色纵览》；张迪杰主编，润东出版社2013年版《毛泽东全集》第7卷；吴玉才，安徽师范大学出版社2015年版《毛泽东思想文献解读》；顾作义，广东人民出版社2019年版《守望中国价值 中国传统文化理念二十六讲》；《湘潮》2019年第4期。

还有一些摘录本，如：中华全国总工会干部学校马克思列宁主义教研室，工人出版社1957年第3版《论群众路线》（节录）；工业企业管理教研室1960年编印《中国工业企业管理问题》（节录）；中国人民解放军政治学院1964年编印《毛泽东同志论党的建设》（节录）；新湖大计划统计系红八月造反兵团等1968年编印《毛主席论调查研究》（节录）；华中师范学院政治系1975年翻印《毛主席关于社会主义经济问题的部份论述》（节录）；十堰市总工会1976年翻印《马、恩、列、斯和毛主席关于工会问题的部分论述》（节录）；广东省哲学社会科学研究所1977年编印《毛主席论群众路线》（节录）；劳动部劳动科学研究所等编，海洋出版社1990年版《中国劳动、工资、保险福利政策法规汇编》（节录）；夏明，中共中央党校出版社1993年版《党的群众工作大辞典》（节录）；刘海藩，中共中央党校出版社等1996年版《中国领导科学文库》（理论卷·学科卷·古代卷）（节录）；李巨川主编，中原农民出版社1997年版《毛泽东语言艺术鉴赏大辞典》（节录）；国家行政学院，中共中央党校出版社1997年版《毛泽东 周恩来 刘少奇 朱德论政府管理》（节录）；中国经济出版社1998年版《中国共产党指导思想文库》（节录）；于憬之，国家行政学院出版社2012年版《领导干部不可不读的廉政箴言》（节录）；汲广运，山东人民出版社2014年版《马克思主义群众观研究》（节录）；中共晋城市委宣传部等2014年编印《群众路线教育实践活动系列读本 领袖论述》（节选）；张传禄，重庆出版社2019年版《机关功课51讲》（节录）；中共中央文献研究室，中央文献出版社《毛泽东著作专题摘编》（上）（节录）（出版日期不详）。

2. 其他版本

外文版有英文、印尼文、泰米尔文、越南文、西班牙文、法文、缅甸文、泰文、德文、僧伽罗文、希腊文、印地文、斯瓦希里文、葡萄牙文、日文、阿拉伯文、俄文、乌尔都文、孟加拉文、波斯文、豪萨文、意大利文、老挝文等23种。还有日本苍苍社1983年第2版《毛泽东集》第4卷等。

少数民族文版有维吾尔文、维吾尔新文字、哈萨克文、托忒蒙古文、蒙古文、藏文、朝鲜文等。

四、研究综述

（一）版本的介绍

施金炎主编《毛泽东著作版本述录与考订》（海南国际新闻出版中心1995年版）指出《关心群众生活，注意工作方法》曾全文发表在《红色中华》（1934年1月31日）第5期第二次全苏大会特刊上。同年3月1日，收入中共中央出版的《斗争》第66期。《关心群众生活，注意工作方法》的单行本有70多种，其中汉文版近10种，少数民族文版10多种，外文版近50种，另外有盲文版2种。

柏钦水主编《毛泽东著作版本鉴赏》（山东人民出版社2009年版）对《关心群众生活，注意工作方法》的内容进行了简要介绍，并介绍了《关心群众生活，注意工作方法》汉文单行本2种，汉文合订本1种，少数民族文单行本3种，外文版单行本9种。

蒋建农等《毛泽东著作版本编年纪事》（一册）（湖南人民出版社2013年第2版）对《关心群众生活，注意工作方法》的版本进行了介绍，并指出此文的单行本有70多种。其中汉文本近10种，少数民族文本10多种，外文本近50种，盲文本2种。

张惠芝主编《毛泽东生平著作研究目录大全》（河北教育出版社1993年版）中收录的《关心群众生活，注意工作方法》汉文版单行本2种，少数民族文单行本5种，外文版11种，另外盲文版1种。

廖盖隆等主编《毛泽东百科全书》（光明日报出报社1993年版，2003年修订版）中收录的《关心群众生活，注意工作方法》汉文版2种，外文版6种，另外盲文版1种。

新华书店外文发行所1966年编印《国内出版外文毛泽东著作目录》中收录了外文版5种。

何明星主编《中华人民共和国外文图书出版发行编年史》（1949—1979）上（学习出版社2013年版）中收录外文版单行本2种。

此外，还有部分关于毛泽东著作的辞典、书典、目录书也提到了一些

《关心群众生活，注意工作方法》的版本。如张泽厚《经济学著作要目》（1949—1983）（经济科学出版社1987年版）；袁竞主编《毛泽东著作大辞典》（中国国际广播出版社1991年版）；何平主编《毛泽东大辞典》（中国国际广播出版社1992年版）；王进等主编《毛泽东大辞典》（广西人民出版社等1992年版）；本书编委会《中华人民共和国国史全鉴》（第3卷 1960—1966）（团结出版社1996年版）；马昌顺《西北大区出版史》（1949—1954）（陕西人民出版社1997年版）；中共中央党校理论研究室编《历史的丰碑 中华人民共和国国史全鉴》2（政治卷）（中共中央文献出版社2005年版）；袁亮主编《中华人民共和国出版史料》14（1966年5月—1976年10月）（中国书籍出版社2013年版）；卢洁《毛泽东文物图集》（下卷1893—1949）（湘潭大学出版社2014年版）；《马克思列宁主义经典著作目录》（增订本）（1961年，编者、出版社不详）；等等。

（二）版本的校勘、研究

日本学者竹内实主编的《毛泽东集》（日本北望社1971年初版，苍苍社1983年第2版）第4卷收入了《关于中央执行委员会报告的结论》，以《红色中华》1934年1月31日第5期第二次全苏大会特刊为底本，参考了1934年3月1日《斗争》（上海版）第66期、中华苏维埃共和国人民委员会1934年3月印《中华苏维埃共和国第二次全国代表大会文献》，与人民出版社1951年版的《毛泽东选集》第一卷收入的《关心群众生活，注意工作方法》进行了校勘，列出校勘记163条。这是较早的对《关心群众生活，注意工作方法》进行版本校勘、研究的著作。

周一平《日版〈毛泽东集〉〈毛泽东集补卷〉校勘与研究》（中国国际文化出版社2013年版）对日版《毛泽东集》《毛泽东集补卷》进行了校勘、研究，指出："《毛选》第1卷收入的《关心群众生活，注意工作方法》，修订版将旧版'销了四千五百块钱公债'校改为'销了五千四百块钱公债'（137页）。日《集》第4卷《关于中央执行委员会报告的结论》对'四千五百块钱'并没有校语"[①]。

[①] 周一平：《日版〈毛泽东集〉〈毛泽东集补卷〉校勘与研究》，中国国际文化出版社2013年版，第63页。

又指出:"日《集》第4卷中的《关于中央执行委员会报告的结论》(《毛选》第1卷《关心群众生活,注意工作方法》是这个报告结论的一部分)有160余条校记。"①

还指出:"日《集》第4卷中的《关于中央执行委员会报告的结论》(1934年1月27日)是报告结论的全文,而《毛选》第1卷中的《关心群众生活,注意工作方法》只是这个报告结论的一部分。"②

还指出:"日《集》第4卷收入的《关于中央执行委员会报告的结论》'成年青年男子'加校语'成年青年男子→青年壮年男女'(288页)。表示1951年版《毛选》第1卷本作'青年壮年男女'。《毛选》第1卷1991年修订版将旧版'青年壮年男女'校改为'青年壮年男子'(137页),说明日《集》第2卷本'男子'是正确的。"③

这也是对《关心群众生活,注意工作方法》进行的一种版本研究。

人民出版社1991年第2版《毛泽东选集》中的注释,较1951—1960年第1版《毛泽东选集》中的注释,有不少修改、增补,有关注释修订的情况被汇编成《〈毛泽东选集〉一至四卷注释校订本》(中共中央文献研究室编,中央文献出版社1991年版),《关心群众生活,注意工作方法》中"公略县"和"堡垒政策"这两条注释的修订情况,见该书第83—86页。

(三)背景、内容、意义等研究

第一,《关心群众生活,注意工作方法》背景研究。

吴玉才《毛泽东思想文献解读》(安徽师范大学出版社2015年版)介绍:国民党对中央革命根据地进行第五次"围剿",造成了革命根据地的严峻局势。摆在党面前的中心任务是动员广大群众,积极参加和支持革命战争,粉碎国民党对根据地的"围剿",把革命扩大到全国去。但由于王明"左"倾冒险主义的影响和干部思想上的轻视人民群众的心理,不少地方的

---

① 周一平:《日版〈毛泽东集〉〈毛泽东集补卷〉校勘与研究》,中国国际文化出版社2013年版,第152页。
② 周一平:《日版〈毛泽东集〉〈毛泽东集补卷〉校勘与研究》,中国国际文化出版社2013年版,第128页。
③ 周一平:《日版〈毛泽东集〉〈毛泽东集补卷〉校勘与研究》,中国国际文化出版社2013年版,第176页。

组织和干部并没有处理好群众的生活问题，在发动群众支持反"围剿"方面出现了被动局面；在工作方法上，有些干部存在脱离群众的官僚主义和命令主义，没有当好群众生活的领导者和组织者，也就完成不了取得革命战争的任务。面对严峻的形势，毛泽东在1934年1月召开的第二次全国工农兵代表大会上做的报告里明确提出了要"关心群众生活，注意工作方法"的问题。

李声禄《马克思主义中国化研究文选》（电子科技大学出版社2009年版）中介绍：在半个多世纪前的中央苏区，战争频繁，生产力低下，经济枯竭，加之国民党反动政府在对中央苏区进行多次反革命军事围剿的同时，又在经济上实行了残酷的封锁政策，给中央苏区带来了极大的困难。新生的革命政权在这种内有困难，外有压力的极端艰难的条件下，为了粉碎敌人的反革命"围剿"，改善人民群众的生活，完成"组织革命战争，改良群众生活"这两大任务，毛泽东发出了《关心群众生活，注意工作方法》的号召。

论文如：何金娥《从"关心群众生活，注意工作方法"看精准扶贫》（《潍坊工程职业学院学报》2020年第1期）中认为，面对内外交困的复杂形势，必须解决两个问题：动员不力的原因在哪？怎么才能得到人民群众的支持和拥护？毛泽东从当时存在的实际问题出发，结合自身苏区革命工作的经验，对比分析长冈、才溪两乡和汀州市苏维埃政府不同的动员方法和取得的不同的结果，在第二次全国苏维埃代表大会上做了专门的总结。他直截了当地提出解决动员不力问题的两个"法宝"：关心群众生活和注意工作方法。

一些书籍、论文也对《关心群众生活，注意工作方法》的背景作了论述，如书籍：陈天绶《毛泽东七次入闽》（福建教育出版社1993年版）、中国人民政治协商会议福建长汀县委文史资料委员会2013年编《长汀文史资料》（第44辑）、中共龙岩市委党的群众路线教育实践活动领导小组办公室2013年编《闽西：党的群众路线发源地》、中共福建市委党史研究室《福建省红色旅游指南》（中共党史出版社2015年版）等。如论文：陈国强《用群众工作统揽信访工作》（《辽宁日报》2010年4月26日）、韩毓海《从问题出发》（《光明日报》2016年7月5日）等。（详见参考文献）

第二，《关心群众生活，注意工作方法》内容研究。

《毛主席著作介绍》第1集（甘肃人民出版社1978年版，编者不详）中指出，毛泽东在这篇光辉文献中，提出了两个基本思想：一是关心群众生活，着重说明要树立牢固的群众观点，要全心全意为人民服务，要兼顾群众的长远利益和眼前利益；二是注意工作方法，突出了要相信群众，依靠群众，要采取实际的具体的说服教育群众的方法。这两个基本思想的实质，就是要调动广大人民群众的积极性，为革命事业服务。

黄景芳《〈毛泽东著作选读〉介绍》（吉林大学社会科学丛刊1987年版）从两个方面论述了该文章的主要内容：一是阐述了关心群众生活的重要性，指出了真心实意地拥护革命的群众，是真正的铜墙铁壁，动员人民群众参加战争，必须帮助人民群众解决实际生活问题，并认为革命工作与关心群众生活是相一致的；二是论述了注意工作方法，是完成革命工作的重要保证，提出了以先进带动落后的工作方法。

黄宏《马克思主义中国化史》（凤凰出版社2011年版）指出，毛泽东在此文中进一步从革命斗争和群众生活的关系上论述了群众观点。为了胜利完成组织革命战争和改良群众生活这两大任务，他提出要注意工作方法。他指出，如果仅仅提出任务而不注意实行时候的工作方法，不反对官僚主义的工作方法而采取实际的具体的工作方法，不抛弃命令主义的工作方法而采取耐心说服的工作方法，那么，什么任务也是不能实现的。这样，他不仅强调了群众的重要性，初步提出了一切为了群众、一切依靠群众的思想，而且初步论述了群众路线的工作方法。可以说，坚持走群众路线，是反对本本主义、端正思想路线、正确指导革命实践的根本方法。

一些书籍、论文也阐述了《关心群众生活，注意工作方法》的内容，如书籍：马凌云等《树立为人民服务的崇高思想》（中国青年出版社1959年版）、中国青年政治学院经济管理学教研室《工业企业管理简明读本》（科学技术文献出版社1986年版）、杨荫浒主编《文章结构论》（吉林文史出版社1990年版）、方锐《中国共产党建设七十年》（广东人民出版社1991年版）、中共中央组织部干部教育局《新编政治工作干部手册》（新华出版社1993年版）、李文林《毛泽东研究著作提要》（中国和世界出版公司1993年版）、杨亲华主编《毛泽东大系》（吉林人民出版社1994年版）、蒋建农主编《毛泽东全书》第六卷（河北人民出版社1998年版）、卫忠海《邓小平政策观研究》（陕西人民出版社1998年版）、本书编写组《中国共产党思想政治工作大事记》（1921—1999年）（学习出版社2000年版）、叶笃初主编《共产党员先进性教育手册》（中共中央党校出版社2003年版、2005年第2版）、傅如通等主编《红色闽西》（中央文献出版社2007年版）、瑞金市党史办《红都瑞金 共和国从这里走来》下《红都风云》（2008年）、杨焕远著《方法论》（光明日报出版社2008年版）、李捷主编《毛泽东著作辞典》（浙江人民出版社2011年版）、石书臣著《马克思主义中国化方法论探研》（上海三联书店2013年版）、刘金田主编《清廉领袖毛泽东》（江苏人民出版社2013年版）、汲广运等著《马克思主义群众观研究》（山东人民出版社2014年版）、杜忠明《毛泽东对联赏析》（辽宁人民出版社2014年版）、程凯著《社会转型期的纠纷解决研究：基于马克思主义法律思想中国化的研究视角》（广东人民出版社2017年版）等。如论文：胡相峰《如何认识和解决中国的问题——毛泽东方法论学习笔记二题》（《徐州师范学院学报》1993年第3期）、张翀《在关心群众生活中体现先进性——重学〈关心群众生活，注意工作方法〉有感》（《甘肃日报》2005年9月7日）、唐岚《关心群众的痛痒事关根本——重读毛泽东〈关心群众生活，注意工作方法〉有感》（《学习月刊》2020年第6期）、张孝忠《共产党什么事情都替我们想到了》（《学习时报》2020年8月26日）、蔡礼强《中国共产党群众路线的本质属性与丰富内涵》（《甘肃社会科学》2022年第1期）、耿金涵《论毛泽东群众路线思想及其当代启示》〔《党史博采》（下）2022年第4期〕等。（详见参考文献）

第三，《关心群众生活，注意工作方法》意义研究。

苏俊才主编《闽西中央苏区图志》（中共党史出版社2015年版）指出，这篇文章辩证地将群众生活和革命战争联系起来，正确地解决了改进工作的方法和完成工作任务的相互关系，是正确处理群众生活和革命战争发展的人民内部矛盾的光辉著作，标志着党的群众路线理论的初步形成。

《树立牢固的群众观点》（山东人民出版社1965年版，编者不详）中认为，在这篇文章中，毛泽东创造性地运用辩证唯物主义和历史唯物主义观点，深刻地阐明了党的群众路线和工作方法中的根本问题，指出了关心群众生活与提高群众革命积极性的密切关系。文中所阐明的光辉思想，对我党我军的建设产生了巨大和深远的影响。

中共中央党史研究室科研管理部编《党的历史知识简明读本》（中共党史出版社2014年版）中指出文章中一些重要观点，为党形成理论联系实际、密切联系群众和批评与自我批评等一系列优良作风奠定了思想基础。胡泽尧主编《思想政治工作原著及重要文献选读》（贵州人民出版社2001年版）中认为这篇著作深刻阐明了坚持党的为人民谋利益的根本宗旨和人民群众是历史的创造者的根本观点，具体论述了开展革命战争和关心群众生活，完成工作任务和注意工作方法的辩证关系。

论文如：《学习〈关心群众生活，注意工作方法〉》（《中国民族》1966年第4期）认为在这篇文章中，毛泽东极为通俗而又深刻地阐述了关心群众生活、注意工作方法和提高群众革命积极性，完成革命任务的关系；指明了关心群众生活和注意工作方法的重要意义。这篇文章不仅在当时产生了巨大作用，而且在今天对于指导我们进行社会主义革命和社会主义建设，也具有十分重大的现实意义。

一些书籍、论文也论述了《关心群众生活，注意工作方法》的意义，如书籍：张承宗《学习"关心群众生活，注意工作方法"》（劳动出版社1952年版）、曹连甲《卫生管理心理学》（四川科学技术出版社1991年版）、靳英辉主编《中国特色社会主义理论解读》（西安交通大学出版社2003年版）、陆剑杰《掌握命运创造历史的哲学：对中国马克思主义哲学范式的研究》（南京出版社2014年版）等。如论文：韩佳辰《鼓舞群众的革命热情 发挥群众的冲天干劲——纪念毛主席"关心群众生活，注意工作方法"发表二十五周年》（《读书》1959年第2期）、鲁阳《发动群众的革命积极性——重读〈关心群众生活，注意工作方法〉》（《学术研究》1966年第2期）、朱汉卿《毛泽东关于领导工作的一个重要思想——读〈关心群众生活，注意工作方法〉》（《石油政工研究》1994年第1期）、曾锡《毛泽东关心群众生活思想的重要意义》（《毛泽东思想论坛》1994年第3期）、李娥《在群众路线中体现党的先进性——读〈关心群众生活，注意工作方法〉有感》（《学习月刊》2010年第9期）、汤民《时刻不忘关心群众生活》（《江西日报》2014年3月16日）、韩毓海《从毛泽东〈关心群众生活，注意工作方法〉中学习解决问题》（《共产党员（河北）》2016年第32期）、王建南《铸就新冠肺炎疫情常态化防控的"铜墙铁壁"——重读毛泽东〈关心群众生活，注意工作方法〉的启示》（《思想理论教育导刊》2020年第12期）、马晓敏《永葆为民初心重温毛泽东——重温毛泽东〈关心群众生活，注意工作方法〉》（《党史文苑》2020年第6期）等。（详见参考文献）

　　此外，一些书籍、论文对《关心群众生活，注意工作方法》的背景、内容、意义做了详细论述。如书籍：郑昌《学习〈毛泽东选集〉第一卷》（新建设杂志社1952年版）、中国青年出版社《学习毛泽东著作》第1辑（中国青年出版社1958年版）、中国青年出版社《毛泽东著作介绍》（中国青年出版社1962年版）、中共厦门市委工交政治部《学习毛主席著作参考资料》（民族出版社1966年版）、南京军区政治部宣传部1966年《学习毛主席著作辅导》、中国人民解放军炮兵军政干部学校政治部政治教研室1977年《学习毛主席著作参考材料》、黑龙江大学哲学系1977年《学习〈毛泽东选集〉第一卷 参考材料》、刘德华《思想政治教育重要文献学习提要》（武汉工业大学出版社1988年版）、翟泰丰主编《新版〈毛泽东选集〉导读》（中国华侨出版公司1991年版）、杨瑞森《新版〈毛泽东选集〉导读》（中国人事出版社1991年版）、韩荣璋主编《新版〈毛泽东选集〉学习辅导》（改革出版社1991年版）、郭志民主编《新版〈毛泽东选集〉学习提要》（陕西人民教育出版社1992年版）、张占斌主编《毛泽东选集大辞典》（山西人民出版社1993年版）、杨静云主编《毛泽东思想政治教育理论研究》（中共中央党校出版社1995年版）、张静如主编《毛泽东研究全书》卷二（长春出版社1998年版）、蒋建农主编《毛泽东全书》第五卷（河北人民出版社1998年版）、王守柱《毛泽东的魅力——说与写卷》（中央文献出版社2003年版）、向贤彪《太阳每天都是新的》（海风出版社2007年版）、石云霞《大学生新四门思想政治理论课原著导读》（武汉大学出版社2008年版）、赵昭《流香"税"月》（中国税务出版社2010年版）、焦时俭主编《读书·感悟·收获 献给中国共产党成立90周年》（华中师范大学出版社2011年版）、邓纯东《思想政治教育研究论丛》第4辑（广西师范大学出版社2015年版）、林爱枝主编《山川行旅》（海峡文艺出版社2016年版）、徐光春主编《马克思主义大辞典》（崇文书局2018年版）、谢春涛主编《毛泽东著作要篇导读》（人民出版社2018年版）、《〈毛泽东选集〉学习参考资料》（1976年）（编者、出版社不详）、毛泽东思想贵阳市总工会革命委员会筹委会编印

《学习毛主席著作辅导材料》下（出版社、出版日期不详）、中共中央高级党校《〈毛泽东选集〉第1卷 学习参考资料》（出版社、出版日期不详），等。如论文：金克木《〈关心群众生活，注意工作方法〉读后记》（《新建设》1951年第2期）、陈庆升《"关心群众生活，注意工作方法"一文的历史背景和伟大意义》（《史学月刊》1960年第8期）、《学习〈关心群众生活，注意工作方法〉》（《江汉学报》1966年第Z1期）、刘天庆《试论毛泽东〈关心群众生活，注意工作方法〉一文中的心理学内涵》（《理论学习与探索》1995年第3期）、吉卫国《工作方法的一个重要原则》（《临沂师专学报》1996年第4期）、张星星《真正的铜墙铁壁是人民群众——重温毛泽东〈关心群众生活，注意工作方法〉》（《理论学习》2002年第6期）、陈寿民《学习毛泽东〈关心群众生活，注意工作方法〉的启示》（《实事求是》2003年第6期）、王为衡《一点也不能疏忽和看轻》（《新湘评论》2013年第3期）、彭林权《关心群众生活的时代意义与实践途径》（《当代教育理论与实践》2013年第10期）、张先余《关心群众冷暖要办实事求实效》（《中国矿业报》2013年9月17日）、王宝健《学习毛泽东〈关心群众生活，注意工作方法〉的体会》（《新西部（理论版）》2014年第12期）、于泉蛟《论新时期如何贯彻和落实群众路线——读毛泽东〈关心群众生活，注意工作方法〉》（《渭南师范学院学报》2014年第13期）、李学功《毛泽东〈关心群众生活，注意工作方法〉的来龙去脉》（《毛泽东思想研究》2015年第3期）、王进《读毛泽东〈关心群众生活，注意工作方法〉有感》（《青海党的生活》2016年第7期）、李常官《党的凝聚力从哪里来》（《学习时报》2016年6月9日）、牛伯栋《广大人民根本利益是党一切工作的最高标准——学习毛泽东的〈关心群众生活，注意工作方法〉》（《求知》2018年第4期）、王颖《铸成新时代的"铜墙铁壁"——毛泽东的〈关心群众生活，注意工作方法〉导读》（《湘潮》2019年第4期）、何金娥《从"关心群众生活，注意工作方法"看精准扶贫》（《潍坊工程职业学院学报》2020年第1期）、李东方《一篇反对官僚主义的生动教材——重温毛泽东同志〈关心群众生活，注意工作方法〉》（《山东人大工作》2020年第9期）、谢茂松《"关心群众生活，注意工作方法"为何关乎政治之为政治的本质所在？》（《湘潮》2021年第10期）、王雪梅《真正的"铜墙铁壁"与"国之大者"——读毛泽东〈关心群

众生活　注意工作方法〉》(《中国民政》2021年第19期)等。(详见参考文献)

还有一些书籍简要介绍了《关心群众生活，注意工作方法》一文，如：武汉军区政治部编写组《思想政治工作词典》(气象出版社1985年版)、中共中央纪律检查委员会信访室《信访工作手册》(吉林人民出版社1988年版)、杜亦平《思想政治工作小百科》(天津人民出版社1991年版)、乔明甫等主编《中国共产党建设大辞典》(四川人民出版社1991年版)、焦根强等主编《毛泽东著作辞典》(中国政法大学出版社1991年版)、巢峰主编《毛泽东思想大辞典》(上海辞书出版社1993年版)、孟学文主编《中国共青团大典》(红旗出版社1996年版)、柴宇球主编《毛泽东大智谋》下(中国档案出版社1998年版)、范平主编《跨世纪党建基本知识手册》(东方出版社1999年版)等。(详见参考文献)

也有一些博硕论文涉及了《关心群众生活，注意工作方法》的研究，如：王清义《毛泽东群众路线探析》，2002年华中师范大学硕士论文；朱蕾《论毛泽东的群众路线及其发展》，2012年郑州大学硕士论文；高晓瑞《毛泽东群众路线思想及其当代意义》，2013年山西师范大学硕士论文；丁飞《论毛泽东群众观及其现实意义》，2013年西华大学硕士论文；李燕《毛泽东的群众路线思想及当代价值》，2014年东北大学硕士论文；于洁《毛泽东群众观及其现实启示》，2014年山东大学硕士论文；吴寒斌《党的群众路线教育实践活动长效机制研究》，2014年南昌大学博士论文；刘浩《马克思主义群众观的中国化进程及其当代价值研究》，2015年东北大学博士论文；姜彧超《毛泽东群众观研究》，2015年牡丹江师范学院硕士论文；李翔宇《毛泽东的群众思想及当代启示》，2015年太原理工大学硕士论文；唐一瑄《毛泽东群众路线思想研究》，2015年四川师范大学硕士论文；张海雷《毛泽东群众路线思想研究》，2016年喀什大学硕士论文；周立杰《毛泽东群众路线思想的形成轨迹》，2016年湘潭大学硕士论文；李丽丽《毛泽东群众工作方法论研究》，2016年海南师范大学硕士论文；胡锦玉《延安时期毛泽东群众路线理论及其当代价值研究》，2017年西北工业大学博士论文；崔言香《中央苏区党的群众路线研究》，2017年南京师范大学硕士论文；唐燕燕《毛泽东群众观及其现实启示》，2017年湖南工业大学硕士论文；朱琳《毛泽东群众观的演进历程及现实启示》，2017年上海师范大学硕士论文；周成莉《革命语境下第二次全国苏维埃代表大会研究》，2018年吉林大学博士论文；赵兴银《新中国成立初期中国共产党群众工作研究》，2019年扬州大学博士论文；高利敏《论毛泽东群众观》，2019年沈阳理工大学硕士论文；江淑云《中央苏区党的群众路线理论与实践研究》，2020年华东师范大学硕士论文；冯培雯《土地革命时期毛泽东群众工作理论研究》，2020年安庆师范大学硕士论文；等等。（详见参考文献）

另有许多相关的书籍、论文也谈及了《关心群众生活，注意工作方法》，此处不再详细列出。

从以上收集资料的概况可知，涉及《关心群众生活，注意工作方法》研究的很多，但是关于其版本研究的专著、论文较少。

五、校勘与分析

（一）1949年10月以前版本校勘与分析

《关心群众生活，注意工作方法》在1949年10月以前有许多版本，大多数版本是以《红色中华》1934年1月31日第5期第二次全苏大会特刊《关于中央执行委员会报告的结论》版（以下简称"《红色中华》版"）为底本，这也是最早的版本。

1.《斗争》（上海版）1934年3月1日第66期版与《红色中华》1934年1月31日版异同

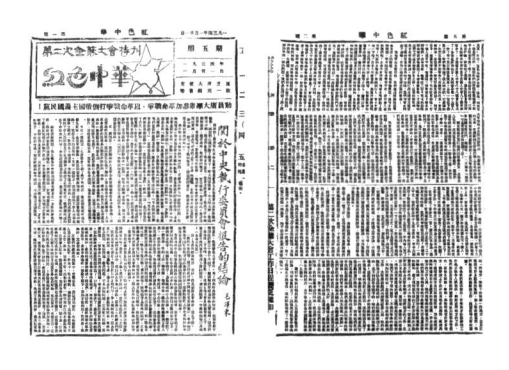

《红色中华》1934年1月31日版图片

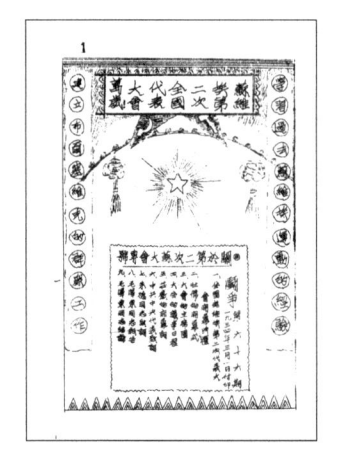

《斗争》（上海版）1934年3月1日第66期版图片

上海中央局1934年3月1日出版的《斗争》第66期全文发表了《关于中央执行委员会报告的结论》（以下简称"《斗争》版"），与《红色中华》版相校，不同之处有：

（1）标点不同

标点符号不同有19处，主要是标点的增、删或者改换。如：

《红色中华》版："组织革命战争，是苏维埃的中心任务，"①。《斗争》版："组织革命战争，是苏维埃的中心任务。"②

《红色中华》版："动员运输队，对于群众生活问题一点不理，"③。《斗争》版："动员运输队，对于群众生活问题一点不理。"④

《红色中华》版："一二三四次'围剿'不是实实在在的粉碎了么！"⑤《斗争》版："一二三四次'围剿'不是实实在在的粉碎了么！？"⑥

《红色中华》版："结果还是阿弥陀佛，红军是没有看见的 众笑）。"⑦《斗争》版："结果还是阿弥陀佛，红军是没有看见的（众笑）。"⑧

《红色中华》版："再拿十二月瑞金的突击运动说，好几个区中例如城

---

① 《红色中华》1934年1月31日第1版。
② 《斗争》（上海版）1934年3月1日第66期，第53页。
③ 《红色中华》1934年1月31日第1版。
④ 《斗争》（上海版）1934年3月1日第66期，第54页。
⑤ 《红色中华》1934年1月31日第2版。
⑥ 《斗争》（上海版）1934年3月1日第66期，第55页。
⑦ 《红色中华》1934年1月31日第2版。
⑧ 《斗争》（上海版）1934年3月1日第66期，第56页。

区下肖区与黄柏区，"①。《斗争》版："再拿十二月瑞金的突击运动说，好几个区中，例如城区，下肖区与黄柏区，"②。

《红色中华》版："但若都照于都县呢？那么一百万也销不完。"③《斗争》版："但若都照于都县呢，那么一百万也销不完。"④

《红色中华》版："不抛弃空谈空喊而采用实际具体的办法，不抛弃强迫命令而采取耐心说服的办法，那么什么任务也不能实现的。"⑤《斗争》版："不抛弃空谈空喊，而采用实际具体的办法，不抛弃强迫命令，而采取耐心说服的办法，那么什么任务也不能实现的。"⑥

《红色中华》版："这些地方无疑有不少的积极干部，"⑦。《斗争》版："这些地方，无疑有不少的积极干部，"⑧。

……

（2）不改变文义的文字修改有6处

《红色中华》版："每个苏维埃都应当把他提到自己的议事日程上，"⑨。《斗争》版："每个苏维埃都应当把它提到自己的议事日程上，"⑩。"他"改"它"，不改变文义。

《红色中华》版："看呵！长冈乡百分之八十的壮丁是上前线去了！"⑪《斗争》版："看呵！长冈乡的百分之八十的壮丁是上前线去了！"⑫增"的"，不改变文义。

《红色中华》版："我们就要消灭一切反革命，我们就要夺取全中国！"⑬《斗争》版："我们要消灭一切反革命，我们就要夺取全中

---

① 《红色中华》1934年1月31日第2版。
② 《斗争》（上海版）1934年3月1日第66期，第56页。
③ 《红色中华》1934年1月31日第2版。
④ 《斗争》（上海版）1934年3月1日第66期，第56页。
⑤ 《红色中华》1934年1月31日第2版。
⑥ 《斗争》（上海版）1934年3月1日第66期，第57页。
⑦ 《红色中华》1934年1月31日第2版。
⑧ 《斗争》（上海版）1934年3月1日第66期，第57页。
⑨ 《红色中华》1934年1月31日第2版。
⑩ 《斗争》（上海版）1934年3月1日第66期，第55页。
⑪ 《红色中华》1934年1月31日第2版。
⑫ 《斗争》（上海版）1934年3月1日第66期，第55页。
⑬ 《红色中华》1934年1月31日第2版。

国！"① "就要"改"要"，不改变文义。

《红色中华》版："就产生了这样相隔天远的结果。"② 《斗争》版："就产生了这样相隔天渊的结果。"③ "天远"改"天渊"，不改变文义。

《红色中华》版："对于这些地方的工作，我们应该用自我批评精神提起最大的革命警觉性，"④。《斗争》版："对于这些地方的工作，我们应该用自我批评精神提出最大的革命警觉性，"⑤。"提起"改"提出"，不改变文义。

《红色中华》版："指导他们帮助他们迅速改正错误，把那些顽强不肯改变的份子洗刷出苏维埃去。"⑥ 《斗争》版："指导他们，帮助他们，迅速改正错误，把那些顽强不肯改变的分子洗刷出苏维埃去。"⑦ "份子"改"分子"，不改变文义。

（3）文字变动有误13处

《红色中华》版："有一个同志，对于福建的人民革命政府说他带有多少革命性，"⑧。《斗争》版："有一个同志，对于福建的人民政府，说他带有多少革命性，"⑨。"人民革命政府"改"人民政府"，误。

《红色中华》版："汀州群众的问题是没有柴火烧，资本家把盐藏起来没有盐买，"⑩。《斗争》版："汀州群众的问题是没有柴火烧，资本家把盐藏起来没有盐卖，"⑪。"买"改"卖"，误。

《红色中华》版："这如在闽赣，粤赣，与湘鄂赣省的许多地方，苏维埃工作是存在着很多的弱点，福建与湘干同样还远不及江西与闽浙赣，"⑫。《斗争》版："这如在闽贡，粤贡与湘鄂贡省的许多地方，苏维埃工作是存

---

① 《斗争》（上海版）1934年3月1日第66期，第55页。
② 《红色中华》1934年1月31日第2版。
③ 《斗争》（上海版）1934年3月1日第66期，第56页。
④ 《红色中华》1934年1月31日第2版。
⑤ 《斗争》（上海版）1934年3月1日第66期，第57页。
⑥ 《红色中华》1934年1月31日第2版。
⑦ 《斗争》（上海版）1934年3月1日第66期，第58页。
⑧ 《红色中华》1934年1月31日第1版。
⑨ 《斗争》（上海版）1934年3月1日第66期，第52页。
⑩ 《红色中华》1934年1月31日第1版。
⑪ 《斗争》（上海版）1934年3月1日第66期，第54页。
⑫ 《红色中华》1934年1月31日第2版。

《关心群众生活，注意工作方法》版本研究

在着很多的弱点，福建与湘贛同样还远不及江西与闽浙赣，"①。"赣"改"贛"，全文共有4处，修改后有误；"干"改"贛"，全文共有7处，改前改后都有误。

2.《关于中央执行委员会报告的结论》铅印本与《红色中华》1934年1月31日版异同

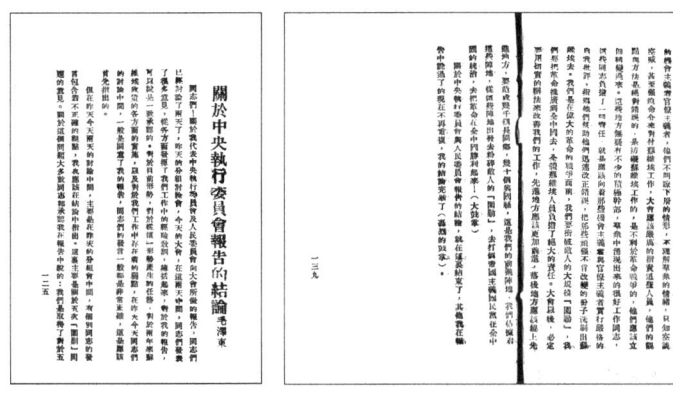

《关于中央执行委员会报告的结论》铅印本书影

《关于中央执行委员会报告的结论》铅印本，32开本，竖版，左翻，繁体字，此件为一本书的一部分，现存第125页至第140页。1954年由瑞金县民政科移交给瑞金革命纪念馆筹备小组。②故将此版本作为1949年10月以前版本，简称"铅印本"。

（1）标点符号不同

标点符号不同有5处，主要是标点的增、删或者改换。如：

《红色中华》版："有的苏维埃人员只讲扩大红军，派夫子，收土地税，推销公债；"③。铅印本："有的苏维埃人讲扩大红军，派夫子，收土地税，推销公债，"④。

《红色中华》版："长冈乡的群众说：'苏维埃红军共产党真正好，什么事情都替我们想到了'，模范的长冈乡苏维埃，"⑤。铅印本："长冈乡的群众说：'苏维埃红军共产党真正好，什么事情都替我们想到了'模范的

---

① 《斗争》（上海版）1934年3月1日第66期，第57页。
② 卢洁等编：《毛泽东文物图集》（下卷1893—1949），湘潭大学出版社2014年版，第154页。
③ 《红色中华》1934年1月31日第2版。
④ 《关于中央执行委员会报告的结论》铅印本，第130页。
⑤ 《红色中华》1934年1月31日第2版。

长冈乡苏维埃，"①。

《红色中华》版："无疑的，一二三四次'围剿'不是实实在在的粉碎了么！"②铅印本："无疑的一二三四次'围剿'不是实实在在的粉碎了么！"③

《红色中华》版："结果还是阿弥陀佛，红军是没有看见的 众笑）"④。铅印本："结果还是阿弥陀佛，红军是没有看见的（众笑）"⑤。

《红色中华》版："粤干的西江等县一些地方，湘干的茶陵永新吉安等县一些地方，"⑥。铅印本："粤赣的西江等县一些地方湘赣的茶陵永新吉安等县一些地方，"⑦。

……

（2）文字不同

文字修改有26处，主要分为以下几类：

第一，不改变文义的文字修改。

《红色中华》版："昨天的分组会，今天的大会，"⑧。铅印本："昨天的分组讨论会，今天的大会，"⑨。增"讨论"，不改变文义。

《红色中华》版："同志们发表了很多的意见，"⑩。铅印本："同志们发表了很多意见，"⑪。删"的"1处等，不改变文义。

《红色中华》版："我们承认某些苏维埃工作人员中间是存在着机会主义分子在那里作怪，我们应向这种分子作坚决的斗争，"⑫。铅印本："我们承认某些苏维埃工作人员中间是存在着机会主义份子在那里作怪，我们应向这种份子作坚决的斗争，"⑬。"分子"改"份子"，不改变文义。

---

① 《关于中央执行委员会报告的结论》铅印本，第132页。
② 《红色中华》1934年1月31日第2版。
③ 《关于中央执行委员会报告的结论》铅印本，第133页。
④ 《红色中华》1934年1月31日第2版。
⑤ 《关于中央执行委员会报告的结论》铅印本，第134页。
⑥ 《红色中华》1934年1月31日第2版。
⑦ 《关于中央执行委员会报告的结论》铅印本，第137页。
⑧ 《红色中华》1934年1月31日第1版。
⑨ 《关于中央执行委员会报告的结论》铅印本，第125页。
⑩ 《红色中华》1934年1月31日第1版。
⑪ 《关于中央执行委员会报告的结论》铅印本，第125页。
⑫ 《红色中华》1934年1月31日第1版。
⑬ 《关于中央执行委员会报告的结论》铅印本，第127页。

《红色中华》版:"领导革命战争,组织革命战争,是苏维埃的中心任务,"[①]。铅印本:"领导革命战争,是苏维埃的中心任务,"[②]。删"组织革命战争",不改变文义。

《红色中华》版:"有些群众没有房子住而土豪的房子还没有分配给群众,那里缺米,米价又贵,这些是汀州群众的实际问题,"[③]。铅印本:"有些群众没有房子住而土豪的房子还没有分配给群众,那里缺米,米价又贵,这些是汀州群众的实际生活问题,"[④]。"实际问题"改"实际生活问题",不改变文义。

《红色中华》版:"我郑重向大会提出,我们应该深刻注意群众生活上的问题,从土地劳动问题,到柴米油盐问题,"[⑤]。铅印本:"我郑重地向大会提出,我们应该深刻注意群众生活上的问题,从土地劳动问题,直到柴米油盐问题。"[⑥]。"郑重"改"郑重地","到"改"直到",均不改变文义。

《红色中华》版:"甚而至于生小孩子的问题,"[⑦]。铅印本:"甚而至于生小孩子问题,"[⑧]。删"的",不改变文义。

《红色中华》版:"广大群众就要用生命向国民党决斗,"[⑨]。铅印本:"广大群众就要拼命向国民党决斗,"[⑩]。"用生命"改"拼命",不改变文义。

《红色中华》版:"从十二月一号起,在一个月半中间,扩大了近四千人,"[⑪]。铅印本:"从十二月一号起,在一个半月中间,扩大了近四千人,"[⑫]。"一个月半"改"一个半月",不改变文义。

---

① 《红色中华》1934年1月31日第2版。
② 《关于中央执行委员会报告的结论》铅印本,第128页。
③ 《红色中华》1934年1月31日第2版。
④ 《关于中央执行委员会报告的结论》铅印本,第130页。
⑤ 《红色中华》1934年1月31日第2版。
⑥ 《关于中央执行委员会报告的结论》铅印本,第132页。
⑦ 《红色中华》1934年1月31日第2版。
⑧ 《关于中央执行委员会报告的结论》铅印本,第133页。
⑨ 《红色中华》1934年1月31日第2版。
⑩ 《关于中央执行委员会报告的结论》铅印本,第133页。
⑪ 《红色中华》1934年1月31日第2版。
⑫ 《关于中央执行委员会报告的结论》铅印本,第135页。

《红色中华》版:"下半个月不但完成全月规定的数目,甚至超过了百分之一百。"[1] 铅印本:"下半月不但完成全月规定的数目,甚至超过了百分之一百。"[2] "半个月"改"半月",不改变文义。

《红色中华》版:"这不是领导方式工作方法的问题严重地教训了我们么?"[3] 铅印本:"这不是领导方式工作方法的问题严重地教训了我们?"[4] "我们么"改"我们",不改变文义。

《红色中华》版:"他们是认真的在那里进行工作,他们是仔细的在那解决问题,"[5]。铅印本:"他们是认真的在那里进行工作,他们是仔细的在那里解决问题,"[6]。"那"改"那里",不改变文义。

《红色中华》版:"我们应该用自我批评精神提起最大的革命警觉性,这如在闽赣,粤赣,与湘鄂赣省的许多地方,"[7]。铅印本:"我们应该用自我批评精神提起最大的革命警觉性,比如在闽赣,粤赣,与湘鄂省的许多地方,"[8]。"这如"改"比如",不改变文义。

《红色中华》版:"特别是那些严重的机会主义者与官僚主义者,"[9]。铅印本:"特别是那些严重的机会主义者官僚主义者,"[10]。删"与",不改变文义。

《红色中华》版:"去打倒帝国主义国民党在全国的统治,去把革命在全中国胜利起来!"[11] 铅印本:"去打倒帝国主义国民党在全中国的统治,去把革命在全中国胜利起来!"[12] "全国"改"全中国",不改变文义。

……

---

[1] 《红色中华》1934年1月31日第2版。
[2] 《关于中央执行委员会报告的结论》铅印本,第135页。
[3] 《红色中华》1934年1月31日第2版。
[4] 《关于中央执行委员会报告的结论》铅印本,第136页。
[5] 《红色中华》1934年1月31日第2版。
[6] 《关于中央执行委员会报告的结论》铅印本,第137页。
[7] 《红色中华》1934年1月31日第2版。
[8] 《关于中央执行委员会报告的结论》铅印本,第137页。
[9] 《红色中华》1934年1月31日第2版。
[10] 《关于中央执行委员会报告的结论》铅印本,第138页。
[11] 《红色中华》1934年1月31日第2版。
[12] 《关于中央执行委员会报告的结论》铅印本,第139页。

第二，纠错性修改。

《红色中华》版："同样，干东北的工作同志，干东北的广大群众，"①。铅印本："同样，赣东北的工作同志，赣东北的广大群众，"②。"干"改"赣"7处，订正了错误。

第三，文字变动有误。

《红色中华》版："贫苦工农有到四五十岁还不能结婚的，"③。铅印本："贫苦工农有到四十五岁还不能结婚的，"④。"四五十岁"改"四十五岁"，误。

《红色中华》版："汀州群众的问题是没有柴火烧，资本家把盐藏起来没有盐买，"⑤。铅印本："汀州群众的问题是没有柴火烧，资本家把盐藏起来没有盐卖，"⑥。"买"改"卖"，误。

《红色中华》版："所以那时汀州市苏维埃改选了以后，一百多个代表，因为几次会都只讨论扩大红军与动员运输队……扩大红军动员运输队呢？"⑦铅印本："所以那时汀州市苏苏维埃改选了以后，一百多个代表，因为几次会都只讨论扩大红军与动员运输队……扩大红军动员运输呢？"⑧ "汀州市苏维埃"改"汀州市苏苏维埃"，衍"苏"；"运输队"改"运输"，夺"队"。

第四，修改后更合理。

《红色中华》版："乡苏就发动群众捐了六串钱帮助他。"⑨铅印本："乡苏就发动群众捐了六吊钱帮助他。"⑩ "六串钱"改"六吊钱"，更合理。

---

① 《红色中华》1934年1月31日第2版。
② 《关于中央执行委员会报告的结论》铅印本，第136页。
③ 《红色中华》1934年1月31日第1版。
④ 《关于中央执行委员会报告的结论》铅印本，第128页。
⑤ 《红色中华》1934年1月31日第2版。
⑥ 《关于中央执行委员会报告的结论》铅印本，第130页。
⑦ 《红色中华》1934年1月31日第2版。
⑧ 《关于中央执行委员会报告的结论》铅印本，第130—131页。
⑨ 《红色中华》1934年1月31日第2版。
⑩ 《关于中央执行委员会报告的结论》铅印本，第131页。

3. 中国现代史资料编辑委员会1957年翻印本《苏维埃中国》与《红色中华》1934年1月31日版异同

中国现代史资料编辑委员会1957年翻印本《苏维埃中国》书影

中国现代史资料编辑委员会1957年翻印了由苏联外国工人出版社出版的《苏维埃中国》（第一集系1933年印，第二集系1935年印）。《苏维埃中国》（第二集）收录了《关于中央执行委员会与人民委员会报告的结论》（以下简称"《苏维埃中国》版"），此版与《红色中华》版相校，主要有以下不同：

（1）标点符号不同

标点符号不同有55处，主要是标点的增、删或者改换。如：

《红色中华》版："总括起来，对于我的报告，可以说是一致承认的。"[1]《苏维埃中国》版："总括起来对于我的报告可以说是一致承认的。"[2]

《红色中华》版："苏维埃的中心任务是动员广大群众参加革命战争，"[3]。《苏维埃中国》版："苏维埃的中心任务，是动员广大群众参加革命战争，"[4]。

《红色中华》版："对于群众生活问题一点不理，"[5]。《苏维埃中国》版："对于群众生活问题一点不理。"[6]

---

[1] 《红色中华》1934年1月31日第1版。
[2] 《苏维埃中国》，中国现代史资料编辑委员会1957年翻印，第304页。
[3] 《红色中华》1934年1月31日第1版。
[4] 《苏维埃中国》，中国现代史资料编辑委员会1957年翻印，第306页。
[5] 《红色中华》1934年1月31日第1版。
[6] 《苏维埃中国》，中国现代史资料编辑委员会1957年翻印，第307页。

《关心群众生活，注意工作方法》版本研究

《红色中华》版："送给你们的两个模范乡苏小册子大概都看到了罢！"① 《苏维埃中国》版："送给你们的两个模范乡苏小册子，大概都收到了罢！"②

《红色中华》版："好几个区中例如城区下肖区与黄柏区，上半个月因为在官僚主义者的领导之下，简直没有什么成绩。"③ 《苏维埃中国》版："好几个区中，例如城区、下肖区与黄柏区，上半个月因为在官僚主义者的领导之下简直没有什么成绩。"④

……

（2）文字不同

文字修改有67处，主要分为以下几类：

第一，修改标题。

《红色中华》版："关于中央执行委员会报告的结论"⑤，标题下方标"毛泽东"。《苏维埃中国》版："关于中央执行委员会与人民委员会报告的结论"⑥。标题下方不标"毛泽东"。

第二，不改变文义的文字修改。

《红色中华》版："关于我代表中央执行委员会及人民委员会向大会所做的报告，"⑦。《苏维埃中国》版："关于我代表中央执行委员会及人民委员会向大会所作的报告，"⑧。"做"改"作"，不改变文义。

《红色中华》版："从各方面发挥了我们工作中的经验教训，"⑨。《苏维埃中国》版："从各方面发挥了我们工作中的经验与教训，"⑩。增"与"，不改变文义。

《红色中华》版："没有丝毫革命意义，"⑪。《苏维埃中国》版："没

---

① 《红色中华》1934年1月31日第2版。
② 《苏维埃中国》，中国现代史资料编辑委员会1957年翻印，第307页。
③ 《红色中华》1934年1月31日第2版。
④ 《苏维埃中国》，中国现代史资料编辑委员会1957年翻印，第310页。
⑤ 《红色中华》1934年1月31日第1版。
⑥ 《苏维埃中国》，中国现代史资料编辑委员会1957年翻印，第304页。
⑦ 《红色中华》1934年1月31日第1版。
⑧ 《苏维埃中国》，中国现代史资料编辑委员会1957年翻印，第304页。
⑨ 《红色中华》1934年1月31日第1版。
⑩ 《苏维埃中国》，中国现代史资料编辑委员会1957年翻印，第304页。
⑪ 《红色中华》1934年1月31日第1版。

有真正革命意义，"①。"丝毫"改"真正"，不改变文义。

《红色中华》版："为了种族的与阶级的利益，结婚年龄不应该低于男二十女十八以下，应该明白早婚是有极大害处的。同志们！要耐烦一下子呵（全场轰笑）！从前在地主资产阶级统治之下，"②。《苏维埃中国》版："为了种族的与阶级的利益，结婚年龄不应该低于男二十，女十八以下，应该明白早婚是极大害处的。同志们！要耐烦一下子啊！（全场轰笑）以前在地主资产阶级统治之下，"③。删"有"，"呵"改"啊"，"从前"改"以前"，均不改变文义。

《红色中华》版："以上是我的结论的第一部份，但是结论主要部分，还在下面。"④《苏维埃中国》版："以上是我的结论的一部分，但是结论主要部份还在下面。"⑤ "第一部份"改"一部分"，"部分"改"部份"，均不改变文义。

《红色中华》版："领导革命战争，组织革命战争，是苏维埃的中心任务，那一个看轻了这一个任务……对于这一中心任务，应该看得非常的深刻非常的清楚。"⑥《苏维埃中国》版："领导革命战争是苏维埃的中心任务。那一个看轻了这个任务……对于这个中心任务，应该看得非常的深刻非常的清楚。"⑦ 删"组织革命战争"，"这一个"改"这个"，"这一"改"这个"，均不改变文义。

《红色中华》版："但是苏维埃单单动员战争，一点别的工作不做能不能达到战争胜利的目的呢？"⑧。《苏维埃中国》版："但苏维埃单单动员战争，一点别的工作不做，能不能达到战争胜利的目的呢？"⑨。"但是"改"但"，不改变文义。

《红色中华》版："一切群众的实际生活问题，都是苏维埃应该注意的

---

① 《苏维埃中国》，中国现代史资料编辑委员会1957年翻印，第305页。
② 《红色中华》1934年1月31日第1版。
③ 《苏维埃中国》，中国现代史资料编辑委员会1957年翻印，第305页。
④ 《红色中华》1934年1月31日第1版。
⑤ 《苏维埃中国》，中国现代史资料编辑委员会1957年翻印，第305页。
⑥ 《红色中华》1934年1月31日第1版。
⑦ 《苏维埃中国》，中国现代史资料编辑委员会1957年翻印，第306页。
⑧ 《红色中华》1934年1月31日第1版。
⑨ 《苏维埃中国》，中国现代史资料编辑委员会1957年翻印，第306页。

重要问题。"①《苏维埃中国》版:"一切群众的实际生活问题,都是苏维埃应当注意的重要问题。"②"应该"改"应当",不改变文义。

《红色中华》版:"有些群众没有房子住而土豪的房子还没有分配给群众,"③。《苏维埃中国》版:"有些群众没有房子住,而土豪的房子还没有分给群众,"④。"分配"改"分",不改变文义。

《红色中华》版:"完全不理群众生活,后头连代表会议都召集不成器,"⑤。《苏维埃中国》版:"完全不理群众生活,后来连代表会议都召集不成器,"⑥。"后头"改"后来",不改变文义。

《红色中华》版:"我们应该深刻注意群众生活上的问题,从土地劳动问题,到柴米油盐问题,妇女同志要求学习犁耙,找什么人去教她们呢?小孩子要读书,列宁小学办起了没有呢?"⑦《苏维埃中国》版:"我们应该深刻注意群众生活的问题,从土地劳动问题,到柴米油盐问题。妇女同志要学习犁耙,找什么人去教她们呢?小孩子要求读书,列宁小学办起了没有呢?"⑧"生活上的"改"生活的","要求"改"要","要"改"要求",均不改变文义。

《红色中华》版:"使他们从这些出发,拥护苏维埃,来了解苏维埃提出来的更高的任务,"⑨。《苏维埃中国》版:"使他们从这些问题出发,拥护苏维埃来了解苏维埃提出来的更高的任务,"⑩。"这些"改"这些问题",不改变文义。

《红色中华》版:"要群众拿出他们的全力放到战争上去么?"⑪《苏维埃中国》版:"要群众拿出他们的全力放到战线上去么?"⑫"战争"改"战

---

① 《红色中华》1934年1月31日第1版。
② 《苏维埃中国》,中国现代史资料编辑委员会1957年翻印,第306页。
③ 《红色中华》1934年1月31日第1版。
④ 《苏维埃中国》,中国现代史资料编辑委员会1957年翻印,第307页。
⑤ 《红色中华》1934年1月31日第1版。
⑥ 《苏维埃中国》,中国现代史资料编辑委员会1957年翻印,第307页。
⑦ 《红色中华》1934年1月31日第2版。
⑧ 《苏维埃中国》,中国现代史资料编辑委员会1957年翻印,第308页。
⑨ 《红色中华》1934年1月31日第2版。
⑩ 《苏维埃中国》,中国现代史资料编辑委员会1957年翻印,第308页。
⑪ 《红色中华》1934年1月31日第2版。
⑫ 《苏维埃中国》,中国现代史资料编辑委员会1957年翻印,第308页。

线"，不改变文义。

《红色中华》版："解决群众的盐问题，米问题，房子问题，衣问题，甚而至于生小孩子的问题，解决群众一切的问题。我们是这样做了么？"①《苏维埃中国》版："解决群众的盐的问题，米的问题，房子问题，衣的问题，甚而至于生小孩子的问题，解决群众的一切问题。我们是这样做了么，"②。增"的"3处等，均不改变文义。

《红色中华》版："在苏维埃政府的周围团结起千百万群众来，发展我们绝大规模的革命战争，我们就要消灭一切反革命，我们就要夺取全中国！"③《苏维埃中国》版："在苏维埃政府的周围团结起来千百万群众来，发展我们绝大规模的革命战争，我们要消灭一切反革命，我们要夺取全中国！"④"团结起"改"团结起来"，"就要"改"要"2处，均不改变文义。

《红色中华》版："红军是没有看见的（众笑）。"⑤《苏维埃中国》版："红军战士是没有看见的（众笑）。"⑥"红军"改"红军战士"，不改变文义。

《红色中华》版："从十二月一号起，在一个月半中间，扩大了近四千人，因为他们运用了正确的方法，"⑦。《苏维埃中国》版："从十二月一号起，在一个半月中间，扩大了近四千人，因为他们应用了正确的方法，"⑧。"一个月半"改"一个半月"，"运用"改"应用"，均不改变文义。

《红色中华》版："还依靠最近半个月中央局直接指导下工作方法的转变，"⑨。《苏维埃中国》版："还依靠最近半月中央局直接指导下工作方

---

① 《红色中华》1934年1月31日第2版。
② 《苏维埃中国》，中国现代史资料编辑委员会1957年翻印，第308页。
③ 《红色中华》1934年1月31日第2版。
④ 《苏维埃中国》，中国现代史资料编辑委员会1957年翻印，第309页。
⑤ 《红色中华》1934年1月31日第2版。
⑥ 《苏维埃中国》，中国现代史资料编辑委员会1957年翻印，第309页。
⑦ 《红色中华》1934年1月31日第2版。
⑧ 《苏维埃中国》，中国现代史资料编辑委员会1957年翻印，第310页。
⑨ 《红色中华》1934年1月31日第2版。

法的转变，"①。"半个月"改"半月"，不改变文义。

《红色中华》版："就产生了这样相隔天远的结果。"②《苏维埃中国》版："就产生了这样相隔天渊的结果。"③ "天远"改"天渊"，不改变文义。

《红色中华》版："值得我们郑重地称赞他们为模范的苏维埃工作。"④《苏维埃中国》版："值得我们郑重的称赞他们为模范的苏维埃工作。"⑤ "地"改"的"，不改变文义。

《红色中华》版："我们应该用自我批评精神提起最大的革命警觉性，"⑥。《苏维埃中国》版："我们应该用自我批评精神提出最大的革命警觉性，"⑦。"提起"改"提出"，不改变文义。

……

第三，使表述更准确、更合理的修改。

《红色中华》版："因此我们必需把战争的任务提到广大群众前面去，"⑧。《苏维埃中国》版："因此我们必须把战争的任务提到广大群众面前去。"⑨ "必需"改"必须"，"必须"是一定要的意思，修改后，更准确。

《红色中华》版："有的苏维埃人员只讲扩大红军，派夫子，收土地税，推销公债；其他事情呢？"⑩《苏维埃中国》版："有的苏维埃人员只讲扩大红军，扩充运输队，收土地税，推销公债；其他事情呢？"⑪ 删"派夫子"，增"扩充运输队"，修改后，更合理。

《红色中华》版："我们的目的是过河，但没有桥不能过，不解决桥问

---

① 《苏维埃中国》，中国现代史资料编辑委员会1957年翻印，第310页。
② 《红色中华》1934年1月31日第2版。
③ 《苏维埃中国》，中国现代史资料编辑委员会1957年翻印，第310页。
④ 《红色中华》1934年1月31日第2版。
⑤ 《苏维埃中国》，中国现代史资料编辑委员会1957年翻印，第311页。
⑥ 《红色中华》1934年1月31日第2版。
⑦ 《苏维埃中国》，中国现代史资料编辑委员会1957年翻印，第311页。
⑧ 《红色中华》1934年1月31日第1版。
⑨ 《苏维埃中国》，中国现代史资料编辑委员会1957年翻印，第306页。
⑩ 《红色中华》1934年1月31日第1版。
⑪ 《苏维埃中国》，中国现代史资料编辑委员会1957年翻印，第307页。

题,过河就是一句空话,"①。《苏维埃中国》版:"我们的目的是过河,但没有桥或没有船不能过,不解决桥或船的问题,过河就是一句空话,"②。"桥"改"桥或船",把一种过河的方法修改为两种过河的方法,修改后,更合理。

……

第四,使表述更精练的修改。

《红色中华》版:"另有一个同志,在分组会上说了些不对的话,他说苏维埃并没有扩大红军,也没有游击队,农民仍要交租与地主,这些话当然是糊涂极了,我想是不待说明的。又有一个同志,他说福建的工作人员都是机会主义者,我想也不待说明,大家知道是错误的。我们承认某些苏维埃工作人员中间是存在着机会主义分子在那里作怪,我们应向这种分子作坚决的斗争,但像这个同志的说法,则是对于苏维埃的诬蔑了。"③《苏维埃中国》版在不改变原文意思的基础上将其删除,使文章更精练。

《红色中华》版:"假如苏维埃对这些问题注意了,讨论了,解决了,满足了群众的需要……"④《苏维埃中国》版:"假如苏维埃对这些问题注意了,解决了,满足了群众的需要……"⑤删"讨论了",更精练。

《红色中华》版:"公债也销得很多,长冈乡全乡一千五百人,销了四千五百块钱公债票。其他一切战争动员工作,他们都得到了很大的成绩。"⑥《苏维埃中国》版:"公债也销得很多,长冈乡全乡一千五百人,销了四千五百块钱公债票。其他都得到了很大的成绩。"⑦"其他一切战争动员工作,他们都得到了很大的成绩"改"其他都得到了很大的成绩",更精练。

《红色中华》版:"当着无产阶级与农民的革命起来时,当着广大群众暴动起来时,那个皇帝还有没有呢?"⑧《苏维埃中国》版:"当着无产阶

---

① 《红色中华》1934年1月31日第2版。
② 《苏维埃中国》,中国现代史资料编辑委员会1957年翻印,第309页。
③ 《红色中华》1934年1月31日第1版。
④ 《红色中华》1934年1月31日第1版。
⑤ 《苏维埃中国》,中国现代史资料编辑委员会1957年翻印,第306—307页。
⑥ 《红色中华》1934年1月31日第2版。
⑦ 《苏维埃中国》,中国现代史资料编辑委员会1957年翻印,第307页。
⑧ 《红色中华》1934年1月31日第2版。

级与农民的革命起来时，那个皇帝还有没有呢？"①删"当着广大群众暴动起来时"，更精练。

《红色中华》版："许多这些地方的工作人员，他们与群众的关系是不好的，"②。《苏维埃中国》版："许多这些地方的工作人员与群众的关系是不好的，"③。删"他们"，更精练。

第五，文字变动有误。

《红色中华》版："这里主要是关于五次'围剿'问题的意见。"④《苏维埃中国》版："这里主要是关于六次'围剿'的意见。"⑤ "五次'围剿'"改"六次'围剿'"，此修改全文共有7处，误。

《红色中华》版："有一个同志，对于福建的人民革命政府说他带有多少革命性，不是完全的反革命，"⑥。《苏维埃中国》版："有一个同志对于福建的所谓人民政府，说他带有多少革命性不是完全的反革命，"⑦。"人民革命政府"改"人民政府"，误。

《红色中华》版："国民党要来进攻苏维埃么？"⑧《苏维埃中国》版："国党民要来进攻苏维埃么，"⑨。"国民党"改"国党民"，误。

《红色中华》版："长冈乡成年青年男子百个人中有八十个当红军去了，"⑩。《苏维埃中国》版："长冈乡成年青年男女百个人中有八十个当红军去了，"⑪。"男子"改"男女"，误。毛泽东在《才溪乡调查》中记录："长冈乡全部青年壮年男子（十六岁至四十五岁）四百零七人，其中出外当红军、做工作的三百二十人，占百分之七十九。"⑫由此判断，该修改有误。

---

① 《苏维埃中国》，中国现代史资料编辑委员会1957年翻印，第309页。
② 《红色中华》1934年1月31日第2版。
③ 《苏维埃中国》，中国现代史资料编辑委员会1957年翻印，第311页。
④ 《红色中华》1934年1月31日第1版。
⑤ 《苏维埃中国》，中国现代史资料编辑委员会1957年翻印，第304页。
⑥ 《红色中华》1934年1月31日第1版。
⑦ 《苏维埃中国》，中国现代史资料编辑委员会1957年翻印，第305页。
⑧ 《红色中华》1934年1月31日第2版。
⑨ 《苏维埃中国》，中国现代史资料编辑委员会1957年翻印，第308页。
⑩ 《红色中华》1934年1月31日第2版。
⑪ 《苏维埃中国》，中国现代史资料编辑委员会1957年翻印，第307页。
⑫ 《毛泽东农村调查文集》，人民出版社1982年版，第341页。

《红色中华》版："广大群众就要用生命向国民党决斗，无疑的，一二三四次'围剿'不是实实在在的粉碎了么！"[①]《苏维埃中国》版："广大群众就要用生命向国民党决斗，无疑的，一、二、三、四、五次'围剿'不是实实在在的粉碎了么！？"[②] "一二三四次'围剿'不是实实在在的粉碎了么"改"一、二、三、四、五次'围剿'不是实实在在的粉碎了么"，误。全苏二大是在第五次反"围剿"期间召开的，而且第五次反"围剿"是失败的。

《红色中华》版："这些同志负担了一种责任，就是应该向着那些机会主义者与官僚主义者实行严格的自我批评，指导他们帮助他们迅速改正错误，把那些顽强不肯改变的份子洗刷出苏维埃去。"[③]《苏维埃中国》版："这些同志负担了一种责任，就是应该向着那些机会主义者实行严格的自我批评，指导他们，帮助他们，迅速改正错误，把那些顽强不肯改变的份子洗刷出苏维埃去。"[④] 删"官僚主义"，误。联系上下文义，官僚主义也是要批评的对象，此处删除，有误。

第六，纠错性修改。

《红色中华》版："同样，干东北的工作同志，干东北的广大群众，"[⑤]。《苏维埃中国》版："同样，赣东北的工作同志，赣东北的广大群众，"[⑥]。"干"改"赣"2处，订正了错误。

（二）1949年10月以后版本校勘与分析

1949年10月以后各版本正文内容之间变化较小，但1964年乙种本、1966年单行本、1991年《毛选》版的注释较1951年《毛选》版有更多修改。

---

① 《红色中华》1934年1月31日第2版。
② 《苏维埃中国》，中国现代史资料编辑委员会1957年翻印，第308页。
③ 《红色中华》1934年1月31日第2版。
④ 《苏维埃中国》，中国现代史资料编辑委员会1957年翻印，第312页。
⑤ 《红色中华》1934年1月31日第2版。
⑥ 《苏维埃中国》，中国现代史资料编辑委员会1957年翻印，第311页。

《关心群众生活，注意工作方法》版本研究

1. 中国青年出版社1964年版《毛泽东著作选读》乙种本与人民出版社1951年《毛泽东选集》第一卷版异同

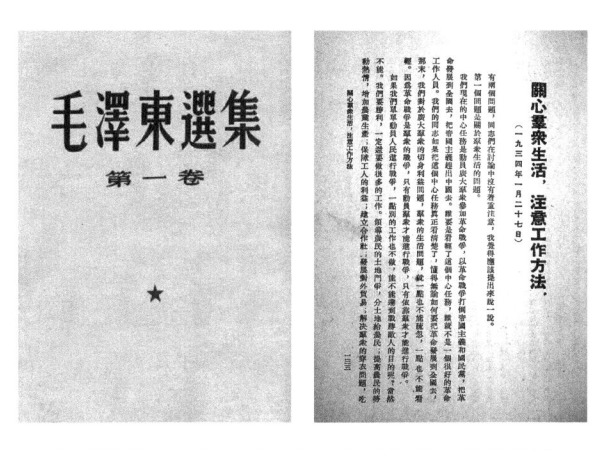

人民出版社1951年《毛泽东选集》第一卷版书影

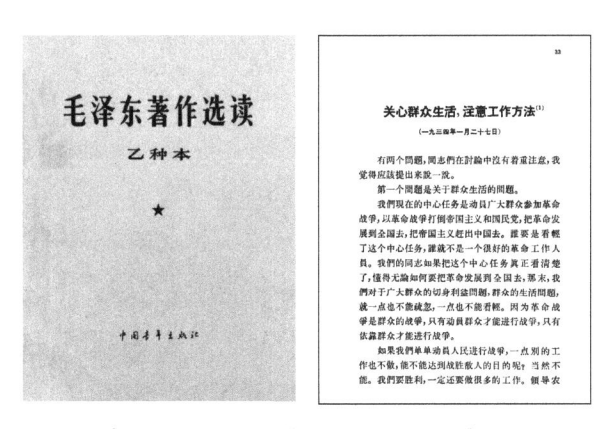

中国青年出版社1964年版《毛泽东著作选读》乙种本书影

中国青年出版社1964年版《毛泽东著作选读》乙种本（以下简称"1964年乙种本"）（横排简体字）与人民出版社1951年《毛泽东选集》第一卷版（竖排繁体字。以下简称"1951年《毛选》版"）相校，只是个别标点和注释有改动，正文文字没有改动。

（1）标点符号不同

主要是把竖排文字的直角符号改为横排文字的双引号或书名号。

（2）增加5条注释

1964年乙种本增加关于"工农代表会议（注〔2〕）"注释为："工农代

表会议,是第二次国内革命战争时期革命根据地各级政权的权力机关。它的职权相当于现在的各级人民代表大会。"①

1964年乙种本增加关于"敌人的第一、二、三、四次'围剿'(注〔6〕)"注释为:"围:包围。剿(jiǎo音饺):讨伐。在第二次国内革命战争中,蒋介石把他的反动军队对革命根据地的大进攻叫做'围剿'。一九三〇年十二月到一九三一年一月,蒋介石派兵十万人,围攻江西、福建的中央革命根据地,结果被红军消灭一万余人,第一次'围剿'被粉碎。一九三一年二月到五月,蒋介石派兵二十万人,向中央革命根据地举行第二次'围剿',结果被红军消灭三万多人,第二次'围剿'被粉碎。同年七月到九月,蒋介石又发动第三次'围剿',自任总司令,随带英、日、德军事顾问,率兵三十万人,分三路深入中央革命根据地,结果又被红军消灭三万多人,第三次'围剿'又被粉碎。一九三二年六月到一九三三年二月,蒋介石又派兵五十万人,组织了对中国工农红军的第四次全面'围剿',红军在这次反'围剿'的战争中,消灭敌人三个师,又得到了巨大的胜利。"②

1964年乙种本增加关于"查田工作(注〔8〕)"注释为:"查田工作,是当时红色区域在分配土地以后,为了进一步深入土地革命、发动群众斗争,进行的一种工作,主要是清查暗藏的地主、富农,彻底消灭封建半封建的土地所有制。"③

1964年乙种本增加关于"赣(注〔9〕)"注释为:"赣(gàn音干):江西省的简称。"④

1964年乙种本增加关于"瑞金(注〔10〕)"注释为:"瑞金是江西省东南部的一个县。一九三一年到一九三四年间,中国共产党领导的中央工农民主政府设在这里。"⑤

---

① 《毛泽东著作选读》乙种本,中国青年出版社1964年版,第39页。
② 《毛泽东著作选读》乙种本,中国青年出版社1964年版,第39页。
③ 《毛泽东著作选读》乙种本,中国青年出版社1964年版,第39页。
④ 《毛泽东著作选读》乙种本,中国青年出版社1964年版,第39页。
⑤ 《毛泽东著作选读》乙种本,中国青年出版社1964年版,第39页。

2. 人民出版社1966年单行本与人民出版社1951年《毛泽东选集》第一卷版异同

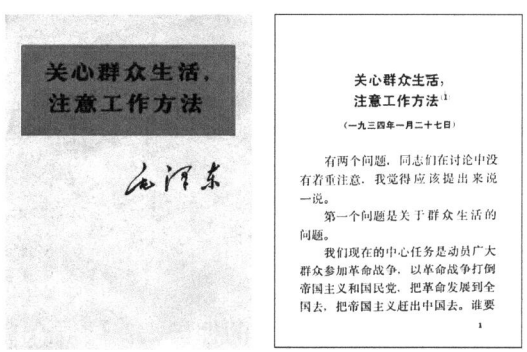

人民出版社1966年版《关心群众生活，注意工作方法》单行本书影

人民出版社1966年第1版《关心群众生活，注意工作方法》（以下简称"1966年单行本"）为简体字横排本，与1951年《毛选》版（竖排繁体字）相校，不同如下：

1951年《毛选》版："像兴国与赣东北的同志们，"[①]。1966年单行本："象兴国和赣东北的同志们，"[②]。"像"改"象"，"与"改"和"，不改变文义。

1966年单行本的标点符号和注释的修改情况与1964年乙种本修改情况一致，详上，此处不再赘述。

3. 人民出版社1991年《毛泽东选集》第一卷版与人民出版社1951年《毛泽东选集》第一卷版异同

人民出版社1991年《毛泽东选集》第一卷版书影

---

① 《毛泽东选集》第一卷，人民出版社1951年版，第137页。
② 《关心群众生活，注意工作方法》，人民出版社1966年版，第11页。

人民出版社1991年版《毛泽东选集》第一卷第2版（横排简体字）（以下简称"1991年《毛选》版"）与1951年《毛选》版（竖排繁体字）相校，主要有以下不同：

（1）标点符号不同

主要是把竖排文字的直角符号改为横排文字的双引号或书名号。

（2）文字不同

文字修改有6处，主要分为以下几类：

第一，不改变文义的文字修改。

1951年《毛选》版："要得到群众的拥护么？要群众拿出他们的全力放到战线上去么？"[1]1991年《毛选》版："要得到群众的拥护吗？要群众拿出他们的全力放到战线上去吗？"[2]"么"改"吗"，全文共3处，不改变文义。

1951年《毛选》版："像兴国与赣东北的同志们，"[3]。1991年《毛选》版："像兴国和赣东北的同志们，"[4]。"与"改"和"，不改变文义。

第二，使表述更准确的修改。

1951年《毛选》版："长冈乡青年壮年男女百个人中有八十个当红军去了，"[5]。1991年《毛选》版："长冈乡青年壮年男子百个人中有八十个当红军去了，"[6]。"男女"改"男子"，更准确。

1951年《毛选》版："公债也销得很多，长冈乡全乡一千五百人，销了四千五百块钱公债。"[7]1991年《毛选》版："公债也销得很多，长冈乡全乡一千五百人，销了五千四百块钱公债。"[8]"四千五百块"改"五千四百块"。毛泽东在《长冈乡调查》中记录："乡主席到县到区开会认销五千元，后又加认四百五十六元，共五千四百五十六元"；"开第四次全村大

---

[1] 《毛泽东选集》第一卷，人民出版社1951年版，第135页。
[2] 《毛泽东选集》第一卷，人民出版社1991年版，第138页。
[3] 《毛泽东选集》第一卷，人民出版社1951年版，第137页。
[4] 《毛泽东选集》第一卷，人民出版社1991年版，第140页。
[5] 《毛泽东选集》第一卷，人民出版社1951年版，第134页。
[6] 《毛泽东选集》第一卷，人民出版社1991年版，第137页。
[7] 《毛泽东选集》第一卷，人民出版社1951年版，第135页。
[8] 《毛泽东选集》第一卷，人民出版社1991年版，第137页。

会，全部销完。共销五千四百五十六元，全乡一千四百六十五人"①。修改后，更准确，更符合事实。

……

（3）题解、注释修改

第一，题解修改。

1951年《毛选》版："这是毛泽东同志一九三四年一月在江西瑞金召集的第二次全国工农代表大会上所作的结论的一部分。"②1991年《毛选》版："这是毛泽东在一九三四年一月二十二日至二月一日在江西瑞金召开的第二次全国工农兵代表大会上所作的结论的一部分。"③ "毛泽东同志"改"毛泽东"，"工农代表大会"改"工农兵代表大会"，"一九三四年一月"改"一九三四年一月二十二日至二月一日"，修改后，时间更精确。

第二，注释修改。

1951年《毛选》版有4条注释，1991年《毛选》版有6条注释。

1991年《毛选》版增加了1条参见注：查田工作（注〔6〕）："见本卷《必须注意经济工作》注〔3〕"④。

1991年《毛选》版增加关于"长冈乡青年壮年男子百个人中有八十个当红军去了，才溪乡百个人中有八十八个当红军去了（注〔3〕）"注释为："毛泽东在一九三三年十一月写的《才溪乡调查》中记载：'长冈乡全部青年壮年男子（十六岁至四十五岁）四百零七人，其中出外当红军、做工作的三百二十人，占百分之七十九。上才溪全部青年壮年男子（十六岁至五十五岁）五百五十四人，出外当红军、做工作的四百八十五人，占百分之八十八。下才溪全部青年壮年男子七百六十五人，出外当红军、做工作的五百三十三人，也占了百分之七十。'"⑤

1951年《毛选》版的4条注释，1991年《毛选》版对其中3条注释进行了修改。

如文献出处的注释更详尽，更符合学术规范：

---

① 《毛泽东农村调查文集》，人民出版社1982年版，第313—314页。
② 《毛泽东选集》第一卷，人民出版社1951年版，第134页。
③ 《毛泽东选集》第一卷，人民出版社1991年版，第136页。
④ 《毛泽东选集》第一卷，人民出版社1991年版，第141页。
⑤ 《毛泽东选集》第一卷，人民出版社1991年版，第141页。

1951年《毛选》版关于"才溪乡"注释为:"才溪乡是福建省上杭县的一个乡。"① 1991年《毛选》版此注释修改为:"才溪乡指福建省上杭县的上才溪、下才溪两个乡。"②

如历史事件等的记述更加准确、详尽:

1951年《毛选》版关于"公略县"注释为:"公略县是当时江西红色区域的一个县,以吉安县东南的东固镇为中心。红军第三军军长黄公略同志于一九三一年十月在此牺牲,因设此县以纪念他。"③ 1991年《毛选》版此注释修改为:"公略县是当时中央革命根据地的一个县,以吉安县东南的东固镇为中心。一九三一年九月,红军第三军军长黄公略在这里牺牲。因此,中华苏维埃共和国临时中央政府设立这个县以纪念他。"④

1951年《毛选》版关于"堡垒政策"注释为:"一九三三年七月蒋介石在江西庐山军事会议上决定在红色区域周围建筑碉堡,作为第五次'围剿'中的新的军事策略。据统计,至一九三四年一月底,江西共筑碉堡二千九百座。后来日本侵略者在中国和八路军新四军作战,亦采用蒋介石这种碉堡政策。根据毛泽东同志关于人民战争的战略,这种反革命的碉堡政策是完全可以打破和战胜的,这已由历史的事实所充分证明。"⑤ 1991年《毛选》版此注释修改为:"一九三三年六月,蒋介石在江西南昌召开军事会议,决定在革命根据地周围普遍建筑碉堡,作为第五次'围剿'的新军事策略。据统计,至一九三四年一月底,江西共筑碉堡四千多座。后来日本侵略者在中国同八路军新四军作战,也采用蒋介石的这种堡垒政策。根据毛泽东关于人民战争的战略,这种反革命的堡垒政策是完全可以打破和战胜的,这已为历史的事实所充分证明。"⑥

关于"公略县"注释、"堡垒政策"注释,1991年《毛选》版修改的依据,详见中共中央文献研究室《〈毛泽东选集〉一至四卷注释校订本》(中央文献出版社1991年版)第83—86页。

---

① 《毛泽东选集》第一卷,人民出版社1951年版,第138页。
② 《毛泽东选集》第一卷,人民出版社1991年版,第141页。
③ 《毛泽东选集》第一卷,人民出版社1951年版,第138页。
④ 《毛泽东选集》第一卷,人民出版社1991年版,第141页。
⑤ 《毛泽东选集》第一卷,人民出版社1951年版,第138页。
⑥ 《毛泽东选集》第一卷,人民出版社1991年版,第141页。

（三）人民出版社1951年《毛泽东选集》第一卷版与《红色中华》1934年1月31日版校勘与分析

《关心群众生活，注意工作方法》，《红色中华》版全篇5831字，1951年《毛选》版全篇约3030字（不包含题解和注释字数）。两版相校，主要有以下不同：

1. 标点符号变动

标点符号不同有77处，主要是标点的增、删或者改换。如：

《红色中华》版："比如以前有一个时期的汀州市苏维埃政府，只管扩大红军，动员运输队，对于群众生活问题一点不理，"[1]。1951年《毛选》版："比如以前有一个时期，汀州市政府只管扩大红军和动员运输队，对于群众生活问题一点不理。"[2]

《红色中华》版："扩大红军动员运输队呢？因此也极少成绩，这是一种情形。"[3] 1951年《毛选》版："扩大红军、动员运输队呢，因此也就极少成绩。这是一种情形。"[4]

《红色中华》版："无疑的，一二三四次'围剿'不是实实在在的粉碎了么！"[5] 1951年《毛选》版："这是无疑的；敌人的第一、二、三、四次'围剿'不是实实在在地被我们粉碎了么？"[6]

《红色中华》版："你们看，几千年来那些封建皇帝的城池宫殿还不坚固么？"[7] 1951年《毛选》版："你们看，几千年来，那些封建皇帝的城池宫殿还不坚固么？"[8]

《红色中华》版："其他如福建的上杭长汀永定等县的一些地方，"[9]。1951年《毛选》版："其他，如福建的上杭、长汀、永定等县的一些

---

[1] 《红色中华》1934年1月31日第1版。
[2] 《毛泽东选集》第一卷，人民出版社1951年版，第134页。
[3] 《红色中华》1934年1月31日第5期第1—2版《关于中央执行委员会报告的结论》。
[4] 《毛泽东选集》第一卷，人民出版社1951年版，第134页。
[5] 《红色中华》1934年1月31日第2版。
[6] 《毛泽东选集》第一卷，人民出版社1951年版，第136页。
[7] 《红色中华》1934年1月31日第2版。
[8] 《毛泽东选集》第一卷，人民出版社1951年版，第136页。
[9] 《红色中华》1934年1月31日第2版。

地方，"①。

……

2. 文字不同

文字修改有184处，主要分为以下几类：

（1）标题修改

《红色中华》版："关于中央执行委员会报告的结论"，标题下方标"毛泽东"。②1951年《毛选》版："关心群众生活，注意工作方法"，左标"（一九三四年一月二十七日）"。③

（2）不改变文义的文字修改

《红色中华》版："群众的穿衣问题……一切群众的实际生活问题，都是苏维埃应该注意的重要问题。"④1951年《毛选》版："解决群众的穿衣问题……总之，一切群众的实际生活问题，都是我们应当注意的问题。"⑤增"解决"，"应该注意的重要问题"改"应当注意的问题"，不改变文义。删除"苏维埃"，分析详下。

《红色中华》版："汀州群众的问题是没有柴火烧，资本家把盐藏起来没有盐买，有些群众没有房子住而土豪的房子还没有分配给群众，那里缺米，米价又贵，这些是汀州群众的实际问题，"⑥。1951年《毛选》版："汀州市群众的问题是没有柴烧，资本家把盐藏起来没有盐买，有些群众没有房子住，那里缺米，米价又贵。这些是汀州市人民群众的实际问题，"⑦。"汀州"改"汀州市"，"柴火"改"柴"，删"而土豪的房子还没有分配给群众"，"群众"改"人民群众"，均不改变文义。

《红色中华》版："什么理由？你们看他们对于群众生活问题的注意。举几个例子，长冈乡有一个贫苦农民烧掉了一间半房子，乡苏就发动群众捐了六串钱帮助他。有三个人没有饭吃，乡苏同互济会就马上捐米救济他

---

① 《毛泽东选集》第一卷，人民出版社1951年版，第137页。
② 《红色中华》1934年1月31日第1版。
③ 《毛泽东选集》第一卷，人民出版社1951年版，第133页。
④ 《红色中华》1934年1月31日第1版。
⑤ 《毛泽东选集》第一卷，人民出版社1951年版，第133—134页。
⑥ 《红色中华》1934年1月31日第1版。
⑦ 《毛泽东选集》第一卷，人民出版社1951年版，第134页。

们。"①1951年《毛选》版:"什么理由呢?举几个例子就明白了。长冈乡有一个贫苦农民被火烧掉了一间半房子,乡政府就发动群众捐钱帮助他。有三个人没有饭吃,乡政府和互济会就马上捐米救济他们。"②删"你们看他们对于群众生活问题的注意","举几个例子"改"举几个例子就明白了","捐了六串钱"改"捐钱","同"改"和",此修改全文共有3处,均不改变文义。

《红色中华》版:"我郑重向大会提出,我们应该深刻注意群众生活上的问题,"③。1951年《毛选》版:"我郑重地向大会提出,我们应该深刻地注意群众生活的问题,"④。删"上",不改变文义。增"地",全文共有4处,均不改变文义。

《红色中华》版:"你们看,几千年来那些封建皇帝的城池宫殿还不坚固么?群众一起来,一个个都倒台了。"⑤1951年《毛选》版:"你们看,几千年来,那些封建皇帝的城池宫殿还不坚固么?群众一起来,一个个都倒了。"⑥删"台",不改变文义。

《红色中华》版:"其他查田运动,经济建设,文化教育,新区边区工作,"⑦。1951年《毛选》版:"其他如查田工作、经济建设工作、文化教育工作、新区边区的工作,"⑧。"运动"改"工作",增2处"工作",均不改变文义。

《红色中华》版:"他们把群众生活与革命战争联合起来了,他们把工作方法与革命任务同时解决了,他们是认真的在那里进行工作,他们是仔细的在那解决问题,他们在革命面前是真正的负起了责任,他们真正是革命战争的组织者与领导者,他们真正是群众生活的组织者与领导者,他们是苏维埃工作最光荣的领袖。"⑨1951年《毛选》版:"他们把群众生活和革命战

---

① 《红色中华》1934年1月31日第2版。
② 《毛泽东选集》第一卷,人民出版社1951年版,第135页。
③ 《红色中华》1934年1月31日第2版。
④ 《毛泽东选集》第一卷,人民出版社1951年版,第135页。
⑤ 《红色中华》1934年1月31日第2版。
⑥ 《毛泽东选集》第一卷,人民出版社1951年版,第136页。
⑦ 《红色中华》1934年1月31日第2版。
⑧ 《毛泽东选集》第一卷,人民出版社1951年版,第137页。
⑨ 《红色中华》1934年1月31日第2版。

争联系起来了,他们把革命的工作方法问题和革命的工作任务问题同时解决了。他们是认真地在那里进行工作,他们是仔细地在那里解决问题,他们在革命面前是真正负起了责任,他们是革命战争的良好的组织者和领导者,他们又是群众生活的良好的组织者和领导者。"①"与"改"和",此修改全文共有7处;"联合"改"联系";"的"改"地",此修改全文共有2处;"真正是"改"是""又是";增2处"良好的";等等,均不改变文义。删除"苏维埃",分析详下。

《红色中华》版:"大会以后,必定要用切实的办法来改善我们的工作,先进地方应该更加前进,落后地方应该赶上先进地方,要造成几千个长冈乡,几十个兴国县,"②。1951年《毛选》版:"大会以后,我们一定要用切实的办法来改善我们的工作,先进的地方应该更加前进,落后的地方应该赶上先进的地方。要造成几千个长冈乡,几十个兴国县。"③"必定"改"我们一定",不改变文义。增"的",全文共有12处,均不改变文义。

《红色中华》版:"妇女同志要求学习犁耙,找什么人去教她们呢?"④1951年《毛选》版:"妇女群众要学习犁耙,找什么人去教她们呢?"⑤"同志"改"群众",不改变文义。

《红色中华》版:"后头连代表会议都召集不成器,大家不高兴到会,"⑥。1951年《毛选》版:"后来就不高兴到会了,会议也召集不成了。"⑦修改后,不改变文义,但更明白。

《红色中华》版:"在这里领导方式工作方法的问题,就严重地摆在我们的面前。我们不但要提出任务,要确定目的,而且要解决实现任务与达到目的的方法。"⑧1951年《毛选》版:"在这里,工作方法的问题,就严重地摆在我们的面前。我们不但要提出任务,而且要解决完成任务的方法问

---

① 《毛泽东选集》第一卷,人民出版社1951年版,第137页。
② 《红色中华》1934年1月31日第2版。
③ 《毛泽东选集》第一卷,人民出版社1951年版,第137—138页。
④ 《红色中华》1934年1月31日第2版。
⑤ 《毛泽东选集》第一卷,人民出版社1951年版,第135页。
⑥ 《红色中华》1934年1月31日第1版。
⑦ 《毛泽东选集》第一卷,人民出版社1951年版,第134页。
⑧ 《红色中华》1934年1月31日第2版。

题。"①删"领导方式""要确定目的","而且要解决实现任务与达到目的的方法"改"而且要解决完成任务的方法问题",均不改变文义,但更明白。

……

（3）使表述更精练的修改

《红色中华》版:"一个极重要问题,同志们在讨论中间没有着重注意的,就是关于群众生活同革命战争联系起来的问题。这个问题昨天和今天的讨论中都没有着重指出,我觉得应该把这个问题清楚的提出来。"②1951年《毛选》版:"有两个问题,同志们在讨论中没有着重注意,我觉得应该提出来说一说。第一个问题是关于群众生活的问题。"③修改后,更精练。

《红色中华》版:"苏维埃的中心任务是动员广大群众参加革命战争……领导革命战争,组织革命战争,是苏维埃的中心任务,那一个看轻了这一个任务,模糊了这一个任务,他就不是一个很好的苏维埃工作人员。"④1951年《毛选》版:"我们现在的中心任务是动员广大群众参加革命战争……谁要是看轻了这个中心任务,谁就不是一个很好的革命工作人员。"⑤修改后,更精练。

《红色中华》版:"一个很好的苏维埃工作人员,对于这一中心任务,应该看得非常的深刻非常的清楚。如果把这个任务真正的看清楚了,懂得发展革命战争是我们的基本迫切任务,懂得无论如何要把革命发展到全国去,那我们对于广大群众的切身利益问题,群众的生活问题,就一点也不能疏忽,一点也不能看轻。"⑥1951年《毛选》版:"我们的同志如果把这个中心任务真正看清楚了,懂得无论如何要把革命发展到全国去,那么,我们对于广大群众的切身利益问题,群众的生活问题,就一点也不能疏忽,一点也不能看轻。"⑦修改后,更精练。

---

① 《毛泽东选集》第一卷,人民出版社1951年版,第136页。
② 《红色中华》1934年1月31日第1版。
③ 《毛泽东选集》第一卷,人民出版社1951年版,第133页。
④ 《红色中华》1934年1月31日第1版。
⑤ 《毛泽东选集》第一卷,人民出版社1951年版,第133页。
⑥ 《红色中华》1934年1月31日第1版。
⑦ 《毛泽东选集》第一卷,人民出版社1951年版,第133页。

《红色中华》版:"为什么呢?因为战争是群众的战争,只有动员群众才能进行战争,只有依靠群众才能进行战争,因此我们必需把战争的任务提到广大群众前面去,极大规模的去动员群众参加战争,拥护战争,才能取得战争的胜利。"[1]1951年《毛选》版:"因为革命战争是群众的战争,只有动员群众才能进行战争,只有依靠群众才能进行战争。"[2]删"因此我们必需把战争的任务提到广大群众前面去,极大规模的去动员群众参加战争,拥护战争,才能取得战争的胜利",更精练。

《红色中华》版:"公债也销得很多,长冈乡全乡一千五百人,销了四千五百块钱公债票。其他一切战争动员工作,他们都得到了很大的成绩。"[3]1951年《毛选》版:"公债也销得很多,长冈乡全乡一千五百人,销了四千五百块钱公债。其他工作也得到了很大的成绩。"[4]修改后,更精练。

《红色中华》版:"我们要胜利,一定还要做很多的工作。实现苏维埃的基本法令,保障广大群众的利益,领导工人的经济斗争,限制资本家的剥削,"[5]。1951年《毛选》版:"我们要胜利,一定还要做很多的工作。"[6]删"实现苏维埃的基本法令,保障广大群众的利益,领导工人的经济斗争,限制资本家的剥削",更精练。

《红色中华》版:"俄国皇帝是世界上最凶恶的一只东西,当着无产阶级与农民的革命起来时,当着广大群众暴动起来时,那个皇帝还有没有呢?没有了,铜墙铁壁呢?倒掉了。"[7]1951年《毛选》版:"俄国皇帝是世界上最凶恶的一个统治者;当无产阶级和农民的革命起来的时候,那个皇帝还有没有呢?没有了。铜墙铁壁呢?倒掉了。"[8]删"当着广大群众暴动起来时",更精练。

《红色中华》版:"我要说到第二个重要问题了。我觉得这个问题,

---

[1] 《红色中华》1934年1月31日第1版。
[2] 《毛泽东选集》第一卷,人民出版社1951年版,第133页。
[3] 《红色中华》1934年1月31日第2版。
[4] 《毛泽东选集》第一卷,人民出版社1951年版,第135页。
[5] 《红色中华》1934年1月31日第1版。
[6] 《毛泽东选集》第一卷,人民出版社1951年版,第133页。
[7] 《红色中华》1934年1月31日第2版。
[8] 《毛泽东选集》第一卷,人民出版社1951年版,第136页。

同样的要着重向大会提出，就是关于工作方法的问题。"[1]1951年《毛选》版："第二个问题是关于工作方法的问题。"[2]修改后，更精练。

《红色中华》版："发展革命战争，改良群众生活，这是我们的任务，这是我们的目的。对于这样的任务与目的，我们不但口里讲，还要实行做。"[3]1951年《毛选》版："组织革命战争，改良群众生活，这是我们的两大任务。"[4]修改后，更精练。

《红色中华》版："不注意扩大红军的领导，不讲究扩大红军的方法，尽把扩大红军念一千遍，早上念到晚上，今天念到明天，像和尚们阿弥陀佛阿弥陀佛的尽念，结果还是阿弥陀佛，红军是没有看见的（众笑）。"[5]1951年《毛选》版："不注意扩大红军的领导，不讲究扩大红军的方法，尽管把扩大红军念一千遍，结果还是不能成功。"[6]修改后，删除了一些口语化的表达，使文章更精练。

《红色中华》版："兴国的工作同志，兴国的广大群众，他们创造了第一等工作，值得我们郑重地称赞他们为模范的苏维埃工作。同样，干东北的工作同志，干东北的广大群众，他们也有很好的创造，同样是苏维埃工作的模范。"[7]1951年《毛选》版："兴国的同志们创造了第一等的工作，值得我们称赞他们为模范工作者。同样，赣东北的同志们也有很好的创造，他们同样是模范工作者。"[8]修改后，更精练。

《红色中华》版："这是我们的前进阵地，我们占据着这些阵地，从这些阵地出发去粉碎敌人的'围剿'，去打倒帝国主义国民党在全国的统治，去把革命在全中国胜利起来！（大鼓掌）"[9]1951年《毛选》版："这些就是我们的巩固的阵地。我们占据了这些阵地，我们就能从这些阵地出发去粉碎敌人的'围剿'，去打倒帝国主义和国民党在全国的统治。"[10]修改后，更

---

[1] 《红色中华》1934年1月31日第2版。
[2] 《毛泽东选集》第一卷，人民出版社1951年版，第136页。
[3] 《红色中华》1934年1月31日第2版。
[4] 《毛泽东选集》第一卷，人民出版社1951年版，第136页。
[5] 《红色中华》1934年1月31日第2版。
[6] 《毛泽东选集》第一卷，人民出版社1951年版，第136—137页。
[7] 《红色中华》1934年1月31日第2版。
[8] 《毛泽东选集》第一卷，人民出版社1951年版，第137页。
[9] 《红色中华》1934年1月31日第2版。
[10] 《毛泽东选集》第一卷，人民出版社1951年版，第138页。

精练。

1951年《毛选》版删除了《红色中华》版开头的前五段、中间两段和最后一段，例如：《红色中华》版："同志们！关于我代表中央执行委员会及人民委员会向大会所做的报告，同志们已经讨论了两天了……以上是我的结论的第一部份，但是结论主要部分，还在下面。"① "我们苏维埃工作中有没有这样的情形呢……这不是领导方式工作方法的问题严重地教训了我们么？"② "但是我们应该指出：有些地方的苏维埃工作是不能令人满意的……他们的观点与方法是绝对错误的，是妨碍苏维埃工作的，是不利于革命战争的，他们应该立即转变过来。"③ 这些都是在不改变原文意思的基础上将其删除，使文章更精练。

……

（4）文字表述更准确、合理的修改

《红色中华》版："但是苏维埃单单动员战争，一点别的工作不做能不能达到战争胜利的目的呢？我答复：不能。"④ 1951年《毛选》版："如果我们单单动员人民进行战争，一点别的工作也不做，能不能达到战胜敌人的目的呢？当然不能。"⑤ "动员战争"改"动员人民进行战争"，"战争胜利"改"战胜敌人"，更准确、合理。

《红色中华》版："有的苏维埃人员只讲扩大红军，派夫子，收土地税，推销公债；其他事情呢？不讲也不管，甚至一切都不管。"⑥ 1951年《毛选》版："他们只讲扩大红军，扩充运输队，收土地税，推销公债，其他事情呢，不讲也不管，甚至一切都不管。"⑦ "派夫子"改"扩充运输队"，更准确、合理。

《红色中华》版："我们的目的是过河，但没有桥不能过，不解决桥问题，过河就是一句空话，不解决方法问题，任务也只是瞎说一顿。"⑧ 1951

---

① 《红色中华》1934年1月31日第1版。
② 《红色中华》1934年1月31日第2版。
③ 《红色中华》1934年1月31日第2版。
④ 《红色中华》1934年1月31日第1版。
⑤ 《毛泽东选集》第一卷，人民出版社1951年版，第133页。
⑥ 《红色中华》1934年1月31日第1版。
⑦ 《毛泽东选集》第一卷，人民出版社1951年版，第134页。
⑧ 《红色中华》1934年1月31日第2版。

年《毛选》版："我们的任务是过河，但是没有桥或没有船就不能过。不解决桥或船的问题，过河就是一句空话。不解决方法问题，任务也只是瞎说一顿。"[1]"桥"改"桥或船"，把一种过河的方法修改为两种过河的方法，更合理。

《红色中华》版："粤干的西江等县一些地方，"[2]。1951年《毛选》版："赣南的西江等处地方，"[3]。"粤干"改"赣南"。西江，位于江西省赣州市会昌县。1933年7月，中共西江临时县委成立，隶属于粤赣省委。修改后，表述更准确、合理。

《红色中华》版："湘干的茶陵永新吉安等县一些地方，湘鄂干的阳新一些地方，"[4]。1951年《毛选》版："湘赣边区的茶陵、永新、吉安等县的一些地方，湘鄂赣边区阳新县的一些地方，"[5]。"湘干"改"湘赣边区"，"湘鄂干"改"湘鄂赣边区"。"边区"是指民主革命时期，中国共产党领导的革命政权在几个省相连的边缘地带建立的根据地。这里的"湘赣边区"，是指湘赣根据地，当时称湘赣省或湘赣苏区。这里的"湘鄂赣边区"，是指湘鄂赣根据地，当时称湘鄂赣省或湘鄂赣苏区。修改后，更准确。

《红色中华》版："发展我们绝大规模的革命战争，我们就要消灭一切反革命，我们就要夺取全中国！"[6] 1951年《毛选》版："发展我们的革命战争，我们就能消灭一切反革命，我们就能夺取全中国。"[7] 删"绝大规模"，"就要"改"就能"，更合理。

《红色中华》版："小孩子要读书，列宁小学办起了没有呢？"[8] 1951年《毛选》版："小孩子要求读书，小学办起了没有呢？"[9] "列宁小学"改"小学"，涵盖更广，可以指各种小学。修改后，更合理。

……

---

[1] 《毛泽东选集》第一卷，人民出版社1951年版，第136页。
[2] 《红色中华》1934年1月31日第2版。
[3] 《毛泽东选集》第一卷，人民出版社1951年版，第137页。
[4] 《红色中华》1934年1月31日第2版。
[5] 《毛泽东选集》第一卷，人民出版社1951年版，第137页。
[6] 《红色中华》1934年1月31日第2版。
[7] 《毛泽东选集》第一卷，人民出版社1951年版，第136页。
[8] 《红色中华》1934年1月31日第1版。
[9] 《毛泽东选集》第一卷，人民出版社1951年版，第135页。

（5）政治性、思想性修改

《红色中华》版："同志们，这时候，苏维埃号召群众参加战争，要求群众牺牲一切给予战争，能够不能够呢？我答复：能够的，完全能够得。"[1] 1951年《毛选》版："同志们，那时候，我们号召群众参加革命战争，能够不能够呢？能够的，完全能够的。"[2] "战争"改"革命战争"，全文共有2处。强调了中国共产党领导的广大群众参加的战争是反对国民党的反动统治的革命战争。

《红色中华》版："领导农民的土地斗争，分土地给农民，提高农民的劳动热忱，增加农业生产，建立合作社，发展对外贸易，"[3]。1951年《毛选》版："领导农民的土地斗争，分土地给农民；提高农民的劳动热情，增加农业生产；保障工人的利益；建立合作社；发展对外贸易；"[4]。增"保障工人的利益"。土地革命战争时期，中国共产党主要领导农民进行革命斗争，保障农民的利益，是很重要的，关系到革命战争的胜利。中华人民共和国成立以后，不仅保障农民的利益很重要，保障城市中工人的利益也很重要，增"保障工人的利益"，是当时的现实需要的，是自然的。

《红色中华》版："这些同志负担了一种责任，就是应该向着那些机会主义者与官僚主义者实行严格的自我批评，指导他们帮助他们迅速改正错误，把那些顽强不肯改变的份子洗刷出苏维埃去。"[5] 1951年《毛选》版："这些同志负担着一种责任，就是应该帮助那些工作薄弱的地方，帮助那些还不善于工作的同志们作好工作。"[6] 修改后，强调了要做好工作。与机会主义者、官僚主义者作斗争是需要的，但更重要的是要做好工作。

《红色中华》版："他们同汀州市机会主义官僚主义的领导是绝对的不相同。我们学习长冈乡才溪乡，反对汀州市官僚主义的领导！"[7] 1951年《毛选》版："他们和汀州市的官僚主义的领导方法，是绝对的不相同。我

---

[1] 《红色中华》1934年1月31日第1版。
[2] 《毛泽东选集》第一卷，人民出版社1951年版，第134页。
[3] 《红色中华》1934年1月31日第1版。
[4] 《毛泽东选集》第一卷，人民出版社1951年版，第133页。
[5] 《红色中华》1934年1月31日第2版。
[6] 《毛泽东选集》第一卷，人民出版社1951年版，第137页。
[7] 《红色中华》1934年1月31日第2版。

们要学习长冈乡、才溪乡，反对汀州市那样的官僚主义的领导者！"①《红色中华》版："如果仅仅提出任务，而不注意实行时候的领导，不注意工作方法，不开展反对机会主义与反对官僚主义的斗争，不抛弃空谈空喊而采用实际具体的办法，不抛弃强迫命令而采取耐心说服的办法，那么什么任务也不能实现的。"②1951年《毛选》版："如果仅仅提出任务而不注意实行时候的工作方法，不反对官僚主义的工作方法而采取实际的具体的工作方法，不抛弃命令主义的工作方法而采取耐心说服的工作方法，那么，什么任务也是不能实现的。"③两处都将"机会主义"删除。《红色中华》版全文共有6次提到"机会主义"，1951年《毛选》版中将其全部删除。新民主主义革命时期中国共产党内反对"左"、右倾机会主义的斗争，在1945年中共六届七中通过了《关于若干历史问题的决议》后，已取得胜利，此后以及中华人民共和国成立初期，反对官僚主义、命令主义成为重要任务，这大概就是删除"机会主义"的重要原因。

关于"苏维埃"的修改，主要有以下几种：

"苏维埃"修改为"我们""工农代表会议""乡政府""工作人员""革命""红色区域"或删除。如《红色中华》版："假如苏维埃对这些问题注意了，讨论了，解决了，满足了群众的需要，苏维埃就真正成了群众生活的组织者，群众就会真正的围绕在苏维埃的周围，热烈的拥护苏维埃。"④1951年《毛选》版："假如我们对这些问题注意了，解决了，满足了群众的需要，我们就真正成了群众生活的组织者，群众就会真正围绕在我们的周围，热烈地拥护我们。"⑤ "苏维埃"修改为"我们"，全文共有14处。

《红色中华》版："所以那时汀州市苏维埃改选了以后，"⑥。1951年《毛选》版："所以，那时，汀州市工农代表会议改选了以后，"⑦。"苏

---

① 《毛泽东选集》第一卷，人民出版社1951年版，第135页。
② 《红色中华》1934年1月31日第2版。
③ 《毛泽东选集》第一卷，人民出版社1951年版，第137页。
④ 《红色中华》1934年1月31日第1版。
⑤ 《毛泽东选集》第一卷，人民出版社1951年版，第134页。
⑥ 《红色中华》1934年1月31日第1版。
⑦ 《毛泽东选集》第一卷，人民出版社1951年版，第134页。

维埃"修改为"工农代表会议"。

《红色中华》版:"这样的苏维埃,真正是模范苏维埃。"[1] 1951年《毛选》版:"这样的乡政府,是真正模范的乡政府。"[2] "苏维埃"修改为"乡政府"。

《红色中华》版:"模范的长冈乡苏维埃,可尊敬的长冈乡苏维埃!"[3] 1951年《毛选》版:"模范的长冈乡工作人员,可尊敬的长冈乡工作人员!"[4] "苏维埃"修改为"工作人员"。

《红色中华》版:"我们是这样做了么?广大群众就必定拥护苏维埃,把苏维埃当作他们的生命,把苏维埃当作他们无上光荣的旗帜。国民党要来进攻苏维埃么?广大群众就要用生命向国民党决斗,"[5]。1951年《毛选》版:"我们是这样做了么,广大群众就必定拥护我们,把革命当作他们的生命,把革命当作他们无上光荣的旗帜。国民党要来进攻红色区域,广大群众就要用生命同国民党决斗。"[6] "苏维埃"修改为"革命",全文共有7处;"苏维埃"修改为"红色区域"。

《红色中华》版:"值得我们郑重地称赞他们为模范的苏维埃工作。"[7] 1951年《毛选》版:"值得我们称赞他们为模范工作者。"[8] 删除"苏维埃"全文共有6处。

"苏维埃人员"修改为"他们"和"革命工作人员"等。如《红色中华》版:"有的苏维埃人员只讲扩大红军,"[9]。1951年《毛选》版:"他们只讲扩大红军,"[10]。"苏维埃人员"修改为"他们"。《红色中华》版:"全体苏维埃人员负担了绝大的责任。"[11] 1951年《毛选》版:"全体革命

---

[1] 《红色中华》1934年1月31日第2版。
[2] 《毛泽东选集》第一卷,人民出版社1951年版,第135页。
[3] 《红色中华》1934年1月31日第2版。
[4] 《毛泽东选集》第一卷,人民出版社1951年版,第135页。
[5] 《红色中华》1934年1月31日第2版。
[6] 《毛泽东选集》第一卷,人民出版社1951年版,第136页。
[7] 《红色中华》1934年1月31日第2版。
[8] 《毛泽东选集》第一卷,人民出版社1951年版,第137页。
[9] 《红色中华》1934年1月31日第1版。
[10] 《毛泽东选集》第一卷,人民出版社1951年版,第134页。
[11] 《红色中华》1934年1月31日第2版。

工作人员负担着绝大的责任。"①"苏维埃人员"修改为"革命工作人员"。

还有一些其他的修改，如"苏维埃红军共产党"修改为"共产党"，《红色中华》版："长冈乡的群众说：'苏维埃红军共产党真正好，什么事情都替我们想到了'，"②。1951年《毛选》版："长冈乡的群众说：'共产党真正好，什么事情都替我们想到了。'"③

如"苏维埃机关"修改为"工作人员"。《红色中华》版："在我们的苏维埃机关中，"④。1951年《毛选》版："在我们的工作人员中，"⑤。

如"苏维埃政府"修改为"我们"，"市苏"修改为"市政府"。《红色中华》版："十分盼望苏维埃政府帮助他们解决的。而汀州市苏一点也不讨论，"⑥。1951年《毛选》版："十分盼望我们帮助他们去解决。但是汀州市政府一点也不讨论。"⑦

如"乡苏"修改为"乡"。《红色中华》版："送给你们的两个模范乡苏小册子大概都看到了罢！"⑧1951年《毛选》版："送给你们的两个模范乡的小册子，"⑨。如"乡苏"修改为"乡政府"。《红色中华》版："乡苏从二百多里远的公略县水南富田等处办了米来救济群众。"⑩1951年《毛选》版："乡政府从二百多里的公略县办了米来救济群众。"⑪此修改全文共有3处。

经过校勘发现，1951年《毛选》版将《红色中华》版中凡是提到"苏维埃"等词都做了修改或删除。分析如下：

"苏维埃"是俄文Соvèt的音译，意思是"代表会议"或"委员会"。1917年十月革命胜利以后，成为苏联无产阶级专政的政权组织形式。由于受苏联的影响，中国共产党于1931年11月，在江西瑞金正式成立中华苏维埃共

---

① 《毛泽东选集》第一卷，人民出版社1951年版，第137页。
② 《红色中华》1934年1月31日第2版。
③ 《毛泽东选集》第一卷，人民出版社1951年版，第135页。
④ 《红色中华》1934年1月31日第1版。
⑤ 《毛泽东选集》第一卷，人民出版社1951年版，第134页。
⑥ 《红色中华》1934年1月31日第1版。
⑦ 《毛泽东选集》第一卷，人民出版社1951年版，第134页。
⑧ 《红色中华》1934年1月31日第2版。
⑨ 《毛泽东选集》第一卷，人民出版社1951年版，第134页。
⑩ 《红色中华》1934年1月31日第2版。
⑪ 《毛泽东选集》第一卷，人民出版社1951年版，第135页。

和国临时中央政府，各革命根据地也都普遍建立了苏维埃政权。1937年9月，中共中央正式宣布取消中华苏维埃共和国的称号，并将中华苏维埃共和国临时中央政府西北办事处改为陕甘宁边区政府。至此，苏维埃国家政权形式正式结束。抗日战争、解放战争时期，中国共产党领导的政权形式已与苏维埃的模式不同，中华人民共和国成立后，行政机构等组织形式更与苏维埃的模式不同，不再提"苏区""苏维埃"是从现实出发的，同时也有一些去苏维埃化的意味。

（6）重新分段

《红色中华》版："这是一种情形。但是同志们，"[①]。1951年《毛选》版："这是一种情形。//同志们，"[②]。重新分段了。

《红色中华》版："就是关于工作方法的问题。苏维埃是革命战争的领导者组织者，"[③]。1951年《毛选》版："第二个问题是关于工作方法的问题。//我们是革命战争的领导者、组织者，"[④]。重新分段了。

《红色中华》版："他们应该立即转变过来。这些地方无疑有不少的积极干部，"[⑤]。1951年《毛选》版："//一切我们领导的地方，无疑有不少的积极干部，"[⑥]。重新分段了。

（7）纠错性修改

《红色中华》版："像兴国与干东北的工作同志们，"[⑦]。1951年《毛选》版："像兴国与赣东北的同志们，"[⑧]。"干"改"赣"，全文共有4处，订正了错误。

（8）文字变动有误

《红色中华》版："长冈乡成年青年男子百个人中有八十个当红军去了，才溪乡百个人中有八十八个当红军去了。"[⑨] 1951年《毛选》版："长

[①] 《红色中华》1934年1月31日第2版。
[②] 《毛泽东选集》第一卷，人民出版社1951年版，第134页。
[③] 《红色中华》1934年1月31日第2版。
[④] 《毛泽东选集》第一卷，人民出版社1951年版，第136页。
[⑤] 《红色中华》1934年1月31日第2版。
[⑥] 《毛泽东选集》第一卷，人民出版社1951年版，第137页。
[⑦] 《红色中华》1934年1月31日第2版。
[⑧] 《毛泽东选集》第一卷，人民出版社1951年版，第137页。
[⑨] 《红色中华》1934年1月31日第2版。

冈乡青年壮年男女百个人中有八十个当红军去了，才溪乡百个人中有八十八个当红军去了。"①"男子"改"男女"，误，详前。

（9）增加了题解、注释

增加题解、注释的情况，详前。

六、对《关心群众生活，注意工作方法》修改的思考

对《关心群众生活，注意工作方法》的修改，可以从以下几个方面去理解：

（一）修改后更具有科学性

第一，词句的表述。

如《红色中华》版："我们的目的是过河，但没有桥不能过，不解决桥问题，过河就是一句空话，不解决方法问题，任务也只是瞎说一顿。"1951年《毛选》版："我们的任务是过河，但是没有桥或没有船就不能过。不解决桥或船的问题，过河就是一句空话。不解决方法问题，任务也只是瞎说一顿。""桥"改"桥或船"，把一种过河的方法修改为两种过河的方法，修改后，表述更全面、科学。

《红色中华》版："同志们，这时候，苏维埃号召群众参加战争，要求群众牺牲一切给予战争，能够不能够呢？我答复：能够的，完全能够得。"1951年《毛选》版："同志们，那时候，我们号召群众参加革命战争，能够不能够呢？能够的，完全能够的。""战争"改"革命战争"，全文共有2处。强调中国共产党领导广大群众参加的战争是革命战争，修改后，更合理、科学。

第二，地名的修改。

如《红色中华》版："粤干的西江等县一些地方，"。1951年《毛选》版："赣南的西江等处地方，"。"粤干"改"赣南"。《红色中华》版："湘干的茶陵永新吉安等县一些地方，湘鄂干的阳新一些地方，"。1951年

---

① 《毛泽东选集》第一卷，人民出版社1951年版，第135—136页。

《毛选》版："湘赣边区的茶陵、永新、吉安等县的一些地方，湘鄂赣边区阳新县的一些地方，"。"湘干"改"湘赣边区"，"湘鄂干"改"湘鄂赣边区"。修改后，都更准确。

第三，日期的修改。

如在《红色中华》版中没有题解和时间。1951年《毛选》版："这是毛泽东同志一九三四年一月在江西瑞金召集的第二次全国工农代表大会上所作的结论的一部分。"1991年《毛选》版："这是毛泽东在一九三四年一月二十二日至二月一日在江西瑞金召开的第二次全国工农兵代表大会上所作的结论的一部分。""一九三四年一月"改"一九三四年一月二十二日至二月一日"，修改后，时间上更加精确。

修改后的表述，更加全面、科学、准确，有利于读者更好地理解文章。

（二）社会、形势发生了变化

1951年《毛选》版将《红色中华》版中凡是提到"苏维埃"等词都做了修改或删除，因为抗日战争时期，中华苏维埃共和国临时中央政府已取消，而且抗日战争、解放战争时期，中国共产党领导的政权形式已与苏维埃的模式不同，中华人民共和国成立后，行政机构等组织形式更与苏维埃的模式不同，不再提"苏维埃"是从历史和社会发展的现实出发的。

《红色中华》版："领导农民的土地斗争，分土地给农民，提高农民的劳动热忱，增加农业生产，建立合作社，发展对外贸易，"1951年《毛选》版："领导农民的土地斗争，分土地给农民；提高农民的劳动热情，增加农业生产；保障工人的利益；建立合作社；发展对外贸易；"①。增"保障工人的利益"。土地革命战争时期，中国共产党主要领导农民进行革命斗争，保障农民的利益，是很重要的，关系到革命战争的胜利。中华人民共和国成立以后，不仅保障农民的利益很重要，保障城市中工人的利益也很重要，增"保障工人的利益"，是当时的现实需要的，是自然的。

《红色中华》版："他们同汀州市机会主义官僚主义的领导是绝对的不相同。我们学习长冈乡才溪乡，反对汀州市官僚主义的领导！"。1951年

---

① 《毛泽东选集》第一卷，人民出版社1951年版，第133页。

《毛选》版："他们和汀州市的官僚主义的领导方法，是绝对的不相同。我们要学习长冈乡、才溪乡，反对汀州市那样的官僚主义的领导者！"[①]《红色中华》版全文共有6次提到"机会主义"，1951年《毛选》版中将其全部删除。新民主主义革命时期中国共产党内反对"左"、右倾机会主义的斗争，在1945年中共六届七中通过了《关于若干历史问题的决议》后，已取得胜利，此后以及中华人民共和国成立初期，反对官僚主义、命令主义成为重要任务，这大概就是删除"机会主义"的重要原因。

（三）实事求是精神的体现

《红色中华》版："发展我们绝大规模的革命战争，我们就要消灭一切反革命，我们就要夺取全中国！"1951年《毛选》版："发展我们的革命战争，我们就能消灭一切反革命，我们就能夺取全中国。""就要"，有马上就会实现、很快就会实现的意思，当时这么说是不够实事求是的，改"就能"，就比较实事求是。

毛泽东修改自己的文章，使之更合理、准确，更科学，使之为现实服务，这是合理的，应该肯定的。

（霍杰初稿　周一平修改）

[①] 《毛泽东选集》第一卷，人民出版社1951年版，第135页。

附录：

人民出版社1951年《毛泽东选集》第一卷版与《红色中华》1934年1月31日第5期第二次全苏大会特刊《关于中央执行委员会报告的结论》版校勘记

凡例

1. 《关心群众生活，注意工作方法》各版本简称如下：

《红色中华》1934年1月31日第5期第二次全苏大会特刊《关于中央执行委员会报告的结论》，简称"《红色中华》版"。

人民出版社1951年《毛泽东选集》第一卷版，简称"1951年《毛选》版"。

2. 凡《红色中华》版与1951年《毛选》版标点、文字不同之处，均在每栏（每列）相同位置写出各自的文字。

3. 空行。每栏（列）中的空行，表示上下文字之间有分段，或略去了相同的文字

4. 各版本中增、删文字的表示：《红色中华》版有的文字，1951年《毛选》版没有，即删除了，《红色中华》版栏（列）中列出文字，1951年《毛选》版栏（列）中相应处注"○"。

5. 1951年《毛选》版增加的题解、注释。"*"表示增加了题解，题解文字略。数字加"〔 〕"，是增加了的注释号，表示增加了注释，注释文字略。

《红色中华》版	1951年《毛选》版
关于中央执行委员会报告的结论 毛泽东	关心群众生活，注意工作方法* （一九三四年一月二十七日）
同志们！关于我代表中央执行委员会及人民委员会向大会所做的报告，同志们已经讨论了两天了，昨天的分组会，今天的大会，在这两天中间，同志们发表了很多的意见，从各方面发挥了我们工作中的经验教训，总括起来，对于我的报告，可以说是一致承认的。对于目前形势，对于从这一形势产生的任务，对于两年来苏维埃政策的各方面的实施，以及对于我们工作中存着的弱点，在昨天今天同志们的讨论中间，一般是同意了我的报告，同志们的发言一般都是非常正确，这是应该首先指出的。	○
但在昨天今天两天的讨论中间，主要是在昨天的分组会中间，有个别同志的发言包含着不正确的观点，我也应该在结论中指出。这里主要是关于五次"围剿"问题的意见。关于这个问题大多数同志都承认我在报告中说的：我们是取得了对于五次"围剿"的第一步胜利，但是五次"围剿"的最后决战却还是严重地摆在我们的面前，号召广大群众，团结一切力量，争取对于五次"围剿"最后决战的胜利，是我们当前的最严重任务。因此在讨论中间有同志说："五次围剿已经完全粉碎了"，这种意见显然是不对的。又有同志说："五次围剿我们仅在准备粉碎中"，这种意见也是不对的。照前一说，是过分估计了自己的胜利，把苏维埃最后粉碎"围剿"的严重任务轻轻取消了，而实际上蒋介石正在集中一切力量最后向我们大举进攻，所以这种估计是不正确的，并且是非常危险的。照后一说，是看不到几个月来红军从艰苦战争中已经给了敌人以相当严重的打击，已经取得了第一步胜利，这种胜利，同粉碎四次"围剿"的伟大胜利合起来，就成为我们彻底粉碎五次"围剿"的坚固的基础。对于自己成绩估计不足，同样是很危险的。	

（续表）

《红色中华》版	1951年《毛选》版
有一个同志，对于福建的人民革命政府说他带有多少革命性，不是完全的反革命，这种意见也是不对的。我在报告中已经指出：人民革命政府的出现是反动统治阶级的一部份，为着挽救自己将死命运而起的一个欺骗民众的新花样，他们觉得苏维埃是他们的仇敌，而国民党这块招牌又太烂了，所以弄个什么人民革命政府，以第三条道路为号召，这样来欺骗民众，没有丝毫革命意义，现在的事实已经证明了。 另有一个同志，在分组会上说了些不对的话，他说苏维埃并没有扩大红军，也没有游击队，农民仍要交租与地主，这些话当然是糊涂极了，我想是不待说明的。又有一个同志，他说福建的工作人员都是机会主义者，我想也不待说明，大家知道是错误的。我们承认某些苏维埃工作人员中间是存在着机会主义分子在那里作怪，我们应向这种分子作坚决的斗争，但像这个同志的说法，则是对于苏维埃的诬蔑了。 关于婚姻问题，我在报告中曾经说到男女两方有一方坚决要求离婚，苏维埃政府应该准许离婚。但应该指出，红军家属是在例外，为了巩固红军战士的战斗决心，中央政府曾经规定，红军战士之妻要求离婚，必须取得其夫同意，只有在两年内还得不到丈夫音信，才可以由妻子一方提出离婚。关于结婚的年龄问题，不少同志主张降低，这种意见，我觉得是不妥当的。为了种族的与阶级的利益，结婚年龄不应该低于男二十女十八以下，应该明白早婚是有极大害处的。同志们！要耐烦一下子呵（全场轰笑）！从前在地主资产阶级统治之下，贫苦工农有到四五十岁还不能结婚的，为什么现在一年两年都等不及呢？（全场又大笑） 以上是我的结论的第一部份，但是结论主要部分，还在下面。 一个极重要问题，同志们在讨论中间没有着重注意的，就是关于群众生活同革命战争联系起来的问题。这个问题昨天和今天的讨论中都没有着重指出，我觉得应该把这个问题清楚的提出来。	有两个问题，同志们在讨论中没有着重注意，我觉得应该提出来说一说。 第一个问题是关于群众生活的问题。

《关心群众生活，注意工作方法》版本研究

（续表）

《红色中华》版	1951年《毛选》版
苏维埃的中心任务是动员广大群众参加革命战争，以革命战争打倒帝国主义国民党，把革命发展到全国去，把帝国主义赶出中国去，领导革命战争，组织革命战争，是苏维埃的中心任务，那一个看轻了这一个任务，模糊了这一个任务，他就不是一个很好的苏维埃工作人员。	我们现在的中心任务是动员广大群众参加革命战争，以革命战争打倒帝国主义和国民党，把革命发展到全国去，把帝国主义赶出中国去。谁要是看轻了这个中心任务，谁就不是一个很好的革命工作人员。
一个很好的苏维埃工作人员，对于这一中心任务，应该看得非常的深刻非常的清楚。如果把这个任务真正的看清楚了，懂得发展革命战争是我们的基本迫切任务，懂得无论如何要把革命发展到全国去，那我们对于广大群众的切身利益问题，群众的生活问题，就一点也不能疏忽，一点也不能看轻。	我们的同志如果把这个中心任务真正看清楚了，懂得无论如何要把革命发展到全国去，那末，我们对于广大群众的切身利益问题，群众的生活问题，就一点也不能疏忽，一点也不能看轻。
为什么呢？因为战争是群众的战争，只有动员群众才能进行战争，只有依靠群众才能进行战争，因此我们必需把战争的任务提到广大群众前面去，极大规模的去动员群众参加战争，拥护战争，才能取得战争的胜利。	因为革命战争是群众的战争，只有动员群众才能进行战争，只有依靠群众才能进行战争。
但是苏维埃单单动员战争，一点别的工作不做能不能达到战争胜利的目的呢？我答复：不能。	如果我们单单动员人民进行战争，一点别的工作也不做，能不能达到战胜敌人的目的呢？当然不能。
我们要胜利，一定还要做很多的工作。实现苏维埃的基本法令，保障广大群众的利益，领导工人的经济斗争，限制资本家的剥削，	我们要胜利，一定还要做很多的工作。
领导农民的土地斗争，分土地给农民，提高农民的劳动热忱，增加农业生产，建立合作社，发展对外贸易，	领导农民的土地斗争，分土地给农民；提高农民的劳动热情，增加农业生产；保障工人的利益；建立合作社；发展对外贸易；
群众的穿衣问题，吃饭问题，住房问题，柴米油盐问题，疾病卫生问题，婚姻问题，一切群众的实际生活问题，都是苏维埃应该注意的重要问题。	解决群众的穿衣问题，吃饭问题，住房问题，柴米油盐问题，疾病卫生问题，婚姻问题。总之，一切群众的实际生活问题，都是我们应当注意的问题。

（续表）

《红色中华》版	1951年《毛选》版
假如苏维埃对这些问题注意了，讨论了，解决了，满足了群众的需要，苏维埃就真正成了群众生活的组织者，群众就会真正的围绕在苏维埃的周围，热烈的拥护苏维埃。	假如我们对这些问题注意了，解决了，满足了群众的需要，我们就真正成了群众生活的组织者，群众就会真正围绕在我们的周围，热烈地拥护我们。
同志们，这时候，苏维埃号召群众参加战争，要求群众牺牲一切给予战争，能够不能够呢？我答复：能够的，完全能够的。	同志们，那时候，我们号召群众参加革命战争，能够不能够呢？能够的，完全能够的。
在我们的苏维埃机关中，曾经看见一些这样的情形，有的苏维埃人员只讲扩大红军，派夫子，收土地税，推销公债；其他事情呢？不讲也不管，甚至一切都不管。	在我们的工作人员中，曾经看见这样的情形。他们只讲扩大红军，扩充运输队，收土地税，推销公债，其他事情呢，不讲也不管，甚至一切都不管。
比如以前有一个时期的汀州市苏维埃政府，只管扩大红军，动员运输队，对于群众生活问题一点不理，	比如以前有一个时期，汀州市政府只管扩大红军和动员运输队，对于群众生活问题一点不理。
汀州群众的问题是没有柴火烧，资本家把盐藏起来没有盐买，有些群众没有房子住而土豪的房子还没有分配给群众，那里缺米，米价又贵，这些是汀州群众的实际问题，十分盼望苏维埃政府帮助他们解决的。而汀州市苏一点也不讨论，	汀州市群众的问题是没有柴烧，资本家把盐藏起来没有盐买，有些群众没有房子住，那里缺米，米价又贵。这些是汀州市人民群众的实际问题，十分盼望我们帮助他们去解决。但是汀州市政府一点也不讨论。
所以那时汀州市苏维埃改选了以后，一百多个代表，因为几次会都只讨论扩大红军与动员运输队，完全不理群众生活，后头连代表会议都召集不成器，大家不高兴到会，扩大红军动员运输队呢？因此也极少成绩，这是一种情形。	所以，那时，汀州市工农代表会议改选了以后，一百多个代表，因为几次会都只讨论扩大红军和动员运输队，完全不理群众生活，后来就不高兴到会了，会议也召集不成了。扩大红军、动员运输队呢，因此也就极少成绩。这是一种情形。
但是同志们，送给你们的两个模范乡苏小册子大概都看到了罢！那里是相反的情形，江西的长冈乡，福建的才溪乡，扩大红军多得很呀！	同志们，送给你们的两个模范乡的小册子，你们大概看到了吧。那里是相反的情形。江西的长冈乡〔一〕，福建的才溪乡〔二〕，扩大红军多得很呀！
长冈乡成年青年男子百个人中有八十个当红军去了，才溪乡百个人中有八十八个当红军去了。	长冈乡青年壮年男女百个人中有八十个当红军去了，才溪乡百个人中有八十八个当红军去了。
公债也销得很多，长冈乡全乡一千五百人，销了四千五百块钱公债票。其他一切战争动员工作，他们都得到了很大的成绩。	公债也销得很多，长冈乡全乡一千五百人，销了四千五百块钱公债。其他工作也得到了很大的成绩。

(续表)

《红色中华》版	1951年《毛选》版
什么理由？你们看他们对于群众生活问题的注意。举几个例子，长冈乡有一个贫苦农民烧掉了一间半房子，乡苏就发动群众捐了六串钱帮助他。有三个人没有饭吃，乡苏同互济会就马上捐米救济他们。去年夏荒，乡苏从二百多里远的公略县水南富田等处办了米来救济群众。	什么理由呢？举几个例子就明白了。长冈乡有一个贫苦农民被火烧掉了一间半房子，乡政府就发动群众捐钱帮助他。有三个人没有饭吃，乡政府和互济会就马上捐米救济他们。去年夏荒，乡政府从二百多里的公略县〔三〕办了米来救济群众。
才溪乡的这些工作也是做得非常之好。这样的苏维埃，真正是模范苏维埃。	才溪乡的这类工作也做得非常之好。这样的乡政府，是真正模范的乡政府。
他们同汀州市机会主义官僚主义的领导是绝对的不相同。我们学习长冈乡才溪乡，反对汀州市官僚主义的领导！	他们和汀州市的官僚主义的领导方法，是绝对的不相同。我们要学习长冈乡、才溪乡，反对汀州市那样的官僚主义的领导者！
我郑重向大会提出，我们应该深刻注意群众生活上的问题，从土地劳动问题，到柴米油盐问题，	我郑重地向大会提出，我们应该深刻地注意群众生活的问题，从土地、劳动问题，到柴米油盐问题。
妇女同志要求学习犁耙，找什么人去教她们呢？小孩子要读书，列宁小学办起了没有呢？对面的木桥太狭会跌倒行人，要不要修理一下呢？许多人生疮害病，想个什么办法呢？	妇女群众要学习犁耙，找什么人去教她们呢？小孩子要求读书，小学办起了没有呢？对面的木桥太小会跌倒行人，要不要修理一下呢？许多人生疮害病，想个什么办法呢？
一切这些群众生活上的问题，每个苏维埃都应当把他提到自己的议事日程上，应该讨论，应该解决，应该实行，应该检查，要使广大群众认识苏维埃是代表他们的利益的，是与他们呼吸相通的。	一切这些群众生活上的问题，都应该把它提到自己的议事日程上。应该讨论，应该决定，应该实行，应该检查。要使广大群众认识我们是代表他们的利益的，是和他们呼吸相通的。
使他们从这些出发，拥护苏维埃，来了解苏维埃提出来的更高的任务，革命战争的任务，把革命推到全国去的任务，来接受苏维埃的政治号召，来为苏维埃的胜利斗争到底。	要使他们从这些事情出发，了解我们提出来的更高的任务，革命战争的任务，拥护革命，把革命推到全国去，接受我们的政治号召，为革命的胜利斗争到底。
长冈乡的群众说："苏维埃红军共产党真正好，什么事情都替我们想到了"，模范的长冈乡苏维埃，可尊敬的长冈乡苏维埃！他们得到了广大群众真心实意的爱戴，他们的战争动员号召得到广大群众的拥护。看呵！长冈乡百分之八十的壮丁是上前线去了！	长冈乡的群众说："共产党真正好，什么事情都替我们想到了。"模范的长冈乡工作人员，可尊敬的长冈乡工作人员！他们得到了广大群众的真心实意的爱戴，他们的战争动员的号召得到广大群众的拥护。

(续表)

《红色中华》版	1951年《毛选》版
要得到群众的拥护么？要群众拿出他们的全力放到战争上去么？就得同群众在一起，就得去发动群众的积极性，就得关心群众的痛痒，就得真心实意为群众谋利益，	要得到群众的拥护么？要群众拿出他们的全力放到战线上去么？那末，就得和群众在一起，就得去发动群众的积极性，就得关心群众的痛痒，就得真心实意地为群众谋利益，
解决群众的盐问题，米问题，房子问题，衣问题，甚而至于生小孩子的问题，解决群众一切的问题。	解决群众的生产和生活的问题，盐的问题，米的问题，房子的问题，衣的问题，生小孩子的问题，解决群众的一切问题。
我们是这样做了么？广大群众就必定拥护苏维埃，把苏维埃当作他们的生命，把苏维埃当作他们无上光荣的旗帜。国民党要来进攻苏维埃么？广大群众就要用生命向国民党决斗，无疑的，一二三四次"围剿"不是实实在在的粉碎了么！	我们是这样做了么，广大群众就必定拥护我们，把革命当作他们的生命，把革命当作他们无上光荣的旗帜。国民党要来进攻红色区域，广大群众就要用生命同国民党决斗。这是无疑的；敌人的第一、二、三、四次"围剿"不是实实在地被我们粉碎了么？
国民党现在实行他们的堡垒政策，大筑其乌龟壳，以为这是他们的铜墙铁壁，同志们，这果然是铜墙铁壁么？一点也不是！	国民党现在实行他们的堡垒政策〔四〕，大筑其乌龟壳，以为这是他们的铜墙铁壁。同志们，这果然是铜墙铁壁么？一点也不是！
你们看，几千年来那些封建皇帝的城池宫殿还不坚固么？群众一起来，一个个倒台了。	你们看，几千年来，那些封建皇帝的城池宫殿还不坚固么？群众一起来，一个都倒了。
俄国皇帝是世界上最凶恶的一只东西，当着无产阶级与农民的革命起来时，当着广大群众暴动起来时，那个皇帝还有没有呢？没有了，铜墙铁壁呢？倒掉了。	俄国皇帝是世界上最凶恶的一个统治者；当无产阶级和农民的革命起来的时候，那个皇帝还有没有呢？没有了。铜墙铁壁呢？倒掉了。
同志们，真正的铜墙铁壁是什么？是群众，是千百万真心实意拥护苏维埃的群众，这是真正的铜墙铁壁，什么力量都打不破的，完全打不破的。反革命打不破我们，我们却要打破反革命。	同志们，真正的铜墙铁壁是什么？是群众，是千百万真心实意地拥护革命的群众。这是真正的铜墙铁壁，什么力量也打不破的，完全打不破的。反革命打不破我们，我们却要打破反革命。
在苏维埃政府的周围团结起千百万群众来，发展我们绝大规模的革命战争，我们就要消灭一切反革命，我们就要夺取全中国！	在革命政府的周围团结起千百万群众来，发展我们的革命战争，我们就能消灭一切反革命，我们就能夺取全中国。
我要说到第二个重要问题了。我觉得这个问题，同样的要着重向大会提出，就是关于工作方法的问题。	第二个问题是关于工作方法的问题。

（续表）

《红色中华》版	1951年《毛选》版
苏维埃是革命战争的领导者组织者，苏维埃是群众生活的领导者组织者，发展革命战争，改良群众生活，这是我们的任务，这是我们的目的。对于这样的任务与目的，我们不但口里讲，还要实行做。	我们是革命战争的领导者、组织者，我们又是群众生活的领导者、组织者。组织革命战争，改良群众生活，这是我们的两大任务。
在这里领导方式工作方法的问题，就严重地摆在我们的面前。我们不但要提出任务，要确定目的，而且要解决实现任务与达到目的的方法。	在这里，工作方法的问题，就严重地摆在我们的面前。我们不但要提出任务，而且要解决完成任务的方法问题。
我们的目的是过河，但没有桥不能过，不解决桥问题，过河就是一句空话，不解决方法问题，任务也只是瞎说一顿。	我们的任务是过河，但是没有桥或没有船就不能过。不解决桥或船的问题，过河就是一句空话。不解决方法问题，任务也只是瞎说一顿。
不注意扩大红军的领导，不讲究扩大红军的方法，尽把扩大红军念一千遍，早上念到晚上，今天念到明天，像和尚们阿弥陀佛阿弥陀佛的尽念，结果还是阿弥陀佛，红军是没有看见的（众笑）。	不注意扩大红军的领导，不讲究扩大红军的方法，尽管把扩大红军念一千遍，结果还是不能成功。
我们苏维埃工作中有没有这样的情形呢？有！简直还不少呵！我们来看瑞金与福建。瑞金这次扩大红军的突击运动，是值得我们称赞的，他们在中央局与中央革命军事委员会直接指导之下，从十二月一号起，在一个月半中间，扩大了近四千人，因为他们运用了正确的方法，开展了反对机会主义与官僚主义的斗争，开展了群众的阶级斗争，所以得到这样的成绩，成为这次全苏区扩大红军突击运动的第一优胜者。但是福建呢？全省十多县的成绩仅当瑞金一个县，还依靠最近半个月中央局直接指导下工作方法的转变，若像十二月那种官僚主义的领导，是连瑞金一个县都赶不上的。就拿瑞金说，最近四十五天扩大四千人，而去年八月一个月中却只扩大三十个人，官僚主义的领导与切实而具体的领导，就产生了这样相隔天远的结果。再拿十二月瑞金的突击运动说，好几个区中例如城区下肖区与黄柏区，上半个月因为在官僚主义者的领导之下，简直没有什么成绩。撤换了突击队长，改变了工作方法，下半个	○

(续表)

《红色中华》版	1951年《毛选》版
月不但完成全月规定的数目，甚至超过了百分之一百。扩大红军如此，再看推销公债。当着瑞金销完了并且收齐了二十四万元的时候，我们的于都县怎样呢？在机会主义与官僚主义的领导之下，仅仅推销了一万九千元，他们领去的十九万公债票，至今大概还有十几万保存在那些官僚主义者的箱子里。长冈乡一只乡销了四千五百元，平均每人买了三元八角，假若每乡都照长冈乡的样，单是中央区就可以发行一千二百万。但若都照于都县呢？那么一百万也销不完。这不是领导方式工作方法的问题严重地教训了我们么？	
其他查田运动，经济建设，文化教育，新区边区工作，一切苏维埃工作，如果仅仅提出任务，而不注意实行时候的领导，不注意工作方法，不开展反对机会主义与反对官僚主义的斗争，不抛弃空谈空喊而采用实际具体的办法，不抛弃强迫命令而采取耐心说服的办法，那么什么任务也不能实现的。	其他如查田工作、经济建设工作、文化教育工作、新区边区的工作，一切工作，如果仅仅提出任务而不注意实行时候的工作方法，不反对官僚主义的工作方法而采取实际的具体的工作方法，不抛弃命令主义的工作方法而采取耐心说服的工作方法，那末，什么任务也是不能实现的。
兴国的工作同志，兴国的广大群众，他们创造了第一等工作，值得我们郑重地称赞他们为模范的苏维埃工作。同样，干东北的工作同志，干东北的广大群众，他们也有很好的创造，同样是苏维埃工作的模范。	兴国的同志们创造了第一等的工作，值得我们称赞他们为模范工作者。同样，赣东北的同志们也有很好的创造，他们同样是模范工作者。
像兴国与干东北的工作同志们，他们把群众生活与革命战争联合起来了，他们把工作方法与革命任务同时解决了，他们是认真的在那里进行工作，他们是仔细的在那解决问题，他们在革命面前是真正的负起了责任，他们真正是革命战争的组织者与领导者，他们真正是群众生活的组织者与领导者，他们是苏维埃工作最光荣的领袖。	像兴国与赣东北的同志们，他们把群众生活和革命战争联系起来了，他们把革命的工作方法问题和革命的工作任务问题同时解决了。他们是认真地在那里进行工作，他们是仔细地在那里解决问题，他们在革命面前是真正负起了责任，他们是革命战争的良好的组织者和领导者，他们又是群众生活的良好的组织者和领导者。
其他如福建的上杭长汀永定等县的一些地方，粤干的西江等县一些地方，湘干的茶陵永新吉安等县一些地方，湘鄂干的阳新一些地方，以及江西还有许多县里的区乡，加上瑞金直属县，他们都有进步的苏维埃工作，同样值得大会的称赞。	其他，如福建的上杭、长汀、永定等县的一些地方，赣南的西江等处地方，湘赣边区的茶陵、永新、吉安等县的一些地方，湘鄂赣边区阳新县的一些地方，以及江西还有许多县里的区乡，加上瑞金直属县，那里的同志们都有进步的工作，同样值得我们大家称赞。

《关心群众生活，注意工作方法》版本研究

（续表）

《红色中华》版	1951年《毛选》版
但是我们应该指出：有些地方的苏维埃工作是不能令人满意的，对于这些地方的工作，我们应该用自我批评精神提起最大的革命警觉性，这如在闽赣，粤赣，与湘鄂赣省的许多地方，苏维埃工作是存在着很多的弱点，福建与湘干同样还远不及江西与闽浙赣，即如福建省苏的领导就存在着严重的官僚主义。许多这些地方的工作人员，他们与群众的关系是不好的，他们还不懂得革命战争与群众生活是应该密切联系起来，还不懂得应该努力学习领导群众的艺术，还不懂得没有好的工作方法就决不能实现工作任务，还不懂得应该使一切苏维埃工作完全配合于革命战争。这些地方的工作，在第二次全苏大会之后，应该来一个彻底的转变。特别是那些严重的机会主义者与官僚主义者，他们不明瞭下层的情形，不理解群众的情绪，只知空谈空喊，甚至强迫命令来对付苏维埃工作，大会应该严厉的指责这些人员，他们的观点与方法是绝对错误的，是妨碍苏维埃工作的，是不利于革命战争的，他们应该立即转变过来。	○
这些地方无疑有不少的积极干部，群众中涌现出来的很好工作同志，	一切我们领导的地方，无疑有不少的积极干部，群众中涌现出来的很好的工作同志。
这些同志负担了一种责任，就是应该向着那些机会主义者与官僚主义者实行严格的自我批评，指导他们帮助他们迅速改正错误，把那些顽强不肯改变的份子洗刷出苏维埃去。	这些同志负担着一种责任，就是应该帮助那些工作薄弱的地方，帮助那些还不善于工作的同志们作好工作。
我们是在伟大的革命的战争面前，我们要冲破敌人的大规模"围剿"，我们要把革命推广到全国去，全体苏维埃人员负担了绝大的责任。	我们是在伟大的革命的战争面前，我们要冲破敌人的大规模"围剿"，我们要把革命推广到全国去。全体革命工作人员负担着绝大的责任。
大会以后，必定要用切实的办法来改善我们的工作，先进地方应该更加前进，落后地方应该赶上先进地方，要造成几千个长冈乡，几十个兴国县，	大会以后，我们一定要用切实的办法来改善我们的工作，先进的地方应该更加前进，落后的地方应该赶上先进的地方。要造成几千个长冈乡，几十个兴国县。

（续表）

《红色中华》版	1951年《毛选》版
这是我们的前进阵地，我们占据着这些阵地，从这些阵地出发去粉碎敌人的"围剿"，去打倒帝国主义国民党在全国的统治，去把革命在全中国胜利起来！（大鼓掌）	这些就是我们的巩固的阵地。我们占据了这些阵地，我们就能从这些阵地出发去粉碎敌人的"围剿"，去打倒帝国主义和国民党在全国的统治。
关于中央执行委员会与人民委员会报告的结论，就在这里结束了，其他我在报告中说过了的现在不再重复，我的结论完毕了（轰烈的鼓掌）。	○

参考文献

一、史料

（一）中文版

1．《关于中央执行委员会报告的结论》，《红色中华》1934年1月31日第5期第二次全苏大会特刊。

2．《关于中央执行委员会报告的结论》，《斗争》（上海版）1934年3月1日第66期。

3．《中华苏维埃共和国第二次全国代表大会文献》，上海中国书店1934年版。

4．《中华苏维埃共和国第二次全国代表大会文献》，中华苏维埃共和国人民委员会1934年编印。

5．《关心群众生活，注意工作方法》，《人民日报》1951年7月31日。

6．《关心群众生活，注意工作方法》，《新华月报》1951年第4卷第4期。

7．《关心群众生活，注意工作方法》，《新中国妇女》1951年第24期。

8．《星星之火，可以燎原·关心群众生活，注意工作方法》，群众日报图书出版科1951年版。

9．《关于纠正党内的错误思想　星星之火，可以燎原　关心群众生活，注意工作方法　论反对日本帝国主义的策略》，东北日报社1951年版。

10．《关心群众生活，注意工作方法》，人民出版社1951年版。

11．《关心群众生活，注意工作方法》，人民出版社1951年版、广东人民出版社重印。

12．《关心群众生活，注意工作方法》，人民出版社1951年版、湖北人民出版社重印。

13．《关心群众生活，注意工作方法》，人民出版社1951年版、福建民出版社重印。

14．《关心群众生活，注意工作方法》，中南人民出版社1951年中南重印初版。

15．《关心群众生活，注意工作方法》，西南人民出版社1951年西南第1版。

16．《整党建党学习资料》，中国人民革命军事委员会总政治部1951年印。

17．《毛泽东选集》第一卷，人民出版社1951年第一版。

18．《毛泽东选集》第一卷，人民出版社1952年第二版。

19．《关心群众生活，注意工作方法》，人民出版社、根据1952年7月《毛泽东选集》第一卷北京第1版第4次印刷（重排本）排印。

20．《关心群众生活，注意工作方法》，人民出版社、根据1952年7月《毛泽东选集》第一卷北京第1版第4次印刷（重排本）排印、四川人民出版社重印。

21．《关心群众生活，注意工作方法》，人民出版社1952年版。

22．《关心群众生活，注意工作方法》，人民出版社1952年版、吉林人民出版社重印。

23．《关心群众生活，注意工作方法》，人民出版社1952年版、重庆人民出版社重印。

24．《关心群众生活，注意工作方法》，人民出版社1952年版、上海人民出版社重印。

25．《关心群众生活，注意工作方法》，人民出版社1952年版、江苏人民出版社重印。

26．《关心群众生活，注意工作方法》，人民出版社1952年版、辽宁人民出版社重印。

27．《关心群众生活，注意工作方法》，人民出版社1952年版、安徽人民出版社重印。

28．《关心群众生活，注意工作方法》，人民出版社1952年版、江西人民出版社重印。

29．《关心群众生活，注意工作方法》，人民出版社1952年版、山西人民出版社重印。

30．《关心群众生活，注意工作方法》，人民出版社1952年版、黑龙江人民出版社重印。

31．《关心群众生活，注意工作方法》，人民出版社1952年版、甘肃人民出版社重印。

32．《关心群众生活，注意工作方法》，人民出版社1952年版、河南人民出版社重印。

33．《做好机关工作》，中国国民党革命委员会中央宣传部1954年编印。

34．《关心群众生活，注意工作方法》，中共湖北省委宣传部1955年印。

35．《毛泽东选集》第一卷，中国人民志愿军参谋学校1955年印。

36．《苏维埃中国》第二集，中国现代史资料编辑委员会1957年翻印。

37．《论群众路线》（节录），工人出版社1957年第3版。

38．《毛泽东同志论教育工作》（全文），人民教育出版社1958年版。

39．《关于党的群众路线问题》，湖南人民出版社1958年版。

40．《毛泽东哲学著作学习文件汇编》（下册），中国人民大学哲学系编，中国人民大学出版社1958年版。

41．《学习唯物辩证的工作方法》，《红星》编辑部编，甘肃人民出版社1960年版。

42．《关心群众生活，注意工作方法》，中共信阳地委宣传部1960年翻印。

43．《毛泽东同志论党的建设》（节录），中国人民解放军政治学院1964年编印。

44．《毛泽东选集》第一卷，人民出版社1964年版。

45．《毛泽东选集》（一卷本），人民出版社1964年版。

46．《毛泽东选集》第一卷（线装本），人民出版社1964年版。

47．《毛泽东著作选读》甲种本，人民出版社1964年版。

48．《毛泽东著作选读》乙种本，中国青年出版社1964年版。

49．《干部业余初级中学课本》（语文 第5册 试用本），湖北教师进修学院编，湖北人民出版社1965年版。

50．《毛泽东选集》第一卷（线装本缩小版），人民出版社1965年版。

51．《毛泽东著作选读》甲种本，人民出版社1965年版。

52．《毛泽东选集》一卷本（竖排本），人民出版社1966年版。

53．《毛泽东选集》第一卷（横排本），人民出版社1966年版。

54．《毛泽东选集》一卷本（横排本），人民出版社1966年版。

55．《毛泽东选集》第一卷（横排本），中国人民解放军战士出版社1966年版。

56．《毛泽东选集》一卷本（横排本），中国人民解放军战士出版社1966年版。

57．《毛泽东著作选读》乙种本，中国青年出版社1966年版。

58．《关心群众生活，注意工作方法》，人民出版社1966年版。

59．《毛泽东著作选读》，中国人民解放军总政治部编，中国人民解放军总参谋部出版局1966年版。

60．《毛泽东选集》第一卷，人民出版社1967年版。

61．《毛泽东选集》一卷本（横排本），人民出版社1967年版。

62．《毛泽东选集》（袖珍一卷本），人民出版社1967年版。

63．《毛泽东选集》一卷本，中国人民解放军战士出版社1967年版。

64．《毛泽东选集》（袖珍一卷本），中国人民解放军战士出版社1967年版。

65．《毛泽东选集》（袖珍一卷本），人民出版社出版、中国人民解放军总后勤部1967年翻印。

66．《毛泽东选集》一卷本，人民出版社出版、装甲兵政治部1967年翻印。

67．《毛泽东选集》（袖珍一卷本），人民出版社出版、中国人民解放军炮兵政治部1967年翻印。

68．《毛泽东选集》一卷本，人民出版社出版、工程兵政治部1967年翻印。

69．《毛泽东选集》一卷本，人民出版社出版、江西省军区政治部1967年翻印。

70．《毛泽东选集》一卷本，人民出版社出版、北京军区政治部1967年翻印。

71．《毛泽东选集》一卷本，中国人民解放军战士出版社1968年版。

72．《毛泽东选集》（袖珍一卷本），中国人民解放军战士出版社1968

年版。

73．《毛泽东选集》一卷本，香港三联书店1968年版。

74．《毛泽东选集》一卷本，中国人民解放军通信兵政治部根据人民出版社纸型1968年翻印。

75．《毛泽东选集》一卷本，中国科学院革命委员会根据人民出版社纸型1968年翻印。

76．《毛泽东选集》一卷本，中国金属材料公司北京市公司革命委员会根据人民出版社纸型1968年翻印。

77．《毛泽东选集》一卷本，中华人民共和国粮食部革命委员会1968年翻印。

78．《毛泽东选集》一卷本，外文印刷厂革命委员会1968年翻印。

79．《毛泽东选集》（袖珍一卷本），济南军区四好连队运动经验交流大会1968年翻印。

80．《关心群众生活，注意工作方法》，人民出版社1968年第1版。

81．《毛主席论调查研究》（节录），新湖大计划统计系红八月造反兵团等1968年编印。

82．《关心群众生活，注意工作方法 关于领导方法的若干问题 关于健全党委制 党委会的工作方法》，天津人民出版社1969年版。

83．《毛泽东选集》（袖珍一卷本），人民出版社1969年版。

84．《毛泽东选集》第一卷（16开横排大字本），人民出版社1969年版。

85．《毛泽东选集》第一卷（25开横排大字本），人民出版社1969年版。

86．《毛泽东选集》（袖珍一卷本），国防工业出版社1969年版。

87．《毛泽东选集》（袖珍一卷本），第一轻工业部制盐设计室革命领导小组1969年翻印。

88．《关心群众生活，注意工作方法》，人民出版社1975年版。

89．《毛主席关于社会主义经济问题的部份论述》（节录），华中师范学院政治系1975年翻印。

90．《马、恩、列、斯和毛主席关于工会问题的部分论述》（节录），十堰市总工会1976年翻印。

91．《毛主席论群众路线》（节录），广东省哲学社会科学研究所1977年编印。

92．《毛泽东著作选读》（战士读本），中国人民解放军战士出版社1978年版。

93．中共中央整党工作指导委员会编：《毛泽东同志论党的作风和党的组织》，人民出版社1983年版。

94．《毛泽东著作选读》（上册），人民出版社1986年版。

95．中共中央政策研究室编：《论党的群众路线》，大地出版社1990年版。

96．中共辽宁省委办公厅编：《加强党同人民群众的联系 学习十三届六中全会决定读本》，白山出版社1990年版。

97．中共中央办公厅调研室编：《毛泽东 周恩来 刘少奇 朱德 邓小平 陈云论党的群众工作》（全文），人民出版社1990年版。

98．劳动部劳动科学研究所编：《中国劳动、工资、保险福利政策法规汇编》（节录），海洋出版社1990年版。

99．《毛泽东选集》第一卷（平装本），人民出版社1991年版。

100．《毛泽东选集》第一卷（精装本），人民出版社1991年版。

101．《毛泽东选集》第一卷（16开精装本），人民出版社1991年版。

102．张德昌主编：《共产党员文库》，暨南大学出版社1991年版。

103．莫川主编：《老一辈革命家关于青年修养论著选编》，四川教育出版社1992年版。

104．《马克思主义原著选读》，中共辽宁省委党校1992年编印。

105．《马克思主义著作选编》（党的学说），中共中央党校出版社1992年版。

106．《毛泽东军事文集》第一卷，军事科学出版社、中央文献出版社1993年版。

107．夏明：《党的群众工作大辞典》（节录），中共中央党校出版社1993年版。

108．刘海藩：《中国领导科学文库》（理论卷·学科卷·古代卷）（节录），中共中央党校出版社等1996年版。

109．李巨川主编：《毛泽东语言艺术鉴赏大辞典》（节录），中原农民出版社1997年版。

110．国家行政学院：《毛泽东 周恩来 刘少奇 朱德论政府管理》（节录），中共中央党校出版社1997年版。

111．《毛泽东选集》第一卷（典藏本），人民出版社1998年版。

112．《毛泽东选集》第一卷（16开线装本），线装书局1998年版。

113．《毛泽东全书》第五卷，河北人民出版社1998年版。

114．中共中央文献研究室：《毛泽东 邓小平 江泽民论党的建设》（全文），中央文献出版社、中共中央党校出版社1998年版。

115．中共中央宣传部宣传教育局：《毛泽东 邓小平 江泽民论为人民服务》（全文），学习出版社1998年版。

116．《中国共产党指导思想文库》（节录），中国经济出版社1998年版。

117．郑德荣主编：《中国共产党优良作风鉴览：联系群众民主集中》，吉林人民出版社2000年版。

118．胡泽尧主编：《思想政治工作原著及重要文献选读》，贵州人民出版社2001年版。

119．《毛泽东选集手抄本》第一卷，西苑出版社2001年版。

120．中央档案馆：《中国共产党八十年珍贵档案》第三卷，中国档案出版社2001年版。

121．《毛泽东著作选编》，中共中央党校出版社2002年版。

122．张宝特主编：《实践"三个代表"》，新华出版社2002年版。

123．《红色经典》上册，瑞金市党史办2008年版。

124．中共中央文献研究室：《毛泽东在江西革命斗争时期的著作选编》，中央文献出版社2010年版。

125．《毛泽东选集》（线装本）第一卷，线装书局2011年版。

126．中共中央文献研究室等编：《建党以来重要文献选编》第十一册，中央文献出版社2011年版。

127．闽西革命历史博物馆：《闽西与中国革命》，中共党史出版社2012年版。

128. 于憬之：《领导干部不可不读的廉政箴言》（节录），国家行政学院出版社2012年版。

129. 《闽西：党的群众路线发源地》，中共龙岩市委党的群众路线教育实践活动领导小组办公室2013年编印。

130. 中共龙岩市委党史研究室：《闽西红色纵览》，中共党史出版社2013年版。

131. 张迪杰主编：《毛泽东全集》第7卷，润东出版社2013年版。

132. 汲广运：《马克思主义群众观研究》（节录），山东人民出版社2014年版。

133. 吴玉才：《毛泽东思想文献解读》，安徽师范大学出版社2015年版。

134. 《群众路线教育实践活动系列读本 领袖论述》（节选），中共晋城市委宣传部等2014年编印。

135. 张传禄：《机关功课51讲》（节录），重庆出版社2019年版。

136. 顾作义：《守望中国价值　中国传统文化理念二十六讲》，广东人民出版社2019年版。

137. 《关心群众生活，注意工作方法》，《湘潮》2019年第4期。

138. 《关于中央执行委员会报告的结论》铅印本（出版社、出版日期不详）。

（二）外文版本

1. 《关心群众生活，注意工作方法》（英文），外文出版社1953年版。

2. 《关心群众生活，注意工作方法》（印尼文），外文出版社1953年版。

3. 《关心群众生活，注意工作方法》（泰米尔文），马德拉斯出版社1954年版。

4. 《关心群众生活，注意工作方法》（越南文），外文出版社1956年版。

5. 《关心群众生活，注意工作方法》（越南文），真理出版社1956年版。

6. 《关心群众生活，注意工作方法》（越南文），真理出版社1957年版。

7. 《关心群众生活，注意工作方法》（越南文），外文出版社1957年版。

8．《关心群众生活，注意工作方法》（西班牙文），外文出版社1959年版。

9．《关心群众生活，注意工作方法》（西班牙文），外文出版社1960年版。

10．《关心群众生活，注意工作方法》（法文），外文出版社1960年版。

11．《关心群众生活，注意工作方法》（法文），外文出版社1961年版。

12．《关心群众生活，注意工作方法》（西班牙文），外文出版社1961年版。

13．《关心群众生活，注意工作方法》（缅甸文），外文出版社1964年版。

14．《关心群众生活，注意工作方法》（泰文），外文出版社1965年版。

15．《关心群众生活，注意工作方法》（英文），外文出版社1965年版。

16．《关心群众生活，注意工作方法》（法文），外文出版社1965年版。

17．《关心群众生活，注意工作方法》（德文），外文出版社1965年袖珍版。

18．《关心群众生活，注意工作方法》（希腊文），历史出版社1965年版。

19．《关心群众生活，注意工作方法》（印地文），外文出版社1966年袖珍版。

20．《关心群众生活，注意工作方法》（僧伽罗文），人民出版社1966年版。

21．《关心群众生活，注意工作方法》（英文），外文出版社1966年版。

22．《关心群众生活，注意工作方法》（泰米尔文），人民出版社1966年版。

23．《关心群众生活，注意工作方法》（斯瓦希里文），外文出版社1966年版。

24．《关心群众生活，注意工作方法》（葡萄牙文），外文出版社1966年袖珍版。

25．《关心群众生活，注意工作方法》（日文），外文出版社1967年版。

26．《关心群众生活，注意工作方法》（阿拉伯文），外文出版社1967年版。

27．《关心群众生活，注意工作方法》（乌尔都文），外文出版社1967年袖珍版。

28．《关心群众生活，注意工作方法》（俄文），外文出版社1967年袖珍版。

29．《关心群众生活，注意工作方法》（孟加拉文），达卡出版社1967年版。

30．《关心群众生活，注意工作方法》（僧伽罗文），人民出版社1967年版。

31．《关心群众生活，注意工作方法》（印地文），比哈尔邦帕特纳进步书局1967年版。

32．《关心群众生活，注意工作方法》（世界语），外文出版社1967年袖珍版。

33．《关心群众生活，注意工作方法》（斯瓦希里文），外文出版社1968年版。

34．《关心群众生活，注意工作方法》（葡萄牙文），外文出版社1968年袖珍版。

35．《关心群众生活，注意工作方法》（蒙古文），外文出版社1968年袖珍版。

36．《关心群众生活，注意工作方法》（孟加拉文），外文出版社1968年版。

37．《关心群众生活，注意工作方法》（波斯文），外文出版社1968年袖珍版。

38．《关心群众生活，注意工作方法》（豪萨文），外文出版社1968年版。

39．《关心群众生活，注意工作方法》（意大利文），外文出版社1968年版。

40．《关心群众生活，注意工作方法》（越南文），外文出版社1968年版。

41．《关心群众生活，注意工作方法》（缅甸文），外文出版社1968年版。

42．《关心群众生活，注意工作方法》（印尼文），外文出版社1968年版。

43．《关心群众生活，注意工作方法》（泰文），外文出版社1969年版。

44．《关心群众生活，注意工作方法》（老挝文），外文出版社1972年版。

45．《关心群众生活，注意工作方法》（泰米尔文），外文出版社1973年版。

46.《关心群众生活，注意工作方法》（葡萄牙文），外文出版社1977年版。

47.《关心群众生活，注意工作方法》（意大利文），外文出版社1978年版。

48.《苏维埃中国》第2集，苏联外国工人出版社1935年版。

49.《毛泽东集》第4卷，日本苍苍社1983年第2版。

（三）少数民族文版本

1.《关心群众生活，注意工作方法》（维吾尔文），新疆人民出版社1952年版。

2.《关心群众生活，注意工作方法》（哈萨克文），新疆人民出版社1952年版。

3.《关心群众生活，注意工作方法》（托忒蒙古文），新疆人民出版社1952年版。

4.《关心群众生活，注意工作方法》（蒙古文），民族事务委员会1952年版。

5.《关心群众生活，注意工作方法》（蒙古文），内蒙古人民出版社1952年版。

6.《关心群众生活，注意工作方法》（藏文），民族出版社1955年版。

7.《关心群众生活，注意工作方法》（蒙古文），民族出版社1960年版。

8.《关心群众生活，注意工作方法》（朝鲜文），民族出版社1960年版。

9.《关心群众生活，注意工作方法》（维吾尔文），民族出版社1960年版。

10.《关心群众生活，注意工作方法》（维吾尔文），民族出版社1964年版。

11.《关心群众生活，注意工作方法》（蒙古文），民族出版社1964年版。

12.《关心群众生活，注意工作方法》（哈萨克文），民族出版社1965年版。

13.《关心群众生活，注意工作方法》（藏文），民族出版社1966年版。

14. 《关心群众生活，注意工作方法》（朝鲜文），民族出版社1966年版。

15. 《关心群众生活，注意工作方法》（托忒蒙古文），新疆人民出版社1974年版。

16. 《关心群众生活，注意工作方法》（朝鲜文），民族出版社1977年版。

17. 《关心群众生活，注意工作方法》（维吾尔新文字），民族出版社1977年版。

18. 《关心群众生活，注意工作方法》（蒙古文），民族出版社1977年版。

（四）盲文版本

1. 《关心群众生活，注意工作方法》（盲文），盲人月刊社1960年版。

2. 《关心群众生活，注意工作方法》（盲文），盲人月刊社1966年版。

二、著作

1. 张承宗：《学习"关心群众生活，注意工作方法"》，劳动出版社1952年版。

2. 郑昌：《学习〈毛泽东选集〉第一卷》，新建设杂志社1952年版。

3. 《学习毛泽东著作》（第1辑），中国青年出版社1958年版。

4. 马凌云：《树立为人民服务的崇高思想》，中国青年出版社1959年版。

5. 《毛泽东著作介绍》，中国青年出版社1962年版。

6. 《树立牢固的群众观点》，山东人民出版社1965年版。（编者不详）

7. 中共厦门市委工交政治部：《学习毛主席著作参考资料》，民族出版社1966年版。

8. 《学习毛主席著作辅导》，南京军区政治部宣传部1966年。

9. 《国内出版外文毛泽东著作目录》，新华书店外文发行所1966年编印。

10. 《全国报刊索引》（1975年8月号，总第23号），上海市图书馆1975年。

11．《学习毛主席著作报刊资料索引》（1972年1月—1975年12月），广西壮族自治区第一图书馆1976年。

12．《全国报刊索引》（1977年2月号，总第41号），上海市图书馆1977年。

13．《学习毛主席著作参考材料》，中国人民解放军炮兵军政干部学校政治部政治教研室1977年。

14．《学习〈毛泽东选集〉第一卷 参考材料》，黑龙江大学哲学系1977年。

15．《毛主席著作介绍》第1集，甘肃人民出版社1978年版。（编者不详）

16．《毛泽东农村调查文集》，人民出版社1982年版。

17．《马克思 恩格斯 列宁 斯大林 毛泽东生平、事业、著作与思想研究论文资料索引》（1949年10月—1983年6月），福建师范大学图书馆情报资料科1983年。

18．武汉军区政治部编写组：《思想政治工作词典》，气象出版社1985年版。

19．中国青年政治学院经济管理学教研室：《工业企业管理简明读本》，科学技术文献出版社1986年版。

20．中共中央文献研究室：《文献和研究》（1984年汇编本），解放军出版社1986年版。

21．中国社会科学院马列所毛泽东思想研究室：《毛泽东生平著作研究索引》（上），国防大学出版社1986年版。

22．张泽厚：《经济学著作要目》（1949—1983），经济科学出版社1987年版。

23．刘德华：《思想政治教育重要文献学习提要》，武汉工业大学出版社1988年版。

24．中共中央纪律检查委员会信访室：《信访工作手册》，吉林人民出版社1988年版。

25．杨荫浒主编：《文章结构论》，吉林文史出版社1990年版。

26．方锐：《中国共产党建设七十年》，广东人民出版社1991年版。

27．杜亦平：《思想政治工作小百科》，天津人民出版社1991年版。

28．乔明甫等主编：《中国共产党建设大辞典》，四川人民出版社1991年版。

29．袁竞主编：《毛泽东著作大辞典》，中国国际广播出版社1991年版。

30．焦根强等主编：《毛泽东著作辞典》，中国政法大学出版社1991年版。

31．曹连甲：《卫生管理心理学》，四川科学技术出版社1991年版。

32．中共中央文献研究室：《〈毛泽东选集〉一至四卷注释校订本》，中央文献出版社1991年版。

33．翟泰丰主编：《新版〈毛泽东选集〉导读》，中国华侨出版公司1991年版。

34．杨瑞森：《新版〈毛泽东选集〉导读》，中国人事出版社1991年版。

35．韩荣璋主编：《新版〈毛泽东选集〉学习辅导》，改革出版社1991年版。

36．郭志民主编：《新版〈毛泽东选集〉学习提要》，陕西人民教育出版社1992年版。

37．王进：《毛泽东大辞典》，广西人民出版社等1992年版。

38．何平主编：《毛泽东大辞典》，中国国际广播出版社1992年版。

39．巢峰主编：《毛泽东思想大辞典》，上海辞书出版社1993年版。

40．朱建亮主编：《毛泽东研究文献综目 1936—1991》，湘潭图书馆学会1992年编印。

41．顾龙生主编：《毛泽东经济思想大辞典》，辽宁人民出版社1993年版。

42．胡为雄：《半世纪来毛泽东思想研究概览》，八一出版社1993年版。

43．廖盖隆等主编：《毛泽东百科全书》，光明日报出报社1993年版，2003年修订版。

44．中共中央组织部干部教育局：《新编政治工作干部手册》，新华出版社1993年版。

45．陈天绶：《毛泽东七次入闽》，福建教育出版社1993年版。

46．张惠芝主编：《毛泽东生平著作研究目录大全》，河北教育出版社1993年版。

47．张占斌主编：《毛泽东选集大辞典》，山西人民出版社1993年版。

48．韩荣璋主编：《毛泽东生平思想研究索引》，武汉出版社1994年版。

49．杨亲华：《毛泽东大系》，吉林人民出版社1994年版。

50．施金炎主编：《毛泽东著作版本述录与考订》，海南国际新闻出版中心1995年版。

51．杨静云主编：《毛泽东思想政治教育理论研究》，中共中央党校出版社1995年版。

52．《中华人民共和国国史全鉴》（第3卷 1960—1966），团结出版社1996年版。

53．孟学文主编：《中国共青团大典》，红旗出版社1996年版。

54．马昌顺：《西北大区出版史》（1949—1954），陕西人民出版社1997年版。

55．张静如主编：《毛泽东研究全书》卷二，长春出版社1998年版。

56．蒋建农主编：《毛泽东全书》第五卷，河北人民出版社1998年版。

57．蒋建农主编：《毛泽东全书》第六卷，河北人民出版社1998年版。

58．柴宇球主编：《毛泽东大智谋》下，中国档案出版社1998年版。

59．卫忠海：《邓小平政策观研究》，陕西人民出版社1998年版。

60．范平等主编：《跨世纪党建基本知识手册》，东方出版社1999年版。

61．本书编写组：《中国共产党思想政治工作大事记》（1921—1999年），学习出版社2000年版。

62．胡泽尧主编：《思想政治工作原著及重要文献选读》，贵州人民出版社2001年版。

63．王守柱：《毛泽东的魅力——说与写卷》，中央文献出版社2003年版。

64．靳英辉主编：《中国特色社会主义理论解读》，西安交通大学出版社2003年版。

65．叶笃初主编：《共产党员先进性教育手册》，中共中央党校出版社2003年版。

66．叶笃初主编：《共产党员先进性教育手册》，中共中央党校出版社2005年第2版。

67．中共中央党校理论研究室编：《历史的丰碑 中华人民共和国国史全鉴》2（政治卷），中共中央文献出版社2005年版。

68．傅如通等主编：《红色闽西》，中央文献出版社2007年版。

69．向贤彪：《太阳每天都是新的》，海风出版社2007年版。

70．石云霞：《大学生新四门思想政治理论课原著导读》，武汉大学出版社2008年版。

71．《红都瑞金 共和国从这里走来》下《红都风云》，瑞金市党史办等2008年。

72．杨焕远：《方法论》，光明日报出版社2008年版。

73．柏钦水主编：《毛泽东著作版本鉴赏》，山东人民出版社2009年版。

74．李声禄：《马克思主义中国化研究文选》，电子科技大学出版社2009年版。

75．赵昭：《流香"税"月》，中国税务出版社2010年版。

76．焦时俭主编：《读书·感悟·收获 献给中国共产党成立90周年》，华中师范大学出版社2011年版。

77．李捷主编：《毛泽东著作辞典》，浙江人民出版社2011年版。

78．黄宏：《马克思主义中国化史》，凤凰出版社2011年版。

79．中共中央文献研究室：《毛泽东年谱》（1893—1949）（修订本）上卷，中央文献出版社2013年版。

80．蒋建农等：《毛泽东著作版本编年纪事》（一册），湖南人民出版社2013年第2版。

81．石书臣：《马克思主义中国化方法论探研》，上海三联书店2013年版。

82．刘金田主编：《清廉领袖毛泽东》，江苏人民出版社2013年版。

83．《长汀文史资料》（第44辑），中国人民政治协商会议福建长汀县委文史资料委员会2013年编。

84．周一平：《日版〈毛泽东集〉〈毛泽东集补卷〉校勘与研究》，中国国际文化出版社2013年版。

85．《闽西：党的群众路线发源地》，中共龙岩市委党的群众路线教育实践活动领导小组办公室2013年编。

86．袁亮主编：《中华人民共和国出版史料》14（1966年5月—1976年10月），中国书籍出版社2013年版。

87．何明星主编：《中华人民共和国外文图书出版发行编年史》（1949—1979）上，学习出版社2013年版。

88．卢洁：《毛泽东文物图集》（下卷1893—1949），湘潭大学出版社2014年版。

89．汲广运：《马克思主义群众观研究》，山东人民出版社2014年版。

90．杜忠明：《毛泽东对联赏析》，辽宁人民出版社2014年版。

91．中共中央党史研究室科研管理部：《党的历史知识简明读本》，中共党史出版社2014年版。

92．陆剑杰：《掌握命运创造历史的哲学：对中国马克思主义哲学范式的研究》，南京出版社2014年版。

93．吴玉才：《毛泽东思想文献解读》，安徽师范大学出版社2015年版。

94．苏俊才主编：《闽西中央苏区图志》，中共党史出版社2015年版。

95．中共福建市委党史研究室：《福建省红色旅游指南》，中共党史出版社2015年版。

96．邓纯东：《思想政治教育研究论丛》第4辑，广西师范大学出版社2015年版。

97．林爱枝主编：《山川行旅》，海峡文艺出版社2016年版。

98．程凯：《社会转型期的纠纷解决研究：基于马克思主义法律思想中国化的研究视角》，广东人民出版社2017年版。

99．徐光春主编：《马克思主义大辞典》，崇文书局2018年版。

100．谢春涛主编：《毛泽东著作要篇导读》，人民出版社2018年版。

101．毛泽东思想贵阳市总工会革命委员会筹委会编印：《学习毛主席著作辅导材料》下。（出版日期不详）

102．中共中央高级党校：《〈毛泽东选集〉第1卷 学习参考资料》。（出版社、出版日期不详）

103．《马克思列宁主义经典著作目录》（增订本），1961年。（编者、出版社不详）

104．天津针织厂工人理论组、南开大学哲学系毛主席哲学思想研究组编：《〈毛泽东选集〉学习参考资料》，南开大学出版社1976年版。

三、论文

（一）报刊论文

1. 金克木：《〈关心群众生活，注意工作方法〉读后记》，《新建设》1951年第2期。

2. 韩佳辰：《鼓舞群众的革命热情　发挥群众的冲天干劲——纪念毛主席"关心群众生活，注意工作方法"发表二十五周年》，《读书》1959年第2期。

3. 陈庆升：《"关心群众生活，注意工作方法"一文的历史背景和伟大意义》，《史学月刊》1960年第8期。

4. 鲁阳：《发动群众的革命积极性——重读〈关心群众生活，注意工作方法〉》，《学术研究》1966年第2期。

5. 《学习〈关心群众生活，注意工作方法〉》，《江汉学报》1966年第Z1期。

6. 《学习〈关心群众生活，注意工作方法〉》，《中国民族》1966年第4期。

7. 胡相峰：《如何认识和解决中国的问题——毛泽东方法论学习笔记二题》，《徐州师范学院学报》1993年第3期。

8. 朱汉卿：《毛泽东关于领导工作的一个重要思想——读〈关心群众生活，注意工作方法〉》，《石油政工研究》1994年第1期。

9. 曾锡：《毛泽东关心群众生活思想的重要意义》，《毛泽东思想论坛》1994年第3期。

10. 刘天庆：《试论毛泽东〈关心群众生活，注意工作方法〉一文中的心理学内涵》，《理论学习与探索》1995年第3期。

11. 吉卫国：《工作方法的一个重要原则》，《临沂师专学报》1996年第4期。

12. 张星星：《真正的铜墙铁壁是人民群众——重温毛泽东〈关心群众生活，注意工作方法〉》，《理论学习》2002年第6期。

13. 陈寿民：《学习毛泽东〈关心群众生活，注意工作方法〉的启示》，《实事求是》2003年第6期。

14. 张翀：《在关心群众生活中体现先进性——重学〈关心群众生活，注意工作方法〉有感》，《甘肃日报》2005年9月7日。

15. 陈国强：《用群众工作统揽信访工作》，《辽宁日报》2010年4月26日。

16. 李娥：《在群众路线中体现党的先进性——读〈关心群众生活，注意工作方法〉有感》，《学习月刊》2010年第9期。

17. 王为衡：《一点也不能疏忽和看轻》，《新湘评论》2013年第3期。

18. 彭林权：《关心群众生活的时代意义与实践途径》，《当代教育理论与实践》2013年第10期。

19. 张先余：《关心群众冷暖要办实事求实效》，《中国矿业报》2013年9月17日。

20. 汤民：《时刻不忘关心群众生活》，《江西日报》2014年3月16日。

21. 王宝健：《学习毛泽东〈关心群众生活，注意工作方法〉的体会》，《新西部（理论版）》2014年第12期。

22. 于泉蛟：《论新时期如何贯彻和落实群众路线——读毛泽东〈关心群众生活，注意工作方法〉》，《渭南师范学院学报》2014年第13期。

23. 李学功：《毛泽东〈关心群众生活，注意工作方法〉的来龙去脉》，《毛泽东思想研究》2015年第3期。

24. 王进：《读毛泽东〈关心群众生活，注意工作方法〉有感》，《青海党的生活》2016年第7期。

25. 韩毓海：《从毛泽东〈关心群众生活，注意工作方法〉中学习解决问题》，《共产党员（河北）》2016年第32期。

26. 李常官：《党的凝聚力从哪里来》，《学习时报》2016年6月9日。

27. 韩毓海：《从问题出发》，《光明日报》2016年7月5日。

28. 牛伯栋：《广大人民根本利益是党一切工作的最高标准——学习毛泽东的〈关心群众生活，注意工作方法〉》，《求知》2018年第4期。

29. 王颖：《铸成新时代的"铜墙铁壁"——毛泽东的〈关心群众生活，注意工作方法〉导读》，《湘潮》2019年第4期。

30．张孝忠：《共产党什么事情都替我们想到了》，《学习时报》2020年8月26日。

31．王建南：《铸就新冠肺炎疫情常态化防控的"铜墙铁壁"——重读毛泽东〈关心群众生活，注意工作方法〉的启示》，《思想理论教育导刊》2020年第12期。

32．李东方：《一篇反对官僚主义的生动教材——重温毛泽东同志〈关心群众生活，注意工作方法〉》，《山东人大工作》2020年第9期。

33．唐岚：《关心群众的痛痒事关根本——重读毛泽东〈关心群众生活，注意工作方法〉有感》，《学习月刊》2020年第6期。

34．马晓敏：《永葆为民初心重温毛泽东——重温毛泽东〈关心群众生活，注意工作方法〉》，《党史文苑》2020年第6期。

35．何金娥：《从"关心群众生活，注意工作方法"看精准扶贫》，《潍坊工程职业学院学报》2020年第1期。

36．谢茂松：《"关心群众生活，注意工作方法"为何关乎政治之为政治的本质所在？》，《湘潮》2021年第10期。

37．王雪梅：《真正的"铜墙铁壁"与"国之大者"——读毛泽东〈关心群众生活 注意工作方法〉》，《中国民政》2021年第19期。

38．《中共中央关于党的百年奋斗重大成就和历史经验的决议》，《人民日报》2021年11月17日。

39．蔡礼强：《中国共产党群众路线的本质属性与丰富内涵》，《甘肃社会科学》2022年第1期。

40．耿金涵：《论毛泽东群众路线思想及其当代启示》，《党史博采》（下）2022年第4期。

（二）博硕论文

1．王清义：《毛泽东群众路线探析》，华中师范大学硕士论文2002年。

2．朱蕾：《论毛泽东的群众路线及其发展》，郑州大学硕士论文2012年。

3．高晓瑞：《毛泽东群众路线思想及其当代意义》，山西师范大学硕士论文2013年。

4．丁飞：《论毛泽东群众观及其现实意义》，西华大学硕士论文2013年。

5．李燕：《毛泽东的群众路线思想及当代价值》，东北大学硕士论文2014年。

6．于洁：《毛泽东群众观及其现实启示》，山东大学硕士论文2014年。

7．吴寒斌：《党的群众路线教育实践活动长效机制研究》，南昌大学博士论文2014年。

8．刘浩：《马克思主义群众观的中国化进程及其当代价值研究》，东北大学博士论文2015年。

9．姜彧超：《毛泽东群众观研究》，牡丹江师范学院硕士论文2015年。

10．李翔宇：《毛泽东的群众思想及当代启示》，太原理工大学硕士论文2015年。

11．唐一瑄：《毛泽东群众路线思想研究》，四川师范大学硕士论文2015年。

12．张海雷：《毛泽东群众路线思想研究》，喀什大学硕士论文2016年。

13．周立杰：《毛泽东群众路线思想的形成轨迹》，湘潭大学硕士论文2016年。

14．李丽丽：《毛泽东群众工作方法论研究》，海南师范大学硕士论文2016年。

15．胡锦玉：《延安时期毛泽东群众路线理论及其当代价值研究》，西北工业大学博士论文2017年。

16．崔言香：《中央苏区党的群众路线研究》，南京师范大学硕士论文2017年。

17．唐燕燕：《毛泽东群众观及其现实启示》，湖南工业大学硕士论文2017年。

18．朱琳：《毛泽东群众观的演进历程及现实启示》，上海师范大学硕士论文2017年。

19．周成莉：《革命语境下第二次全国苏维埃代表大会研究》，吉林大学博士论文2018年。

20．赵兴银：《新中国成立初期中国共产党群众工作研究》，扬州大学博士论文2019年。

21．高利敏：《论毛泽东群众观》，沈阳理工大学硕士论文2019年。

22．江淑云：《中央苏区党的群众路线理论与实践研究》，华东师范大学硕士论文2020年。

23．冯培雯：《土地革命时期毛泽东群众工作理论研究》，安庆师范大学硕士论文2020年。